개발자는 글을 못 쓴다고요?

© 2025. 전정은, 황수정 All rights reserved.

1판 1쇄 발행 2025년 11월 20일

지은이 전정은, 황수정
펴낸이 장성두
펴낸곳 주식회사 제이펍

출판신고 2009년 11월 10일 제406-2009-000087호
주소 경기도 파주시 회동길 159 3층 / **전화** 070-8201-9010 / **팩스** 02-6280-0405
홈페이지 www.jpub.kr / **투고** submit@jpub.kr / **독자문의** help@jpub.kr / **교재문의** textbook@jpub.kr

소통기획부 김정준, 이상복, 안수정, 박재인, 박새미, 송영화, 김은미, 나준섭, 권유라
소통지원부 민지환, 이승환, 김정미, 박예은 / **디자인부** 이민숙, 최병찬

기획 및 진행 김은미 / **내지 및 표지 디자인** 블랙페퍼디자인
용지 에스에이치페이퍼 / **인쇄** 한승문화사 / **제본** 일진제책사

ISBN 979-11-94587-63-7 (13000)
책값은 뒤표지에 있습니다.

※ 이 책은 저작권법에 따라 보호를 받는 저작물이므로 무단 전재와 무단 복제를 금지하며,
   이 책 내용의 전부 또는 일부를 이용하려면 반드시 저작권자와 제이펍의 서면 동의를 받아야 합니다.
※ 잘못된 책은 구입하신 서점에서 바꾸어드립니다.

제이펍은 여러분의 아이디어와 원고를 기다리고 있습니다. 책으로 펴내고자 하는 아이디어나 원고가 있는 분께서는
책의 간단한 개요와 차례, 구성과 지은이/옮긴이 약력 등을 메일(submit@jpub.kr)로 보내주세요.

개발자는 글을 못 쓴다고요?

전정은, 황수정 지음

※ 드리는 말씀
- 이 책에 기재된 내용을 기반으로 한 운용 결과에 대해 지은이/옮긴이, 소프트웨어 개발자 및 제공자, 제이펍 출판사는 일체의 책임을 지지 않으므로 양해 바랍니다.
- 이 책에 등장하는 회사명, 제품명은 일반적으로 각 회사의 등록상표 또는 상표입니다. 본문 중에는 ™, ⓒ, ® 등의 기호를 생략했습니다.
- 이 책에서 소개한 URL 등은 시간이 지나면 변경될 수 있습니다.

차 례

추천의 글 ————————————— 12
베타리더 후기 ————————————— 18
여는 글 ————————————— 20

PART I

개발자는 정말 글을 못 쓸까?

1. 개발자는 코드로 소통한다? 27
2. 반복, 또 반복 29
3. 글에는 목적이 있다 31
4. 번역서 참고는 그만 34

PART II

글을 잘 쓰는 개발자는 코드부터 다르다

5. 커밋 메시지 작성하기 41
   커밋 메시지를 잘 써야 하는 이유 ————————————— 43
   기록은 남는다 44 | 기록은 찾는 것이다 44
   잘 쓴 커밋 메시지는 좋은 평가로 돌아온다 45 | 실력은 돈이 된다 45
   커밋을 설계하세요 ————————————— 46
   쉬어가기 커밋 메시지 해부학 47
   커밋 메시지 제목 쓰기 ————————————— 49
   저장소 규칙이 최우선 50 | 제목을 작성할 때 사용할 만한 문법 50
   제목에 살 붙이기 52 | 제목에 쓸 만한 동사 56 | 제목에 담는 내용 57
   강조하고 싶은 걸 1등으로 59 | 제목 길이 60
   제목에 사용할 단어 선택하기 62 | 단어 풀 만들기 64
   커밋 메시지 본문 쓰기 ————————————— 64

커밋한 이유를 알려주세요 65 | 외부 자원을 명시해주세요 66
선택한 이유를 알려주세요 66 | 관련 자료를 첨부해주세요 67

커밋 메시지 작성해보기 — 68
커밋 메시지 맛집 — 70

6 개발자는 작명가 72

함수에 걸맞은 이름 짓기 — 74
동사의 향연 77 | 여부와 유무를 확인하는 함수: be 동사와 have 동사 78
밥알이 몇 개죠? 80 | 별다줄(별걸 다 줄이네)! 81
관사는 넣어두세요 82 | 단수와 복수는 영리하게 82
테스트 함수도 함수입니다 83

함수 이름 짓기 연습 — 84
커피 갈기 84 | 포터필터에 커피 담기 86

클래스와 변수 이름 짓기 — 89
이름은 영어로 지어주세요 89 | 영어 철자를 확인하세요 90
이왕 쓰는 거 제대로 된 영어는 어때요? 92
서수를 축약해서 표기하지 맙시다 93
정체성에 적합한 이름으로 지으세요 94
단수와 복수를 구별해서 사용하세요 96
식별할 수 있는 이름을 지으세요 98

7 오류 메시지 쓰기 100

오류 메시지 구성 요소 — 101
오류 메시지를 봤는데 무슨 말인지 모르겠다 — 103
어떻게 해결해야 하는지 모르겠다 — 107
오류 메시지에 있는 안내대로 했는데 해결이 안 된다 — 109
해결 방법을 어디서 찾아야 하는지 모르겠다 — 109
쉬어가기 금과 은 나 없어도 내게 있는 것 네게 주니 110

8 API 주석 111

API 주석 형식 — 116
API 설명 기본 규칙 — 118
API 사용자 입장에서 쓰기 119 | 첫 문장의 중요성 120
이름은 이름일 뿐 121 | 코드는 코드에만 122

실전 연습 124
설명문 형식 정하기 128
쉬어가기 API 설명은 영어여야만 할까요? 130
OpenAPI 명세로 쓰기 131
도구를 너무 믿지 말자 133
쉬어가기 미래의 나를 위해서라도 꼭 쓰세요! 134

PART III

개발자의 글은 곧 PR이다

9 리드미 139
나를 읽어주세요 142
리드미에 써야 할 정보는? 143
실전 리드미 작성 148
쉬어가기 '모두가 아는 정보' 판단법 153
이왕이면 다홍치마 154
템플릿, 널 위해 준비했어 157

10 예시 코드 159
예시 코드가 있어야 할 곳 160
소스 코드 말고 예시를 161
소스 코드를 예시로 만드는 주문 168
쉬어가기 예시 코드에서 내부 정보 감추기 172
샘플 프로그램 173
어떤 기능을 알려주려는 것인가? 174
어디에서 내용을 설명할 것인가? 174
어떤 프로그래밍 언어로 제공할 것인가? 174
쉬어가기 cURL 예시도 REST API 예시 코드일까요? 175
작동하지 않으면 코드가 아니다 177

11 장애 보고서 179
쉬어가기 서비스가 멈추는 순간, 우리가 겪는 불편함 181

장애 보고서란? — 181

장애 보고서엔 무엇을 쓰나요? — 183
장애 내용 184 | 시간 정보 185 | 액션 타임라인 186
장애 발견 경로 187 | 장애 영향 188 | 장애 등급 188 | 장애 원인 189
장애 조치 191 | 재발 방지책 및 회고 191

장애 보고서는 누가 쓰나요? — 192

장애 보고서는 언제 쓰나요? — 193

장애 보고서는 어디에 쓰나요? — 195
도구 접근성 및 보고서 접근성 196 | 작성 난이도 및 템플릿 지원 여부 199
정보 조회 가능 여부 202 | 검색 가능 여부 204

12 릴리스 노트 206

릴리스 노트? 체인지로그? — 207
쉬어가기 반박 시 당신 말씀이 맞습니다만, 저도 맞을 수 있지 않을까요? 210

릴리스 노트를 알아봅시다 — 211
릴리스 노트를 신경 써서 작성해야 하는 이유가 있나요? 212
릴리스 노트에 이 정보만큼은 꼭 넣으세요 212
쉬어가기 끝날 때까진 끝난 것이 아니다! deprecated는 '아직'이에요 213
릴리스 노트는 제품의 영향을 받아요 214
릴리스 노트는 얼마나 길고 상세하게 쓰는 게 좋을까요? 218
쉬어가기 릴리스 노트가 길어지면 어쩌죠? 221
릴리스 노트를 쓸 때도 읽는 사람을 고려하세요 222
재미있게 써도 될까요? 224
릴리스 노트에 쓸 말이 없을 때는 어떻게 하는 게 좋을까요? 225
쉬어가기 문서도 릴리스 노트를 써야 할까요? 228

체인지로그를 알아봅시다 — 229
쉬어가기 해당하는 정보가 없을 땐 없다고 명시하세요 234

13 시작하기 문서 236

시작하기의 도입부: 가입과 설치 — 238

시작하기의 핵심: 기본 기능 수행 — 240

시작하기의 마무리 — 243

문제점 찾기 연습 ——————————————————— 246

14 기술 블로그 253

무엇을 얻고 싶은가요? ——————————————————— 254
취업이나 이직할 때 도움이 됐으면 해서 255

나를 위해서(공부나 기록) 256 | 언젠가 집필하고 싶어서 257

블로그, 기본 틀 ——————————————————— 257
사람을 낚는 어부가 되세요 258 | 언제 올린 글이에요? 259

읽을까, 말까? 260

날이면 날마다 오는 게 아녀! 이 약으로 말할 것 같으면 262

오늘 제가 할 이야기는 뭐냐면요 264

그래서 제가 하고 싶었던 이야기는 이거예요 266

블로그, 어떤 글을 쓸까요? ——————————————————— 268
소개하는 글 268

쉬어가기 글로 영업해보세요 270

문제 해결을 다루는 글 270 | 방법을 설명하는 글 273

경험을 나누는 글 275

블로그, 쓸 때 생각해볼 것 ——————————————————— 276
블로그는 논문이 아니에요 276

쉬어가기 소화할 수 있는 글쓰기 277

지식재산권과 초상권을 존중하세요 277

통신 보안! 업무 이야기를 올리지 마세요 280

길어지면 쪼개세요 280 | 피노키오가 되지 마세요 282

암호를 쓰지 마세요 282 | 너무 잘 쓰려고 하지 마세요 282

독자와 싸우지 마세요 283

블로그, 시작해봅시다 ——————————————————— 283
목표와 계획 세우기 284 | 소재 선정하기 285 | 목차 구성하기 285

글쓰기 288 | 검토하기 289

블로그, 어렵죠? ——————————————————— 289
정체기인가요? 290 | 시작이 어려운가요? 290

글을 잘 못 쓴 것 같아 진행이 안 되나요? 290 | 응원합니다! 291

PART IV

기술 글쓰기에는 기법이 있다

15 정확성 295

정확한 용어 사용하기 ——— 298
용어를 검색하게 하지 마세요 299 | 용어를 설명한다는 것은? 300
어떤 용어를 설명할까요? 302 | 용어집을 만들어보세요 303
문서에 은어가 있을 자리는 없어요 305
`쉬어가기` 실무에서 쓰는 표현 기술 문서에 알맞게 포장하기 305

명령문과 평서문 ——— 307
번역을 고려한다면 310 | '하세요'는 이런 데 쓰세요 313
'합니다'는 이런 데에 씁니다 315
명령문과 평서문 둘 다 표현할 수 있을 때는? 316
`쉬어가기` 쉴 수 있을 때 쉬어야 하니 쉬세요! 317

최신 정보 반영하기 ——— 317
문제는 내부 문서 319 | 절차와 도구 321

16 간결성 326

두괄식으로 쓰기 ——— 328
왜 두괄식일까? 328
독자가 제일 원하는 정보가 무엇인지 파악하세요 329
두괄식을 적용하는 대상: 문단 332 | 두괄식을 적용하는 대상: 문장 333
기술 문서에 적용하는 두괄식 334

목록과 표 ——— 335
목록은 언제 쓸까? 336
`쉬어가기` 점 목록만으로 쓴 문서는 정말 읽기 쉬울까요? 341
표는 언제 쓸까? 342
`쉬어가기` 귀찮지만 포기할 수 없는 셀 병합 345
표와 점 목록 중 무엇을 선택할까? 346 | 그래도 글이 먼저다 348

다이어그램 ——— 348
다이어그램이 필요한 곳 350 | 다이어그램 작성 절차 354
흔한 다이어그램 문제 358

17 완결성 363

도입부 쓰기 ——————————————— 364
시작은 세 가지로 366 | 모르는 용어는 빼고 369
> **쉬어가기** 용어 설명은 짧은 팝업으로 출력해보세요 371

형식보다는 내용 372
> **쉬어가기** 형식과 기법보다는 내용과 목적이 중요합니다 374

일단 쓰고 지우기 ——————————————— 374
무엇을 쓸지 정하기 375 | 글 쓰고 셀프 질문하기 377
지우고 옮기고 380

우리말로 글쓰기 ——————————————— 387
> **쉬어가기** 지금 무슨 말을 하고 있는지 아나요? 389

음차 표기할 수 있는 외국어와 외래어는 한글로 씁시다 391
선택한 표기법은 문서 내에서 일관되게 사용하세요 393
우리말로 쓸 수 있다면 우리말로 쓰세요 394
> **쉬어가기** 우리말, 우리글로도 할 수 있어요 396

APPENDIX

메시지도, AI 도구도 글쓰기에서 시작된다

A 이메일이나 메시지 쓰기 403
이메일 또는 남겨둘 메시지 쓰기 ——————— 404
지시하고 응답하기 ——————————————— 406
문제 상황 보고하기 ——————————————— 408

B ChatGPT 활용하기 411
'네가 해줘' 말고 '도와줘' ——————————— 411
API 주석 쓰기 ——————————————————— 413
규칙 검사하기 ————————————————— 419

도판 출처 ——————————————————— 426

추천의 글

소프트웨어 개발자가 작성해야 할 글이라고 하면 보통 기술 문서나 이메일 작성법이 떠오를 것입니다. 시중에 나온 대부분의 기술 글쓰기 책들도 기술 문서용 글쓰기에 집중하는 경향이 있습니다. 중요한 내용이긴 하지만, 무언가 부족하다고 느껴질 때가 많습니다. 그 이유는 개발자가 쓰는 글이 생각보다 훨씬 종류가 다양하기 때문입니다. 이 책은 기술 문서뿐만 아니라 개발자가 실무에서 마주하는 거의 모든 글쓰기에 대해 다룹니다. 왜 그렇게 써야 하는지, 실제 있을 법한 사례를 통해 이해하기 쉽게 설명합니다. 저 또한 테크니컬 라이터로서 이 책을 읽으며 기술 문서뿐만 아니라 업무상 글을 쓸 때 간과했던 중요한 것들을 다시금 깨달았습니다. 책 내용을 다소 과장한다고 생각할 수도 있습니다. 하지만 10년 넘게 이 책의 저자들과 협업하며 그 뛰어난 역량을 가까이서 직접 목격한 바 전혀 그렇지 않다고 자신 있게 말씀드릴 수 있습니다. 이 책에는 단순히 글 쓰는 지식을 전달하는 것을 넘어 수많은 소프트웨어 기술 문서 프로젝트를 이끈 저자의 깊이 있는 경험과 통찰력이 고스란히 담겨 있습니다. 훌륭한 개발자가 되려면 뛰어난 소프트웨어 개발 능력뿐만 아니라 원활한 소통 능력도 필요합니다. 이 책이 여러분의 실무에 필요한 글쓰기 능력을 향상시켜 협업하는 동료, 여러분의 소프트웨어를 사용하는 고객과의 소통을 더 원활하게 만들어줄 것입니다.

강정일, LINE Plus Document Engineering팀 테크니컬 라이터

'개발자'와 '글쓰기'. 동떨어져 보이는 개념이라 생각할지도 모르지만, 사실 개발자가 작성하는 코드부터 오류 메시지, 커밋 메시지, 릴리스 노트, 장애 보고서, 기술 블로그에 이르기까지 모두 '글쓰기'와 깊은 연관이 있습니다. 이 사실을 이미 알고 있고 그 중요성을 알고 있는 개발자라면, 이 책이 여러분이 원하는 모든 것을 제공해줄 것입니다. 그렇지 않은 개발자라도 괜찮습니다. 어차피 이 책이 그 중요성을 떠먹여줄 테니까요. 그리고 여전히 '개발자는 코드로'만' 말한다'고 생각하는 개발자를 위해 다음의 코드를 첨부합니다.

```
if (you == developer){
    System.out.print("《개발자는 글을 못 쓴다고요?》 읽기");
}
```

공슬기, 백엔드 개발자

어떤 것이든 처음의 기억은 가장 강렬합니다. 제가 처음 만난 '테크니컬 라이터'는 저자 중 한 분인 전정은 님이었습니다. 누군가 '테크니컬 라이터'가 무엇을 하는 사람인지 묻는다면, 제 뇌의 자동 완성은 늘 '정은 님 + 협업'입니다. 이 책은 개발자 글쓰기 강연에서 들었던 이야기와 LINE Blockchain Docs 협업 경험을 바탕으로, 기술 글쓰기에 필요한 지식과 인사이트를 풍부하게 담아냈습니다. 특히 당시에는 미처 알지 못했던 '왜 그렇게 해야 하는가'라는 이유와 목적까지 구체적으로 풀어내어 읽다 보면 '왜'가 어느새 '와!'로 바뀌게 됩니다. '이렇게까지 다 알려줘도 되나?' 싶을 만큼 많은 노하우와 실제 사례가 아낌없이 담겨 있고, 표현도 친근해서 술술 읽힙니다. '홍익인간'의 철학을 몸소 실천하고 계신다는 인상까지 받게 됩니다. 오픈소스 정신을 사람으로 형상화한 듯한 모습이라 해도 과장이 아닙니다.

기술 글쓰기에 호기심이 있거나 문서를 쓰면서 늘 무언가 아쉽다고 느꼈던 분들이라면 이 책이야말로 큰 도움이 될 것입니다. 그뿐 아니라 '내가 쓰는 기술 문서들… 뭔가 이상한데?', '기술 관련 글을 쓰면 왠지 찜찜해', '글 쓸 생각만 해도 막막해' (가끔은 풀 리퀘스트 리뷰 앞에서 손이 떨릴 때도) 이런 마음이 들었던 분들이라면, 이 책이야말로 한 줄기 빛이 되어줄 것입니다. 읽다 보면 당장 책을 사서 동료들과 나누고 싶어질 만큼, 두 저자가 한 권에 담아낸 꼼꼼함과 정성은 놀라울 정도입니다. 여기에 진심 어린 감사와 존경을 보냅니다.

이제 "테크니컬 라이터가 뭐예요?", "기술 글쓰기를 잘하려면 어떻게 해야 하죠?"라는 질문에는 이 책 한 권으로 충분히 답할 수 있습니다. 만세!

권성환, CJ올리브영 테크전략지원팀장

이 책은 개발자가 실제 업무에서 직면하는 다양한 글쓰기 유형을 체계적으로 정리하고, 이를 효과적으로 작성하는 방법을 명확히 제시합니다. 정확성, 간결성, 완결성을 강화할 수 있는 구체적 기법을 풍부한 예시와 함께 담아 독자가 즉시 실무에 적용할 수 있도록 안내합니다. 나아가 개발자가 단순히 코드를 구현하는 차원을 넘어 글을 통해 사고를 정교하게 정리하고 동료를 설득하며 협업을 촉진하는 역량을 기를 수 있도록 돕습니다. 개발자와 글쓰기를 현실적이면서 실용적으로 다루고 있기에 모든 개발자가 책상 위에 두고 지속적으로 참고할 만한 귀중한 지침서로 자신 있게 추천합니다.

김유리, 삼성SDS 프로

현업 소프트웨어 개발자이자 테크니컬 라이터로서, 글쓰기가 오늘날 개발자에게 얼마나 중요한 역량인지를 여러 강의를 통해 꾸준히 강조했습니다. 저자가 2~3년 전부터 강연에서 이야기한 논리적인 콘텐츠의 구조 잡기와 디테일한 글쓰기 전략은 결국 개발자가 일상적으로 접하는 다양한 문서와 맞닿아 있습니다. 이 책은 릴리스 노트, 커밋 로그, 변경 이력, 리드미 등 실제 개발 현장에서 자주 작성하게 되는 문서를 풍부한 예시와 함께 다루고 있어 현업 개발자뿐 아니라 오픈소스 프로젝트에 참여하는 분에게도 유용한 실전 안내서가 되어줄 것입니다. AI 시대에 '글쓰기가 여전히 필요한가?'라는 질문을 종종 듣습니다. 하지만 AI가 학습하는 원천 데이터는 결국 사람이 쓴 글입니다. 이 책이 소개하는 기술적 글쓰기는 시간이 지나도 그 가치를 잃지 않을 것입니다. 이 소중한 기회를 놓치지 않기를 바랍니다.

남정현, 마이크로소프트 MVP, 닷넷데브 대표

개발자는 생각보다 많은 글을 씁니다. 코드를 작성하는 것도 글쓰기의 한 형태이고, 팀과 조직, 그리고 더 넓은 커뮤니티와 소통하는 다양한 글을 매일 작성합니다. 변수명 하나가 코드의 가독성을 좌우하고, 깃허브 이슈 작성 방식에 따라 협업의 원활함이 달라집니다. 풀 리퀘스트 설명이 모호하면 코드의 의도가 제대로 전달되지 않고, 기술 문서가 부실하면 동료들이 불필요한 시행착오를 겪게 됩니다. 업무 메일과 협업 도구의 짧은 코멘트는 팀의 의사결정에 영향을 주고, 프로젝트 보고서는 경영진의 판단에 참고 자료가 되며, 블로그 글은 개발자의 전문성을 드러내는 창구가 됩니다. 결국 개발자가 작성하는 글은 단순한 기록이 아니라 사람을 설득하고 지식을 나누며 협업을 원활하게 만드는 중요한 도구입니다.

이 책은 개발자의 실무 환경에 맞춘 글쓰기 원칙과 실제 사례를 다룹니다. 변수명과 주석부터 깃허브 이슈, 풀 리퀘스트, 협업 도구 댓글, 업무 보고서, 기술 문서, 블로그 포스팅까지 개발자가 마주하는 다양한 글쓰기 상황을 구체적으로 살펴봅니다. 단순한 글쓰기 기법을 넘어 개발자가 갖춰야 할 소통 태도와 사고방식까지 제시합니다. '우리만의 언어'가 아닌 '모두의 언어'로 소통하자는 제안이 특히 인상적입니다. 'API를 찌르다' 대신 'API를 호출하다'처럼 더 정확하고 전문적인 표현을 사용하자는 구체적인 예시를 통해 문서화에서 어떤 단어를 선택해야 하는지 명확히 보여줍니다. 글은 사람과의 인터페이스이며, 이를 통해 협업과 성장이 가능하다는 메시지가 전체를 관통합니다.

이 책을 읽으면 '매일 쓰는 글이 이렇게 중요했구나'라는 깨달음과 함께 '어떻게 쓰면 더 효과적으로 전달할 수 있을까'라는 실질적인 해답을 얻게 됩니다. 작은 글쓰기 습관의 변화가 협업 문화를 개선하고, 나아가 개발자의 성장에 기여한다는 점을 설득력 있게 보여줍니다. 개발자의 글쓰기를 전문적으로 다룬 책은 많지 않습니다. 이 책은 단순한 글쓰기 가이드를 넘어 개발자의 성장을 위한 실용적인 전략서라고 할 수 있습니다. 개발자로서 한 단계 성장하고 싶은 분, 글을 통해 더 나은 협업을 만들어가고 싶은 분, 기술 블로그로 지식을 나누고 싶은 분들에게 이 책을 권합니다. 저 역시 IT 도서를 번역하고 집필하며 항상 '어떻게 하면 더 잘 전달할까'를 고민해왔습니다. 이 책에는 개발자뿐 아니라 기술을 다루는 모든 글쓰기에 적용할 수 있는 원칙이 담겨 있어 더 나은 글쓰기를 향해 함께 나아가고 싶습니다.

박조은, 오늘코드, 마이크로소프트 MVP

개발자를 위한 글쓰기 책은 꾸준히 출간되고 있습니다. 이는 새로운 글쓰기 기술이 등장한 것은 아니지만, 여전히 개발자의 글쓰기가 쉽지 않다는 것을 보여줍니다. 지금까지의 책은 개발자가 글을 쓰지 못하는 이유를 '기술이 부족해서'라고 쉽게 생각하고 글쓰기 방법만을 가르치려는 경우가 많았습니다. 하지만 다이어트처럼 방법을 몰라서 성공하지 못하는 것이 아닙니다. 글쓰기 방법을 알고 있지만, 개발 환경에서 필요한 글쓰기의 목적과 활용법을 제대로 이해하지 못했기 때문입니다. 이 책은 엔지니어와 테크니컬 라이터로서 쌓은 풍부한 실무 경험을 바탕으로 깊이 있고 현실적인 내용을 담고 있습니다. 코드로 소통하는 개발자 특성을 잘 살려 주니어 개발자가 처음 마주하는 커밋 메시지, 오류 메시지, API 주석부터 시작해 더 많은 경험을 쌓으며 접하게 되는 릴리스 노트, 장애 보고서, 기술 블로그까지 실제 사례를 통해 어떻게 동료 개발자 또는 사용자와 소통해야 하는지 그 목적과 방식을 친절하게 알려줍니다. 단순히 글쓰기 이론을 설명하는 것이 아니라 현장에서 자주 만나는 다양한 문서와 글쓰기를 다루며, 개발자가 겪는 고민과 상황을 바탕으로 현실적인 조언을 담고 있습니다. 기술과 의사소통의 간극을 줄이고 싶은 모든 개발자에게 든든한 길잡이가 될 것입니다.

열이아빠, 테크니컬 라이터, 블로거

오늘은 AI에게 어떻게 일을 시키셨나요? 사실 우리는 업무 메신저에, 이메일에, 그리고 생성형 AI와 대화하기 위해 매일 글을 쓰고 있습니다. 특히 AI를 적극적으로 코딩에 활용하는 개발자에게는 원하는 것을 정확히 표현하고 맥락을 분명히 설명하는 글쓰기 능력이 그 어느 때보다 중요해졌습니다. 흔히 '개발자는 글을 못 쓴다'고 하지만, 사실은 '안 써서 못 쓰는 것'일 뿐입니다. 연습하면 누구나 잘 쓸 수 있다는 단순하고도 강력한 사실을 이 책은 초반부터 바로 짚어줍니다. 그렇다면 거창한 글이 아니라 아주 작은 것부터 연습해보면 어떨까요? 이 책은 커밋 메시지 쓰기, 함수와 변수 이름 정하기처럼 개발자가 일상에서 바로 시작할 수 있는 부담 없는 글쓰기부터 차근차근 이끌어줍니다. 작은 시도가 쌓이다 보면 글쓰기는 두려움이 아니라 자신감으로 바뀔 것입니다. 개발자가 글쓰기를 배우고 시작해야 한다면 그 출발점은 바로 이 책입니다.

한주연, 비바리퍼블리카(토스) 테크니컬 라이터

베타리더 후기

제이펍은 책에 대한 애정과 기술에 대한 열정이 뜨거운 베타리더의 도움으로 출간되는 모든 IT 전문서에 사전 검증을 시행하고 있습니다.

 김동우(스타트업 개발 PM)

글쓰기에 관한 책답게 술술 읽히고 이해하기 쉽습니다. 문어체가 아닌 구어체라서 저자가 곁에서 직접 설명해주는 듯한 기분까지 들게 합니다. 개발자가 어려워하는 글쓰기를 다룬 좋은 책입니다. 커밋 메시지, 함수 이름, 변수 이름까지 코딩 가이드나 네이밍 규칙이 없다면 이 책이 큰 도움이 될 것입니다. 소설가는 소설을, 시인은 시를 씁니다. 개발자는 소설이나 시가 아닌 개발과 관련된 문서를 써야 합니다. 이 책은 그 과정을 쉽고 잘할 수 있도록 도와주는 것은 물론, 개발자에게 최적화된 문서 작성법을 알려줍니다.

 김진영(클로버추얼패션)

개발자에게 글쓰기의 중요성을 일깨워주는 책입니다. 커뮤니케이션의 큰 부분을 글이 차지하기에 이 책에 자연스럽게 관심이 갔고, 읽으면서 실제로 많은 공감을 했습니다. 특히 커밋 메시지를 다룬 부분이 가장 인상 깊었습니다. 또한 곳곳에 독자를 위한 가벼운 웃음 포인트가 숨어 있어 부담 없이 읽을 수 있다는 점도 매력적이었습니다. 개발자에게 코드 못지않게 중요한 것은 '커뮤니케이션 스킬'이라고 생각하는 분들에게 자신 있게 추천합니다. 어느새 '시니어'라는 수식어가 붙을 만큼 개발자로 지낸 시간이 쌓였는데, 그런 제 시선으로 보아도 흥미로운 파트가 많았습니다. 인상 깊은 부분에는 자연스럽게 마크업을 하고 간단한 메모도 남겼는데, 책 곳곳에 즐겁게 읽었던 흔적이 남아 있네요.

김호준(데이터소프트나우)

베타리딩을 시작하기 전에는 단순히 블로그나 업무 문서에 대한 글쓰기를 다루는 책일 거라 생각했는데, 실제로는 훨씬 더 다양한 영역의 글쓰기 기법과 노하우를 이야기하고 있어 놀라웠습니다. 작게는 커밋 메시지, 함수 이름 짓기, 오류 메시지, 주석부터 장애 보고서, API 문서, 기술 블로그까지 개발자가 맞닥뜨릴 수 있는 거의 모든 글쓰기 요소와 기법을 다루고 있어서 실무에 이보다 더 도움이 되는 책이 있을까 싶을 정도입니다. 글쓰기는 살아가는 모든 부분에서 도움이 되는 능력이라고 생각해서 강력 추천합니다! 정말 좋은 책입니다.

박경호(LS일렉트릭)

기획자는 글을 잘 쓰고, 개발자는 코딩만 한다는 고정관념과 편견은 이미 오래전에 사라졌다고 생각합니다. 개발자 콘퍼런스에 가보면 비非개발자 출신의 개발자도 많고, 반대로 컴퓨터공학을 전공한 기획자도 상당히 많습니다. 자신의 직업이 곧 능력을 규정하는 것은 아닙니다. 이 책은 다소 도발적으로 보일 수 있지만, 현실적이고 체계적인 방식으로 이러한 고정관념을 하나씩 지워줍니다. 스토리텔링이 뛰어나 흥미롭게 읽을 수 있었습니다. 이 책처럼 실제 개발자의 애환과 도전이 담긴 책들이 앞으로도 자주 출간되기를 바랍니다.

이장훈

커밋 메시지 하나에도 깊은 철학을 담아내는 저자의 태도에 감탄했습니다. 예전부터 개발자에게도 글쓰기 능력이 중요하다고 생각해왔지만, 《Docs for Developers 기술 문서 작성 완벽 가이드》(한빛미디어, 2023)와 같은 번역서를 제외하면 문서 작성 자체에 깊이 있는 고찰을 담은 책은 드물었기에 더욱 반가웠습니다. 이 책을 읽으며 지금껏 제가 써온 글을 되돌아보며 반성했고, 앞으로 어떻게 개선해야 할지에 대한 방향도 모색할 수 있었습니다. 마치 멘토를 만난 듯한 기분이었습니다. 국내 저자가 쓴 글쓰기 책이라 그런지 오랜만에 정말 편하게 읽을 수 있었고, 이런 양질의 도서를 만나게 되어 뿌듯했습니다.

여는 글

초등학생 때는 소설가가 되고 싶었습니다. 늘 책을 들고 다녔고, 이런저런 이야기를 끼적여 가족과 친구들에게 보여주곤 했습니다. 글을 빼어나게 잘 쓰지는 못했지만, 글쓰기를 어려워한 적은 없었습니다. "어떻게 하면 글을 잘 쓸 수 있나요?"라는 질문에 망설이는 이유가 바로 이것입니다. 어렸을 때부터 부담 없이 글을 써왔기에 '잘' 쓰는 방법을 고민해보지 않았으니까요.

이 책을 함께 쓴 수정 님과 이제 막 친해졌을 무렵, "어떻게 하면 영어를 잘할 수 있나요?"라고 물었던 적이 있습니다. 그때 수정 님은 "꾸준히 하는 거예요"라고 대답했죠. 알고 지낸 지 10년이 넘었는데, 그 대답이 아직도 머릿속에 남아 있는 까닭은 매우 공감했기 때문입니다. 비단 영어뿐만이 아닙니다. 세상 모든 배움의 길에는 꾸준한 연습이 가장 중요합니다. (그때나 지금이나 수정 님은 제게 항상 진실한 조언을 해주는 고마운 분입니다.)

글쓰기란 타고남이 3, 연습이 7이라고 생각합니다. 읽기만 해도 단숨에 고수가 되는 글쓰기 비급祕笈 같은 것은 있을 수 없다고 믿기에 글 잘 쓰는 법을 알려주는 책을 쓸 생각은 없었습니다. 대단한 경험을 하지도 못했기에 제 경험을 써서 누군가에게 깨달음을 줄 수 있다고도 생각하지 않았습니다. 하지만 글 쓰는 일을 오래 하다 보니 조금씩 생각이 바뀌었습니다.

첫째, 어떤 분야나 연습이 가장 중요하다면 연습할 올바른 길을 찾는 것 또한 중요합니다. 잘못된 길로 열심히 연습하면 안 되니까요. 서당 개 3년이면 풍월을 읊는다고, 10년 넘게 쌓아온 기술 글쓰기 경험에 기댄다면, 비록 단박에 고수로 만들어줄 비급은 만들지 못하더라도 시작하는 사람에게 길을 알려줄 책은 쓸 수 있을 것 같았습니다.

둘째, 드라마 〈베토벤 바이러스〉에서는 부딪히고, 애쓰고, 하다못해 계획이라도 세워야 내 꿈이라 말할 수 있다고 했습니다. 글 쓰는 일을 한다면서 정작 자신이 해온 일조차 글로 남기지 않은 제가 한때 작가를 꿈꿨다고 말할 자격이 있을까 싶었습니다. 그러니 《연금술사》(문학동네, 2001) 같은 작품으로 누군가를 감동시키겠다는 허황한 바람을 버리고 쓸 수 있는 것부터 써보자는 결심이 섰습니다.

그렇기에 이 책은 자신이 만든 제품(특히 소프트웨어 분야)의 문서를 잘 써보고 싶은, 이제 막 '글 쓰는 개발자'라는 길 앞에 선 사람에게 방향을 알려주는 나침반입니다. 동시에 저와 비슷한 일을 했거나, 하거나, 할 사람에게 추억이자 바람이 될 기록입니다.

책을 쓰는 내내 다음 두 가지를 염두에 두었습니다.

하나는 수십 년 동안 기술 글쓰기의 대명사로 불리는 도서를 무작정 따라 하거나 참고하라고 말하지 말고, 일하면서 몸으로 익히고 진심으로 느낀 바를 쓰자는 것입니다. 물론 기술 글쓰기 분야에서 흔히 말하는 법칙도 소개하는데, 그 까닭은 '으레 그래야 한다고 했'기 때문이 아니라 실제로 중요하다고 느꼈기 때문입니다. 따라서 되도록 이론보다는 실제 예시와 경험을 들어 설명하려고 했습니다.

다른 하나는 개발자가 정말 필요한 정보를 개발자 눈높이에 맞춰서 제공하자는 것입니다. 글쓰기를 '엄청나게 거창한 무언가'라고 생각하는 사람이 꽤 있습니다. 코드 주석이나 커밋 메시지 같은 짧은 글은 글쓰기가 아니라고들 생각하죠. 하지만 개발자의 글쓰기는 여기서부터 시작입니다. 개발 업무에서 중요한 부분을 차지하는 것은 물론 짧은 글부터 제대로 쓰는 연습을 해야만 긴 글을 잘 쓸 수 있기 때문입니다. 따라서 코드에 관한 글부터 시작해서 차츰차츰 덩치를 키워나가는 식으로 구성했습니다.

이 책의 제목은 몇 년 전에 수정 님이 쓴 블로그 글[1]에서 따왔습니다. 블로그 제목이 도발적이어서 다소 완화했다고 볼 수도 있지만, 한편으로는 그에 답하는 형태를 취하고 싶기도 했습니다. 개발자는 글을 못 쓰지 않습니다. 이 책이 그렇게 만들어줄 테니까요. 이 책을 펼친 모든 독자가 이런 제 믿음의 증인이 되어줄 테니까요.

글쓰기를 좋아하고, 글 쓰는 일을 하고, 사사로이 글을 꽤 쓰는 편인데도 책 한 권을 쓰기란 여간 어려운 일이 아니었습니다. 좀 더 와닿는 예시, 눈을 번쩍 뜨이게 해줄 팁이나 기법을 알려드리고 싶었으나 기억력과 경험의 한계로 완벽하게 써내지 못했습니다. 그러니 설명이 부족하거나 의문이 풀리지 않는 내용이 있다면 언제든지 저에게 물어보세요. 힘닿는 데까지 대답해드리겠습니다.

꿈꾸는 서당개 **전정은**

일생을 살면서 내 인생의 처음과 마지막을 장식하고 선언하는 문서는 내가 작성하지 못합니다. 내 삶의 시작을 알리는 출생신고서와 그 끝을 선언하는 사망신고서, 이 두 문서는 내가 작성할 수 없습니다. 하지만 그 시작과 끝 사이에 무수하게 많은 문서를 작성할 기회가 있고, 작성하며 삽니다. 어쩌면 작성해야만 한다는 표현이 더 맞을지도 모르겠습니다. 이 책은 삶의 여정, $(0,0)$에서 (x,y) 사이 그 어딘가에서 개발자라는 길을 걸으며 문서라는 흔적을 남겨야 하는 분들, 흔적을 잘 남기고픈 분들을 위해 꾸린 이야기입니다. x값이 20을 조금 지난, 편집자님의 표현을 빌리자면, '꿈나무'들부터 ∞까지 도전하며 개발자의 길을 걷는 모든 분에게 벗이 되는 길라잡이가 됐으면 합니다.

이 책에 담긴 내용이 정답은 아닙니다. 김치를 담그는 방식이 서로 다르듯, 떡국이나 냉면 특색이 지역별로 다르듯, 글을 쓰는 방법과 양식, 문서에 담는 내용이나 방식은 한 가지가 아닙니다. 그래서 우리의 이야기가 유일한 정답이지 않거니와 유일한 정답일 수

---

[1] https://engineering.linecorp.com/ko/blog/why-are-engineers-so-bad-at-writing

도 없습니다. 지금까지 '테크니컬 라이터'라는 이름으로 일하며 습득한 깨달음 조각들을 우리만의 조리법으로 엮었습니다.

이 책 표지에 동그랗게 라면 냄비 자국이 생길 수도 있고, 이 책의 표지를 온라인 중고 서점에서 많이 만나게 될 수도 있겠지만, 그럴지언정 마지막 페이지까지 독자님의 지문이 남기를 바라봅니다. 문서 종류에 특화되지 않은 일반적인 기술 글쓰기 이야기를 책 끝에서 다루기 때문에도 그렇습니다. 이 책에 차곡차곡 담은 우리의 이야기가 이 책을 집은 독자님에게, 장바구니에 담은 독자님에게 글쓰기 근육을 키우는 데 영양 가득한 도시락이 됐으면 하고 바랍니다.

따끈따끈한 붕어빵 낚시를 한창 하던 계절에 정은 님께서 집필을 제안해주셔서 '써볼까!' 하는 마음을 먹고 심은 씨앗이, 지구가 태양을 한 바퀴하고도 반을 더 돌고서야 이제 슬슬 꽃피울 준비를 하네요. 글을 맺기 전 고마운 마음을 전하고 싶은 이들에게 감사 인사를 살포시 남깁니다.

```
soliDeoGloria();

const expressGratitude = (() => {
  const thanks = {
    workBesties: {
      to: ['Ragina', 'Jason.K'],
      for: 'leading me, guiding me, teaching me, and being my best bud',
    }
    publisher: {
      to: ['Editor Kim', 'Jpub'],
      for: 'giving me this opportunity and helping to bring our work to life',
    },
    LINERs: {
      to: ['IG Kang', 'EJ Kim', 'GO Kim', 'YJ Kim', 'SW Lee', 'SH Lee', 'JW Song', 'HW Park', 'JH Lee'],
      for: 'letting me quote your blog posts in this book'
    },
    readers: {
      for: 'choosing this book',
      to: ['all those reading this right now']
    },
```

```
    family: {
      to: [null, 'Oubi', 'Hwang's family members'],
      for: 'love, support, and prayers',
    },
  };

  Object.entries(thanks).forEach(([group, groupInfo]) => {
    groupInfo.to.forEach((dear) => {
      console.log(`Thank you, ${dear} for ${groupInfo.for}!`);
    });
  });

  console.log('My apologies to those I may have missed, but I sincerely thank you all!');
})();
```

이웃집 서당개 **황수정**

PART

I

개발자는 정말
글을 못 쓸까?

'개발자는 글을 못 쓴다'는 명제는 참일까요?

만약 명제가 참이라면 세상에 나온 수많은 개발서와 기술 블로그는 누가 썼을까요? 저자인 개발자는 이름만 빌려줬을 뿐, 실제로는 글 잘 쓰는 사람이 대필했을까요? 아니면 개발자가 괴발개발 쓴 원고를, 편집자가 우주의 기운을 받아 멋진 글로 만들어냈을까요?

전자는 불법일 테니 대부분 후자로 봐야겠군요. 편집자가 원문만 보고 부족한 점을 직접 보완해 완전히 다른 글로 바꿨다면, 그 편집자는 편집자가 아니라 공동 저자나 감수자라고 해야 합니다. 그렇다면 편집자와 저자가 같은 책이 흔할까요? 그렇지 않겠죠. 우주의 기운을 받은 편집자라고 해도 원문에서 부족한 부분, 난해한 부분, 잘못된 부분을 저자에게 묻고, 확인하고, 다시 쓰게 해서 멋진 결과를 만들어냈을 겁니다. 그러니 그 글을 쓴 사람은 편집자가 아니라 여전히 개발자입니다.

'개발자는 글을 못 쓴다'는 명제가 참이라면, 편집자의 도움을 받아 멋진 글을 쓴 개발자는 여전히 '글 못 쓰는 개발자'일까요? 아무런 도움도 받지 않고 일필휘지로 쓱쓱 명문을 만들어내야만 '글 잘 쓰는 사람'이라면, 참이어야 할 명제는 '개발자는 글을 못 쓴다'가 아니라 '사람들 대부분은 글을 못 쓴다'여야 할 겁니다.

1 개발자는 코드로 소통한다?

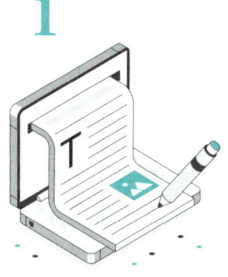

개발자가 처음 쓴 글은 초안입니다. 이름난 작가도 출판하기 전에 수차례 교정을 받습니다. 전문 작가도 아닌 사람이 초안을 완벽하게 쓸 리 없죠. 완성한 글이 되려면 반드시 퇴고와 검토를 거쳐야 합니다. 그런데 주변을 둘러보면 일정에 쫓겨 후다닥 쓴 다음 동료에게 의견을 묻기는커녕 훑어보지도 않고서 '다 썼다'고 하는 개발자들이 있습니다. 이게 바로 개발자는 글을 못 쓴다는 '전설의 시작'이 아닐까 생각합니다.

기획자가 쓴 초안은 다르다고요? 기획자는 흔히 제품 기획서나 정책서 같이 많은 사람이 읽는 문서를 쓰고, 그 문서로 상사에게 보고합니다. 글로 소통하는 일이 많고 다른 사람 의견을 많이 듣고, 많이 고치다 보니 자연스레 초안을 유려하게 쓸 수 있게 된 거죠.

재능이라는 요소를 뺀다면 글을 많이 써본 사람이 그렇지 않은 사람보다 좋은 초안을 써낼 확률이 높습니다. **개발자는 글을 못 쓰는 게 아니라 글을 쓸 기회가 적어서 익숙하지 않을 뿐입니다.** 흔히 '개발자는 코드로 말한다'고 하죠. 코드로 소통할 수 있으니 (사실 이것도 코드를 '잘' 써야 가능하지만) 딱히 글을 써서 공유할 필요가 없었을 겁니다.

"이 기능 어떻게 구현하셨어요?"라는 질문에 코드를 툭 던져주는 시크함, '그걸 이해하지 못하면 넌 개발자도 아냐!'라는 의미가 담긴 듯해서 차마 "설계 문서는 없나요?"라고 묻지 못하게 만드는 카리스마! 이게 다 전설적인 개발자 리누스 토르발스Linus

Torvalds의 말 때문이 아니겠습니까?

> Talk is cheap. Show me the code(말은 쉽지. 코드를 보여줘).

리누스 토르발스를 존경하는 사람으로서 이 말이 꼭 그런 뜻이 아니란 것은 압니다. 하지만 개발자의 성과는 곧 코드이니, 제대로 된 코드를 줄 수 있으면 그게 어떻게 돌아가는지 설명할 필요가 없다는 의미로 오해할 수 있습니다.

이 밖에 개발자, 특히 한국 개발자가 글을 못 쓴다는 편견이 생긴 데에는 다른 이유도 있습니다. 우리나라는 학업 성취도에 글쓰기 성적이 큰 비중을 차지하지 않는 데다, 특히 컴퓨터 전공의 과정을 보면 코드만 잘 짜도 성적을 잘 받을 수 있는 구조입니다. 목표한 기능을 멋들어지게 구현하기만 하면 알고리즘 서술 능력이나 보고서 내용은 조금 부족해도 좋은 평가를 받을 수 있습니다. 그렇지 않아도 글쓰기 능력을 배양할 기회가 적은 우리나라 개발자에게 '개발자는 코드로 소통한다'는 불문율까지 무기로 쥐여줬으니 글쓰기를 멀리할 만도 합니다. 글을 못 써도(사실은 안 써도) '개발자니까'라고 하면 모두가 이해해줄 테니까요.

요약

우리나라 개발자는 이런저런 이유로 글쓰기에 익숙하지 않습니다. 하지만 연습하면 누구나 글을 잘 쓸 수 있습니다.

- 초안이 완벽하지 않다고 해서 글을 못 쓰는 것은 아닙니다.
- 코드로 소통한다는 이유로 글쓰기에 소홀하지 맙시다.

2 반복, 또 반복

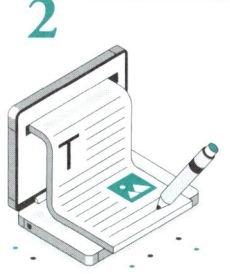

글 잘 쓰는 개발자가 되려면 쓰지 않는 습관과 코드로 소통한다는 생각의 굴레에서 벗어나야 합니다. 코딩할 때를 생각해봅시다. 새 파일을 열고 오늘 논의한 알고리즘을 단번에 완벽한 코드로 써낼 수 있나요? 대부분 유닛 테스트unit test와 디버깅debugging을 반복하고, 코드 리뷰code review를 받아 고치다가, 마지막으로 QA(품질 보증)quality assurance를 거치며 또다시 코드를 손볼 겁니다. 글도 다르지 않습니다. 일단 쓰고, 다시 보며 고치고, 검토받고, 다시 보면서 또 고쳐야 좋은 글이 됩니다.

글을 잘 쓰고 싶으면 두 가지를 명심하세요.

- 일단 쓰고 난 다음 적어도 세 번 읽는다.
- 다른 사람에게 읽어달라고 요청한다.

우선 단번에 좋은 글을 써내겠다는 희망을 버리세요. 그런 생각을 하면 오히려 글쓰기가 힘들고 어렵게 느껴져 시작하기 힘듭니다. 처음에는 생각나는 대로 쓰고, 반복해 읽으면서 고쳐나가는 편이 좋습니다. 이 책에서 유용한 법칙을 배웠다고 해도 처음 쓸 때부터 적용하기란 쉽지 않을 겁니다. 이 글을 쓰는 저 역시 처음 쓸 때는 책에 쓴 몇몇 법칙을 놓치곤 합니다. 퇴고하면서 고쳐나가죠. 그러니 여러분도 처음부터 모든 법칙에 맞추려고 하지 말고 두 번, 세 번 보면서 적용해보세요. 시간이 넉넉하다면 글을 쓴 후 하루 또는 일주일이 지난 후에 다시 읽어보기를 권합니다. 쓸 때는 미처 생각하지 못했던 문제점을 발견할 수 있을 겁니다.

'남에게 보여주기가 민망해서', '지적받는 것이 괴로워서' 글을 못 쓰겠다는 이야기를 가끔 듣습니다. 잘 압니다. 남이 내 실수나 잘못을 지적하면 불편하고 괴로운 건 당연하니까요. 하지만 남의 의견을 듣지 않으면 발전할 수 없습니다. 남이 내 글을 읽은 후에 전달하려던 내용을 잘 파악했는지, 만약 그렇지 않다면 어디가 잘못됐는지 알아내야 글을 더 잘 쓸 수 있습니다. 형식적이든 아니든 코드 리뷰가 어느 정도 자리 잡은 지금의 개발 문화라면, 글에 대한 검토 의견도 충분히 받아들일 수 있을 겁니다.

글쓰기 책의 대명사인《유시민의 글쓰기 특강》(생각의길, 2015)에는 "노력한다고 해서 누구나 안도현처럼 시를 쓸 수 있는 건 아니다. 하지만 누구든 노력하면 유시민만큼 에세이를 쓸 수는 있다"라는 문장이 있습니다. 시나 소설은 재능에 크게 영향받지만 공학적, 논리적인 글은 노력하면 잘 쓸 수 있다는 말입니다. 개발자가 쓸 글은 대부분 공학적이고 논리적인 글입니다. 화려한 문장으로 꾸밀 필요가 없고 색다른 표현으로 감동을 줄 필요도 없습니다. **정확한 사실을 명확하게 전달하면 됩니다.** 꾸준히 노력하면 유시민 작가만큼은 아니더라도 최소한 '개발자는 글을 못 쓴다'는 편견은 없앨 수 있을 겁니다.

어떤 분야이든 꾸준히 노력하는 것만큼 훌륭한 방법은 없습니다. 모두가 아는 이런 대답을 기대하고 이 책을 펼치지는 않았겠죠? 이 책은 조금 '덜' 노력하고도 눈에 띄게 글쓰기 수준을 높일 만한 방법을 소개하고, 흔히 하는 실수를 나열해 나쁜 글을 피할 수 있도록 구성했습니다. 물론 그 법칙을 이용해서 꾸준히 글을 쓴다면 글솜씨는 훨씬 더 좋아질 겁니다.

요약

반복만이 실력을 향상하는 유일한 방법입니다.

- 모든 것이 그렇듯이 글쓰기도 반복 연습이 중요합니다.
- 이 책에서는 실수를 줄여 학습 능률을 높이는 방법을 알려줍니다.

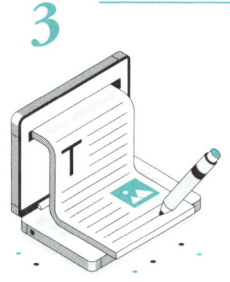

3 글에는 목적이 있다

여러분이 생각하는 '글'이란 무엇인가요?

동료에게 슬랙Slack으로 보낸 서너 줄짜리 문의 사항도 글일까요? 아니면 적어도 A4 용지 서너 장 분량의 글 정도는 되어야 글이라고 할 수 있을까요? 사람마다 기준이 다르기에 '글 잘 쓰는 법'이란 '업무 메일 잘 쓰는 법'일 수도 있고, '블로그 잘 쓰는 법'일 수도 있습니다. 이 책에서는 개발자가 업무로 쓰는 모든 텍스트를 '글'이라고 부르겠습니다.

개발자가 업무로 쓰는 글은 앞에서 말한 '슬랙 같은 온라인 메시지'와 '기술 블로그'를 모두 포함합니다. 한 줄이든 A4 용지 서너 장 분량이든 상관없습니다. 심지어 코드에 넣는 주석조차 업무 글입니다. 주석에 '오늘 점심 때 팀장님이 초밥을 사줘서 기분 좋게 이 코드를 짤 수 있었다'라고 쓰지 않았다면요.

다음과 같은 상황을 가정해봅시다.

> 회의를 끝낸 가람 씨가 회의록을 보다가 이상해서 작성자인 동료 나라 씨에게 슬랙으로 질문합니다.
>
> **가람** 나라 님, 함수 `PickMe`의 파라미터가 논의한 내용과 다른데요, `param1`은 문자열로 받기로 했거든요. `param2`는 `default`를 `false`로 넣기로 했고요. 함수 이름에

오타도 있는 것 같아요.

나라 오늘 아침에 기획팀 요청이 있어 `param1`을 `enum`으로 변경하기로 했습니다. 참고하시라고 메일 전달해드렸습니다. `param2`는 말씀하신 대로 수정했습니다.

이 대답을 본 가람 씨는 이렇게 투덜거립니다.

가람 아니, 대체 글을 읽는 거야, 마는 거야? 분명히 함수 이름에 오타 있다고 했는데도 왜 파라미터만 봐? 아우, 진짜. 한 번 말해서 알아듣는 꼴을 못 봤다니까!

이런 경험, 다들 있지 않으신가요? 분명히 세 가지를 요청했는데 두 가지만 응답하는 동료를 보고 답답했던 적 말입니다. 하지만 과연 이 상황이 전부 나라 씨 탓일까요?

만약 가람 씨가 이렇게 썼다면 어땠을까요?

가람 나라 님, 함수 `PickMe`의 파라미터와 이름이 논의 결과와 다릅니다.

1. 파라미터 `param1`: 문자열로 받기로 했는데 `enum`입니다.
2. 파라미터 `param2`: `default`를 `false`로 넣기로 했는데 `default`값이 없습니다.
3. 함수 `PickMi`: 이름에 오타가 있습니다. `PickMe`여야 합니다.

이렇게 쓰면 나라 씨는 가람 씨가 질문한 내용이 세 가지라는 것을 한눈에 알 수 있습니다. 번호를 붙여 질문하면 상대방 역시 번호를 붙여서 대답하기 마련이므로 요청 사항을 놓치지 않게 됩니다. 물론 나라 씨가 다른 일로 몹시 바빠서 정신이 없다면 하나쯤 놓칠 수도 있습니다. 상대방의 상황을 통제하는 것은 영역 밖의 일이니 아무리 질문을 잘해도 여전히 원하는 대답을 얻지 못할 가능성이 있지만, 적어도 첫 번째 예시 상황보다는 제대로 된 답을 내놓을 확률이 높습니다. 행여 나라 씨가 3번 요청을 놓쳤더라도, 다시 똑같은 내용을 설명할 필요 없이 "3번도 확인해주세요"라고 요청할 수 있으니 귀찮음도 덜 수 있습니다.

업무로 쓰는 글에는 목적이 있습니다. 질문이라면 상대방에게 필요한 정보를 얻는 목적이고, 보고라면 상대방에게 현재 상황과 내 의견을 알리고 결정을 내리게 하는 목적입니다. 서너 줄짜리는 대충 써도 되고, 서너 장짜리는 잘 써야 한다고 오해하지 마시기를 바랍니다. **목적이 있는 글은 분량에 상관없이 목적을 달성할 수 있도록 갖은 방법을 동원해야 합니다.**

긴 글 쓰기가 부담스럽다면 짧은 글이라도 목적에 맞게 쓰도록 자꾸 연습해보세요.

요약

글은 소통 수단입니다. 업무에서 소통이란 내 생각만을 무작정 던지는 것이 아니라 상대방을 공감하게 만들거나 움직이게 만드는 것입니다.

- 업무에서 쓰는 글에는 목적이 있습니다.
- 아무리 짧은 글이라도 목적을 이루도록 갖은 방법을 동원해야 합니다.

4

번역서 참고는 그만

글쓰기를 잘하려면 책을 많이 읽으라고들 합니다. 옳은 말입니다. 요즘 유행하는 이異세계 빙의憑依 웹툰을 보면 현대 사람이라는 이유만으로 현대식 물건을 척척 만들고, 의대생이었다는 이유만으로 병을 척척 고치는 주인공이 심심찮게 등장합니다. 그런 주인공이 부러운 이유는, 우리는 절대로 그렇게 할 수 없기 때문입니다. 물건을 한 번 쓰고 따라 만들 수 있거나 의학 수업을 듣기만 해도 명의가 될 수 있다면 글 잘 쓰는 법이 궁금해서 이 책을 볼 필요도 없겠죠.

웹툰 주인공이 아닌 보통 사람은 열심히 이론을 공부하고 실전에 임해야만 그 분야에 능통해집니다. 글쓰기도 마찬가지입니다. 남이 쓴 글을 많이 읽는 것이 이론이고, 직접 써보는 것이 실전입니다. 그러니 글을 많이 읽는 것이 글 잘 쓰는 한 방법이죠. 다만 전제가 하나 붙습니다. '잘 쓴 글'을 많이 읽어야 한다는 겁니다.

잘 쓴 글이란 두 가지로 나눌 수 있습니다.

- 내용이 훌륭한 글: 전 세계인에게 감동을 준 스테디셀러와 베스트셀러
- 표현력이나 글솜씨가 훌륭한 글: 따라 읽으면 절로 운율이 느껴지는 아름다운 글

좀 더 명확하게 쉽게 표현하자면 이렇습니다.

- 내용이 논리적이고 목적이 분명한 글

• 한국인이 자연스럽게 읽을 수 있는 글

우리나라 개발자가 참고하는 글 중 첫 번째를 만족하는 글은 많지만 두 번째를 만족하는 글은 찾기 어렵습니다. 왜냐고요? 대부분 번역한 글이기 때문입니다. IT는 서양에서 비롯됐고 기술 역시 서양이 선도하다 보니 우리나라의 IT 도서 또는 글은 대부분 번역문입니다. 물론 국내 저자가 쓴 책도 있지만, 안타깝게도 번역서의 문체에 익숙한 개발자가 대부분일 겁니다.

번역서에 무슨 문제가 있느냐고요?

다양한 글쓰기 책에서 언급했다시피 우리나라에 들어온 초기 번역서에는 우리말 같지 않은 어색한 표현이 많았습니다. 《유시민의 글쓰기 특강》에서는 "우리말에 없는 외국어 문장 구조를 그대로 둔 채 단어와 표현만 바꾸어놓고서 직역이라고 주장하는 사람도 있는데, 이런 번역을 과연 직역이라고 할 수 있을지 모르겠다. 그냥 틀린 번역이라고 생각한다"라고 했고, 우리나라 번역가의 필독서 《번역의 탄생》(교양인, 2009)의 머리말에서는 "한국어가 이미 번역서를 통해 영어와 일본어에 상당히 깊이 물들어 있음을 깨달았다"라며 이미 한국어가 번역문에 오염됐다고 말했습니다. 오랫동안 남의 문장을 다듬어온 《내 문장이 그렇게 이상한가요?》(유유, 2016)의 저자는 "'옮긴이 해설'이나 '옮긴이의 말'에서는 멀쩡한 문장을 구사하면서 정작 번역문은 절뚝거리는 문장으로 채우는 경우가 많았다"라고 했습니다.

IT 도서처럼 기술을 다루는 책일수록 번역가는 더욱 원문에 집착하는 경향이 있습니다. 내용을 정확히 파악하지 못한 채 문장을 다듬다가 틀릴까 봐 두려운 탓이죠. 더욱이 IT 도서는 전문 번역가가 아니라 해당 기술 전문가에게 번역을 맡길 때도 많은데, 기술 전문가는 번역가보다 원문 언어를 잘 알지 못하므로 가능하면 원문 형태를 그대로 유지하려고 하기 마련입니다.

어색한 번역 투를 많이 접한 개발자는 메시지를 주고받을 때는 자연스러운 한국어를 쓰면서도 글로 써달라고 하면 흡사 마법에 걸린 것처럼 번역 투를 쓰게 됩니다.

예를 들어보겠습니다.

ABC는 **향상된 보안성**과 신뢰성을 가짐으로써 개발자로부터 **많은 선택**을 받고 있는 플랫폼입니다.

ABC 플랫폼은 **모든 저장된** 데이터를 하나의 기준으로 분류하므로 **관리에 용이**하며, 데이터의 저장 및 획득은 API로 제공함으로써 다른 도구와 연동하여 더욱 **높은 활용도**를 달성할 수 있습니다.

ABC 플랫폼에서 이러한 데이터를 획득하려면 **일련의 작업**을 수행해야 합니다. 먼저 `checkData()`를 호출해 어떤 데이터가 **저장되어** 있는지 확인합니다. 그 후 필요한 데이터로 `getData()`를 호출하면 데이터가 **수신됩니다**. 마지막으로 이렇게 **수신되어진** 데이터를 **처리하는 작업이 필요**합니다. 어떤 시스템은 이 데이터를 그대로 사용할 수 있지만, 어떤 시스템은 가공해서 사용해야 합니다. 〈ABC 데이터 가공 페이지〉에서 어떻게 **가공될 수 있는지** 확인할 수 있습니다.

참고로, **모든** API 요청은 API 시크릿으로 **서명되어야** 하며, **서명되지 않은 것은 무시됩니다**. 서명은 아래 코드 예시를 사용함으로써 **쉽게 처리 가능**합니다.

굉장히 흔한 번역 투의 글입니다. 만약 이 글이 어색하지 않았다면 여러분은 이미 번역 투에 깊이 물들어 빠져나오기 힘든 상태입니다. 그런 상태라면 처음부터 자연스러운 한국어를 쓰기는 어려우니 퇴고하면서 고치는 수밖에 없습니다.

자연스럽게 수정해보죠.

ABC 플랫폼은 **보안성이 높**고 신뢰성을 **확보해** 개발자들이 **많이 선택**하는 플랫폼입니다.

ABC 플랫폼은 저장**하는** 데이터를 **같은** 기준으로 분류하므로 관리**하기 쉬우**며, API로 데이터를 **저장하고 획득**할 수 있으므로 다른 도구와 연동**할** 수 있습니다.

ABC 플랫폼에서 데이터를 획득하려면 **다음 순서로 작업**해야 합니다.

1. `checkData()`를 호출해 어떤 데이터를 **저장했는지** 확인하세요.
2. `getData()`를 호출해 필요한 데이터를 **가져오세요**.

이렇게 **얻은** 데이터를 그대로 사용할 수도 있지만, 가공해야만 사용할 수 있는 **시스템도**

있습니다. 〈ABC 데이터 가공 페이지〉에서 **가공하는 방법을** 확인할 수 있습니다.

〈참고〉

API 요청은 API 시크릿으로 서명**해야** 합니다. ABC는 서명하지 않은 요청을 무시**합**니다.

아래 코드 예시를 사용하면 쉽게 **서명할** 수 있습니다.

고친 문장을 보고 원문의 '어디를', '왜' 고쳤는지 알 것 같다면 아직 희망이 있습니다. 포기하지 말고 이 책을 끝까지 읽어보세요. 이 책은 내용이 올바르고 목적에 맞는 글을 쓰는 방법을 주로 다루지만, 어색하고 잘못된 한글 표현을 고치는 법도 다루니까요.

요약

초안은 본래 완벽하지 않습니다. 초안을 쓴 후 다음 두 가지를 염두에 두고 검토하고 고치면 점점 더 훌륭한 글이 됩니다.

- 글을 잘 쓰려면 내용과 표현이라는 두 마리 토끼를 잡아야 합니다.
- 지금까지 그렇게 써왔다는 이유로 어색한 한국어를 쓰지 맙시다.

PART

II

글을 잘 쓰는 개발자는 코드부터 다르다

함수 이름이나 오류 코드, 커밋 로그, API 주석은 모두 코드와 긴밀히 이어지는 글입니다. 남이 보건 말건 코딩할 때 당연히 써야 하는 내용이기에 부담 없이 편안하게 쓸 수 있습니다. 개발자가 글쓰기를 연습하기에 딱 좋은 요소죠. 이런 글은 짧지만 코드에 꼭 필요하며, 더 긴 글을 쓰는 기반이 되기도 합니다. 평소 늘 접하는 코드에서부터 올바른 글쓰기 방법을 익히면 글쓰기가 좀 더 친근하게 느껴질 겁니다.

명심하세요. 글을 잘 쓰는 개발자는 코드부터 다릅니다.

5 커밋 메시지 작성하기

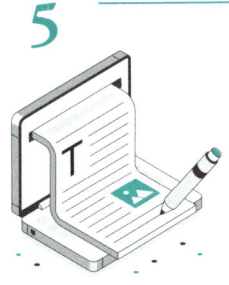

깃Git 커밋 메시지를 잘 쓰는 방법은 일단 하나로 귀결됩니다. 커밋하려는 저장소에서 명시한 규칙대로 쓰면 일단 잘 쓴 겁니다. 저장소 규칙을 따르세요. 저장소 규칙이 제일 중요합니다. 지구상의 모든 저장소가 A를 하라고 해도 내가 커밋하려고 하는 저장소가 B를 하라고 하면 따라야 하는 법이죠.

커밋 메시지commit message란 커밋commit할 때 남기는 글입니다. 저장소 대문 페이지에 보이는 파일과 폴더 목록에 나열된 문장이 커밋 메시지입니다(그림 5-1).

그림 5-1 **Armeria 저장소의 대문 페이지에서 볼 수 있는 커밋 메시지 목록**

목록에서 폴더나 파일 이름 옆 커밋 링크를 클릭하면 커밋 메시지를 상세히 확인할 수 있습니다(그림 5-2).

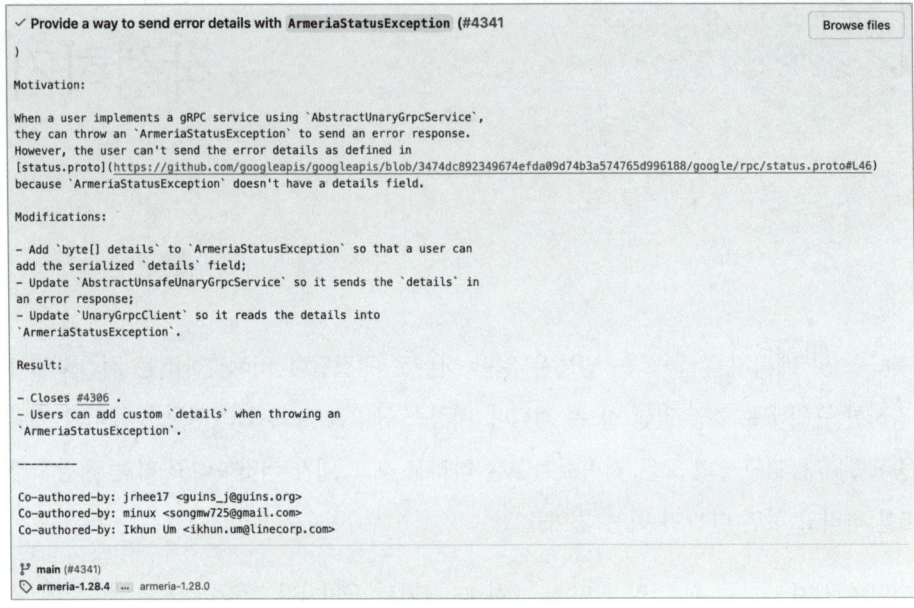

그림 5-2 커밋 메시지 상세 내역

git log를 실행했을 때 출력되는 것도 커밋 메시지들입니다(그림 5-3).

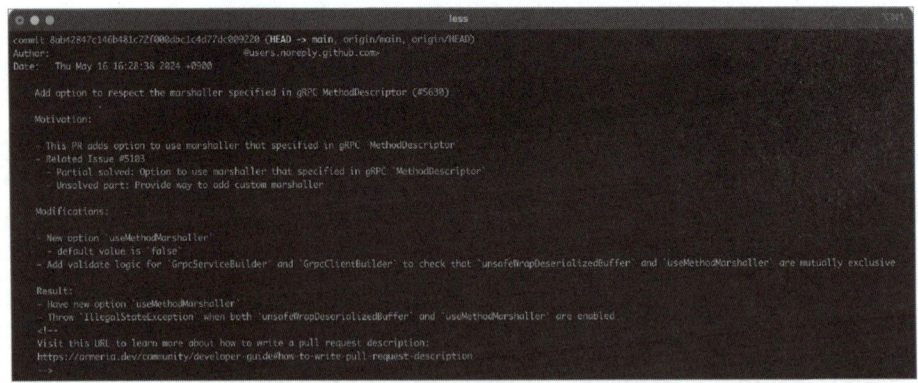

그림 5-3 git log 명령어로 볼 수 있는 커밋 메시지

커밋 메시지를 한국어로 쓰나요? 아니면 영어로 쓰나요? 코딩을 영어로 하기 때문인지 커밋 메시지를 한국어로 쓸 생각을 해본 적이 없습니다. 지금 생각하면 놀랄 일인가 싶지만, 한국어로 쓴 커밋 메시지를 보고 문화 충격을 받았던 기억이 있습니다.

개발자가 전부 한국 사람이라면 머리 아프게 영어로 작성하지 않아도 됩니다. 나 혼자 사용하는 저장소라면 더욱 그렇습니다. 하지만 개발한 '그 무언가'를 오픈소스로 공개한다면요? 혹은 우리 회사가 나중에 외국인 개발자가 많은 회사와 합병을 하게 된다면요? 내가 이민을 간다거나 외국계 회사에 취직을 하게 된다면요? 이런 상황이 나에겐 절대 벌어지지 않는다고 확신할 수 있다고 합시다. 하지만 오픈소스 프로젝트에 기여를 하고 싶다면 결국 영어로 커밋 메시지를 쓸 수밖에 없습니다.

이번 절에선 커밋 메시지를 영어로 작성하는 법을 다룹니다. 풀 리퀘스트_{pull request, PR}를 작성하더라도 커밋 메시지 작성 규칙을 동일하게 적용할 수 있어 이 장에선 커밋 메시지와 풀 리퀘스트를 같은 선상에 두고 설명합니다. 생성한 풀 리퀘스트를 병합_{merge}하면 그 또한 하나의 커밋이 되니까요.

영어로 작성하는 이야기를 하면 영문법이 빠질 수 없어 다소 조심스럽습니다. 이 책은 영어를 알려드리는 책이 아니니까요. 어쩔 수 없이 영문법이 등장하는 부분은 양해를 구합니다.

커밋 메시지를 잘 써야 하는 이유

커밋 메시지를 잘 써야만 할까요?

네, 잘 써야 합니다.

누구나 잘 쓰고 싶은 마음은 있을 겁니다. 다만 잘 쓰기가 어렵습니다. 왜 그럴까요? 아무래도 외국어인 영어로 써야 하는 부담이 크겠죠. 코딩하느라 진이 다 빠진 후인데 커밋 메시지를 정리해서 올리기도 힘들고요. 어차피 코드를 보면 무엇을 커밋하는지 다 알 텐데 굳이 신경 써서 작성해야 하나 싶을 수도 있습니다. 코드 리뷰를 받고 피드백을 반영한 후 배포해야 한다는 마음에 급할 수도 있고 말이죠.

기록은 남는다

커밋 로그commit log는 여러 커밋이 쌓인 결과입니다. 로그는 기록입니다. 기록은 남습니다. 내 흔적이 남습니다.

내가 작성한 코드라는 사실이 기록에 남듯이 내가 남긴 커밋 메시지도 작성자 정보가 남습니다. 기록은 나를 따라다닙니다. 언젠가 SNS에 남겼던 중2병 걸린 듯한 메시지는 이불킥 몇 번으로 넘길 수 있습니다. 하지만 엉망으로 쓴 내 커밋 메시지도 그럴까요?

사실 커밋 메시지를 대충 써도 당장은 큰 문제가 없을 수도 있습니다. 그럼에도 커밋 메시지를 잘 쓰자고 하는 이유는, 결국 여러분 자신을 위한 것이기 때문입니다.

기록은 찾는 것이다

기록은 남기고 끝이 아닙니다. 기록은 누군가의 방문을 받게 마련입니다. 그 누군가에 나도 포함될 수 있습니다. 몇 달 전에 커밋했던 내용을 아무 자료 없이 기억에 의지해 그대로 읊어낼 수 있을까요? 물론 그런 귀인이 있을 수도 있지만 보통은 어려울 겁니다. 내가 커밋한 코드를 왜 커밋했는지, 왜 그렇게 구현했는지 시간이 어느 정도 지나면 나도, 또 내 코드를 보는 이도 알 수 없습니다. 기록이 없다면 말입니다. 시간이 지난 후에도 기록이 유의미하도록 기록을 잘 쓰고 잘 남겨야 합니다.

기록을 잘 찾을 수도 있어야 합니다. 기록을 찾을 땐 검색 기능을 이용하겠죠. 그렇다면 어떤 키워드로 검색을 할까요? 커밋 메시지를 작성할 때는 검색도 고려해야 합니다. 오타가 없는지도 꼼꼼히 확인해야겠죠. 오타가 남아 있는 상태로 커밋 메시지를 작성하면 아무리 검색해도 결과로 나오지 않을 테니까요.

잘 쓴 커밋 메시지는 좋은 평가로 돌아온다

커밋 메시지는 조직 내 평판 혹은 평가에 영향을 줄 수 있습니다. 엉망으로 쓴 커밋 메시지는 코드 리뷰어를 괴롭힐 수 있습니다. 반대로 내가 리뷰해야 하는 커밋 메시지가 엉망진창이라면 어떤 마음이 들까요?

메시지$_{message}$는 소통 방식입니다. 국립국어원 표준국어대사전을 보면 '메시지'의 뜻에 대해 전언$_{傳言}$, 교훈이나 의도라고 나오기도 하지만, 언어적 측면에서는 "언어나 기호에 의하여 전달되는 정보 내용"이라고 정의했습니다. 커밋 메시지는 정보를 전달하려고 작성하는 것입니다. 협업하는 개발자에게 영향을 끼칠 수 있습니다. 엉망으로 작성된 커밋 메시지 때문에 커밋 로그가 쌓이고 쌓이다 보면, 언젠가 블라인드[1]에서 이런 글을 발견하게 되겠죠. "제발 커밋 메시지 좀 개떡같이 쓰지 말라고!"

실력은 돈이 된다

커밋 메시지를 영어로 쓰는 법을, 그것도 잘 쓰는 법을 익혀두면 언젠가는 영어가 편해지는 순간이 찾아옵니다. 익숙하고 편해지면 막연한 두려움이 사라집니다. 오픈소스 프로젝트에 커밋 메시지를 남겨볼 용기를 내는 데 발판이 될 수 있습니다. 희망회로를 잔뜩 돌리자면 국내 외국계 회사나 해외에 취직하기 위한 밑거름이 될 수도 있습니다. 오픈소스 프로젝트에 남긴 커밋들은 내 포트폴리오에 담길 수도 있고, 내 영작문 실력을 증명할 수 있는 자료가 될 수도 있습니다. 비싼 돈 들여 영어 레슨을 받는 방법도 있지만 커밋 메시지를 영어로 작성하는 연습은 무료입니다. 한 가지 확실한 것은 커밋 메시지를 잘 쓰면 여러분에게 반드시 도움이 된다는 사실입니다.

---

1 https://www.teamblind.com/kr/

커밋을 설계하세요

커밋 메시지의 제목은 뒤에서 상세히 다루겠지만, 커밋 메시지 제목(이하 제목)이 너무 길다면 그 커밋에는 너무 많은 걸 담았다 생각하고 커밋을 분리해야 합니다. 제목을 짧게 작성하려고 아무리 노력해도 작성이 어렵다면 더욱이 그렇습니다. 흔히 커밋은 애토믹atomic하게 구성하라고 하죠. 사실 이 이야기는 개발론에 가까운 이야기이지만, 소프트웨어를 개발하기 앞서 설계 단계를 거치는 것처럼 저장소에 커밋을 올리기 전에 커밋을 미리 설계해야 한다는 점을 염두에 두었으면 합니다.

작업한 파일이 여러 개일 때 파일 하나당 커밋을 올리진 않습니다. 올리는 커밋 하나에 파일을 여러 개 담는데, 어떤 파일을 담느냐가 중요하죠. 한 커밋에 담기는 파일들은 전부 동일한 목적을 달성하는 변경 사항을 담은 파일들이어야 합니다. 예를 들어 UI 텍스트를 변경한 파일과 버그를 고치려고 변경한 파일은 다음 예시처럼 커밋 하나에 담으면 안 됩니다. UI 변경 건과 버그 수정 건은 각각 별도 커밋으로 구분해야 합니다.

> Fix issue JIRA-12345 and rename the Add button text to Created

커밋 범위를 잘 구성하면 제목을 수월하게 쓸 수 있는 것은 물론, 혹여나 롤백rollback해야 할 상황이 발생했을 때 도움이 됩니다. 버그를 수정한 코드에서 새로운 버그가 파생됐다고 가정해봅시다. 롤백하면 문제가 발생한 코드는 제거할 수 있어도 UI 텍스트를 수정한 코드마저 빠지게 됩니다. 버그를 수정하는 코드와 UI 스트링을 수정하는 코드를 별도 커밋으로 올렸다면 UI 스트링을 수정한 버전은 지킬 수 있을 겁니다. 그나마 다행인 건 제목에 두 작업 모두 언급을 했다는 겁니다. 만약 제목을 'Renamed Add button text to Created'로 썼다면 버그를 고친 커밋은 찾기 정말 어려워집니다.

문제 원인을 파악하려면 문제를 일으키는 커밋이 어떤 건지 정확하게 파악해야 합니다. 롤백해야 하는데 이전에 배포한 버전과 마지막 배포 사이에 커밋이 많다면 어떨까요? 잘 써놓은 커밋 메시지가 도움이 될 겁니다. 얼마나 큰 도움이 되겠냐고 할 수도 있지만 'Miscellaneous fixes'처럼 성의 없이 엉망으로 써놓는 것보다는 훨씬 낫습니다.

쉬어가기 | 커밋 메시지 해부학

깃 커밋 메시지는 제목과 본문으로 구성됩니다(그림 5-4). 사실 깃에선 제목과 본문을 별도로 명시하지 않습니다. git commit 명령어 안내를 보면 제목과 본문을 구분하는 옵션값도 없습니다. 메시지를 위한 -m 옵션만 있습니다(깃허브GitHub에서 제목과 본문을 구분해 표시하는 커밋 방법은 있습니다).

```
-m <msg>
--message=<msg>
    Use the given <msg> as the commit message. If multiple -m options are given, their values are
    concatenated as separate paragraphs.

    The -m option is mutually exclusive with -c , -C , and -F .
```

그림 5-4 깃의 -m 옵션 설명

그래서 제목과 본문을 구분하는 건 어불성설이긴 하나 깃허브의 웹 UI상에서 커밋해봤다면 입력란이 두 개로 구분된 것을 본 적이 있을 겁니다. 예전엔 summary와 description이라는 이름이었지만, 2025년 10월 기준으로 Commit message와 Extended description라는 이름으로 명시돼 있습니다(그림 5-5). 이름은 깃허브 웹 UI가 변경될 때마다 바뀔 수 있습니다. 이 책에서는 '제목'과 '본문'으로 구분해 명명하겠습니다.

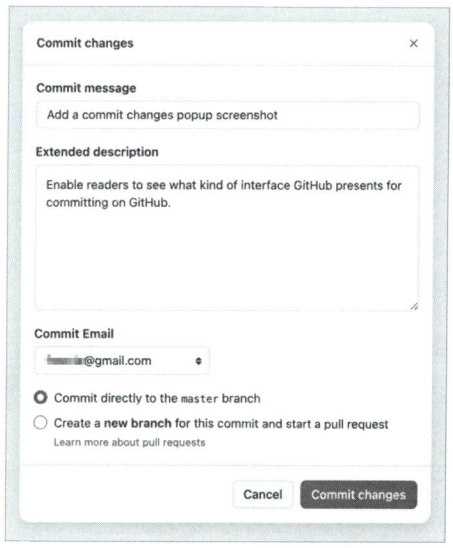

그림 5-5 깃허브에서 커밋할 때 표시되는 화면

5 커밋 메시지 작성하기

깃허브 저장소의 파일 목록에서 커밋 메시지를 클릭하면 다음과 같이 상세 내용을 볼 수 있습니다. 최상단에는 제목이, 그 아래에는 해당 커밋을 설명하는 내용이 표시됩니다(그림 5-6).

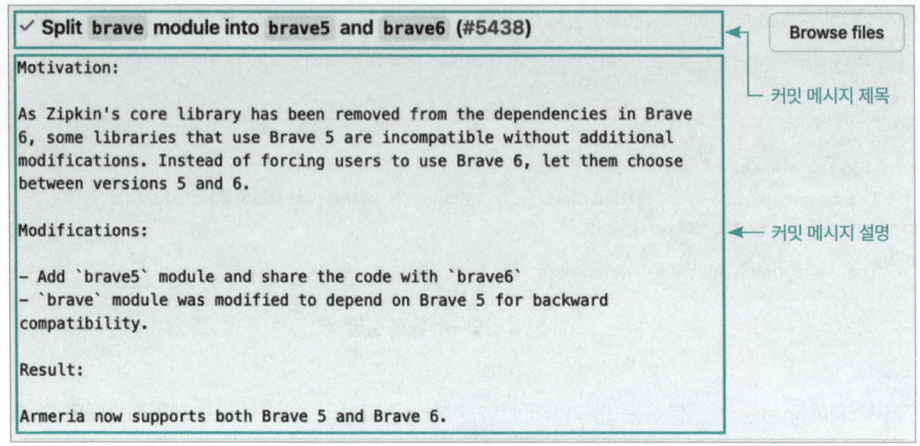

그림 5-6 깃허브 제목을 클릭했을 때 볼 수 있는 상세한 커밋 메시지

깃허브에서 풀 리퀘스트를 생성할 때는 다음과 같이 제목과 설명이란 이름으로 입력란이 구분됩니다(그림 5-7).

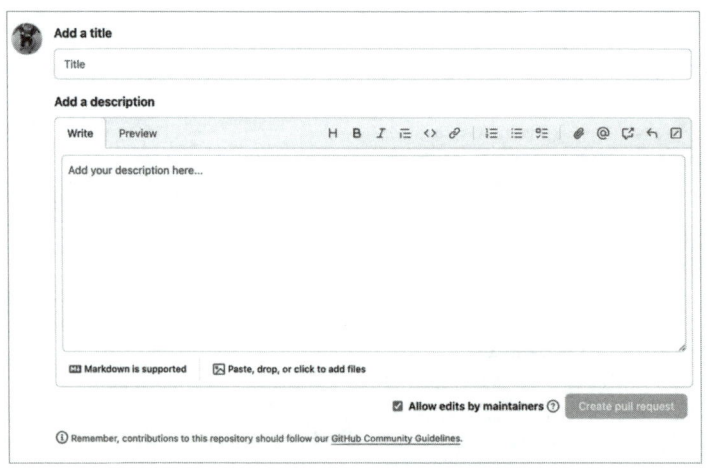

그림 5-7 깃허브에서 풀 리퀘스트 정보를 입력하는 화면

빗버킷Bitbucket[2]에서도 다음과 같이 제목과 설명란을 나누었습니다(그림 5-8).

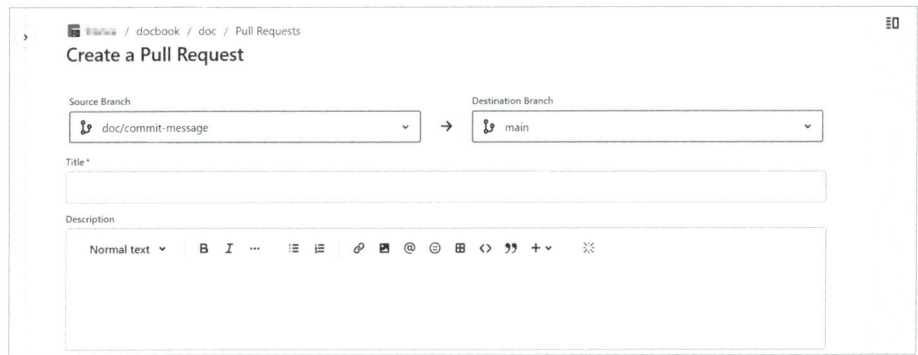

그림 5-8 빗버킷에서 풀 리퀘스트 정보를 입력하는 화면

커밋 메시지 제목 쓰기

앞서 커밋 메시지를 잘 써야 하는 이유를 살펴봤습니다. 그렇다면 제목을 잘 쓰면 어떤 점이 좋을까요? 제목을 잘 써두면 코드 리뷰어 입장에서 편합니다. 컴퓨터 언어가 아닌 사람이 이해할 수 있는 언어로 쓰였기 때문이기도 하고, 제목을 보고 무엇을 중점으로 봐야 하는지 파악할 수도 있습니다. 또 목적에 맞게 코드가 작성됐는지 확인할 수 있죠. 리뷰어 입장에서 개발자가 무엇을 달성하려고 코드를 작성했는지 알고 리뷰하는 것과 전혀 모른 채 리뷰하는 것은 다르지 않을까요? 목적을 확실하게 알면 커밋된 코드가 실제로 그 목적을 달성하는지 여부를 판단하는 데 도움을 얻을 수도 있습니다.

깃허브에서 풀 리퀘스트를 스쿼시 머지squash merge(병합하려는 커밋들을 단 하나의 커밋으로 대상 브랜치에 병합하는 방식)하면 풀 리퀘스트에 속한 커밋의 제목들이 풀 리퀘스트 본문에 목록으로 자동 삽입됩니다. 제목을 일관되게 잘 작성해두면 풀 리퀘스트를 스쿼시 머지하더라도 추후 이력을 파악하는 데 유용합니다. 배포 후 릴리스 노트를 작성

---

2 https://bitbucket.org/

할 때도 도움이 되고, 추가된 기능과 변경된 기능, 삭제된 기능을 쉽게 정리할 수 있습니다.

또한, 관련 커밋을 찾으려고 검색할 때도 용이합니다. 추가한 메서드 이름을 개발한 사람은 알지만 후임이나 협업하는 동료는 모릅니다. 개발한 본인 외에는 찾고자 하는 것과 관련성이 높은 키워드로 검색할 겁니다. 어떤 키워드로 검색할지를 생각해보고 해당 키워드로 제목을 작성하는 것도 좋은 방법입니다.

저장소 규칙이 최우선

제목을 쓸 때 가장 중요한 것은 저장소에서 정한 규칙대로 쓰는 것입니다. 많은 오픈소스 저장소에는 CONTRIBUTING.md 파일이 있습니다. 파일을 보면 지켜야 할 코딩 스타일과 더불어 커밋이나 풀 리퀘스트를 올리는 방법 등을 안내합니다. 안내 내용이 길다면 별도 문서를 만들어 안내하기도 합니다.

다음 예시와 같이 저장소에 따라 메시지 제목의 접두사로 지라_{Jira} 티켓 번호를 대괄호([ ])에 넣어 명시하라고 하거나 작업한 코드 내용에 적합한 태그, `fix`나 `feat`, `style` 같은 값에 콜론(:)을 붙여 접두사로 명시하라고 합니다.

> feat: Notify subscribers when a new article is posted
>
> [JIRA-1234] Clear the cached data when an object is deleted

외국에 나가면 그 나라의 법을 따르듯 커밋할 때는 대상 저장소에서 정한 규칙으로 커밋해야 합니다. 먼저 저장소의 규칙을 잘 숙지해야 합니다. 후다닥 커밋하고 싶은 마음을 잘 달래고 저장소의 사용 설명서인 안내문을 꼭 먼저 읽고 커밋하기를 바랍니다.

제목을 작성할 때 사용할 만한 문법

커밋 메시지 제목이나 풀 리퀘스트 제목을 영어로 쓸 때는 동사 명령형으로 시작하는 것을 추천합니다. '동사_{動詞}'란 "동작이나 작용을 나타내는 품사"입니다. '하다'라는 동작을 '해라', '하게' 등의 형태로 표현하는 것이 동사 명령형입니다. 영어의 동사 명령형은 일반동사의 원형과 같습니다. 또 일반동사의 1인칭, 2인칭과 같습니다. 시제는 현재형입니다. '고치다'라는 동사인 'fix'를 예로 보겠습니다(표 5-1).

표 5-1 동사 fix의 다양한 형태

국문	영문	문법
고치다.	Fix.	동사 원형
버그를 고치다.	Fix a bug.	현재형
버그를 고쳤다.	Fixed a bug.	과거형
버그를 고치고 있다.	Fixing a bug.	현재진행형
넌 심심해야 버그를 고치니?	Do you fix bugs when you're bored?	2인칭
난 심심하면 버그를 고치지.	I fix bugs when I've got nothing to do.	1인칭
걔도 심심하면 버그를 고쳐.	He also fixes bugs when he's bored.	3인칭
이젠 버그 좀 제발 고쳐라.	Would you please fix this bug already?	명령형

기본 영어를 살짝 훑었습니다. 다시 커밋으로 돌아와 제목을 작성해봅시다. 커밋으로 올리는 코드가 무언가를 추가하는 코드라면 제목은 어떻게 시작해야 할까요? 동사로 시작해야 하니 동사를 먼저 선택해봅시다. '추가하다'라는 동사는 'add'입니다(표 5-2).

표 5-2 커밋 제목에 적합한 동사 형태

제목	동사	적합 여부
Adds an object	현재형, 3인칭	부적합
Added an object	과거형	부적합
Adding an object	현재진행형	부적합
Add an object	명령형	적합

'adds'는 3인칭이고 'adding'은 현재진행형입니다. 그래서 부적합합니다. 아마 제목이 3인칭이나 현재진행형으로 시작하는 건 거의 본 적이 없을 테지만, 'added'처럼 과거형은 제목으로 본 적이 있을 겁니다.

깃을 처음 알게 됐을 당시에는 과거형으로 쓰는 게 자연스럽다고 생각했습니다. 이미 업데이트를 했고 그걸 커밋으로 올리는 것이라고 생각했기 때문입니다. '내가 추가했다'라는 의미로 쓸 것이니 과거형인 'added'로 쓰는 게 자연스럽게 보였던 겁니다.

깃허브에 있는 깃 저장소[3]의 문서[4]는 다음과 같이 안내합니다.

> [[imperative-mood]]
>
> Describe your changes in imperative mood, e.g. "make xyzzy do frotz" instead of "[This patch] makes xyzzy do frotz" or "[I] changed xyzzy to do frotz", as if you are giving orders to the codebase to change its behavior.

깃에 코드를 커밋할 때 'imperative mood', 즉 명령형을 사용하라고 합니다. 코드에 명령을 내리는 듯이 작성하라는 것입니다. IDE(integrated development environment)가 아닌 터미널에서 커밋할 때는 `git commit` 명령어를 실행합니다. 커밋하라는 명령을 지시할 때 그 명령을 구체적으로 명시하세요. '추가해라', '변경해라', '삭제해라', '업데이트해라', '싱크해라'처럼 말이죠.

제목에 살 붙이기

제목은 동사 명령형으로 시작해야 한다는 것까지 알았습니다. 여기서 끝이 아니죠. 동사 하나만 남길 수는 없으니까요. 동사 명령형으로 쓰라고 해서 동사 명령형만 쓰면 커밋 로그는 다음과 같이 쌓일 테니까요.

> Add
>
> Add
>
> Add
>
> …

---

[3] https://github.com/git/git

[4] https://github.com/git/git/blob/d4dbce1db5cd227a57074bcfc7ec9f0655961bba/Documentation/SubmittingPatches#L239

무언가를 추가하는 코드일 것이라는 추측만 할 수 있을 뿐, 이 커밋들이 무엇을 의미하는지 전혀 알 수 없습니다. 커밋을 클릭해서 변경된 파일을 훑어보고 코드를 파악해야만 비로소 알 수 있습니다.

그렇다면 제목에는 동사 다음에 무엇을 넣으면 좋을까요? 공식을 드리겠습니다. 뼈대가 되는 기본 공식입니다.

> 해라 + 무엇을

동사 다음엔 목적어를 넣어야 합니다. '학생'을 추가하는 기능을 구현했다면 우리 제목은 다음과 같은 문장이 됩니다.

> Add students

이렇게만 쓰면 학생을 추가하는 코드와 관련된 커밋마다 커밋 로그는 다음처럼 쌓이겠죠.

> Add students
> Add a student
> Add students
> …

앞서 봤던 상황과 똑같습니다. 저장소에 쌓인 커밋 제목이 모조리 이런 식이라면 여전히 각 커밋을 클릭해야만 무엇을 하는 커밋인지 알 수 있습니다. 제목은 이보다 상세하게 작성해야 합니다. 공식에 조미료를 첨가해보겠습니다.

> 해라 + (어떤 || 어디에 있는) 무엇을 (어떤 || 어디에 있는)

동사를 뒤따르는 목적어를 풍성하게 꾸며주세요. 목적어를 상세하게 표현하는 겁니다. 목적어는 결국 명사입니다. 영어에서는 명사를 앞에서도, 뒤에서도 꾸밀 수 있습니다. 뒤에서 꾸민다면 'that', 'which', 'who', 'whom' 같은 관계사로 꾸밉니다. 복잡한 문법 이야기는 건너뛰고, 앞서 살펴봤던 학생 추가에 대한 예시를 다시 보겠습니다(표 5-3).

표 5-3 커밋 메시지의 목적어를 꾸미는 다양한 방식

공식	제목	목적어 수식 위치
해라 (어떤) 무엇을	Add (an unregistered) student	앞
해라 (어떤) 무엇을	Add (absent) students	앞
해라 무엇을 (어디에 있는)	Add students (on the attendance list)	뒤
해라 무엇을 (어떤)	Add students (who are not listed in the roll)	뒤

이것만으로는 아직 배가 고픕니다. 제목을 더 풍성하게 만들어봅시다. 육하원칙에서 다루지 않은 항목이 무엇이 있을까요? 누가, 언제, 어디서, 무엇을, 어떻게, 왜 중에서 '언제'를 선택해서 꾸며보겠습니다.

'언제'는 주로 목적어보다는 동사와 관련된 정보를 전달합니다. 해당 행동을 수행하는 시점을 명시합니다. 'weekly'나 'monthly' 같은 시간과 관련된 단어를 사용하면 되겠죠. 이분만 아니라 'when'이나 'before', 'after'를 붙여서 시간을 구체적으로 명시할 수 있습니다(표 5-4).

표 5-4 커밋 메시지 제목에 '언제'라는 정보를 추가할 수 있는 다양한 구조

공식	제목

해라 무엇을 (언제)	// 2주마다 학생을 출석 시스템에 등록하는 코드 커밋
	Add students to the attendance system **every two weeks**
	// 매일 자정에 학생을 데이터베이스에 저장하는 코드 커밋
	Add students to the database **every day at midnight**
	// 졸업하는 학생들을 졸업식 후에 졸업생 목록에 추가하는 코드 커밋
	Add graduating students to the alumni list **after the graduation ceremony**
	// 매년 개학하기 전 1학년 학생을 통학버스 목록에 추가하는 코드 커밋
	Add first graders to the school bus list **before school starts**
	// 출석 시스템이 준비 상태가 되면 학생을 추가하는 코드 커밋
	Add students **when the attendance system is ready**

'언제'란 단순히 보면 시점을 표현하는 듯하지만 자세히 생각해보면 명시된 동사를 수행하는 조건이기도 합니다. 예시에서 'when the attendance system is ready'는 시점

을 이야기하는 조건이기도 합니다. 출석 시스템이 준비되면 학생을 추가하는 거죠. 사실 조건을 표현하는 단어는 'if'입니다. 코딩할 때 `if` 문을 넣지 `when` 문을 넣지는 않는 것처럼 말이죠.[5]

> Add students **when** the attendance system is ready
>
> Add students **if** the attendance system is ready

두 문장을 한국어로 풀면 큰 차이가 없습니다. 둘 다 '출석 시스템이 준비되면' 학생을 추가한다는 의미로 해석됩니다. 영어로도 사실 둘을 잘 구분해서 사용하진 않습니다. 차이를 구분하자면 'if'는 해당 조건이 만족될 수도 있고 되지 않을 수도 있는 '만약'을 강조합니다. 불확실성을 드러냅니다. 반면 'when'은 출석 시스템은 준비될 것이며 학생을 추가하는 건 준비가 되면 한다는 것에 무게를 싣습니다.

복잡하죠. 와닿지 않을 수 있습니다.

> // 올해 우승도 LG 트윈스의 것임을 100% 확신하는, 경제 관념이 있는 신실한 팬
>
> "LG 트윈스가 올해도 우승하면 내가 팀에 커피 쏜다!"
>
> **When** LG Twins wins the championship again this year, I'll buy my team coffee!
>
> // 올해도 우승을 하면 정말 좋겠지만 내 주머니 사정도 소중한 팬
>
> "만~약에, 혹시라도 만에 하나 LG 트윈스가 올해도 이기면 내가 팀에 한우를 쏜다!"
>
> **If** LG Twins wins the championship again this year, I'll treat my team to Hanwoo!

미묘한 차이가 있지만, 이 둘을 구분해서 사용하지 않는다고 큰일이 나는 건 아닙니다. 논문을 쓰는 것도 아니니까요. 여기서 이야기하고 싶은 건 '언제'를 표현할 때는 조건 표현인 'if'도 사용할 수 있다는 점입니다. 단 한 문장만으로도 정확한 정보를 풍부하게 전달하려는 목적을 가지고 작성하는 겁니다. 내 코드가 무엇을 하는 코드인지 단 한 문

---

5   코틀린에는 `when` 문이 있긴 하지만, `when` 문은 `switch` 문 역할을 하니 `if` 문과는 다른 성격으로 간주하겠습니다.

장으로 소개하는 것이죠.

이제 남은 육하원칙 중 '어떻게'와 '왜'를 적용해보겠습니다. '어떻게'나 '왜' 역시 '언제'와 마찬가지로 동사로 하는 행동을 상세하게 알려주는 정보입니다(표 5-5).

표 5-5 '어떻게', '왜'로 동사를 구체화한 커밋 메시지 제목 구조

구조	제목
해라 무엇 (어떻게)	Add a student (via student ID)
해라 무엇을 (왜)	Add students to the roll (for roll call)

이런 식으로 공식을 다양한 형태로 적용할 수 있습니다. 표 5-6에 제목을 풍성하게 만들 수 있는 요소별 예시를 담았습니다. 참고해보세요.

표 5-6 정보를 추가해 커밋 메시지 제목을 풍성하게 만드는 예시

기본	Merge branch
어떤	Merge branch 1.5.0
언제	Check permissions **before copying an object**
어디	Replace version numbers **in the configuration file**
왜	Update the README **to match the changed commands**

제목에 쓸 만한 동사

떠올리기 쉬운 동사 목록을 추려봤습니다. 물론 이 밖에도 사용할 만한 동사는 무궁무진합니다. 동사가 생각나지 않을 때 참고용으로 이용해보세요(표 5-7).

표 5-7 기능별로 사용할 만한 동사

기능 분류	동사
추가	add, create, generate, include, introduce, issue, post, put, save, store

표 5-7 기능별로 사용할 만한 동사 (표 계속)

변경	bump, change, configure, edit, fix, modify, rename, replace, set, update, upgrade
삭제	cancel, delete, eject, eliminate, erase, exclude, hide, remove, reset
그 외	alert, align, allocate, allow, alternate, delimit, display, divide, draw, enable, enter, fix, follow, free, get, handle, initialize, improve, notify, order, process, provide, read, refactor, retrieve, return, rewrite, search, separate, show, sum, stop, strip, support, terminate, use, watch, wait, write

제목에 담는 내용

앞서 제목에 살을 붙이는 방법을 살펴봤습니다. 살을 붙이는 이유는 제목만 보고 커밋의 목적을 금방 파악할 수 있어야 하기 때문입니다. 제목을 읽는 사람은 코드 리뷰어나 동료, 동시에 나 자신도 포함됩니다. 커밋한 후 수개월 혹은 수년이 지난 후에도 이 커밋이 무엇을 위해 커밋된 것인지 바로 파악할 수 있도록 상세하게 작성하세요. 커밋된 코드를 보지 않고 제목만 보고도 누군가 동일하거나 유사한 코드를 작성할 수 있도록, 방향을 잡을 수 있도록 하는 것을 기준으로 삼고 작성해보세요.

커밋 메시지로 전달해야 할 정보는 이 커밋이 기존 코드의 기능에 어떤 변화를 일으키는지입니다. 내가 어떤 코드를 추가했고 바꿨는지는 `diff`로, 즉 코드 변경 전후를 비교하면 바로 알 수 있습니다. 이미 알 수 있는 정보를 굳이 또 명시할 필요는 없습니다.

다음 예시처럼 어떤 메서드와 클래스를 추가했는지 제목에 남기지 마세요.

> Add the findByName method
>
> Add a function called add
>
> Add a function to add students

커밋에 담긴 코드를 언급하는 대신 코드가 수행하는 기능 관점이나 내가 한 작업을 설명하는 제목을 작성하세요.

- 내가 추가한 코드가 하는 일

- 내가 추가한 코드 때문에 뭘 할 수 있게 됐는가?
- 내가 코드를 추가해서 전과 뭐가 달라졌는가?

'Add the findByName method'를 수정해보겠습니다.

Find students by name	// 코드가 하는 일
Enable finding students by name	// 이 코드를 추가한 이유
Add the name filter for searching students	// 기존 코드와의 대비를 드러낸다.

첫 번째 문장은 단순합니다. 추가한 `findByName()` 메서드가 하는 일을 문장으로 만들었습니다. 두 번째 문장은 'enable'이란 동사로 시작합니다. 이를 통해 알 수 있는 건 예전에는 이름으로 학생을 찾을 수 없었는데 내가 올린 커밋이 병합되면 이름으로 학생을 찾을 수 있게 됐다는 사실입니다. 이미 학생 이름으로 조회하는 기능은 있었지만 막아둔 상태였을 수도 있고, 학생 ID로만 조회가 가능했는데 이젠 이름으로도 조회할 수 있게 된 걸 수도 있다고 추측할 수 있죠. 세 번째 문장은 학생을 조회하는 기능은 이미 있었으며, 기존 기능에 부가 기능을 추가한 것으로 해석할 수 있습니다.

제목이든 본문이든 아니면 커밋 메시지가 아닌 문서를 작성하든 메일을 작성하든 내가 강조하고 싶은 것을 문장에 드러내야 합니다. 다음의 예시처럼 조사를 다르게 사용하여 내비치고 싶은 뜻을 은연 중에 내보내듯이요.

아, 그 사람. 사람**이** 참 착해.

아, 그 사람. 사람**은** 참 착해.

코드 자체를 설명하지 말라고 했지만, 때론 코드나 명령어, 데이터베이스 이름 등 기능 수행에 관여된 개체나 코드를 언급해야 할 때가 있습니다. 쓰던 라이브러리를 업데이트한다거나 지금까지 A라는 명령어를 제공했지만 이제 B라는 명령어를 대신 쓰게 한다거나 말이죠. 그럴 때는 어쩔 수 없습니다. 코드나 명령어 등을 언급하는 게 제일 명확한 메시지를 전달할 수 있으니 과감하게 코드나 명령어를 언급하세요.

다음 제목은 리액트React 저장소[6]에 있는 커밋에서 따온 제목입니다. 명령어 이름을 변경한 작업이기 때문에 제목에 명령어를 언급하는 것이 당연합니다.

> Rename **yarn start** to **yarn dev** and **yarn start:prod** to **yarn start**

제목을 작성하는 다른 접근 방법으로 커밋하는 코드가 어떤 회사의 코딩 테스트 답이라고 상상해보세요. 코드는 이미 다 짰으니 답은 이미 나온 상태이죠. 역으로 이 답이 나올 수 있도록 지원자에게 제공해야 하는 시험문제를 작성해보세요. 그 문제에서 궁극적으로 구하라고 요구하는 것이 그 코드의 핵심이고 제목에 활용될 수 있습니다.

강조하고 싶은 걸 1등으로

제목을 시작하는 동사를 선택할 때 내가 강조하고 싶은, 드러내고 싶은 단어를 선택하세요. 앞서 제목은 드러내고 싶은 내용으로 작성하라고 한 것과 비슷합니다.

다음 두 제목을 비교해보겠습니다. 제목 중 하나는 오픈소스인 Armeria 저장소에서 빌려온 제목[7]입니다.

> **Fix to** send 400 from gRPC HTTP/JSON transcoding service when the request is invalid
>
> Send 400 from gRPC HTTP/JSON transcoding service when the request is invalid

차이가 있다면 'Fix to'의 유무입니다. 두 문장 모두 틀린 것은 아닙니다. 첫 번째 문장에서 알 수 있는 것은 이 커밋이 무엇인가를 고치기 위한 코드라는 것입니다. 문제가 있었음을 알리죠. 문제를 고치려고 올리는 커밋이 아니거나 굳이 문제를 드러내고 싶지 않다면 두 번째 문장처럼 쓰면 됩니다.

---

6 https://github.com/facebook/react/pull/26209
7 https://github.com/line/armeria/pull/5307

제목 길이

깃 문서를 보면 커밋 제목 길이를 제한한다는 안내가 없습니다. `git log`나 `git log --oneline`을 실행해봅시다. 제목이 잘렸거나 생략 부호(…)가 붙은 제목이 없습니다(그림 5-9).

그림 5-9 **git log 명령어(위)와 git log –oneline 옵션(아래)으로 보는 커밋 제목들**

깃허브나 빗버킷, 깃랩GitLab과 같은 웹 UI에서 커밋 목록을 보면 어떤가요? 깃허브는 브라우저 창을 최대로 크게 해도 생략 부호가 붙은 제목이 간혹 보입니다. 화면에 문장 전체가 표시되지 않는 제목이 있는 겁니다.

깃허브의 저장소 메인 페이지나 커밋 상세 페이지를 보면 제목이 잘리고 생략 부호가 붙은 커밋 제목이 보입니다. 72자를 초과하는 제목은 잘리고 뒤에 생략 부호가 붙습니다. 잘린 제목 전체를 보려면 커밋을 클릭해야 합니다. 잘려서 표시되지 않았던 문장 나머지는 제목 바로 아래 표시됩니다. 생략 부호를 붙인 채로요. 그리고 커밋 메시지 본문이 그 아래에 표시됩니다(그림 5-10).

그림 5-10 제목이 길어 잘리고 나머지가 본문에 표시된 예시

사실 제목이 67자를 넘든 72자를 넘든 아니면 99자를 넘든 큰일이 일어나진 않습니다. 저장소가 갑자기 작동을 하지 않거나 커밋이 불가한 것도 아니고요. 제목이 잘려서 전체가 안 보이면 클릭해서 확인하면 됩니다. 제목이 잘려서 표시된다고 해서 잘린 나머지 부분이 삭제되는 것도 아닙니다.

하지만 웹 UI에서 제목을 읽을 땐 불편합니다. 전체 제목을 한 번에 읽을 수 없으니까요. 핵심 단어가 제목 뒤에 나올 수도 있는데 보이지 않는 겁니다. 만약 커밋할 때나 풀 리퀘스트 생성 시 이메일로 알림이 온다면 어떨까요? 이메일 클라이언트나 이메일 서비스에 따라 화면에 표시되는 글자 수가 다릅니다. 더군다나 제목에 태그나 접두사를 명시해야 하는 규칙이 있는 저장소라면 그만큼 제목은 길어져 화면에 표시되는 부분이 짧아집니다.

제목이 길면 읽어야 하는 단어도 많아집니다. 가뜩이나 외국어라 머리 아픈데 읽을 단어가 많으면 많을수록 뜻을 해석하는 데 시간이 더 걸리고 부담스럽습니다. 그렇다면 되도록 짧게 쓰는 게 좋을까요? 짧게 쓰면 영어 작문도 쉬우니까요. 영어로 작문하느라 골머리 앓을 필요도 없고요. 그런데 말입니다, 앞서 상세하게 쓰라는 이야기를 했습니다. '도대체 어쩌라는 거지?' 싶을 수 있습니다. 핵심은 이겁니다. 생략하지 않으면서 문장을 짧게 쓰려면 단어 선택을 잘해야 한다는 것이죠.

제목에 사용할 단어 선택하기

자, 화면엔 커서가 깜박이고 있습니다. 제목의 첫 단어로 어떤 걸 입력할 건가요? 제목을 동사로 시작해야 하는 건 아니까 동사를 떠올리면 됩니다. 어떤 동사를 고를 건가요? 고민이 될 때는 대상 저장소의 커밋 목록을 몇 페이지 정도 확인해보기 바랍니다. 주로 어떤 동사로 제목을 시작하는지 확인해보면 반복되는 동사가 눈에 들어올 겁니다. 그중에서 선택하는 것을 추천합니다.

커밋 제목을 줄이려고 아무리 노력해도 짧아지지 않을 때는 유의어를 써보세요. 비슷한 뜻을 가진 단어인데 내가 쓰려고 했던 단어보다 길이가 짧은 단어를 써보는 겁니다. 유의어 사전을 이용하면 편합니다. 구글에서 'thesaurus'를 검색하면 가장 위에 있는 사이트가 온라인 유의어 사전인 Thesaurus.com[8]입니다. 이 밖에도 유의어 사전은 많으니 취향에 맞는 사전을 이용하면 됩니다.

하지만 유의어로 대체하는 게 만사능통이라고 말할 수는 없습니다. 우리나라 말처럼 영어도 단어마다 어감이 달라질 수 있고, 미묘한 차이가 있습니다. 'remove'와 'delete'의 의미가 살짝 다르듯이 말이죠. 맥락상 적합하지 않은 유의어가 있을 수 있고요.

영어가 외국어인 우리는 무엇으로 골라야 할까요? 짧고 쉬운 단어를 선택하면 됩니다. 이미 짧고 명확한 단어라면 굳이 바꿀 필요는 없습니다. 예를 들어 'fix'는 짧고, 자주 쓰는 단어이며, 의미가 명확하니 바꾸지 않아도 됩니다. 반대로 이미 누구나 같은 뜻으로 이해하는 단어를 글자가 많다고 바꿀 필요는 없습니다. 예를 들어 'synchronously'는 IT 분야에서는 이미 자리 잡은 단어입니다(그림 5-11). 이걸 바꾸겠다고 검색해서 짧

---

8 https://www.thesaurus.com/

은 것을 찾아 'jointly'를 선택해 바꾸면 사공이 없어도 배가 산으로 가는 경험을 할 수 있습니다.

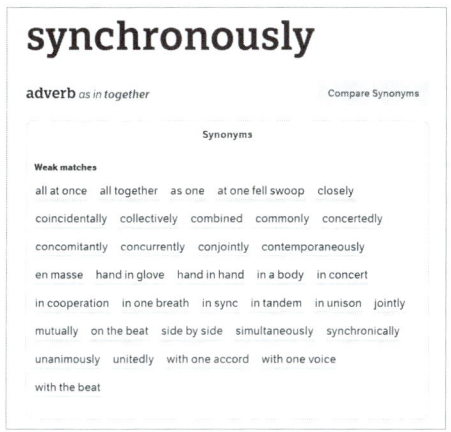

그림 5-11 'synchronously'와 뜻이 비슷한 단어 목록

유의어 사전을 활용하더라도 도메인 지식과 맥락에 기반해 단어를 선택하세요. 일례로 'terminate'는 누구나 이해할 수 있는 'stop'으로 바꿀 수 있습니다. 의미가 크게 달라지지 않고 길이도 짧습니다. 'initialize'는 'start'로 바꾸면 길이가 확 줍니다. 'initialize' 가 일반 맥락에서 '시작'이란 의미가 있으니 대치할 수 있죠. 맥락상 우리가 아는 그 'initialize', 즉 '초기화'라는 뜻을 전달해야 한다면 'initialize' 그대로 쓰는 것이 적합합니다.

> **TIP** 영어 작문 연습을 원한다면 유의어 사전을 적극 활용해보기 바랍니다. 내가 아는 단어로만 일기를 쓴 다음, 유의어를 찾아 썼던 단어들을 대치해보세요. 어휘력을 늘릴 수 있는 좋은 방법입니다. 앞서 소개한 Thesaurus.com 외에도 검색 서비스에서 'thesaurus'라고 검색하면 다양한 유의어 사전이 나옵니다. 유명한 사전인 메리엄-웹스터(Merriam-Webster)[9]나 콜린스 영어 사전(Collins English Dictionary),[10] 케임브리지 사전(Cambridge Dictionary)[11]도 유의어 사전을 제공하니 이용해보세요.

---

9 https://www.merriam-webster.com/
10 https://www.collinsdictionary.com/ko/
11 https://dictionary.cambridge.org/ko/

단어 풀 만들기

앞서 커밋하려는 저장소의 커밋 목록에서 자주 사용된 단어를 찾아보라고 했습니다. 그리고 커밋 메시지용 단어 풀, 즉 용어집을 하나 만들어보는 것을 추천합니다. 예를 들어 우리 팀에서는 '변경'이란 의미를 표현할 때 'edit'나 'modify'가 아닌 'change'를 쓴다고 명시해두는 거죠. 용어와 뜻을 묶어 정의해두면 단어 선택도 쉽고 모두가 그 단어를 동일한 뜻으로 이해하게끔 합니다.

커밋 메시지 본문 쓰기

커밋 메시지의 본문은 생략하는 경우가 많습니다. 조직 내 저장소에서 본문이 기입된 커밋 메시지를 본 적이 거의 없습니다. 엄격하게 관리하는 저장소가 아니라면 본문이 작성된 커밋 메시지를 찾는 것이 어렵습니다. 풀 리퀘스트를 생성하지 않고 바로바로 브랜치에 커밋하는 저장소라면 더욱 그렇습니다.

왜 본문은 잘 쓰지 않는 걸까요? 아무래도 다들 바쁘니까 귀찮기 때문일 겁니다. 제목을 짓는 데 에너지를 쏟아부어서 여력이 없을 수도 있고, 쓸 필요가 없다고 생각하거나 쓸거리가 없다고 생각할 수도 있습니다. 어쩌면 안 쓰는 게 아니라 무엇을 써야 할지 모르기 때문일 수도 있습니다.

풀 리퀘스트 템플릿이 있다면 틀에 맞춰 작성하기만 하면 되니 풀 리퀘스트 본문 작성은 쉽게 시작할 수 있습니다. 단순 커밋이라도 풀 리퀘스트 템플릿을 참고해 본문을 작성하면 고민할 필요가 없습니다. 다만 스쿼시 머지가 허용된 저장소라면 다른 차원의 고민이 생깁니다. 제목은 자동으로 풀 리퀘스트 본문에 목록으로 남을 수 있지만 커밋 메시지 본문은 사라질 테니까요. 그런 저장소라면 간략하게라도 커밋 메시지 본문을 작성해두세요. 풀 리퀘스트를 생성할 때 풀 리퀘스트 본문 작성 자료로 활용할 수 있습니다.

템플릿도 없고 쓸 내용이 생각나지 않는다면 지금부터 살펴볼 내용을 따라 작성해보세요.

커밋한 이유를 알려주세요

커밋을 올리는 이유를 작성하세요. 커밋된 코드를 보면 어떤 작업을 했는지는 알 수 있어도, '왜' 이 코드를 반영하려는지 알 수 없습니다. 커밋을 보는 사람 입장에서 생각해보기 바랍니다. 생판 모르는 사람의 저장소에 가서 아무 커밋 메시지나 확인해보세요. 왜 그 커밋을 올렸는지 알 수 있을까요? 알려주지 않으면 알 수 없습니다. (물론 제목을 훌륭하게 작성했다면 '왜'도 파악할 수 있긴 합니다.)

'커밋한 이유'는 '커밋하게 된 계기'입니다. 다음과 같이 이유는 다양합니다.

- 서비스 기획에서 이런 요청이 있었다.
- 다음 v0.0.0 배포에 들어가는 기능이다.
- VoC를 통해 대량 접수된 요청 혹은 불편사항이다.
- 잘 사용하던 시스템이 종료 예정이라 대체 시스템을 연동해야 한다.
- 오타가 있다. 고쳐야 한다.
- 로컬라이제이션을 지원한다. 번역본을 추가해야 한다.
- 버그다. 고쳐야 한다.
- 팀장이 바꾸란다.
- 내 생각에는 이렇게 하는 게 더 낫다.

커밋한 이유가 무엇인지 대략 감을 잡을 수 있도록 안내한 것뿐이니 나열한 이유 예시를 그대로 넣으면 안 됩니다. 잘 포장하고, 살을 붙여야 합니다. 이유를 기재하는 동시에 본문에 추가할 수 있는 정보는 많습니다. 기획에서 받은 요청으로 올리는 커밋이라면 기획서 자료 링크를 추가하세요. 버그라면 관련 티켓 링크도 넣고, 이슈 요약을 기재할 수도 있겠죠. 커밋한 이유를 넣기 시작하면 덧붙일 수 있는 정보가 자연스럽게 따라옵니다.

외부 자원을 명시해주세요

새롭게 이용하게 된 외부 라이브러리나 패키지가 있다면 기재해주세요. 명시한 외부 자원 중 오픈소스인 자원이 있다면 오픈소스 라이선스 고지도 업데이트해야 합니다. 커밋이나 풀 리퀘스트를 올릴 때 고지 파일을 올리지 못한다면 후속 작업으로 파일을 올려야 한다고 언급하세요.

예를 들어 그간 썼던 외부 자원을 이번 커밋 때문에 더 이상 사용하지 않게 된다면 사용 중지를 명시하면서 그렇게 된 배경을, 코드에 포함됐던 외부 자원 파일을 삭제하게 된다면 삭제한다고 명시하고 역시 그 배경을 같이 써주는 것이 좋습니다.

선택한 이유를 알려주세요

커밋한 코드를 다른 방법으로 구현할 수도 있었을 겁니다. 사용한 도구나 라이브러리, 패키지 대신 다른 선택지도 있었을 거고요. 최신 버전이 출시된 상태인데 이전 버전을 이용했을 수도 있습니다. 커밋에 반영된 선택을 한 이유를 본문에 남겨주세요. 어떤 선택지가 있었고, 그중에서는 무엇을 선택했으며 그 이유는 무엇인지도 알려주세요.

- 우리가 이미 쓰고 있는 다른 라이브러리와 호환되지 않는다.
- 의존성이 어긋나서 이 버전을 쓸 수밖에 없다.
- A를 시도했는데 실패했다. 그래서 C로 하니 잘된다.
- B를 사용하면 사내 보안 정책을 위반한다.
- 내 맴(마음)이다.

정보를 남겨주세요. 코드 리뷰어도 미리 이유를 알면 왜 이렇게 하지 않았냐고 질문하지 않을 수 있습니다. 기록은 나중에 관련 작업을 할 때도 유용한 정보가 됩니다. 누군가의 삽질을 막아줄 중요한 발판이 될 수도 있습니다.

관련 자료를 첨부해주세요

앞서 언급했듯이 근거 자료를 첨부해주세요. 참고 자료도 함께요. 아쉬운 것은 커밋 메시지 본문에 자료를 남기긴 하는데, 자료 링크만 덜렁 남긴 본문이 흔하다는 겁니다. 조직에서 사용 중인 위키나 유사한 정보 관리 시스템, 지라 같은 이슈 관리 시스템에 이미 글로 정리해놨는데 굳이 커밋 메시지에 똑같은 내용을 반복해서 써야 할까요? 링크만 남겨도 충분하지 않을까요? 그렇지만 커밋 메시지에도 정보 자체를 상세히 남기길 권합니다. '복붙'을 하더라도요.

남겨놓은 링크에 누군가는 권한이 없어 접근을 못할 수도 있습니다. 이슈도 마찬가지입니다.

- **가람** 나라 님, 티켓 드렸어요. 확인 부탁드립니다.
- **나라** 감사합니다. 그런데 권한이 없다고 나오네요?
- **가람** 앗, 그래요? 잠시만요. @다정 님, 나라 님한테 우리 지라 프로젝트 접근 권한을 주시겠어요?
- **다정** 죄송합니다. 저한테 접근 권한을 부여할 권한이 없어요. PM한테 요청하셔야 할 거예요.

이처럼 왔다 갔다 소통하는 비용보다는 기존 내용을 '복붙'하는 비용이 더 적다고 생각합니다. 회사나 조직이 사라지기 전까지는 당연히 내 곁을 지켜줄 것이라고 생각했던 위키나 이슈 관리 시스템을 못 쓰게 될 수도 있습니다. 어떻게 그런 상황이 있을 수 있냐고요? 네, 저도 알고 싶지 않았습니다. 기존 위키나 이슈 관리 시스템을 사용 중지해 기술 자산이 사라진다면 커밋 메시지에 남겨뒀던 링크들이 한순간 무효가 됩니다. 정보 이원화를 지양하는 편이지만, 필요할 때도 있다는 것을 경험을 통해 알았습니다. 불편하더라도 내 코드 가까운 곳에 정보를 두는 것이 안전합니다.

혹시 링크만으로 본문을 갈음한다면 대상 링크가 제공하는 정보를 간략하게 요약해서라도 함께 명시해주세요. 혹여 기재된 링크가 깨지거나 잘못된 링크라면 관련 정보를 위키나 이슈 관리 시스템에서 검색하는 데 도움이 됩니다.

커밋 메시지 작성해보기

'007 빵!' 게임을 만들었다고 가정해봅시다. 커밋할 거리가 잔뜩 있습니다. 분야는 프런트엔드front end, 백엔드back end, 데이터베이스database, 서버server, 클라이언트client 등 무엇이든지 될 수 있습니다. 상상해서 커밋 메시지를 작성해보세요. 상상을 돕고자 요구사항을 몇 가지 제시하겠습니다.

게임 규칙

- 플레이어들은 원으로 앉아 있어야 한다.
- 최대 플레이어 수는 13명이다.
- 최소 플레이어 수는 5명이다.
- 게임을 시작하는 플레이어는 임의로 배정한다.
- 지목받은 플레이어는 지목 이후 5초 내에 다음 플레이어를 지목해야 한다.
- 지목받은 플레이어가 5초 내에 다음 플레이어를 지목하지 못하면 해당 플레이어의 보석이 하나 차감되고 게임은 재시작한다.
- '빵!'을 당한 플레이어의 좌우에 위치한 플레이어는 '으악!'을 해야 한다.

도전해봤나요? 다음은 예시로 작성해본 제목입니다.

　　Initial commit

　　Update README file

한 번이라도 커밋해봤다면 알겠지만 이건 반칙이죠. 진지하게 다시 작성해보겠습니다.

　　Appoint **a random game initiator** after the play count down

　　Limit the maximum number of players in a play

　　Position players in a circle

첫 번째 제목을 보면 'a random game initiator'라고 한 명만 지목하는 코드가 담긴 커밋이란 것을 알 수 있습니다. 부정 관사 'a' 덕분에 단수인지 복수인지 알 수 있습니다. 한국어에서는 단수, 복수를 구분해서 명시할 필요가 없죠. 영어로는 관사나 단수, 복수로 정보를 간단하게 표현하는 방법이 있습니다. 제목 길이를 염두에 둔다면 제목에서 관사를 빼는 것도 나쁜 선택은 아닙니다. 다만 본문에선 정확하게 명시해줘야 합니다.

두 번째 제목을 볼까요? 이 제목이 붙은 커밋엔 최소 인원을 확인하는 코드는 없다고 봐야 합니다. 물론 있을 수도 있죠. 최대 인원과 최소 인원을 제한하는 코드를 커밋한다면 어떻게 바꾸면 될까요? 제목은 'Limit the number of players in a play'로, 'maximum'이란 단어가 빠지면 굳이 'maximum'과 'minimum'을 언급하지 않아도 최대와 최소를 제한한다는 의미를 전달할 수 있습니다. 다음 문장은 어떤가요?

> Set the maximum number of players in a play to **thirteen**

제목이 이렇다면 커밋에 최대 인원 수를 'thirteen(13)'으로 제한하는 코드가 있어야 합니다. 이 제목과 처음에 작성한 제목 'Limit the maximum number of players in a play'는 틀린 문장이 아닙니다. 차이가 있을 뿐입니다. 'limit'라는 단어가 들어간다면 '제한한다'는 뜻을 강조합니다. 'set'가 들어가면 '제한한다'보다는 '설정한다'는 의미를 가집니다. 내가 핵심으로 내세우고 싶은 의미를 가진 단어를 선택해서 앞세워보세요.

세 번째 제목의 커밋에서는 플레이어를 `LinkedList` 같은 자료형에 담았을 겁니다. 하지만 'Add players in a linked list'라고 제목을 짓지 않고 커밋한 코드가 하는 일을 기술했습니다. `LinkedList`가 아닌 다른 자료형을 이용해 플레이어를 담을 수도 있겠죠. 어떤 자료형을 쓰는지는 코드 이야기입니다. 시간이 지나 관련 커밋을 검색하는 누군가는 어떤 자료형이 이용됐는지 모를 가능성이 높습니다. 그렇기 때문에 코드를 언급하는 대신 기능을 설명하도록 작성했습니다. 하지만 앞서 언급한 것처럼 만약 자료형을 변경해야만 해서 자료형을 `Array`로 바꿨다면 제목에선 그 부분을 언급해주는 게 좋겠죠. 내 목적이 훨씬 잘 드러날 테니까요. 자료형을 드러낸 커밋 메시지 제목의 예시는 다음과 같습니다.

> Position players in a circle with an Array

Position players in a circle with an Array instead of a LinkedList

Replace the LinkedList with an Array for positioning players

커밋 메시지 맛집

'모방은 창조의 어머니'라고 했죠. 다른 사람들은 어떻게 커밋 메시지를 작성하는지 참고해보기를 바랍니다. 깃허브라는 방대한 무료 자원이 있습니다. 아니면 사내에서 사용하고 있는 저장소들을 대상으로 탐색해보는 것도 좋은 방법입니다.

커밋 메시지를 작성하려는 데 막막하다면 커밋을 시작하려는 동사를 깃허브에서 검색해보세요. 검색 결과가 나오면 [Pull requests]나 [Commits] 메뉴를 클릭한 후 분류해서 보는 겁니다. 깃허브 전체를 대상으로 하는 것보다는 관련 저장소로 검색 범위를 좁히면 더욱 유의미한 결과를 얻을 수 있습니다(그림 5-12).

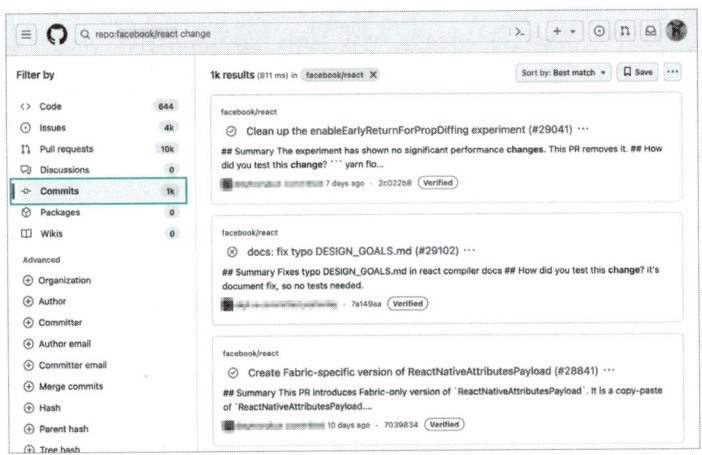

그림 5-12 리액트 저장소에서 'change'라는 키워드로 커밋을 조회한 결과

만약 시간적 여유가 있다면 깃허브의 'Trending'[12]에 나열된 저장소나 별점을 가장 많

---

12 https://github.com/trending

이 받은 저장소, 깃랩의 'Most starred' 프로젝트 페이지[13]를 방문해 풀 리퀘스트 목록이나 커밋 목록을 쭉 읽어보세요. 반복해서 등장하는 단어가 보일 겁니다. 혹은 내가 만드는 서비스나 프로그램과 관련된 저장소도 모방하기 좋은 대상입니다.

유용하게 보이는 제목이 있다면 스크랩해서 한곳에 모아둔 후 추가나 변경 등의 분류로 찾기 쉽게 정리하는 것도 좋은 방법입니다. 나중에 필요한 단어만 내 것으로 치환하면 직접 작문할 필요 없이 깔끔하게 제목을 작성할 수 있습니다.

본문은 제목보다는 영어 작문을 길게 해야 합니다. 잘 알려진 오픈소스 프로젝트 저장소를 기웃거려보기를 추천합니다. 기술 문서는 소설이 아니다 보니 내용을 전달하는 표현이 제한적입니다. 그래서 쓰는 표현만 계속 쓰게 됩니다. 커밋 메시지 본문도 비슷한 표현이 많이 보일 겁니다. 처음 보는 표현이나 내가 하는 작업과 비슷한 내용이 있다면 스크랩해두세요. 저장만 하지 말고 소리 내어 읽으면서 그대로 타이핑해보는 것을 추천합니다.

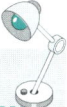

요약

커밋 메시지는 내가 작성한 코드를 홍보하는 것이나 마찬가지입니다. 제품은 정말 잘 만들었는데 마케팅을 못해서 고객들이 안타까워하는 기업이 꽤 있죠. 여러분이 작성한 코드의 마케팅 담당자는 여러분 자신입니다. 열심히 작성한 코드가 홀대받지 않도록 커밋 메시지를 잘 작성하기 바랍니다.

- 커밋하기 전, 커밋하려는 대상 저장소에서 안내하는 커밋 규칙이 있는지 확인하세요.
- 커밋 메시지는 저장소의 커밋 규칙에 따라 작성하세요.
- 커밋 메시지 제목으로 내 코드가 하는 일을 요약해서 명시하세요.
- 커밋 메시지 제목은 동사 명령형으로 시작하세요.
- 커밋 메시지 본문에 작성할 게 떠오르지 않을 땐 커밋하는 이유를, 내가 코드를 그렇게 구현한 이유를 입력하세요.

---

13 https://gitlab.com/explore/projects/starred

6 개발자는 작명가

코드를 작성할 때 개발자는 창조주가 됩니다. 부모가 자녀에게 좋은 이름을 지어주고 싶듯이 나의 창작물에 좋은 이름을 지어주고 싶지 않나요? 그렇다고 내 만족을 위해 이름을 지을 순 없습니다. 자녀의 이름을 지을 때 아이의 미래와 어떻게 살았으면 좋겠다는 바람을 담아 고민하고 또 고민합니다. 애써 작성한 내 창조물, 함수나 변수, 클래스, 데이터베이스 테이블 등도 고민하고 이름을 지어줘야 합니다. 내 입맛대로 짓는 것이 아니라 내 창조물이 잘 쓰이길 바라는 마음을 담아서요.

강아지를 좋아해서 색을 출력하는 코드를 내 취향으로 작성한다면 어떨까요?

```
enum Color {
    SCHNAUZER,    // black
    MALTESE,      // white
    RETRIEVER,    // gold
    CORGI         // brown
}
```

'슈나우저Schnauzer'라고 하면 '검은색black'이 떠오릅니다. 그래서 색상을 정의하는 열거형에 'black'을 `SCHNAUZER`로 명시했습니다. 'white(흰색)'는 `MALTESE`(몰티즈)로, 'gold(금색)'는 `RETRIEVER`(리트리버)로, 'brown(갈색)'은 `CORGI`(코기)로 선언했습니다. 어느 누구도 색상을 이와 같이 부르는 사람은 없을 겁니다. 슈나우저에는 회색과 흰색 털이 섞인

'솔트앤페퍼'도 있고 몸 전체가 흰색인 '화이트 슈나우저'도 있는데 왜 검은색을 대표하냐고 할 수도 있습니다. 혹은 리트리버는 검은색도 크림색도 있는데 왜 금색을 대표하냐고 할 수 있습니다. 이 모든 것을 떠나 '열거형값이 색이랑 전혀 상관없지 않냐, 너 회사에 불만 있냐?'란 리뷰 코멘트가 달릴 만큼 분노를 유발할 수도 있습니다. 혹은 블라인드 IT 엔지니어 라운지에 안 좋은 코드 예시로 내 코드가 공유될지도 모릅니다.

누군가는 내가 만든 코드를 활용합니다. 거기에는 나 자신도 포함되지만, 주로 내가 아닌 다른 이가 활용합니다. 백엔드 개발자인 내가 만든 함수[1]를 프런트엔드에서 API 형태로 호출할 수도 있습니다. 내가 작업한 코드가 SDK나 프레임워크, HTTP API로 제공되거나 오픈소스로 공개된다면 이름에 신경 써야 합니다. 훌륭한 이름을 짓지는 못할망정 부끄러운 이름을 짓는 건 절대로 피해야 합니다. 물론 이제 이 업계를 떠나겠다는 굳은 결심이 선 상태라면 말리지 않겠습니다. 마음껏 자유롭게 원하는 대로 이름을 지으세요.

서비스를 출시할 때나 브랜드를 출시할 때 이름에 심혈을 기울이듯이 내가 만드는 코드도 브랜딩을 해야 합니다. 개발자는 작명가인 동시에 마케터입니다. 함수 이름이든 API 이름, 파라미터 parameter 이름, 리퀘스트 바디 request body의 프로퍼티 property 이름은 신경 써서 지어야 합니다. 이름을 짓기 어려운 HTTP API의 엔드포인트도 포함됩니다. 특히 서비스의 API를 REST API라 소개한다면 레스트풀 RESTful하게 설계해야 하죠. 엔드포인트를 구성하는 리소스 이름을 잘 선택해야 하고 뒤따르는 패스나 쿼리 파라미터 이름도 잘 지어야 하는 대상입니다.

특히 API를 파트너사나 서드 파티 third party에 SDK나 라이브러리, HTTP API 등으로 제공한다면 더욱 심혈을 기울여 작성해야 합니다. 세컨드 파티 second party도 빼놓을 순 없습니다. 파트너나 세컨드 파티, 서드 파티에 제공하는 개발 문서도 당연히 잘 써야 하지만 제공하는 API 이름도, 파라미터 이름도, 반환값 이름도 신경을 써야 합니다. 회사 혹

---

[1] 프로그래밍 언어에 따라 '함수'라고 부르기도 하고 '메서드'라고도 부르기도 하는 그것을 이번 장에서는 '함수'라고 부르겠습니다. 함수를 표기할 때는 캐멀 표기법(camel case)을 이용합니다.

은 서비스의 브랜드 가치와 직결되는 요소이기 때문에 그렇습니다.

함수 이름을 잘 지으면 무엇이 좋을까요? 함수 이름을 잘 지으면 커밋 메시지 제목을 작성할 때 도움이 됩니다. 다음 예시처럼 함수 이름을 문장으로 풀어서 쓰면 커밋 메시지 제목이 되기도 합니다. 물론 함수 하나당 커밋을 올려야 한다는 이야기는 아닙니다.

함수 이름   getDominantColorsFromImage
커밋 메시지 제목   Get dominant colors from an image

함수 이름을 짓기 어려울 땐 작업 순서를 바꿔 커밋할 메시지 제목을 먼저 작성해보세요. 메시지 제목을 보고 수행해야 할 기능 목록을 도출한 다음, 목록을 보고 함수 이름을 도출하는 겁니다. 간단한 기능이라면 제목만 보고 도출할 수도 있습니다.

잘 짓는다는 건 어떻게 하는 것일까요? 잘 지은 이름이란 무엇일까요? 이름은 어느 누구나 바로 이해할 수 있는 이름, 납득할 수 있는 이름, 그리고 찾기 쉬운 이름이어야 합니다.

개발자는 팔방미인이어야 하나 봅니다. 개발만 잘하면 참 좋겠는데, 글도 잘 써야 하고 이름도 잘 지어야 하니 말입니다. 지금부터 작명의 세계에서 너무 헤매지 않도록 길잡이를 몇 가지 소개해드리겠습니다.

함수에 걸맞은 이름 짓기

함수는 무슨 일을 할까요? 기능을 실행합니다. 프로그램 전체를 함수 하나에 다 넣지 않고 분리하는 이유는 개발자라면 이미 다 알 테니 설명하지 않겠습니다. 누군가 함수를 호출한다면 함수가 수행하는 기능을 실행하려는 것입니다. 그렇다면 함수 이름은 함수가 수행하는 기능이 무엇인지를 나타내야 합니다. 호출하는 주체가 기대하는 그 기능이 함수 이름으로 드러나야 합니다.

함수 이름을 지을 땐 다음을 고려하세요.

- 내 함수가 하는 핵심 기능
- 내 함수가 하는 제일 중요한 일
- 함수를 만든 목적
- 내 함수를 호출하는 사람이 기대하는 작업

크게 고민하지 않고 손쉽게 함수 이름을 지을 수 있도록 공식을 드립니다.

> 동사 + 목적어

함수는 기능을 실행한다고 했습니다. 실행의 정의는 '실제로 행함'입니다. 행한다는 것은 결국 '한다', 즉 동사로 표현해야 합니다.

> 한다 + 무엇을

그런데 이 '한다'를 명령형으로 바꿔야 합니다. 익숙한 이야기죠? 그렇습니다. 커밋 메시지 제목도 동사 명령형으로 시작해야 한다고 했습니다. 왜 함수도 명령형이어야 할까요? 호출자 입장에서 생각해보세요. 실행하라는 요청을 합니다. 그렇다고 '실행해주세요'라고 공손하게 이야기할 건 아니잖아요? 함수를 호출해 실행시키는 건 결국엔 CPU에게 작업을 시키는 행위이니 명령형으로 지시합니다.

> 해라 + 무엇을

함수 이름을 동사로 시작하는 것, 또 살을 붙여가는 과정은 커밋 메시지 제목을 짓는 것과 비슷합니다. 다만 결과물은 다릅니다. 커밋 메시지 제목은 완전한 문장으로 만들어야 하지만 함수 이름은 문장이 아닌 축약 형태로 만들어야 합니다.

먼저 공식을 적용해보겠습니다. 목록을 정렬하는 함수를 만듭시다. 다음과 같이 됩니다.

> 정렬해라 + 목록을

공식을 영어로 옮기면 'Sort a list'가 됩니다. 여기서 관사 'a'를 빼고 남은 글자를 붙여서 써주면 함수 이름은 `sortList()`가 됩니다. 아시다시피 우리가 만드는 함수 이름들이 다 이렇게 짧지는 않죠. '해라' 뒤에 따라오는 '무엇'을 상세하게 명시하기도 합니다.

상세한 정보를 덧붙이는 것 또한 커밋 메시지 제목 작성 방법과 동일합니다. 기본 공식을 적용한 다음 부연 설명을 곁들여 함수가 하는 일을 구체적으로 표현하세요.

앞서 제시한 공식을 확장해보겠습니다(표 6-1).

표 6-1 함수 이름 짓기 공식 확장판

공식	함수 이름
해라 + 무엇(에, 을)	`sortList`
해라 + 어떤 + 무엇(에, 을)	`sortCopiedList`, `sortNewList`
해라 + 어디 + 무엇(에, 을)	`sortListFromDB`
해라 + 어떤 + 무엇(에, 을) + 어떻게	`sortListAsc`, `sortCopiedListByDate`

공식을 적용할 때 유의해야 할 점이 있습니다. 첫째, '해라' 부분에 반드시 'do'가 들어가야 하는 건 아닙니다. 물론 'do'가 적합할 때가 있지만 구체적인 행동을 드러내는 단어를 사용하는 것이 좋습니다. 커밋 메시지를 작성하든 함수 이름을 만들든 개발자 가이드를 작성하든 지시를 전달하는 문장에서 핵심은 동사입니다. 그만큼 동사를 선택할 때 내 함수가 하는 중요한 일, 내 함수가 하는 일을 정확하게 담아낼 수 있는 단어를 선택해야 합니다.

예를 들어 내 함수가 `Student`라는 인스턴스를 만들어 반환합니다. 함수 안에서 학생의 이름값도 할당하고, 필요한 다른 값도 설정합니다. 설정하는 작업도 수행하지만 핵심 동사는 '생성', 즉 'create'입니다. 만약 함수가 `Student`라는 인스턴스를 생성하고 `StudentList`에 넣는 것까지 수행한다면 'create'가 여전히 좋은 선택일까요? 'add'는 어떤가요? 생성한 무언가를 어딘가에 넣는 느낌이 들지 않나요? 'add'와 'create'는 종종 혼용되는데 함수가 수행하는 기능과 가까운 동사가 무엇일지 고민해서 선택해보세요.

둘째, 내 함수로 '무엇을 + 한다'가 아니라 '해라 + 무엇을'이라는 형태로 접근해야 합니다. 영어에는 'request'나 'increase'같이 동사이면서 명사이기도 한 단어가 있습니다. 한국어에도 '하다'만 붙이면 동사가 되는 명사가 있습니다. 명사인 '요청'에 '하다'를 붙이면 동사 '요청하다'가 됩니다. 명사인 '조사'에 '하다'를 붙이면 '조사하다'가 되고요.

'요청을 하다'라는 문장을 명령형으로 바꿔 '요청을 해라'로 시작해봅시다. 이걸 공식에 맞게 '해라 + 요청을' 순으로 바꿔 영어로 만들면 doRequest가 됩니다.

그런데 공식에 필요한 두 가지 요소를 이미 다 넣었기 때문에 무엇을 요청하는지 들어갈 자리가 없습니다. 행동이 가해지는 대상을 명시하려면 기존 공식이 다음처럼 복잡하게 바뀝니다.

해라 + 무엇을   + 무엇을
해라 + 요청을   + 메타데이터를
do   + request + metadata

'무엇을'이 두 번 들어갔습니다. 첫 번째 '무엇'은 행동을 의미합니다. 두 번째 '무엇'은 행동이 가해지는 대상인 목적어 '무엇'입니다. 복잡해졌습니다. 굳이 안 들어가도 되는 'do'도 있습니다. 이렇게 구성하면 모든 함수가 'do'로 시작하게 되겠죠. '무엇을 해라'라는 형식으로 시작하는 대신 주어진 공식 그대로 '해라 + 무엇을'으로 시작하기를 권장합니다. '요청해라 + 메타데이터를' 이렇게 말이죠.

> **TIP** REST API 엔드포인트엔 동사가 들어가지 않습니다. 동사는 GET, POST, PUT, DELETE 같은 HTTP 메서드가 담당합니다. REST API의 엔드포인트를 구성하는 리소스나 URI는 모두 명사로만 구성해야 합니다.

동사의 향연

함수 이름을 지을 때 참고할 만한 동사를 CRUD(생성, 읽기, 갱신, 삭제)create, read, update, delete 기준으로 나눴습니다(표 6-2). 단어마다 미묘한 차이가 있지만 이에 대해 다루지는 않겠습니다. 코딩할 때 단어 차이가 떠오르지 않는다고 매번 찾아보고 정확한 용어를 선택하는 경우는 그리 많지 않을 것이라고 생각합니다. 찌르면 바로 튀어나올 정도로 기본 단어 풀을 내 안에 확보해놓는 것이 실용적인 방법입니다.

표 6-2 함수가 하는 기능 분류에 따른 동사 목록

분류	동사
create	add, cache, copy, create, draw, encode, generate, hash, issue, log, make, put, send, set, unzip, zip
read	alert, authenticate, call, debug, decode, get, find, filter, inspect, is, notify, open, play, playback, pull, read, search, stream, test, view, zoom
update	align, arrange, authorize, bind, branch, break, change, click, close, configure, confirm, convert, crop, decrease, decrement, decrypt, deposit, divide, edit, encrypt, freeze, increase, increment, insert, merge, multiply, refactor, sort, start, stop, push, rename, reset, resize, rotate, save, separate, stack, subtract, trigger, turn, twist, undo, update, withdraw
delete	clear, delete, disconnect, drop, erase, free, remove, terminate
그 외	delay, halt, prepare, start, stop

여부와 유무를 확인하는 함수: be 동사와 have 동사

앞서 핵심 동사를 쓰라고 했지만, 예외가 있습니다. '확인하다'는 영어로 'check'입니다. 무언가를 확인하는 함수라면 'check'로 함수 이름을 시작하면 됩니다. 다만 여부(그렇다/아니다)와 유무(있다/없다)를 확인하는 함수이자 불리언을 반환하는 함수라면 'check'를 과감히 생략합니다. 대신 be 동사나 have 동사의 3인칭을 씁니다. 함수 이름만 봐도 불리언을 반환할 것이라고 예상할 수 있습니다.

```
isActive(target)

isAdult(target)

hasHeader(target)

hasNext(target)
```

부정 표현을 함수 이름에 넣기도 합니다. 다음은 애인이 있는지 없는지 확인하는 함수입니다.

```
isNotNull(lover)
```

이 함수가 `false`를 반환한다면 `lover`가 `null`이라는 걸까요? 아니라는 걸까요?

// true 반환

`isNotNull`이 참이다 → not null이다 → null이 아니다 → 애인이 있다

// false 반환

`isNotNull`이 거짓이다 → (not null)이 아니다 → (애인이 없다)가 아니다 → 애인이 있다 → ???

잠깐 사고 회로가 멈췄습니다. 마치 '그렇다고 말하지 않을 리가 없지 아니한가' 같은 문장처럼 부정에 이은 부정에 잠시 혼란스러웠습니다. 다시 정신을 가다듬고 정리해봅시다.

// false 반환

`isNotNull`이 거짓이다 → not null이 아니다 → (null이 아니다)가 아니다 → null이다 → 애인이 없다

데이터베이스를 조회하는 쿼리문을 작성할 때는 `IS NOT NULL` 같은 조건을 명시할 수밖에 없지만, 함수 이름이라면 굳이 부정 표현을 넣지 않아도 됩니다. 물론 익숙해지면 문제가 없겠지만, 이 함수를 호출하는 사람이 실수하지 않을 가능성이 100%라고 장담하기는 어렵습니다. `isNull()`이라고만 명시해도 괜찮습니다.

부정문 대신 반대되는 표현을 이용해보세요. 예시에 등장한 `isAdult()` 함수는 반대로 표현해볼까요? `isNotAdult()`가 됩니다. 이는 부정인 'not'을 지우고 `isUnderaged()`로 표현할 수 있습니다.

헷갈릴 여지는 문서에서나 코드에서나 싹 없애는 것이 낫습니다. 누구나 바로 이해할 수 있도록 이름을 지으라는 기준에 부합하려면 부정 표현은 피하는 것을 권장합니다.

밥알이 몇 개고?

함수 이름은 얼마나 상세하게 지어야 할까요? 이렇게 쓰면 이름이 너무 길어지지 않나 싶을 때가 있습니다. 다음 예시에서 파라미터 이름을 보죠. 이름만 보아도 시민을 찾는 함수라는 것을 알 수 있습니다.

`getCitizen(name)`

파라미터에 시민 이름을 넣어야 한다는 건 함수 선언을 볼 수 있거나 API 문서가 제공되어야 알 수 있습니다. `getCitizen()`이란 이름에 문제가 있는 것은 아닙니다. 다만 파라미터가 무엇인지를 봐야만 함수 기능이 무엇인지 완전하게 파악할 수 있는 이름입니다. 만약 `getCitizenByName()`이라고 이름을 지으면 어떨까요? 함수 이름만 보고도 파라미터로 무엇을 전달해야 할지 예측할 수 있습니다.

작명은 프로그램이 어떻게 설계됐는지에 따라 달라집니다. 예를 들어 `getCitizenByName()`이나 `getCitizenByID()`처럼 조회 조건마다 별도의 함수를 만들지 않도록 설계할 수도 있습니다. `getCitizen(filter)`처럼 하나의 함수로 처리하도록 구성한다면 'by'를 추가해서 함수 이름을 구체화할 필요가 없습니다.

`getCitizen()`이란 이름에 정보를 더 담을 수는 없을까요? 있습니다. `getCitizenByFilter()`란 이름을 붙이면 됩니다. 하지만 굳이 이렇게 이름을 지어야 할까 싶죠. `getCitizen()`이 `getCitizenByFilter()`보다 간결하게 보이니까요. 맞습니다. 사실 함수 이름이 `getShimin()`이더라도 '로직만 잘 구현돼 있다면 뭔들'이지 않겠습니까? 하지만 이렇게 되면 굳이 글을 잘 쓰려는 노력을 할 필요가 있을까요? 글을 잘 쓰고 싶은 것은 소통을 잘하고 싶은 바람과 목적이 있기 때문이 아니겠습니까?

`getCitizen()` 함수만 있다면 이미 조건별로 검색하는 기능이 구현돼 있어도 내용을 제대로 확인하지 않은 누군가가 `getCitizenByOOO()`이란 이름으로 함수를 추가해버릴 수도 있습니다. 결국 소스 코드는 잡초가 하나둘씩 난 정원처럼 점점 관리하기 힘든 구조로 변할 수 있습니다.

함수 이름을 짓는 것이 어렵다면 함수 설계를 변경해야 하는 상태일 수도 있습니다. 이름이 길고 복잡해지는 것 같다면 내 함수가 너무 많은 걸 하는 게 아닌지 확인해보세요. 필요하다면 함수를 쪼개야 할 수도 있습니다. 이처럼 작명은 설계 자체에 영향을 미칩니다.

'얼마나 상세해야 하느냐'는 질문에는 '최대한 상세한 게 좋다'라는 답을 드립니다. 문서 없이도, 주석 없이도, 함수 이름만 보고 무엇을 하는 함수인지, 어떤 파라미터를 넣어야 할지, 어떤 값이 반환될지 예측할 수 있는 이름이 좋습니다.

별다줄(별걸 다 줄이네)!

함수 이름이 상세하면 좋다고 해서 막상 지어보니 이름이 너무 길어져 고민이 되나요? 파이썬Python처럼 스네이크 표기법snake case을 쓰면 이름이 조금만 길어도 긴 느낌이 듭니다. 그러나 함수 이름이 너무 길다고 단어를 줄이지 마세요. 'delete'를 'del'로 줄이거나 'select'를 'sel'로 줄일 수 있습니다. 줄일 때는 편하니까요. 게다가 보는 사람도 충분히 파악할 수준입니다. 하지만 검색에서 걸림돌이 됩니다. 파일을 열고 아무리 'delete'로 검색해도 `delAllUsers`가 나오지 않습니다(물론 검색 조건을 어떻게 조정하느냐에 따라 다르겠지만요).

내가 생각한 줄임말이 보편적인 줄임말이 아닐 수도 있습니다. `combineParticipantsByGroup()`이라는 함수를 줄이려고 `combParticipantsByGroup()`으로 짓는다면 어떨까요? 일단 'comb'이 'combine'의 줄임말이라고 유추할 수 있는 사람이 희박할뿐더러 'comb'은 '빗질하다'라는 의미이기 때문에 하는 일과 완전히 다른 이름을 가진 함수가 됩니다.

함수 이름을 구성하는 단어들은 줄이지 말고 있는 그대로 명시해주세요. 다만 사내나 소속 조직, 대상 저장소에서 함수 이름을 줄인다는 규칙이 있다면 그대로 따라야 합니다. 줄임말 규칙이 있다면 단어를 어떻게 줄여야 하는지 파악할 수 있도록 정리하세요(표 6-3). 그래야 모두 똑같은 표현으로 줄일 수 있습니다. 그리고 명시된 단어 외에는 줄임이 불가하다는 안내를 추가하고, 해당 규칙은 코딩 스타일 가이드에 포함시켜 누구나 쉽게 언제든지 접근할 수 있도록 마련해주는 것이 좋습니다.

표 6-3 **줄임말 규칙표 예시**

단어	줄임말
select	sel
delete	del
clear	clr

관사는 넣어두세요

세상에, 코딩 이야기를 하는데 영어 문법을 이야기해야 한다니! 개발자는 정말 고된 직업입니다. 영어랑 떼려야 뗄 수 없는 직업군인 것 같습니다. 그나마 관사 관련 규칙은 짧고 명확합니다. '밥알이 몇 개고?'에서 살펴본 시민 찾기 함수 이름에 부정관사 'a'는 없었습니다. 정관사 'the'도 없었고요.

그렇습니다. 관사는 과감히 생략하세요.

단수와 복수는 영리하게

영어로 단수와 복수를 표현하는 방법은 간단합니다. 보통 단수인 명사 앞에는 'a'나 'an'을 붙이면 되고, 복수일 때는 대부분 명사 뒤에 's'를 붙이면 됩니다. 함수 이름에 관사는 안 붙인다고 했으니 단수는 신경 쓰지 않아도 됩니다. 복수일 때는 's'를 추가하고, 복수 표현(예: person(단수) → people(복수))이 별도로 있는 단어라면 해당 복수 표현을 써야 합니다.

코딩 스타일 가이드에 복수는 반드시 복수로 명시하라는 규칙이 있고, 그 규칙이 확실히 지켜진다면 함수 이름만 보고도 함수가 반환하는 값이 단수일지 복수일지 쉽게 유추할 수 있습니다.

앞서 시민을 조회하는 함수를 봤는데, 이번에는 어린이를 조회해보겠습니다. 반환하는 값이 단 한 어린이의 정보라면 'child(단수)'를, 여러 명의 정보라면 'children(복수)'을 씁니다.

```
findChild(name)          // 반환하는 값이 단수
findChildren(names)      // 반환하는 값이 복수
```

함수마다 단수용과 복수용을 별도로 만들어야 할까요? 그건 설계자나 개발자의 마음입니다. `findChildrenByName()`이란 함수만 하나 있고 배열을 반환하더라도, 배열에 `Child` 객체를 하나만 담으면 단수도 처리 가능하니까요. 다만 함수 이름에는 복수 표현인 'children'이 있어야 합니다.

테스트 함수도 함수입니다

테스트용 함수도 이름을 제대로 지어야 합니다. 다음과 같이 이름을 지으면 여러분 자신이 미워질 겁니다.

```
test_001()
test_002()
test_003()
test_001_copy()
```

함수를 구현한 날에는 이 함수들을 구별하고 잘 기억할 수 있을지 모르지만, 하루만 지나도, 아니 반나절만 지나도 과거의 나를 미워하게 될 겁니다. 이름만 잘 지어두면 뇌에 불필요한 `malloc()`을 하지 않아도 됩니다.

김춘수 시인의 시처럼, 하나의 몸짓에 불과한 테스트 함수에 의미 있는 이름을 붙여 불러주세요. 여러분에게 다가와 한 송이의 꽃으로 피어날 수 있도록 말이죠.

함수 이름 짓기 연습

한때 카페모카를 무척 즐겨 마셨습니다. 애정하는 카페모카를 만드는 과정을 코드로 구현한다고 가정하겠습니다. 제조 방식은 제 마음대로 정의하고 단계별 작업은 제 언어로, 즉 저에게 익숙한 표현으로 작성했습니다. 인수는 제외하고 함수 이름에만 집중하겠습니다.

카페모카를 만드는 과정을 슈도코드(의사코드)pseudocode로 정리해보겠습니다.

1. 커피 갈기
2. 포터필터에 커피 담기: 커피 가루 담기, 툭툭 쳐서 평평하게 만들기, 커피 꾹 누르기
3. 커피머신 헤더에서 물 빼기: 커피머신에 포터필터 장착하기
4. 커피 추출하기
5. 추출된 커피를 컵에 붓기
6. 컵에 초콜릿 시럽 넣기
7. 커피랑 컵 안에 있는 시럽이랑 섞기
8. 우유 데우기
9. 우유를 컵에 붓기
10. 휘핑 크림 얹기
11. 시럽 뿌리기

나열한 작업 중 1번과 2번을 수행하는 함수 이름을 지어보겠습니다.

커피 갈기

제일 먼저 커피를 갈아야 합니다. '커피를 간다'를 공식으로 풀면 '갈아라 + 커피(를)'이 됩니다. '간다'라는 동사는 영어로 'grind'입니다.

```
grindCoffee()   // 커피 갈기 → 갈아라 + 커피 → grind + coffee
```

함수 이름을 개선할 수는 없을까요? 함수를 시작하는 동사는 이미 'grind'로 정했으니 고민은 끝났고, 목적어, 즉 '무엇'인 'coffee'를 구체화해보겠습니다. 커피는 갈기도 하고 마시기도 합니다. 이미 액체 상태인 커피를 갈 수는 없으니까 여기서 가는 커피는 고체입니다. 그래서 커피를 간다고 하는 대신 커피콩을 간다고 표현해보겠습니다.

  `grindCoffeeBean()`

어떤가요? 여러분도 이렇게 지으셨나요? 영어에서는 단수와 복수를 명확하게 표현해야 합니다. 우리가 그라인더로 갈 커피는 커피콩 단 한 알이 아니니까 뒤에 's'를 붙여 줍니다.

  `grindCoffeeBeans()`

여기서 함수 이름을 더 풍부하게 만들기 위해 커피콩을 어떤 그라인더로 가는지 함수 이름에 명시하겠습니다. 카페에 따라 아메리카노용 그라인더, 드립용 그라인더, 베리에이션(그 외 커피 음료)용, 디카페인용 등으로 그라인더를 여러 대 두고 구분해서 사용하기도 합니다. 커피를 다른 굵기로 갈려는 목적도 있고, 커피 메뉴에 따라 다른 콩을 쓰기 때문이기도 하죠. grindCoffeeBeans에 표현을 추가해보겠습니다.

  `grindCoffeeBeansWithVariationGrinder()`   `// 베리에이션용`
  `grindCoffeeBeansForHandDrip()`   `// 핸드드립용`

이런 식으로 함수 이름을 구체화할 수 있습니다. 가장 기본 구조에서 시작해 살을 덧붙여가는 방식입니다. 함수 이름이 명확하면 별다른 설명이 없어도 함수가 무엇을 하는지 단번에 알 수 있습니다. 함수 이름이 너무 길다고 느껴지면 전치사를 과감하게 빼는 것도 방법입니다.

  `grindCoffeeBeans`**`With`**`Variation`**`Grinder`**`()` → `grindCoffeeBeansVariation()`
  `grindCoffeeBeans`**`For`**`HandDrip()` → `grindCoffeeBeansHandDrip()`

만약 그라인더에 남은 커피콩이 얼마 없고 그라인더를 청소해야 한다면 그라인더 청소 함수는 어떻게 이름을 지으면 좋을까요? 저는 다음 세 이름이 떠올랐습니다.

`grindAllCoffeeBeansLeft()`   // 남은 커피콩 전부 다 갈기
`grindAllCoffeeBeansInGrinder()` // 그라인더에 남은 커피콩 전부 다 갈아내기
`emptyGrinder()`   // 그라인더 비우기

첫 번째와 두 번째 함수는 'grind'라는 동사를, 세 번째는 'empty'라는 동사로 만들었습니다. 정답은 없지만 앞서 내 함수가 하는 일을 다 포함하는 이름이어야 한다고 했습니다. 'empty grinder'라는 문장은 그라인더를 비운다는 뜻이죠. 그라인더를 비울 때는 남은 콩을 다 갈아내는 방법도 있지만 그라인더를 뒤집어서 콩을 비워내는 방법도 있습니다. 어떻게 비우든지 상관없다면 `emptyGrinder()`가 더 낫고, 반대로 다 갈아서 비운다면 'grind'가 쓰인 이름이 더 적합하겠죠.

포터필터에 커피 담기

다음으로 할 작업은 간 커피를 카페에서 쓰는 국자 같은 도구에 담아야 하죠. 도구 이름은 '포터필터portafilter'입니다. 우리 공식을 적용한다면 '담아라 + 커피를 + 어디에'라는 구조가 나옵니다.

// 포터필터에 커피 담기: 커피 가루 담기, 툭툭 쳐서 평평하게 만들기, 커피 꾹 누르기

// 담아라 + 커피를 + 포터필터에

'담는다'는 행위를 표현할 수 있는 동사는 무엇이 있을까요? 일단 떠오르는 건 'put'과 'fill', 'contain' 정도입니다. 셋 다 비슷한 행위를 표현하는 동사입니다. 어떤 동사를 사용해야 할지 고민이 될 겁니다. 우리는 영어 원어민이 아니다 보니 미묘한 어감 차이를 모를 수 있습니다. 그럴 때는 쉬운 걸 선택하세요. 없는 단어를 만들어내지 말고, 내가 아는 쉬운 단어를 선택하세요. 내가 이미 알고 있는 단어라면 쉬운 단어일 가능성이 높습니다. 다만 내가 만드는 함수가 SDK나 라이브러리, API 형태로 사외에 제공된다면 이름에 좀 더 신경 써야 합니다. 기업 이미지나 브랜드, 가치에 영향을 끼칠 수 있는 요소이기 때문이죠.

여기서는 'put'과 'fill' 두 가지를 놓고 고민을 해봅시다. 선택지가 다음과 같이 나올 것 같습니다.

```
putCoffeeInPortafilter()        // 담아라 + 커피를 + 포터필터에
fillPortafilterWithCoffee()     // 채워라 + 포터필터를 + 커피로
```

어떤 동사를 선택했는지에 따라 커피(Coffee)와 포터필터(Portafilter)의 등장 순서가 다릅니다. 그렇다면 우리 함수 이름은 둘 중 어떤 게 돼야 할까요? 여러분 마음대로 하면 됩니다. 'put'으로 시작하든 'fill'로 시작하든 함수 로직만 제대로 구현하면 되니까요.

그럼에도 이름을 신경 써서 짓자고 하는 이유는 이름을 잘 지어두면 나중에 코드 주석도 쉽게 쓸 수 있고, 커밋 로그도 쉽게 쓸 수 있고, 풀 리퀘스트 제목도 잘 지을 수 있고, 코드를 쉽게 파악할 수 있기 때문입니다. 코드가 업스트림upstream에 병합되고 난 뒤 잘못된 함수 이름을 바꾸긴 어렵습니다. 버전이 여러 번 릴리스된 후라면 더더욱 바꿀 기회는 희박합니다. 처음부터 신경 써서 짓는 것이 좋습니다.

외부에 공개되는 함수라면 영어라는 언어에 집중해서 정확하고 자연스러운 표현을 추구해야 합니다. 'put coffee in portafilter'라는 문장보다 'fill portafilter with coffee'가 더 자연스럽게 느껴지지만, 원어민이 아닌 우리가 알기는 어렵습니다. 모른다고 해서 전혀 이상한 게 아닙니다. 코드 구조나 로직상 자연스러운 것으로 이름을 지으면 충분합니다.

Portafilter라는 클래스에 포터필터를 채우는 동작을 구현한다면 `Portafilter.fillPortafilterWithCoffee()`처럼 이름 짓는 것이 자연스럽습니다. 함수 이름을 `fillWithCoffee()`로 줄일 수도 있겠죠. `putCoffeeInPortafilter()`는 '커피를 포터필터에 넣는다'라는 뜻으로, 커피를 갈고, 커피를 담고, 커피를 추출한다는 일련의 작업 흐름상 자연스럽습니다. 절차 지향적인 스타일에 잘 어울리는 이름이죠. 만약 `Barista` 클래스에서 구현하는 함수라면 예시 이름 모두 괜찮은 함수 이름입니다.

> [NOTE] 커피머신으로 내려본 경험이 없다면 전문용어를 전혀 모를 수도 있습니다. 앞선 예시에서는 'put'과 'fill'을 언급했지만, 'dose'라는 동사가 올 수도 있습니다. 내가 모르는 분야나 분야 용어를 잘 모른다면 선택지는 두 가지입니다.

하나는 내가 아는 단어를 활용해서 동사형으로 이름 짓는 것입니다. 내가 아는 단어만 가지고도 충분히 영어로 이름을 지을 수 있습니다.

또 하나는 해당 분야에서 잘 활용하는 언어를 검색해보는 것입니다. 내가 잘 모르는 분야라서 관련 동사나 마땅한 명사를 모를 때는 검색하세요. 검색 키워드로는 'how to'를 먼저 넣고 그다음 하려는 작업을 입력하세요. 우리 예시에서는 'how to make cafe mocha'나 'how to make espresso with machine'으로 검색하면 카페모카를 만드는 방법이 결과로 나옵니다. 검색 결과 중 최소 두세 개를 검토해보면 필요한 동사와 명사를 캐낼 수 있습니다.

사실 누가 이렇게까지 고민해서 이름을 지을까 싶지만, 한 번쯤 고민해볼 만한 문제입니다. 현업에서 이런 함수 이름을 만들 가능성은 0에 가깝지만 배운 내용을 가볍게 활용해보는 건 어떨까요? 1번과 2번을 살펴봤으니 이제 3번에서 11번까지 함수 이름을 직접 지어보세요.

순서	작업	함수 이름 짓기
3	커피머신 헤더에서 물 빼기: 커피머신에 포터필터 장착하기	
4	커피 추출하기	
5	추출된 커피를 컵에 붓기	
6	컵에 초콜릿 시럽 넣기	
7	커피랑 컵 안에 있는 시럽이랑 섞기	
8	우유 뜨겁게 하기	
9	우유를 컵에 붓기	
10	휘핑 크림 얹기	
11	시럽 뿌리기	

※ 우리가 알 만한 단어로 만든 간단한 버전과 또 다른 단어로 만든 이름을 제안합니다. 클래스명이나 파라미터는 생략합니다.
3. letWaterOut, rinseGroupHeader: mountPortafilter, lockInPortafilter / 4. extractCoffee, brewEspresso, pullShot / 5. pourExtractedCoffee, pourEspressoIntoMug / 6. addSyrup, pumpChocolateSyrup / 7. mix, stirCoffeeMixture / 8. makeMilkHot, steamMilk, frothMilk / 9. pourMilk, addMilk / 10. putCream, addCream / 11. addSyrup, drizzleSyrup

클래스와 변수 이름 짓기

함수 이름만큼이나 중요한 게 클래스나 데이터 구조형, 변수나 속성 이름입니다. 함수는 기능이기 때문에 동사를 썼지만 나머지는 명사를 씁니다. 어떤 명사를 선택하면 좋을지 살펴보겠습니다.

이름은 영어로 지어주세요

요즘은 이름을 한국어 음차 표기로 쓰지 않을 겁니다. 하지만 안타깝게도 레거시 코드 legacy code 에서는 다음과 같이 음차로 표기된 이름이 종종 발견되기도 합니다.

```
int imsi;
Student nugu;
Sayongja sayongja_001;
Boolean gyulsuck;
```

큰 문제가 아니라고 생각할 수도 있으나 여러분이 보는 코드가 다음과 같다면 어떨 것 같나요? 각 변수가 어떤 건지 파악할 수 있나요? 한국어로 음차 표현된 변수 이름을 각각 다른 언어로 넣어봤습니다.

```
int hoge;
Gakusei dare;        // 'dare'는 '누구'를 의미하는 일본어로, 영단어로 보이기도 하네요.
Kaiwhakamahi kaiwhakamahi_001;    // 어느 나라 말이게요?
Boolean kesseki;     // 아니, 왜 욕을 하고 그래요?
```

어느 날 여러분의 조직에 모국어가 한국어는 아닌 개발자가 합류한 뒤 '기존 코드에 변수 이름이 한국어로 되어 있길래 자신도 그래도 되는 줄 알았다'고 한다면 할 말이 없겠죠. 나는 되고 너는 안 된다고 할 수는 없지 않습니까? 아니면 팀 내 어떤 개발자가 본인이 새로운 언어를 공부하고 있어서 앞으로 그 언어로만 코딩하고 글을 쓰겠다고 변수 이름을 죄다 그 분이 공부하는 언어로 써놓는다면 어떨까요? 해당 언어를 구사하지 않는다면 코드를 보고 도통 무엇을 위한 변수인지 알 도리가 없습니다.

프로그래밍 언어도 일종의 언어인 것처럼 코드 자체도 언어입니다. 코드로 소통을 하는 거죠. CPU는 코드를 해석해주는 컴파일러나 인터프리터라도 있지만, 우리는 우리가 해석해야 합니다. 프로그래밍 언어별로 구문법syntax은 다를지언정 프로그래밍 언어 자체는 영어가 기본이기 때문에 이름도 영어로 작성해주세요.

커밋 메시지이든 함수 이름이든 정해진 작명 규칙이 있다면 규칙이 우선입니다. 이는 그런 규칙이 없다면 규칙을 만들라는 뜻이기도 합니다. 변수나 클래스, 속성 등 이름은 전부 영어로 지으라고 명시하세요. 이런 것까지 코딩 스타일 가이드에 명시해야 하나 싶을 수 있습니다. 하지만 프로젝트 인원이 늘어나면 늘어날수록 사람은 각기 다르고, 세상에는 다양한 사람이 많다고 체감하게 됩니다. 소소한 것도 규칙에 추가해놓기를 추천합니다.

음차 표기가 불가피할 수도 있습니다. 고유명사라서 영어에서 같은 의미를 가진 단어를 찾기 어려울 때가 그렇습니다. 예를 들어 읍, 면, 리 같은 우리 고유의 행정구역 이름은 검색해보면 영단어가 나오지만 우리한테 와닿지 않는 표현입니다. 영어로 표기하는 게 불가피할 때는 적용 예외로 명시하되 꼭 공식 철자가 있는지 확인해보고 공식 철자를 따라 표기하세요.

영어 철자를 확인하세요

영어로 이름을 지을 때 오타를 내지 않았는지, 철자가 올바른지 꼭 확인하세요. 100% 확신이 없다면 꼭 사전을 찾아보세요. 실제 코드에서 사용하지 않겠지만, 코드 예시에 곧잘 사용하는 변수 이름인 `foo`를 `poo`(똥)로 쓴다고 해도 큰 문제는 없을 겁니다. 부끄러울 뿐이죠.

야구 게임을 만든다고 가정해봅시다. 레거시 코드에 누군가 유니폼 클래스를 `Unipom`이란 이름으로 만들어뒀다면 변수를 선언할 때 고민됩니다. 원정 유니폼 변수를 만들고 싶은데 제대로 awayUniform이란 이름으로 해도 될지, 레거시 코드에 맞춰 awayUnipom으로 해야 할지 말이죠.

'p'랑 'f'가 헷갈릴 수 있는 것처럼, 같은 글자를 하나 더 넣는 오타도 간혹 발생합니다. 다음 예시를 봅시다.

```
public class Homme extends Base { }
```

이 클래스가 어떤 클래스인지 유추하셨나요? 야구에서 홈베이스를 의미하는 클래스인데 'm'을 하나 더 넣어 '홈'이 아닌 '옴므'가 됐습니다. 아마 대부분 이런 실수를 할 리 없다고 자신할 겁니다. 그런데 말입니다, 길을 걷다 보면 개업을 앞둔 점포에 'comming soon'이라 적힌 현수막을 정말 자주 보게 됩니다. 인터넷 홍보 배너나 인스타그램, 버스에 부착된 광고판에서도 종종 보게 됩니다. 실수는 누구나 할 수 있습니다. 하지만 확인하지 않는 것은 직무유기가 아닐까요?

철자를 틀리는 원인 또 하나는 철자가 비슷하거나 발음이 비슷한 단어를 선택할 때입니다. 다음 목록에서 차이를 잘 모르는 단어가 있다면 사전에서 찾아보세요. 직접 찾아봐야 기억에 남을 가능성이 높습니다.

- accept vs. except
- stationary vs. stationery
- passed vs. past
- loose vs. lose
- principle vs. principal
- weather vs. whether
- compliment vs. complement
- affect vs. effect

예시 중 성격이 다소 다른 비교 건은 'affect'와 'effect'입니다. 'affect'는 동사이고

'effect'는 명사입니다. 'affect'는 함수 이름에, 'effect'는 변수나 클래스, 속성 이름에 적합하겠죠.

철자 관련해 또 하나 주의해야 할 것은 어떤 영어 철자를 따르느냐입니다. 흔히 말하는 '미국식'과 '영국식' 철자 차이가 있을 수 있습니다. 예를 들어 '색'이라는 단어를 미국식으로 표기하면 'color'이고, 영국식이라면 'colour'입니다. 한 네임스페이스_{namespace}에서는 'color'로 쓰다가 다른 네임스페이스에서는 'colour'로 쓰면 혼란을 야기할 수 있습니다. 한국은 보통 미국식 철자법을 따릅니다. 어느 방식을 택하든지 코드 베이스 안에서는 모두 한 방식만 따르세요. 이를 위해 코딩 스타일 가이드에 어떤 철자법으로 이름을 지어야 하는지 명시해두는 것을 추천합니다.

이왕 쓰는 거 제대로 된 영어는 어때요?

철자도 확인하는 김에 이왕 쓰는 것 영어에서 실제로 사용하는 표현인지를 확인하고 사용하는 것은 어떨까요? `NGWordList`를 보면 어떤 것인지 바로 이해되나요? 드라마나 영화 내 촬영 신에서 감독이 외치는 그 'NG'입니다. 'no good', 'not good' 같은 의미죠. 제가 만난 `NGWordList`는 사용자가 혹시 욕이나 나쁜 표현을 입력했을 때 자동으로 걸러내려고 등록해놓은 단어 목록이었습니다.

이 표현은 자연스러운 영어 표현이 아닙니다. 'NG Word'라고 검색하면 현재진행형인 '-ing'로 끝나는 단어 목록이 나옵니다. 그렇다면 뭐라고 불러야 할까요? 욕이 무엇인가요? 바로 나쁜 말이죠. '나쁜 말 → bad word', 말 그대로 `BadWordList`라고만 해도 충분합니다. '있어빌리티(있어 보이게 하는 능력)'가 중요하다면 다른 표현을 쓰면 됩니다. 잘 모를 땐 'bad words list'라고 검색한 후 결과를 보면 못 보던 단어들이 보일 겁니다. 찾다 보면 'bad word filter' 같은 검색 결과가 의외로 많이 나오는 걸 볼 수 있습니다. 간혹 'profanity', 'censorship', 'swear' 등도 등장합니다. '있어빌리티'를 위해 고른 단어가 실제로 잘 사용되는지도 검색해서 찾아보세요.

번거로운 작업입니다. 내가 아는 철자가 맞는지 확인하는 것도, 자연스러운 표현인지 확인하는 것도요. 소통의 기본은 상대방이 이해할 수 있는 언어로 소통하는 것 아닐까요? 확인을 거치는 작업을 반복하다 보면 자연스레 내 어휘력도 함께 늘어날 수 있습니다. 이왕 영어로 짓기로 한 김에, 콩글리시 말고 재팽글리시도 말고 제대로 된 잉글리시로 써보는 건 어떨까요?

서수를 축약해서 표기하지 맙시다

'comming soon'만큼이나 길거리에서 잘 볼 수 있는 오기는 축약한 서수 표기입니다.

> Happy **31th** birthday!   // 31st
> The **2st** event of this year   // 2nd

API 문서를 검토하다가 이런 류의 오류를 만날 줄은 예상하지 못했습니다. API가 하는 일이 무엇이었냐면 주어진 이미지에서 주요 색상 두 가지, 즉 첫 번째로 많이 발견된 색과 두 번째로 많이 발견된 색을 반환하는 일이었습니다. 반환값 이름은 `1st_color_ooooo`와 `2st_color_ooooo`였고요. 이미 수 년 전 배포된 API이고, 많이 사용되고 있어 이름을 바꿀 순 없었습니다. 외부용 API가 아니라 다행이었습니다. 표기법을 몰라서 틀렸다고 생각하진 않습니다. 아마 복사하고 붙여 넣다가 앞 숫자 1을 2로만 바꿔서 생긴 오류였을 겁니다. 앞서 함수 이름을 지을 때 줄임말을 쓰지 말자고 했는데, 마찬가지로 서수를 줄여 쓰지 않고 풀어서 썼다면 'second'를 '2st'로 오기할 일은 없었겠죠.

서수를 표현할 때도 선택지가 있습니다. 'first', 'second', 'third'는 첫째, 둘째, 셋째, 즉 순서를 의미합니다. '~째'와 비슷하게 차례를 나타내는 의존명사인 차次를 명시할 때는 어떻게 해야 할까요(표 6-4)? 예를 들어 1차산업, 2차산업을 영어로 할 땐 'first'나 'second' 대신 라틴형latinate 서수인 'primary'와 'secondary'를 씁니다. 그런데 제1차세계대전이나 제2차세계대전은 각각 'the First World War', 'the Second World War'라고 합니다. 그래서 '~째'를 반드시 'first', 'second', 'third'로, '~차'는 반드시 'primary', 'second', 'tertiary'로 해야 하는 것은 아닙니다.

표 6-4 목적에 알맞은 서수 표현

서수 표현	목적
first, second, third	시간순, 나열
primary, secondary, tertiary	항목을 비교해 중요도, 우선순위를 나타낸다.

색상을 예시로 든다며 'first color'나 'second color'라는 표현보다는 'primary color', 'secondary color'가 더 자연스럽습니다. 색상 순서를 명시하는 값이라기보다는 주± 색상이 무엇인지를 알리는 속성이기 때문입니다. 첫 번째로 많이 등장하는 색상과 두 번째로 많이 등장하는 색상을 표현하는 것이기 때문에 'first'와 'second'가 등장해도 됩니다. 이때는 'the most frequently found color'나 'the second most frequently found color'라고 표현해야 합니다. 변수 이름으로는 `mostFrequentColor`, `secondMostFrequentColor` 같은 이름이 되어야겠죠.

정체성에 적합한 이름으로 지으세요

다음 대화를 보고 괄호에 들어갈 이름을 적어볼까요?

보경　우리 집 (　) 이름은 뽀삐야.

지환　그래? 우리 집 (　) 이름은 나비인데.

　　　보경이가 키우는 동물은 (　　), 지환이가 키우는 동물은 (　　)입니다.

어떤 답을 넣으셨나요? 혹시 '뽀삐'라는 이름을 처음 들어봤다면, 축하드립니다. 아직 걸어갈 개발자의 길이 많이 남으셨군요! '뽀삐' 대신 '누렁이'를 대입해서 시도해보세요. 대부분 '뽀삐'나 '누렁이'라는 이름을 들으면 강아지가, '나비'란 이름을 들으면 고양이가 떠오를 겁니다.

사회 통념이란 게 있죠. 개발의 세계도 마찬가지입니다. `isCopied`라든가 `isCheckRequired` 같은 변수 이름을 본다면 변수 데이터형이 무엇일 거라 예상되나요? 당연히 불리언Boolean입니다. 그런데 변수 데이터형이 문자열이거나 정수면 당황스러울 겁니다. 이름에 'count'가 있으면 '수數'라고 예측할 가능성이 높습니다. 비슷하게 'name'이 들어 있으면 '문자열'이라고 예측할 수 있습니다. 데이터형에 맞는 이름을 지어주세요.

notiType이라는 표현을 보면 어떤 게 예측되나요? 저는 어떻게 알림을 전달할 것인지, 즉 메일, 슬랙, 문자, 이메일 같은 매개체를 담는 값이라고 생각했습니다. 제가 작업 중에 만났던 notiType에 할당된 값은 알림을 전달하는 형식이 아닌 알림을 언제 받을 것인지를 의미하는 값이었습니다. 예를 들어 무언가 '생성됐을 때', '변경됐을 때', '삭제됐을 때' 같은 값이었는데, 전혀 예상하지 못한 값이었습니다. 'type'은 이름 짓기가 까다로운 것에 갖다 붙이기 매우 용이한 녀석입니다. 'miscellaneous'만큼 만드는 사람에게는 편하지만 가져다 쓰는 사람에게는 파악하는 수고를 요구하는 그런 류의 이름입니다.

정체성에 충실한 이름이라면 문제될 게 없습니다. 나중에 진짜로 알림을 전달하는 방식을 추가해야 한다면 어떻게 해야 할까요? 'type'에 잘 어울리지 않는 녀석이 'type'을 선점한 것이 됩니다.

이렇게 접근해보겠습니다. 먼저 알림을 받는 사람 입장에서 문장으로 작성합니다.

> 알림을 이메일로 받는다 → Get **notified by** email

notifiedBy가 바로 나오네요. 명사를 넣고 싶다면 notificationBy로 해도 됩니다. 이 이름은 '어떻게'가 아닌 '누가' 알림을 주느냐로 해석될 수 있는 여지가 있긴 합니다. 다르게 해석될 수 있는 여지를 남기지 않으려면 notificationThrough가 더 정확한 이름일 겁니다. 이 이름과 notificationFrom 속성이 함께 있다면 하나는 알림이 전달되는 매개체로, 하나는 알림을 발생시킨 주체로 구분할 수 있습니다.

주변에서 작성한 영문을 관찰해본 결과, 우리는 이름을 명사로만 만드는 것을 선호하는 경향이 있습니다. notificationBy보다는 notificationMethod 같은 이름을 종종 봅니다. 많은 개발자가 이름을 전치사로 끝맺으면 미완인 느낌이 든다고 생각하는 것 같습니다.

이름과 값을 연이어 배치해 읽으면 하나의 구句가 됩니다. 전치사로 끝맺음한 이름들이지만 사용자 입장에서는 값이 할당된 이 한 줄만 읽어도 변수의 진실된 정체성을 바로 파악할 수 있습니다.

```
notificationThrough = NOTI.EMAIL;                    // notification through email
notificationFrom = noti.getNotificationSender();     // notification from
                                                     internal server
```

앞서 소개했던 `notiType`이라는 속성 이름을 바꾼다면 이렇게 접근할 수 있습니다.

(무언가가) 생성되면 알림을 받는다 → Get notified when (something) is created

(무언가가) 변경되면 알림을 받는다 → Get notified when (something) is changed

문장을 보니 `notifiedWhen`도 괜찮을 것 같습니다. 알림을 발생시킨 주체가 누군지 조금 더 부각하려면 `notificationTriggeredBy`라는 이름을, 명사 형태로 이름을 짓고 싶다면 `notificationTrigger`라고 짓겠습니다.

'type'만큼 정체성을 모호하게 만드는 표현 중 하나는 'common'입니다. 무엇이 왜 어떻게 공통인지 이름만 보고선 알 수 없습니다. 'common'도 'type'만큼이나 아무데나 갖다 붙이긴 참 편한 단어입니다. 작명하는 사람 입장에서는 편하나 코드를 보는 사람, 가져다 쓰는 개발자에겐 명확성을 가리는 그런 단어입니다. 이름을 지을 땐 데이터형에 맞는 이름, 그리고 정체성을 그대로 드러낼 수 있는 표현을 선택해주세요.

단수와 복수를 구별해서 사용하세요

함수 이름을 지을 때 단수와 복수를 제대로 표시하는 것만으로도 의미를 더 정확히 전달할 수 있다고 했습니다. 클래스 이름은 단수로 짓지만, 변수 이름은 단수와 복수를 이용해 별도 설명 없이 정보를 전달할 수 있습니다. 또한, 변수나 속성 이름이 복수면 데이터형을 유추할 수 있습니다. 배열이나 리스트 같은 자료형일 것이라고 예상합니다.

```
int age;                    // 누가 봐도 단수
int [] ages;                // 나이값이 여러 개 들어갈 것으로 유추 가능
String name;                // 거꾸로 봐도 단수
List <Strings> names;       // 이름값이 여러 개 들어갈 것으로 유추 가능
```

파라미터도 마찬가지입니다. 앞서 함수 이름 짓기에서 findChild()와 findChildren()을 비교했습니다. findChildren()이 반환하는 데이터형型은 데이터 여러 개를 담는 자료형이라는 것을 함수 이름을 보고 유추할 수 있었습니다. 함수 이름이 findChildrenByName()이라면 함수에 전달하는 파라미터는 이름 하나가 아니라 여러 개여야 하죠. 파라미터가 복수여야 하는 걸 드러내도록 이름을 지어주세요.

복수를 드러내는 방법은 파라미터 이름을 복수로 표현하는 방법도 있고, 다음 예시처럼 nameList라는 집합 명사 collective noun 로 드러낼 수 있습니다.

```
findChildByName(String name)                        // 어린이 한 명만 조회
findChildrenByName(List <String> names)             // 어린이 여러 명 조회
findChildrenByName(List <String> nameList)          // 어린이 여러 명 조회
```

HTTP API의 리퀘스트 바디 혹은 응답값인 JSON 객체나 JSON 배열에도 똑같이 단수나 복수를 적용해주세요. 예를 들어 다음과 같이 선수 정보를 담은 배열 이름은 'player'가 아닌 'players', 즉 복수로 명시하세요.

```
{
  "players": [
    {
      "playerId": "2011",
      "playerUniformNumber": 1,
      "previousUniformNumbers": [29, 28],
      "playerName": "C K Lim",
      "fieldingPosition": "P"
    },
    {
      "playerId": "2402",
```

```
        "playerUniformNumber": 17,
        "previousUniformNumbers": [13, 58, 115],
        "playerName": "H M Park",
        "fieldingPosition": "CF"
    },
    {
        "playerId": "2101",
        "playerUniformNumber": 4,
        "previousUniformNumbers": [53, 14, 5, 126, 6, 107],
        "playerName": "M J Shin",
        "fieldingPosition": "2B"
    }
  ]
}
```

식별할 수 있는 이름을 지으세요

이름을 정체성 본연에 가깝게 지으면 다음 예시처럼 작명하는 일은 미연에 방지할 수 있습니다. 다음 예시는 도통 무엇이 무엇인지 알 수 없습니다. 개발하는 자기 자신을 스스로 괴롭게 만드는 겁니다.

```
int a;

int aa;

int aaa;

String aaa = "aaa";

String aaaaaaaaaaaaaaaaaa = "aaaaaaaaaaaaaaaaaa";
```

데이터베이스의 테이블 이름도 마찬가지입니다. 이름이 축약어나 무엇인지 모르는 알파벳과 숫자의 향연이면 구분하기 무척 매우 어렵습니다. 테이블 이름을 지은 사람조차도 매번 헷갈릴 수 있습니다. 한눈에 서로를 식별할 수 있는 명사를 선택해주세요.

```
// 테이블 생성자도 식별할 수 없는 테이블 이름
EDSSSD101

SDST12T171

TKBBKTBT929
```

요약

미국의 건축 설계 회사 팀하스TimHaahs의 회장이자 목회자이기도 한 하형록 님은 이런 말씀을 했습니다. "꿈을 명사로 표현하지 말고 동사로 표현"하라고요. '내 꿈은 의사다' 대신 '나는 아픈 사람을 낫게 하는 사람이 되겠다', '내 꿈은 음악가다' 대신 '나는 음악으로 감동을 주는 사람이 되겠다' 같이요.

함수도 동사로 표현하세요. 함수 이름을 지을 때 '진단한다', '수술한다', '상담한다', '낫게 한다', '치료한다' 같은 동사로 시작하세요. 이런 기능을 수행하는 주체, 즉 함수를 담는 클래스나 변수는 '의사' 같은 명사로 이름을 짓고요. 동사든지 명사든지 심사숙고해서 선택하길 바랍니다. 클래스나 변수 이름만 보고도, 함수 이름만 보고도 각각의 목적을 정확하게 예측할 수 있도록 말입니다.

- 함수 이름을 지을 때는 동사 명령형으로 이름을 시작하세요. 함수가 수행하는 핵심 작업과 제일 가까운 동사를 선택하세요.
- 클래스나 변수 이름은 명사로 지으세요. 복수 표현이 적합한 자료형 이름은 복수로 명시해도 됩니다.
- 함수나 클래스, 변수 등 무엇이 됐든 코드에 명시하는 단어의 철자가 맞는지 꼭 확인하세요.

7

오류 메시지 쓰기

"미안해."

"뭐가 미안한데?"

"내가 잘못했어."

"뭘 잘못했는데?"

딱 읽기만 해도 대화하는 두 사람이 어떤 관계일지 파악이 됩니다. 신기하게도 이런 대화는 한국에서만 유효한 것이 아닌 듯합니다. 대화의 마지막 질문에 답을 해야 하는 입장이라면 참 힘들 겁니다. 답을 모르니까요. 그런데 모른다고 답하면 더 큰 참사가 발생합니다. 잘못했으면 무엇을 잘못했는지 알려줘야 하는 것이 세상의 이치가 아니겠습니까? 알려줘야 다음에 실수하지 않죠.

마찬가지로 우리가 사용하는 프로그램이나 API, 서비스가 오류를 반환할 때 내가 무엇을 잘못했는지 알려주지 않는다면 정말 곤란합니다. 오류 정보라고 주는 정보가 있긴 한데 오류 코드만 준다든지 오류 원인이 글로 써 있음에도 오류를 해결하는 게 어려울 때가 많습니다.

오류 메시지를 보고 겪는 어려움은 다음과 같습니다.

- 오류 메시지를 봤는데 무슨 말인지 모르겠다.
- 어떻게 해결해야 하는지 모르겠다.
- 오류 메시지에 있는 안내대로 했는데 해결이 안 된다.
- 해결 방법을 어디서 찾아야 하는지 모르겠다.

오류가 '성공'의 탈을 쓰고 오는 것도 큰일입니다. 호출한 API 실행이 성공했든 오류가 발생했든 무조건 `HTTP 1.1/200 OK`(이하 `200 OK`)를 반환하는 API가 있었습니다. 다만 오류가 발생하면 `200 OK` 응답에 `errorCode`와 `errorMsg`를 실어 반환했습니다. `200 OK`를 받은 입장에서는 호출을 성공했다고 인지하겠죠. 이런 구조라면 필히 문서에 `200 OK`로 응답을 받아도 상세 응답값을 확인하라는 안내를 명시해야 합니다.

오류를 어떻게 설계할 것인지는 전적으로 개발자에게 달려 있기 때문에 이번 장에서는 오류 메시지를 어떻게 작성하면 좋을지만 다뤄보고자 합니다. UI상으로 표시되는 오류 메시지는 UX 라이터(UX writer)의 전문 분야로, 우리는 코드상에서 반환하는 오류 메시지를 어떻게 작성하면 좋을지 살펴보겠습니다.

오류 메시지 구성 요소

문제가 발생했을 때 우리가 먼저 취하는 행동이 무엇인가요? 원인을 파악하는 겁니다. 범죄가 일어났을 때 경찰과 과학수사대는 먼저 상황을 파악합니다. 실마리가 될 만한 증거를 수집하고 주변인에게서 정보를 수집합니다. 이와 같이 오류 메시지에 담아야 하는 정보는 오류를 받은 사용자에게 실마리가 됩니다. 동시에 오류가 발생한 프로그램을 개발한 나에게도 실마리가 됩니다. 내가 서버 측 기능을 개발했고, 오류가 서버 측에서 발생했다면 클라이언트에 전달된 오류 코드를 보고 문제를 해결할 수도 있기 때문입니다.

오류 관련 예시를 하나 보겠습니다. 다음은 일부러 오류를 발생시키도록 만든 코드입니다(그림 7-1).

```
SyntaxError: /Users/                                    js: Unexpected token, expected ":" (48:48)
   46 |      )
   47 |     : ( props.ui ?
>  48 |          console.log("Trigger an error here");
                                                     ^
   49 |          typeof(props.ui) == "string" ?
   50 |          props.ui === "button" ?
   51 |
client (webpack 5.91.0) compiled with 1 error
```

그림 7-1 구문 오류로 발생한 오류로 오류 종류와 오류가 발생한 위치가 표시된다.

그림 7-1 오류는 오류 원인이 '나'입니다. 오류 종류가 신택스 에러_{syntax error}인 것만 봐도 알 수 있죠. 제공된 오류 메시지를 보면 다음 정보를 파악할 수 있습니다.

오류 이름	SyntaxError
오류가 발생한 위치	OOO.js 파일 48번 라인
오류 설명	`Unexpected token, expected ":"`

사용자가 오류 원인을 쉽게 파악하고 해결할 수 있도록 오류 메시지에는 다음과 같은 정보를 담으세요. 오류를 어떻게 설계했는지에 따라 모든 정보가 필수는 아니지만 오류 이름과 위치 정보, 설명만큼은 꼭 권장합니다.

- 오류 코드
- 오류 상세 코드
- 오류 이름
- 오류 발생 위치(리소스 이름, 데이터베이스 이름, 파일 이름, 코드 라인 번호, 함수 이름 등)
- 오류 설명(오류가 발생한 원인)
- 오류 해결법

프로그램에 따라 별도로 오류 상세 코드를 두지 않고, 오류 코드만 명시하기도 합니다. 오류 설계를 다루지 않기로 했지만 잠깐 고민해봅시다. HTTP API 이용 중 오류가 발생하면 문제 원인이 클라이언트가 아니라 서버일 때도 있죠. 단순히 `HTTP status code`만 반환하는 대신 오류 코드를 세분화해 상세 코드를 반환한다면 서버 개발자나 클라이언트 개발자가 서로 소통하는 데 도움이 될 수 있습니다.

예를 들어 HTTP/1.1 500 Internal server error 오류를 반환하더라도 다음과 같이 오류 응답 바디에 상세 오류 코드를 명시해서 오류를 구체화하는 것입니다.

```
{
  "statusCode": 500,
  "message": "Internal server error",
  "error": {
    "code": "50001",    // 상세 오류 코드
    "message": "The player module has failed.",
    "details": "The player module has failed because requests with the same ID have been received repeatedly in a short time.",
    "suggestion": "If the problem persists, contact our help desk at https://douneedhelp.com/copy-and-paste-this-error-message-to-us",
    "reference": "https://www.letswritebetter.com/api/errors"
  }
}
```

클라이언트 개발자가 서버 개발자에게 문의할 때 오류 상세 코드를 알려주면 서버 개발자는 무엇 때문에 오류가 발생하는지 더욱 쉽게 파악할 수 있습니다.

오류 메시지를 봤는데 무슨 말인지 모르겠다

오류 메시지는 대부분 영어로 작성합니다. 영어가 외국어인 우리가 작문하면 흔히 말하는 브로큰 잉글리시broken English나 부자연스러운 문장을 쓰게 될 때가 있습니다. 그래서 오류 메시지를 보고도 무슨 말인지 모를 때가 간혹 있습니다. (사실 원어민이 개발한 소프트웨어나 서비스를 이용할 때 영어 문법상 아무 문제가 없어도 무슨 말인지 이해가 안 되는 메시지가 등장하기도 합니다.)

```
{
  "message": "No implemented request",
  "code": "10001"
}
```

이 오류 메시지에는 오류 이름이 담기긴 했으나 오류 설명이 누락됐습니다. 오류 원인을 설명하는 글이 없습니다. 이렇게 되면 오류 이름만 보고 오류를 파악해야 합니다. `No implemented request`는 무슨 의미일까요? 직역하면 '아니야, 구현된 요청'입니다. 추측해보면 클라이언트가 요청한 것이 아직 구현되지 않았다는 의미로 보입니다. 서비스가 제공하지 않는 엔드포인트나 인터페이스를 호출했을 가능성이 높겠죠. 호출할 수 있는 인터페이스는 있는데 아직 구현을 하지 않았다는 의미보다는요. 이는 어디까지나 추측입니다.

사용자를 물음표 더미에 남겨두면 안 됩니다. 잘못된 추측의 길로 빠질 수 있습니다. 오류 설명을 반환하지 않는다면 오류 이름을 잘 지어야 합니다. 만약 '구현하지 않은'이라는 의미를 담고 싶다면 'No implemented request'보다는 'Not implemented request'나 'Unimplemented feature'가 자연스럽습니다.

오류 이름과 오류 설명은 다릅니다(표 7-1).

표 7-1 오류 이름은 발생한 오류를 최대한 축약해서 만든다.

오류 이름	풀어쓴 문장	전달하고 싶은 의미
`INVALID_ARGUMENT`	The arguments you entered are invalid.	입력한 값이 유효하지 않아요. 제대로 넣은 값을 넣었는지 확인해보세요.
`TEMPORARILY_ UNAVAILABLE`	The OOO is temporarily unavailable.	이용하려는 ○○○는 (어떤 이유에서인지) 일시적으로 사용할 수 없습니다.
`Duplicated Id`	The ID entered is duplicated.	입력한 그 아이디는 다른 사람이 쓰고 있어요. 다른 아이디를 넣어보세요.
`Does not exist`	The OOO does not exist.	요청하신 ○○○는 존재하지 않습니다. 누군가 삭제했을 수도 있고, 식별자를 잘못 넣었을 수도 있겠네요. ○○하고자 하는 대상이 맞는지 한 번 확인해보세요.

오류 이름은 `INVALID_ARGUMENT`나 `TEMPORARILY_UNAVAILABLE`, `Duplicated Id`, `Does not exist`같이 축약해서 만듭니다. 오류 설명은 오류가 발생한 원인을 문장으로 담습

니다. 오류 메시지에 오류 원인이 문장으로 담겨야 사용자가 사태를 정확하게 파악할 수 있습니다.

다음은 구글 클라우드~Google Cloud~ 문서에 정리된 오류 목록입니다(그림 7-2). Description에 있는 설명을 확인해봅시다. 예시처럼 오류 설명은 완전한 문장 형태로 작성해야 합니다. 오류를 발생시킨 건 코드일지언정 오류 메시지를 읽는 주체는 사람입니다. 사람이 읽기 자연스러운 문장으로 작성해야 합니다.

Standard exception type	Canonical code	HTTP code	Description
FailedPreconditionException	FAILED_PRECONDITION	400	Request can not be executed in the current system state.
BadRequestException	INVALID_ARGUMENT	400	Client specified an invalid argument. Check error message and error details for more information.
UnauthenticatedException	UNAUTHENTICATED	401	Request not authenticated due to missing, invalid, or expired OAuth token.
ForbiddenException	PERMISSION_DENIED	403	Client does not have sufficient permission. This can happen if the OAuth token doesn't have the right scopes, the client doesn't have the required permissions, or the API has not been enabled.
NotFoundException	NOT_FOUND	404	A specified resource is not found.
AlreadyExistsException	ALREADY_EXISTS	409	The resource that a client tried to create already exists.
InternalError	INTERNAL	500	Internal server error. Typically a server bug. This can happen if any of the tasks or triggers are incorrectly configured.
UnimplementedException	UNIMPLEMENTED	501	API method not implemented by the server.
ServiceUnavailableException	UNAVAILABLE	503	Service unavailable. Typically the server is down.
AbortedException	ABORTED	409	Response size is too large.

그림 7-2 구글 클라우드 문서에 정리된 오류 목록

영어로 문장을 쓰게 되면 주어를 명시할 수밖에 없습니다. 주어를 명시하면 원인이 누구인지 명확히 드러납니다. 예를 들어 오류 이름이 `NETWORK_CONNECTION_FAILED`라면 다음과 같이 설명을 상세하게 적어주세요.

```
// 예시 1: 기기가 네트워크에 연결돼 있지 않습니다.
{
  "code": "2001",
```

```
  "errorCode": "20011",
  "error": "NETWORK_CONNECTION_FAILED",
  "description": "Your device is not connected to the network."
}

// 예시 2: URL 도메인에 오타가 있거나 존재하지 않는 도메인입니다.
{
  "code": "2001",
  "errorCode": "20012",
  "error": "NETWORK_CONNECTION_FAILED",
  "description": "The domain of the URL is either misspelled or does not exist."
}

// 예시 3: 우리쪽 서버가 예상치 못하게 연결을 끊어버렸어요.
{
  "code": "2001",
  "errorCode": "20013",
  "error": "NETWORK_CONNECTION_FAILED",
  "description": "The connection was unexpectedly terminated by the server."
}
```

오류 메시지를 영어로 작성하는 것이 어렵다면 '무엇이 어떻습니다'와 같이 상태를 우리말로 선언하는 것으로 시작해봅시다. 우리말로 정보를 풍부하게 작성한 뒤 AI의 도움을 받는 방법도 있습니다. 다만 한국어에 주어가 명시되지 않으면 번역기는 자체적으로 주어를 주입해서 넣기 때문에 한국어에 주어를 꼭 명시하거나 번역 결과물에 주입된 주어가 틀린 것은 아닌지 확인해야 합니다.

(당신은) 파일을 볼 수 있는 권한이 없습니다.

(네트워크) 연결이 끊겼습니다.

(요청한) 파일이 데이터베이스에 없습니다.

(명시된 파일은) 지원하지 않는 파일 형식입니다.

DRM 정책으로 파일을 복사할 수 없습니다.

어떻게 해결해야 하는지 모르겠다

오류 메시지를 보고 어떻게 해결해야 할지 모르는 이유는 다음과 같이 정리할 수 있습니다.

- 잘못된 오류 메시지가 전달됐기 때문이다.
- 오류 메시지가 두루뭉술하기 때문이다.
- 오류 메시지에 오류 이름만 있거나 오류 원인까지만 담겨 있고 해결책이 명시되지 않았기 때문이다.

어느 날, 팀 동료가 ○○○ 시스템에서 프로젝트를 생성하려는데 '프로젝트를 생성할 수 없습니다'라는 오류가 발생한 상황을 가정해봅시다. 팀장은 며칠 전 ○○○ 시스템 유지보수 공지가 있긴 했는데, 오늘까지 안 될 이유는 없을 거라고 합니다. 그렇다면 어떻게 해결해야 할까요? 메시지만으로는 프로젝트를 생성할 수 없는 이유를 전혀 알 수 없습니다. 팀장이 확인해보니 해당 팀원이 프로젝트를 생성할 수 있는 권한이 없어 오류가 발생한 것이었습니다. ○○○ 시스템의 오류 메시지, 이대로 괜찮은 걸까요?

오류 이름이 `DUPLICATED_ID`(이미 있는 ID로 무엇인가 생성을 시도한 상황)나 `FILE_TOO_BIG`(파일 용량이 제한 크기를 초과함)같이 원인을 쉽게 파악할 수 있는 이름이라면 해결책을 쉽게 찾을 수 있습니다. 앞서 본 `NETWORK_CONNECTION_FAILED` 오류 예시는 간단한 예시라서 굳이 '기기가 네트워크에 연결됐는지 확인해보라'든지 'URL을 제대로 입력했는지 확인해보라'든가 '다시 시도해보라'는 안내문을 오류 설명에 명시하지 않아도 사용자가 쉽게 해결책을 유추할 수 있습니다.

하지만 만약 내가 받은 오류 메시지가 다음과 같다면 원인은 알지만 ID를 제대로 조회하기 위해서는 무엇을 해야 하는지 알 수 없습니다.

```
{
  "errorcode": "2001",
  "description": "Failed to get the ID."
}
```

오류 설명에 오류를 해결할 수 있는 방법을 추가하세요. 사용자가 직접 해결할 수 없는 오류라면 참고할 자료가 있는 링크를 포함시키거나 문의처를 안내하면 됩니다.

```
// 예시 1: 입력한 서비스 코드를 확인하거나 서비스 코드가 존재하는지 확인하라고
안내한다.
{
  "errorcode": "2001",
  "description": "OOO failed to get the OO ID because the specified service code does not exist. Check if you specified the right service code or if the service code does exist."
}
```

```
// 예시 2: 변수를 제대로 입력했는지 확인하라는 안내와 함께 API 문서 링크를 공유
한다.
{
  "errorcode": "2001",
  "description": "OOO failed to get the OO ID. Check if you specified the right parameters. See https://docs.our-service-name.com/sample-api/retrieve-ooo-id for the specification."
 }
```

```
// 예시 3: 슬랙 채널로 문의하라는 안내와 함께 슬랙 채널 링크를 공유한다.
{
  "errorcode": "2001",
  "description": "OOO failed to get the OO ID. Submit a question form on our Slack channel at https://may-i-help-you.com/ask-me-anything/."
 }
```

오류 메시지에 있는 안내대로 했는데 해결이 안 된다

다음은 컨플루언스의 스페이스 관리자 기능을 이용하다가 맞닥뜨린 오류입니다(그림 7-3). 아주 친절하게 참고할 정보 링크를 오류 메시지에 남겨주었습니다. 다만 해당 링크를 가도 문제를 해결할 수 있는 방법이 없어 무척 아쉬웠습니다. '그래서 어쩌라는 거지?'란 생각만 들더군요.

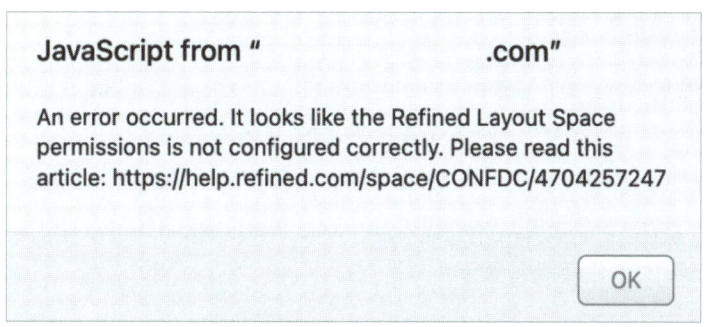

그림 7-3 컨플루언스가 제공한 오류 메시지

오류 메시지에 참고 자료나 문의처를 명시한다면 해당 자료나 문의처에 링크를 걸어주세요. 해당 링크나 문의처가 유효한지, 안내된 문서가 제대로 된 해결 방법을 제시하고 있는지 주기적으로 확인해야 합니다. 번거로운 작업이지만 결국 나에게 오는 질문을 줄일 수 있습니다.

참고로 오류가 발생하는 상황을 재현한 다음 안내 링크에서 제시한 방법대로 따라 해 오류를 해결할 수 있는지 오류 메시지 내용을 검증해보는 것도 좋은 방법입니다.

해결 방법을 어디서 찾아야 하는지 모르겠다

내가 제공하는 제품, 그것이 설치형 프로그램이든 클라우드 서비스이든 웹사이트가 존재할 것입니다. 제품을 설치하려면 다운로드를 받을 수 있는 곳이 있어야 하고, API를 제공한다면 API 명세를 볼 수 있는 곳이 있어야 하니까요. 노드 패키지라 하더라도

npmjs.com에 패키지 페이지가 있을 테고, 오픈소스가 깃 저장소에 있다면 저장소 페이지에 접근할 수 있습니다.

이처럼 사용자가 접근할 수 있는 웹페이지에 오류 해결 방법을 찾을 수 있는 곳을 명시하세요. 사용자에게 반환되는 오류를 한 곳에 나열하고, 원인과 함께 해결 방안을 알려주거나 해결책이 길다면 별도 문서로 작성하고 해당 문서 링크를 남기세요.

쉬어가기 금과 은 나 없어도 내게 있는 것 네게 주니

오류가 발생했는데 해결책이 오류 메시지 안에 담기지 않았을 때는 검색 서비스가 최후의 보루입니다. 다행히 같은 문제를 겪는 사람들의 질문과 해결책 덕분에 오류를 해결하기도 합니다. 내가 개발하는 제품이 사내용이 아닌 사외용으로 공개됐다면, 업무를 하다가 잠시 머리를 식히고 싶을 때 내 제품과 관련된 오류 문의를 검색해보세요. 헤매는 불쌍한 영혼들을 위해 답변을 남겨주세요. 이 역시 나에게 유입되는 질문을 줄일 수 있는 방법입니다.

요약

오류 메시지는 사용자가 문제를 해결할 수 있는 실마리입니다.

- 오류 원인 설명은 축약하지 말고 문장으로 작성하세요.
- 오류를 해결하기 위해 사용자가 취해야 하는 행동을 오류 설명에 함께 명시하세요.
- 오류 메시지에 문서 링크를 넣는 방법도 고려하세요.
- 오류가 났을 때 도움을 구할 수 있는 방법을 오류 메시지에 표기하거나 제품 웹사이트에서 명시하세요.

8

API 주석

API_{application programming interface}는 개발자가 드나드는 문입니다. 자바 API나 안드로이드 API 같은 프로그래밍 언어나 대형 플랫폼 API가 널리 알려진 탓에 외부에 공개하는 소프트웨어에 있는 거창한 것으로 오해하기 쉽지만, 사실은 아주 작고 기본적인 단위입니다. 제품을 처음부터 끝까지 혼자 만들지 않는 한 개발자는 늘 API를 만들고 씁니다. 동료 개발자가 작성한 함수를 호출하거나 동료 개발자가 만든 모듈을 가져다 쓰지 않고서는 프로젝트를 진행할 수 없으니까요.

그렇기에 API 설명이 얼마나 중요한지 잘 아는 사람은 바로 개발자입니다. 멀리 갈 필요도 없이 여러분이 오픈소스 라이브러리를 쓸 때 어떻게 하는지 떠올려보세요. 지금까지의 개발 경험을 완전히 뒤엎는 새로운 개념이 아니라면 보통 주요 기능을 구현한 예시를 찾아볼 겁니다. 그다음 예시에 나온 API를 어떻게 바꾸어야 원하는 기능을 구현할 수 있을지 살펴보려고 API 레퍼런스를 펼칠 겁니다. 어떤 영감을 받아 만들었으며, 무엇을 참고했는지 같은 구구절절한 사연은 잔뜩 있는데, API 사용법은 찾아볼 수 없다면 미련 없이 다른 라이브러리를 찾아나설 테고요.

SIGDOC_{Special Interest Group on Design of Communication}에서 개발자가 개발할 때 어떤 문서를 가장 많이 보는지 실험한 결과,[1] API 레퍼런스가 1위였습니다. 그 결과가 표 8-1입니

---

1 https://sigdoc.acm.org/cdq/how-developers-use-api-documentation-an-observation-study/

다. 여기서 50% 이상을 차지한 '편집 화면 및 클라이언트'는 문서가 아니라 개발 도구 화면active window을 의미합니다.

표 8-1 개발할 때 어떤 화면을 자주 보는가

개발자가 보는 화면	시간 비율(%)
시작 페이지	1.33
개념 소개	7.91
연동 방법	0.67
예시	5.69
특수 사례 예시	14.99
API 레퍼런스	18.35
편집 화면 및 클라이언트	51.06

아이러니하게도 API 설명에 가장 공들이지 않는 사람 역시 개발자입니다. REST API 개발 프레임워크인 스웨거Swagger[2]를 만든 SmartBear는 자사 제품 사용자에게 API 개발이나 사용 경험을 묻고 그 답을 분석한 보고서를 매년 발행합니다.

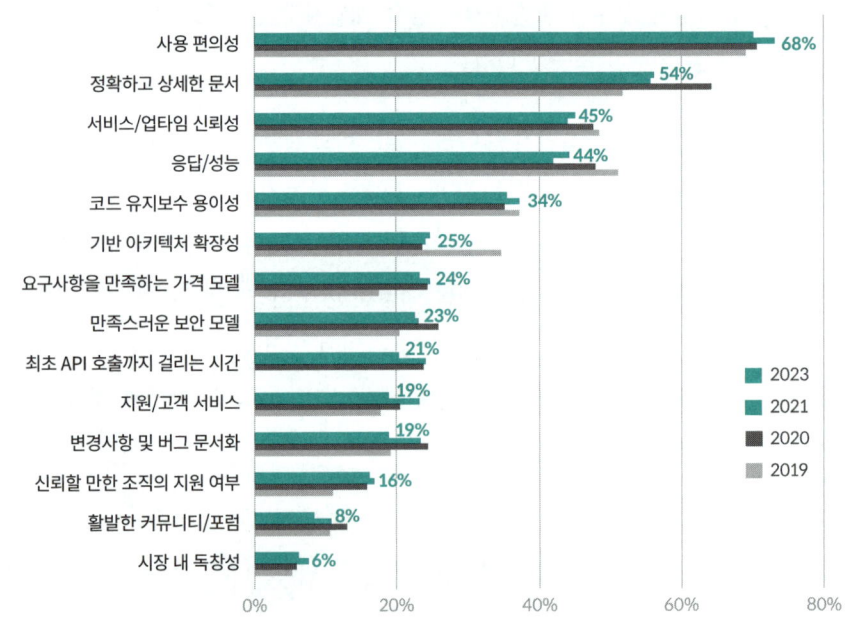

그림 8-1 API 사용자가 꼽은 API의 주요 요소

---

2 https://swagger.io/

API 사용자로서 답할 때는 API의 중요한 요소 중 하나로 '정확하고 상세한 문서'를 꼽지만(그림 8-1), 정작 자기네 문서 품질이 좋다고 평가한 비율은 34%에 그칩니다(그림 8-2).

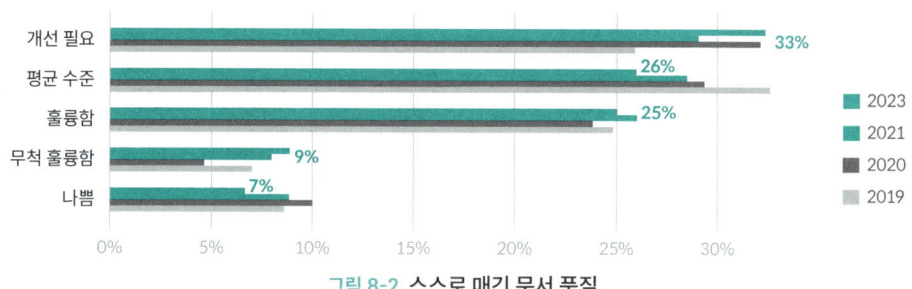

그림 8-2 스스로 매긴 문서 품질

심지어 API를 만들 때 문서 부족을 걱정하는 사람은 고작 6%에 불과하다는 점(그림 8-3)을 보면, API 제공자로 입장이 바뀌는 순간 관심사가 크게 달라진다는 것을 알 수 있습니다.

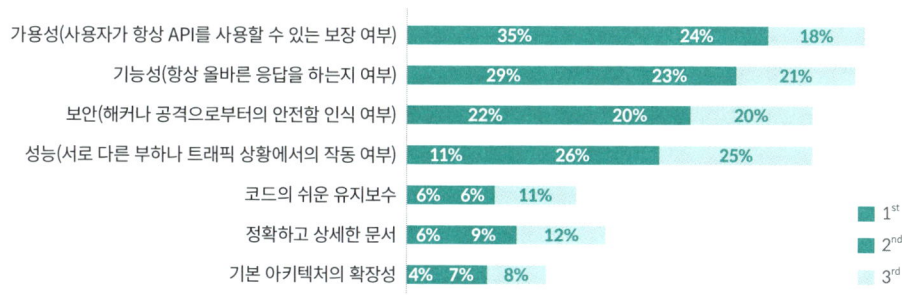

그림 8-3 API 제공자의 주요 우려 사항 상위 세 가지(2020년 기준)

왜 그렇게 문서에 신경 쓰지 못하느냐는 물음에는 '바빠서'라는 이유가 늘 1위를 차지합니다(그림 8-4). 일하기도 바쁜데 글 쓸 시간이 어디 있느냐는 말입니다. 이렇게 우리네 마음과 똑같다니요! 대체 회사는 '왜' API 문서가 중요하다는 것을 뻔히 알면서도 사람을 더 채용하지 않는 걸까요? 하지만 개발자에게 시간이 생기더라도 API 문서는 쓰지 않을 것이라고 생각합니다. 그보다는 훨씬 재미있고 익숙한 코딩을 더 하거나 새 기술을 공부하려고 하겠죠.

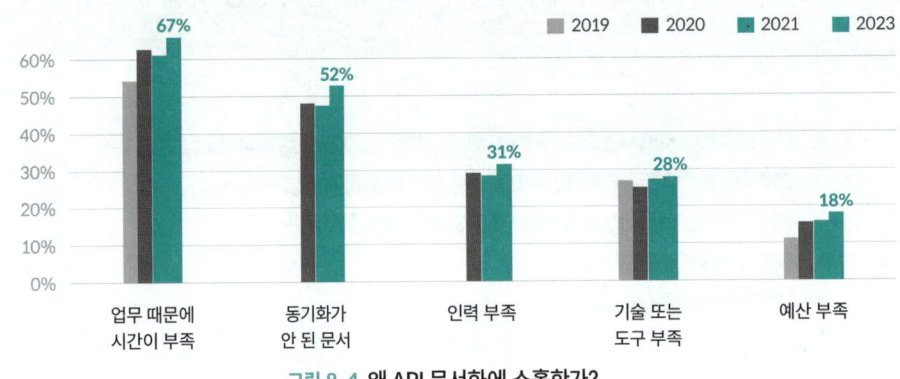

그림 8-4 왜 API 문서화에 소홀한가?

어째서 그럴까요? 이유는 간단합니다. 코드 작성과는 너무도 다른 글쓰기를 어렵게 느끼기 때문입니다. 프로그래밍 언어는 글 쓰는 언어보다 문법이 엄격하고 표현도 단순합니다. C 언어로 `hello`를 출력하는 코드를 짜라고 하면 백이면 백 이렇게 쓸 겁니다.

```
printf("hello");
```

반면 글을 쓰라고 하면 다양한 대답이 나옵니다.

> 화면에 hello 출력
>
> hello를 출력합니다.
>
> 표준 출력으로 hello를 보내라.

게다가 저마다 다르게 이해하기도 합니다. 첫 번째나 두 번째 설명을 읽은 사람은 'hello'가 내 눈앞에 있는 앱 화면에 나타나는지, 서버 쪽 로그에 찍히는지 혼란스러울 겁니다. 하지만 `printf("hello")` 코드는 C 개발자라면 그 누구든 똑같은 의미로 알아듣습니다. 하루 여덟 시간씩 더할 나위 없이 의미가 분명한 코드로 소통하는 개발자가 다양한 표현과 오해를 야기하는 글쓰기를 어려워하는 건 당연한 일입니다.

또 코드는 글쓰기보다 평가하기 쉽고, 작업 효율이 높습니다. 코드는 실행만 하면 결과가 옳은지 아닌지 알 수 있지만 글은 그렇지 않습니다. 내가 쓴 글이 옳은지 아닌지, 잘 썼는지 못 썼는지 스스로 평가하는 것이 애매하고, 이렇게 저렇게 쓰라고 알려주는 사람도 없습니다. 코드를 작성할 때보다 글을 쓸 때 자기 의심이 깊어지는 이유입니다.

개발자가 글을 쓸 때 '템플릿'을 찾는 까닭이 여기 있습니다. 가까운 개발자들에게 글을 쓸 때 무엇이 가장 필요하냐고 물으니, '템플릿'이라는 대답이 꽤 많았습니다. 잘 돌아가는 코드를 가져다 필요한 부분만 바꿔쓰듯이 잘 쓴 문서를 가져다 필요한 부분(가능하면 단어 정도)만 바꿔 쓸 수 있다면 못 쓸 확률을 낮출 수 있으니까요.

디자이너

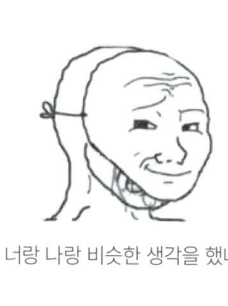
오, 너랑 나랑 비슷한 생각을 했네.

거짓말! 네가 내 아이디어를 훔쳤잖아!

개발자

어이, 네 코드 좀 빌려 씀.

그거 내 코드 아님.

그림 8-5 복사를 대하는 디자이너와 개발자의 태도 차이

다행히 API 문서, 그중에서도 각 API 설명을 담은 API 레퍼런스는 코드와 비슷하게 문법이 단순하며 참고할 템플릿도 많습니다. 코드에 주석으로 쓸 때면 더욱 그렇습니다. 코드의 주석 방식은 API를 개발하는 동시에 사용자가 볼 API 레퍼런스까지 작성할 수 있어서 문서화할 시간을 따로 내지 않아도 됩니다. 코딩하듯이 패턴을 따르면 되니 마음도 편한 것은 물론 나중에 코드를 업데이트할 때 문서도 함께 업데이트할 수 있는 것

도 장점입니다.

8장에서는 API 설명이 중요한 줄은 알지만 쓰는 방법을 몰랐던 개발자, 쓰고 싶지만 워드를 열고 문서를 작성할 엄두가 나지 않았던 개발자를 위해 빠르고 쉽게 문서용 API 주석 쓰는 방법을 알려드리겠습니다.

API는 아주 광범위한 개념이지만, 이 책에서는 내외부용과 관계없이 '다른 개발자가 호출할 함수나 메서드'만 다룹니다. 다른 개발자가 사용할 상수도 API지만, 함수의 파라미터를 설명할 때와 유사하므로 별도로 다루지는 않겠습니다. 클래스나 패키지, 모듈은 함수와 상수 또는 멤버를 묶은 개념이므로, 함수를 잘 설명할 수 있다면 그 묶음도 잘 설명할 수 있을 것으로 보고 역시 다루지 않습니다.

API 주석 형식

널리 쓰는 프로그래밍 언어는 대부분 주석 기반 API 문서화 도구를 제공합니다. 자바Java에는 Javadoc, 자바스크립트JavaScript에는 JSDoc, 코틀린Kotlin에는 Dokka가 있습니다. 대부분 언어에 맞는 주석 태그를 지원하며, IDE에서 자동으로 뼈대를 생성해주므로 필요한 정보를 빠뜨리지 않고 쓰기 편합니다.

이번 절에서는 Javadoc 방식을 사용해 설명하지만, 다른 도구도 형태나 입력 방식은 비슷합니다. 단, 스프링Spring으로 REST API를 개발할 때는 주석 대신 애너테이션annotation으로 문서화하는데, 이 방법은 후반부에 간단히 설명하겠습니다.

API 문서 자동 생성 도구는 특정 양식으로 표기한 주석 안에 있는 내용을 추출해 API 레퍼런스를 만듭니다. API 문서용 주석은 일반 주석과 역할이나 사용법이 같지만, 여기서는 API 설명용이라는 것을 강조하고자 'API 주석'이라고 부르겠습니다. API 주석은 다음과 같은 요소로 이뤄집니다.

- `/** ... */`: API 주석의 시작과 끝

- @xxx: API 문서 요소(파라미터, 반환값 등)

IDE를 사용하는 경우, /**을 입력한 후 엔터 키를 누르면 @로 시작하는 파라미터와 반환값 태그가 자동으로 생성됩니다. 물론 IDE를 쓰지 않고 직접 태그를 입력해도 전혀 문제없습니다.

자바 개발자라고 가정하고 getCustomerGrade() 함수를 작성한 후, 바로 윗줄에 /**을 입력해보겠습니다. 다음과 같이 API 주석을 입력할 수 있는 기본 뼈대가 생성됩니다.

```
/**
 * 1. 이 함수 또는 메서드가 무엇을 하는지 설명
 * @param id    2. 파라미터 id 설명
 * @return      3. 반환값 설명
 **/
public int getCustomerGrade(String id) {...}
```

예시를 보면 알 수 있듯이 API 주석에 기본으로 써야 할 내용은 세 가지입니다.

- 함수 자체 설명
- 파라미터 설명
- 반환값 설명

그 밖에도 다양한 설명을 덧붙일 수 있지만, 이 세 가지가 가장 중요하므로 우선 이를 쓰는 습관을 들이는 것이 중요합니다. 특히 Go나 파이썬처럼 태그 없이 줄글로만 API 주석을 써야 한다면, 반드시 세 항목을 염두에 두어야 정보를 빠뜨리지 않을 수 있습니다.

특정한 프로그래밍 언어로 만든 함수나 메서드뿐만 아니라 REST나 gRPC 또한 API로 제공할 수 있습니다. 이런 API는 표현 방식에 차이는 있어도 설명해야 할 내용은 같습니다. 예를 들어 REST API는 헤더header, 패스path, 쿼리query, 바디body 등 네 가지 유형의 파라미터를 사용하므로 설명이 다소 길어질 수 있지만, 결국 API가 수행하는 작업과 입력 파라미터, 반환값을 기술하는 방식은 동일합니다.

> **TIP** 태그 없이 줄글로 쓸 수도 있지만, 태그가 있으면 자동 생성 도구로 API 레퍼런스를 만들 때 출력 형식을 제어하기 쉽습니다. 만약 사용하는 언어에서 API 문서 생성 도구를 제공하지 않는다면 공용 도구를 사용하거나 직접 간단한 API 문서화 도구[3]를 만들어볼 수 있습니다. 이런 상황에 대비하기 위해 Javadoc과 유사한 태그를 쓰는 편이 좋습니다.

API 설명 기본 규칙

API 설명 원칙은 '간단명료'라고 요약할 수 있습니다. 필요한 내용은 모두 있지만 군더더기 없이 깔끔해야 한다는 의미입니다. 잘못된 API 설명에는 두 가지 유형이 있습니다. 첫째, 쓸모 있는 정보가 없는 설명이고, 둘째, 쓸모없는 정보가 많은 설명입니다.

그렇다면 쓸모 있는 내용이란 무엇일까요?

- 무엇을 하는가?
- 어떻게 쓰는가?
- 주의할 점이 있는가?

쓸모없는 군더더기는 무엇일까요?

- 왜 만들었는가?
- 어떻게 작동하는가?
- 앞으로 어떻게 고칠 것인가?
- 구현하느라 얼마나 힘들었는가?

과연 이런 내용을 쓰는 사람이 있을까요? 있습니다. API 주석을 일반 주석과 혼동하면 얼마든지 일어날 수 있는 일입니다.

API 사용자에게 '무엇'을 위해 '어떻게' 해야 하는지 알려주되, '왜' 그렇게 해야 하는지나 '어떤' 알고리즘으로 돌아가는지는 알려주지 않아도 됩니다. 일반 코드 주석에는 앞

---

[3] https://engineering.linecorp.com/ko/blog/comments-parsing-api-documentation

서 군더더기로 꼽은 내용을 써도 좋습니다. 아니, 쓰는 쪽이 훗날의 자신이나 다른 기여자에게 훨씬 좋습니다.

> **TIP** API 설명에서 알고리즘을 다뤄야 할 때도 있지만, 일반적으로는 API 레퍼런스에 내부 작동 방식을 쓰지 않는 편이 좋습니다.

하지만 API 주석은 다릅니다. 주석이지만 주석처럼 쓰면 안 됩니다. 나중에 따로 문서화할 짬을 내기 싫으니 코드를 짜는 시간에 함께 쓰게 했을 뿐이지, API 주석은 결국 API 문서입니다. 따라서 길게 써야 하거나 내가 아는 모든 것을 써야 한다는 압박감에 시달리지 말고, 꼭 필요한 정보만 순서대로 작성하세요.

지금부터 개발자가 흔히 저지르는 실수를 참고해 API 주석 작성의 기본 규칙을 정해보겠습니다.

API 사용자 입장에서 쓰기

앞서 말한 것처럼 개발자가 흔히 하는 실수 중 하나는 API 주석을 코드 주석과 혼동해 알고리즘이나 구현 방식을 기술하려는 것입니다. API를 쓰는 사람은 내부에서 무엇이 어떻게 돌아가는지 별로 궁금하지 않습니다.

알고리즘을 궁금해하는 상황은 단 두 가지, 무척 학구적이어서 API가 돌아가는 방식을 완벽히 이해해야만 직성이 풀리는 사용자일 때, 또는 설명만 봐서는 이 API를 어떻게 쓰는지 감이 오지 않으며 시킨 대로 해도 예상과 다르게 작동할 때죠. 보통 후자일 가능성이 높습니다. 오픈소스를 가져다 쓰다가 소스 코드를 들여다보는 상황도 후자일 때가 많습니다. 오픈소스의 기여에 관심 없는 사람조차 코드를 보게끔 만들었으니 그 API 개발자는 오픈소스 활성화에 크나큰 공을 세운 셈입니다. 그런데 정작 그 API는 아무도 쓰지 않을 수도 있습니다. 빠르게 구현하고 싶어서 오픈소스를 쓰는 것인데, 사용법을 정확히 안내하지 않아 코드를 찾는 시간이 더 오래 걸린다면 누가 쓰려고 할까요?

이제 API 주석 작성 시 기본 규칙 1이 무엇인지 짐작할 수 있을 겁니다.

> API 주석 기본 규칙 1. 내가 말하고 싶은 내용이 아니라 사용자가 궁금할 만한 내용을 쓴다.

모든 개발자는 API 작성자이자 API 사용자입니다. API 주석을 쓸 때만큼은 모드를 바꿔 API 사용자가 되어 생각해보세요. 여러분이 이 API를 쓴다면 무엇이 궁금할까요?

첫 문장의 중요성

개발자가 흔히 하는 또 하나의 실수는 이미 어떤 API를 구현할지 합의했으니 굳이 그 API가 하는 일을 쓰지 않아도 된다고 생각하는 겁니다. 다음이 그 예입니다.

> `Data`는 `{ id, name }` 형태다.

예예, 이 함수가 `id`와 `name`을 포함하는 `Data` 객체를 반환하는 건 알겠습니다. (심지어 이것도 설명을 잘해서 알 수 있는 내용이 아니라 독자가 개발자이기에 이해할 수 있는 내용이죠!) 그런데 그 데이터를 왜 가져오는 걸까요? 작성자의 동료는 회의 때 이야기 들었을 테니 궁금하지 않을 겁니다. 하지만 나중에 다른 팀이나 회사의 개발자에게 이 내용을 보여주면 과연 어디에 쓰는 API인지 알 수 있을까요?

여기서 기본 규칙 2가 나옵니다.

> API 주석 규칙 2. 첫 줄에는 반드시 '무엇을 하는지' 적는다.

이 규칙을 염두에 두면 앞의 예시처럼 쓰지는 않을 겁니다. 적어도 이렇게 쓰겠죠.

> 현재 큐(queue)에 있는 `Data`를 가져온다. `Data`는 `{ id, name }` 형태다.

아직 `{ id, name }`처럼 코드도 아니고 글도 아닌 부분이 있지만, 차차 고치기로 합시다.

이름은 이름일 뿐

개발자가 흔히 하는 세 번째 실수는 이름에 매몰돼 중요한 정보를 놓치는 것입니다. UI 라이브러리의 `setTipText(String)` 함수에 API 주석을 쓸 때 다음과 같이 작성합니다.

> 팁 텍스트를 설정한다. (= set the tip text)

딱 봐도 함수 이름인 `setTipText`를 그대로 가져온 설명입니다. 이 정도면 개발자가 아니더라도 쓸 수 있는 내용입니다. 이름을 기가 막히게 잘 지어서 그대로 복사해 붙여 넣어도 된다면 아무 문제없습니다. 하지만 그렇지 않을 때가 왕왕 있습니다.

예시의 함수에는 '팁 텍스트'가 무엇인지 나오지 않습니다. 다른 문서에 팁 텍스트를 설명하고 그곳으로 링크하면 좋았겠지만, 설명만으로는 기획 회의에서 '팁 텍스트'를 논의한 동료 외에는 무슨 텍스트를 설정하는 API인지 전혀 알 수 없습니다. API를 설명할 때 API 이름에 맞춰 작성하는 건 자연스러운 일이지만, 이름에만 집중하면 중요한 정보를 놓칠 수 있습니다.

여기서 기본 규칙 3을 선언해보겠습니다.

> API 주석 규칙 3. 빠진 내용이 없는지 살펴본다.

처음에는 이름을 활용해 설명하더라도 나중에 빠진 내용이 없는지 반드시 확인해야 합니다. 다른 팀 개발자에게 생소한 용어가 있는지, 주의해야 할 점을 빠뜨리지 않았는지 말이죠. 이 규칙은 17장 '완결성'과도 이어집니다.

API 이름을 잘 지으면 문서가 필요 없다는 주장도 있습니다. 이름의 중요성과 이름이 어느 정도 기능을 대변한다는 말에는 동의합니다. 이름만으로도 사용법이 눈에 보인다면 그보다 좋을 수 없겠죠. 단순한 게터getter나 세터setter라면 얼마든지 그렇게 해도 좋지만, 안타깝게도 모든 API가 이름만으로 기능과 사용법을 설명하지는 못합니다. 기껏 원하는 기능을 구현한 오픈소스를 찾았는데, 설명을 읽어보니 이름을 풀어써놓기만 해서 코드에서 필요한 인수를 찾아야 했던 경험이 한 번쯤 있지 않습니까?

물론 아무리 API 설명을 잘 써도 이름이 이상하면 소용없습니다. API 사용자는 API 이름을 보고 자신이 찾는 것인지 아닌지 파악하는데, 이름이 엉뚱하면 아예 들여다보지도 않을 테니까요. 다른 사람이 API를 써주기를 바란다면, 이름도 잘 짓고 설명도 충분히 덧붙이세요.

코드는 코드에만

앞서 8장의 '첫 문장의 중요성'에서 고쳐본 예시를 다시 보겠습니다.

> 현재 큐(queue)에 있는 `Data`를 가져온다. `Data`는 `{ id, name }` 형태다.

여기서 `{ id, name }`은 코드 같기도 하고, 설명 같기도 합니다. 개발자라면 대충 의미는 알아들을 것 같은데, 과연 그럴까요?

API 설명에서 코드 같지만 코드는 아닌 코드 같은 설명을 가끔 봅니다. 예를 들면 이렇습니다.

> @param okayStatus …
>
> @param okayValue   if okayStatus = "okay" "okayStatus"

`okayStatus`값이 `"okay"`이면 `okayValue`에도 `okayStatus`값을 넣으라는 뜻 같습니다. 혹은 같은 조건에서 `okayValue`는 `"okayStatus"`라는 문자열을 넣어야 한다는 뜻 같기도 합니다. 사용자 역시 둘 중 하나로 생각하고 하나씩 테스트해볼 겁니다. 다행히 몇몇 사용자가 코드 같기도 하고 아닌 것 같기도 한 설명을 대충 이해하고 방법을 찾아내겠지만, 언제까지나 그러라는 법은 없습니다.

검토 요청을 받은 문서에서 이런 설명을 보면 당연히 고칩니다. 하지만 작성자가 "어차피 개발자는 무슨 뜻인지 다 아는데 왜 고쳐야 하나요?"라고 묻는다면 어떻게 대답해야 할지 고민하곤 했습니다.

- 문서니까요. 좀 더 형식을 갖춰야죠.   // 참 꼰대 같은 대답이군요.

- 이건 코드도 아니고 영어도 아니잖아요!   // 작성자와 싸우자는 말입니다.

다행히도 지금까지 이렇게 물은 사람은 없었지만(제 수정안을 잘 따라준 모든 작성자들께 감사드립니다), 이제 좋은 답을 찾았습니다.

"이런 코드 문법을 모두가 이해한다는 보장이 없어요. 이 프로그래밍 언어에 익숙하지 않은 사람은 문법을 파악하려고 웹서핑을 해야 할 수도 있잖아요. 그럴 바에는 이해하기 쉬운 말로 바꾸는 게 좋죠."

답을 찾은 계기는 10년 이상 C 언어만 죽어라 판 개발자에게 리액트 사용법을 가르쳐 줄 때였습니다. 아주 간단한 웹 콘솔을 만들고 싶다는 말에 UI 컴포넌트 라이브러리를 쓰면 쉽고 빠르게 만들 수 있다며 도와주기 시작했는데, C 개발자는 자바스크립트 문법을 처음 보고 혼돈의 도가니에 빠졌습니다. 특히 다음과 같은 코드를 봤을 때 너무 혼란스러워 한참 멍하니 있었다고 합니다.

```
const onClick = item => {
    setClickedItem(item);
}
```

`item`이 중괄호 내용과 크거나 같은지를 비교해서 `onClick`에 할당하는 것 같은데, 중괄호 내용을 어떻게 `item`과 비교하느냐고 묻더군요. 자바스크립트의 화살표 함수를 '같거나 크다'는 식으로 해석할 줄은 꿈에도 몰랐는데, 그 말을 듣고 얼마나 웃었는지 모릅니다.

모든 개발자가 같은 지식을 가진 게 아니라는 사실을 깨닫고, 문서 설명에 함부로 코드 문법(특히 변형해서)을 도입하면 안 된다는 확신을 얻었습니다. 특히 사용자가 어떤 프로그래밍 언어를 쓸지 모르는 REST API 설명은 더 주의해야 합니다. 온갖 다양한 도메인을 가진 개발자가 볼 테니까요.

API 주석 규칙 4. 사용자 대부분이 이해할 수 있는 말(용어)로 쓴다.

규칙 4는 API 문서뿐만 아니라 모든 기술 문서에 적용할 수 있습니다. "그렇게 써도 개발자는 다 알아요"라는 말을 수없이 들었는데, 정말 다 아는지 생각해볼 때입니다.

실전 연습

이제 기본 규칙에 근거해 API 주석을 작성해봅시다.

자바의 `File` 클래스에 있는 간단한 메서드를 하나 가져왔습니다. 메서드 이름만 보고 API 주석을 작성해보겠습니다.

```
public boolean exists() {...}
```

첫 번째 규칙대로 API 사용자로서 생각해볼까요?

- 사용자는 이 메서드로 무엇을 할까? `File` 인스턴스에 지정한 경로에 파일이 존재하는지 검사할 수 있겠네.
- 사용자는 이 메서드를 어떻게 사용할 수 있을까? 파라미터가 없으니 간단하네. `File` 인스턴스에서 그냥 호출하라고 하면 되겠지.
- 사용자는 이걸로 무엇을 알 수 있을까? 반환값 유형이 `boolean`이니 파일이 있으면 `true`, 없으면 `false`를 돌려준다고 해야겠군.

다음으로 두 번째 규칙에 따라 첫 문장에 '무엇을 하는지' 쓴 후 나머지 답을 씁니다.

> **`File` 인스턴스로 지정한 경로에 파일이 존재하는지 검사합니다.** 파일이 있으면 `true`를, 없으면 `false`를 반환합니다.

이제 세 번째, 네 번째 규칙에 따라 빠진 내용이 있는지, 사용자가 이해하기 어려운 설명은 없는지 살펴봅시다. API 이름만으로는 짐작할 수 없는 내용이나 주의할 점이 있나요? 만약 호출자가 파일에 접근할 권한이 없다면 어떻게 될까요? 이와 같은 예외 상황에서는 일반 응답인 `true`나 `false`를 반환할 것 같진 않죠. 그렇다면 이렇게 쓸 수 있습니다.

File 인스턴스로 지정한 경로에 파일이 존재하는지 검사합니다. 파일이 있으면 true를, 없으면 false를 반환합니다. **지정한 경로에 접근 권한이 없으면 오류가 발생합니다.**

규칙대로 쓴 내용이 해당 메서드를 제대로 설명하는지 확인하고자 자바 API 문서에서 이 메서드의 설명을 살펴보겠습니다.[4]

> 해당 추상(abstract) 경로가 나타내는 파일이나 디렉터리가 존재하는지 확인합니다.
>
> 반환값:
>
> 해당 추상 경로가 나타내는 파일이 존재하는 경우에만 참(true), 그 외에는 거짓(false)입니다.
>
> 예외:
>
> SecurityException - 보안 관리자가 있고, 보안 관리자의 SecurityManager.checkRead(java.lang.String) 메서드가 해당 파일이나 디렉터리에 읽기 접근을 거부한 경우

파일을 검사할 뿐만 아니라 디렉터리까지 검사한다는 것만 빼면 거의 같습니다. 여러분이 자바 API 개발자라면 당연히 File 객체가 디렉터리도 포함한다는 사실을 알고 있었을 테니 해당 내용도 포함했을 겁니다. 제대로 작성한 겁니다.

이번에는 조금 복잡한 예를 들어보겠습니다. id라는 문자열을 인수로 받아 정숫값을 돌려주는 함수입니다.

```
public int getCustomerGrade(String id) {...}
```

처음 보는 함수일 테니, 기본 설명을 써드리겠습니다.

> 입력한 고객 ID에 따라 고객 등급을 알려줍니다. 고객 등급은 데이터베이스에 저장한 값이 아니고, 요청할 때마다 직전 3개월 평균 구매 금액을 확인해 실시간으로 계산합니다.

---

4 https://docs.oracle.com/javase/8/docs/api/?java/io/File.html

1: 실버 등급. 직전 3개월 평균 구매 금액이 10만 원 이상(3개월 average > 10만 원)

2: 골드 등급. 직전 3개월 평균 구매 금액이 50만 원 이상(3개월 average > 50만 원)

3: 플래티넘 등급. 직전 3개월 평균 구매 금액이 100만 원 이상(3개월 average > 100만 원)

여러분이 API 사용자라면 이 설명을 읽고 어떻게 사용해야 하는지 파악할 수 있나요?

언뜻 봐서는 아무 문제없는 것처럼 보이지만, 정작 API 호출 결과를 처리할 때쯤에는 고개를 갸웃하게 될 겁니다. '1, 2, 3 중 하나라고 하는데 설마 0을 돌려주는 일은 없겠지?'라고 생각하면서 말입니다. 그렇지만 역시나! 어느 날, 이 함수가 0을 반환하고야 맙니다.

API 작성자는 예외 상황을 고려해 설명을 덧붙여야 합니다.

> 등급이 없는 고객이면 0을 반환합니다.

완전한 설명이 됐을까요? 함수를 완전하게 설명하려면 출력값만이 아니라 입력값도 제대로 설명해야 합니다. 여기서 입력값은 파라미터 `id`입니다. `String` 형이니 데이터 유형 제약은 없지만, 다음과 같이 프로세스에서 제약을 만들 수는 있습니다.

> 고객 ID란 고객이 가입할 때 입력한 유일한 식별자로, 알파벳으로 시작하며 최대 14글자입니다. 형식에 맞지 않은 ID를 입력하면 -1을 반환합니다.

가장 중요한 입력과 출력에 관해서는 다 쓴 것 같으니, 이번에는 군더더기가 있는지 살펴봅시다.

'1: 실버 등급…'이 마음에 걸립니다. 글로는 'N만 원 이상'이라고 썼으나, 식에는 '크다(>)'는 기호를 사용했습니다. '이상'과 '초과'는 개발자가 설명을 쓸 때 자주 틀리는 표현이어서 설명과 식이 다르면 식이 올바르고 글이 틀린 경우가 많습니다. 따라서 처음에는 식으로 쓰고, 식에 알맞은 단어를 선택해 문장으로 만드는 것을 추천합니다. 그런 다음 식을 삭제하는 편이 좋습니다.

1. 실버 등급: 직전 3개월 평균 구매 금액이 10만 원 초과

열심히 문장을 다듬고 식을 정리했지만, 안타깝게도 API 사용자에게는 고객 등급을 데이터베이스에 저장하든 실시간으로 계산하든 중요하지 않습니다. 올바른 값만 알려준다면 얼마를 쓴 사람이 골드 등급인지도 궁금하지 않을 테고요. 또한, 코드와 무관하며 변경될 가능성이 있는 정책 정보는 기술 문서에 포함하지 않는 것이 좋습니다. 반드시 고객에게 안내해야 한다면 직접 내용을 작성하기보다는 정책 문서의 링크를 제공하세요.

자, 이제 1번의 문장이 군더더기인 것을 알았으니 미련 없이 제거합시다.

> 입력한 고객 ID에 따라 고객 등급을 알려줍니다. 고객 ID란 고객이 가입할 때 입력한 유일한 식별자로, 알파벳으로 시작하고 최대 14글자입니다.
>
> 고객 등급은 다음 세 가지로, 정수로 표현합니다.
>
> 1: 실버 등급
>
> 2: 골드 등급
>
> 3: 플래티넘 등급
>
> 등급이 없는 고객이면 0을 반환하고, 고객 ID가 없거나 형식에 맞지 않은 ID를 입력하면 -1을 반환합니다.

간단명료한 API 설명이 완성됐습니다.

그러나 아쉽게도 이 함수에는 고객 등급을 정수형으로 표현하고 있다는 문제가 있습니다. 고객 등급을 파라미터로 받는 함수가 있다면, 반드시 사용할 수 있는 값의 목록이나 숫자 범위를 명확히 알려줘야 합니다.

다음은 특정 고객 등급에 속한 총고객 수를 반환하는 함수입니다.

```
public int getTotalNumberOfCustomerGrade(int grade) {...}
```

파라미터 grade는 정수형이므로 입력할 수 있는 값의 범위가 매우 넓습니다. 따라서 이럴 때는 반드시 허용되는 값의 범위를 알려줘야 합니다.

특정 등급에 속한 고객 수를 알려줍니다. grade는 고객 등급으로, 다음 세 가지 중 하나를 입력할 수 있습니다.

1: 실버 등급

2: 골드 등급

3: 플래티넘 등급

이 외의 값을 입력하면 0을 반환합니다.

굵은 글씨로 강조된 내용이 없다면, 0을 입력하여 0이라는 값을 받은 사용자는 '등급 없는 고객이 0명'이라고 오해할 수 있습니다. API 설명에서 가장 흔히 빠지는 정보가 바로 파라미터와 결괏값 범위인데, 이를 명확히 잘 작성하기만 해도 API 사용자의 혼란을 크게 줄일 수 있습니다.

설명문 형식 정하기

API 문서를 자세히 살펴보면 함수나 메서드 설명은 흔히 동사로 시작한다는 것을 알 수 있습니다. 동사로 설명하면 자연스럽게 해당 기능이 무엇을 하는지 표현할 수 있어 API 문서 작성자에게는 불문율과도 같습니다.

> 이 함수는 ○○을 계산합니다.
>
> ○○을 가져온다.

'이 함수는' 같은 주어를 포함할지 여부는 작성자가 선택하면 됩니다. **중요한 건 '일관성'입니다.** 주어를 포함하기로 했다면 모든 설명에서 일관되게 유지하고, 생략하기로 했다면 일괄적으로 생략하는 것이 좋습니다.

또한, '평어체'와 '경어체' 선택도 중요한 문제입니다. 과거에는 개발 문서를 출력 제본이나 PDF 같은 파일로 제공했기 때문에 평어체를 많이 썼습니다. 평어체는 전문적인 느낌을 주고, 길이가 짧아 간결해 보이는 장점이 있습니다. 하지만 웹이 소통의 중심이자 불특정 다수를 대상으로 한 마케팅 용도가 되면서, 웹에 게시하는 글에는 경어체를 월

등히 많이 쓰게 됐습니다. 기술 문서 역시 웹 문서로 변하면서 경어체를 선호하게 됐고요. 이는 고객에게 '○○하라'고 명령하는 것이 무례하다는 인식 때문이기도 합니다.

API 설명문만 따로 작성한다면 간략한 평어체를 사용해도 되지만, API 설명이 다른 문서에 포함된다면 전체 문서의 어투와 일관성을 맞추는 것이 중요합니다.

지금까지는 한글 API 문서에 대해 이야기했지만, 사실 API 설명문은 여전히 영어로 작성하는 경우가 많습니다. 유명한 라이브러리나 프레임워크 API를 접해본 독자라면, 다음과 같은 영어 설명문에 익숙할 겁니다.

> Returns something.
>
> Creates a new File instance.

이처럼 흔히 접하는 API 설명은 영어이며, 3인칭 동사로 시작하는 경우가 많습니다.

이 형식은 자바에서 시작했을 가능성이 높은데, 이는 Javadoc이 API 이름 다음에 설명문을 출력하는 방식 때문입니다. Javadoc 문서에서는 API 이름(또는 프로토타입)이 제목처럼 먼저 등장하며, 그다음에 이어지는 설명문이 이를 주어로 삼아 3인칭 동사로 시작합니다(그림 8-6).

```
exists

public boolean exists()

Tests whether the file or directory denoted by this abstract pathname exists.

Returns:
    true if and only if the file or directory denoted by this abstract pathname exists; false
    otherwise
Throws:
    SecurityException - If a security manager exists and its
    SecurityManager.checkRead(java.lang.String) method denies read access to the file or directory
```

그림 8-6 자바 API 레퍼런스

하지만 요즘은 출력 형태가 다양해서 이 법칙이 항상 적용되는 것은 아닙니다. API 이름 다음에 표나 태그 같은 다른 데이터가 나올 수도 있으므로, 굳이 API 이름에 맞춰 3

인칭으로 쓸 필요는 없습니다. 중요한 건 일관성입니다. 영어로 설명문을 작성한다면 주어로 시작할지 3인칭 동사로 시작할지, 동사원형으로 시작할지 한 가지 방식을 택한 후 일관되게 쓰면 됩니다.

> **TIP** 고전적인 방식대로 3인칭 동사로 API 설명을 시작하는 문서에는 자바, 안드로이드, 스트라이프 등이 있습니다. 반면 동사원형으로 API 설명을 시작하는 문서에는 마이크로소프트의 Graph API, 오픈스택(OpenStack) Application Catalog API 등이 있습니다. 리액트처럼 아예 주어를 넣어서 설명하는 문서도 있습니다.[5] 이 중에서 무엇이 옳은지, 무엇이 보기 좋은지 비교하는 사람은 없습니다. 그러니 자신 있게 원하는 방식을 선택하세요.

쉬어가기 | API 설명은 영어여야만 할까요?

우리는 왜 아직도 API 설명을 영어로 쓰는 걸까요? 두 가지 이유가 떠오릅니다.

첫째, 대부분 코드 주석으로 쓰는데, '예로부터' 코드 주석은 영어로 써야 했기 때문입니다.

둘째, API 주석 기반 문서화 도구가 대부분 다국어를 지원하지 않기 때문입니다.

첫 번째 이유는 정말 오래된 습관에서 비롯됐습니다. 젊은 개발자는 잘 모를 수도 있지만, 한때는 사용자마다 터미널에 설정한 한글 인코딩이 달라서 한글로 쓴 주석이 깨지는 일이 종종 있었습니다. 이러한 불편함을 피하고자 소스 코드 파일에는 반드시 영어를 써야 했습니다.

혹자는 언어 전환 키를 누르는 것이 귀찮아서 영어로 작성한다고도 하지만, 그러잖아도 복잡한 설명을 익숙하지 않은 영어로 쥐어짜내는 시간에 언어 전환 키를 누르는 것이 시간을 더 절약할 수 있지 않을까요? 물론 영어를 잘 쓰는 사람은 예외겠지만요.

두 번째 이유는 현실적인 문제입니다. 다국어를 지원하는 주석 기반 도구도 몇 개 있지만, 이 경우 코드 주석에 여러 언어를 함께 써야 합니다. 한 개발자가 모든 언어를 잘하는 것은 아니므로 결국 번역한 사람이 코드를 업데이트해야 합니다. 그러려면 일이 복잡해지죠. 번역한 사람이 깃을 쓸 줄 안다는 보장도 없고요. 따라서 한 언어만 써야 한다면 모두가 이해할 수 있는 영어를 쓰는 것이 합리적입니다.

두 가지 모두 코드 주석 기반이라는 점에서 비롯된 이유들이지만, 지금은 코드 주석으로 쓰지 않더라도 'API 설명은 영어'가 관습처럼 굳어졌습니다. 다른 문서는 한글로 쓰면서 API 설명만큼은

---

5 문서는 업데이트할 때마다 달라지므로 집필 시점(2025년 7월) 이후에는 상황이 다를 수도 있습니다.

꼭 영어로 쓰는 개발자도 많습니다. 그편이 더 편하다면 더할 나위 없이 좋습니다. 다만, 관습 때문에 억지로 영어로 쓰고 있었다면 관습을 깨보는 것도 좋겠죠.

OpenAPI 명세로 쓰기

REST API 문서를 만들 때는 OpenAPI 명세OpenAPI Specification, OAS를 쓰면 편리합니다. API 설계나 테스트용으로 이미 쓰고 있다면 더욱 그렇습니다.

OAS는 API를 명확하게 설명할 수 있도록 잘 구성된 틀을 제공합니다. Javadoc용 주석 설명과 유사하지만, 형식이 더 엄격하여 필요한 정보를 빠뜨리지 않게 해줍니다. 예를 들어 API 설명에서 흔히 빠뜨리는 정수형 파라미터의 값 범위를 명시적으로 입력하거나 필수 파라미터를 표시할 수 있습니다. 문서화보다는 API 설계가 중심이므로 훨씬 엄격할 수밖에 없죠.

> **TIP** OAS는 종종 스웨거와 같은 의미로 사용됩니다. 스웨거에서 시작된 것은 맞지만, 스웨거는 REST API 설계와 구축, 테스트, 문서화를 지원하는 프레임워크를 말하고, OAS(스웨거 명세(Swagger Specification)라고도 합니다)는 이를 위한 표준 명세 형식을 말합니다. API 명세를 작성한 YAML 또는 JSON 파일은 OAS, 이를 이용해 만든 API 레퍼런스 및 테스트 페이지는 스웨거 UI 출력물이라고 할 수 있습니다.

스웨거를 이용해 OAS를 쓸 때는 YAML이나 JSON으로 직접 기술하는 방법과 코드 애너테이션으로 기술하는 방법이 있습니다.

YAML이나 JSON은 설계 단계부터 OAS를 사용해서 개발 전에 기본 코드를 만들거나 테스트하고자 할 때 주로 활용됩니다. 하지만 다루는 범위가 넓고 사양도 복잡하기 때문에 단순히 문서화를 위해 일부러 작성하는 것은 권장하지 않습니다.

코드 애너테이션 방식은 문서화에 필요한 항목만 입력할 수 있어 문서 작성 용도에 적합합니다. 여기서는 API 주석과 마찬가지로 코드와 함께 작성할 수 있는 스프링 기반의 코드 애너테이션 방식만 알아보겠습니다.

PUT /pet API를 기술한 OAS 명세서와 이를 구현한 스프링 코드의 애너테이션 예시를 확인해봅시다.

```
@Operation(summary = "Add a new pet to the store", description = "Add a new pet
to the store",...)
@ApiResponses(value = {
        @ApiResponse(responseCode = "200", description = "Successful
operation"...),
        @ApiResponse(responseCode = "405", description = "Invalid input")
    })
@PostMapping(..)
default void addPet(@Parameter(description = "Create a new pet in the store",
required = true) ... {
            // return getDelegate().addPet(pet);
        }
```

`@Operation`, `@Parameter` 애너테이션, `@ApiResponse` 애너테이션의 `description`(또는 `summary`) 속성이 API 설명을 담당합니다. Javadoc 형식에서 태그(@로 시작)로 입력하던 것을 애너테이션의 애트리뷰트_{attribute}로 입력하는 방식이죠.

애너테이션 자체적으로 기능을 포함하고 있어 설명 부분만 따로 분리하기 어려워 다소 복잡하게 보일 수 있습니다. 하지만 필수 파라미터 표기(`required` 애트리뷰트)나 형식 제약(`schema` 애트리뷰트) 등을 애트리뷰트로 작성할 수 있어서 줄글을 많이 쓰지 않고도 API의 중 정보를 효과적으로 표현할 수 있습니다.

API 설명 기본 원칙에 따라 API가 수행하는 동작은 `@Operation`에, 파라미터 설명은 `@Parameter`에, 반환값은 `@ApiResponse`에 작성하면 Javadoc처럼 애너테이션 기반의 API 레퍼런스를 만들 수 있습니다.

> **TIP** Spring REST Docs[6]는 같은 애너테이션 방식이지만 형식이 조금 다릅니다. 코드가 좀 더 깔끔해지는 장점이 있으니, 스프링으로 구현한 REST API를 문서화할 때 고려할 만합니다.

도구를 너무 믿지 말자

주석으로 API 문서를 작성하면 도구가 자동으로 API를 나열하고 설명을 넣어 그럴싸한 웹 문서로 만들어줍니다. 수동으로 일일이 API 이름을 나열하지 않아도 되고, 출력물 형식을 고민할 필요도 없으니 참 고마운 일입니다.

하지만 아무리 좋은 방식에도 단점은 있습니다.

첫 번째 단점은 바로 그 '그럴싸한 출력물' 때문에 내실을 소홀히 하게 된다는 것입니다. API 문서가 있다고는 하는데, 주석 추출 도구로 뽑아낸 멋진 출력물에 API 목록만 있을 뿐, 기능과 사용 방법 설명은 거의 찾아볼 수 없을 때가 더러 있습니다. 급히 API 목록을 내놓아야 하는 상황이었다면 어쩔 수 없지만, 급한 불을 끈 후에는 꼭 API 설명을 작성하기 바랍니다.

두 번째 단점은 코드를 업데이트할 때 주석이 자동으로 바뀌지 않는 것입니다. IDE를 사용하면 함수 형태에 맞춰 자동으로 API 주석에 필요한 태그를 입력해줍니다. 하지만 처음 한 번만 그렇고 나중에 파라미터를 추가하거나 반환값을 바꾸는 경우가 생겨도 주석에 자동으로 반영되지 않습니다. 게다가 주석이라는 것은 참 묘합니다. 코드를 짜다 보면 위나 옆에 있는 주석에도 이따금 눈길이 갈 것 같지만, 사실은 관심이 없으면 거의 눈에 들어오지 않습니다. (심지어 하이라이팅 색도 연하니까요!)

문서 작성 시간을 줄이려고 일부러 코드와 긴밀하게 연결된 주석으로 작성했는데, 코드가 달라져도 자동으로 업데이트해주지 않고 수동으로 업데이트해야 하는 일마저 잊게 만든다면 무슨 의미가 있을까요?

---

[6] https://spring.io/projects/spring-restdocs

주석으로 작성한 API 설명을 빠뜨리지 않고 업데이트하고 싶다면, 15장 '정확성'의 '최신 정보 반영하기' 절을 참고하세요.

> **쉬 어 가 기** 　미래의 나를 위해서라도 꼭 쓰세요!

인터넷 커뮤니티에서 이런 개그를 봤습니다.

> 이 코드를 짤 때 세상에 단 둘, 나와 신만이 이 코드가 무엇을 하는지 알고 있었다.
> 이제는 신만이 아신다.

아무리 훌륭한 코드라도 무엇을 하는 코드인지 한눈에 척척 알아보기는 쉽지 않습니다. 심지어 자신이 짠 코드라도 말이죠. 여기서는 다른 개발자가 쓰기 쉽도록 API 설명을 작성하라고 했지만, 사실은 미래의 자신을 위해서 해야 하는 일이기도 합니다.

얼마 전, 새 API 문서를 작성하느라 6개월 전에 마지막으로 업데이트했던 컴포넌트를 쓰게 됐습니다. 그런데 제가 API 주석을 안 써놨더군요. 코드는 대강 다음과 같았습니다.

```
export default function Endpoint({
  data,
  commons,
  overviewPage,
  topLevel = 2,
  noFirstHeading = false,
  noErrorList = false,
  requiredMerge = false,
}) {
  (…)
}
```

컴포넌트 요구사항이 많아서 꽤 많은 파라미터를 받는데, API 주석을 비워놨더니 `overviewPage`가 어떤 용도로 쓰이는지, 어떤 타입인지 전혀 모르겠더군요. 결국 코드를 읽으면서 사용법을 다시 떠올려야 했습니다.

"자기도 안 쓰면서 우리한테는 왜 쓰라고 하는 거야!"라는 말을 듣기가 무서워서 API 설명은 주석으로 적어두는 편이지만, 이 프로젝트를 할 때는 ('국민 이유'인) 바쁘다는 말로 넘어갔더니 결국 그

때 문서화에 들여야 할 시간의 몇 배를 투자하게 됐습니다. 여러분은 부디 그런 일이 없기를 바랍니다.

요약

개발자는 API를 사용할 때는 API 문서를 즐겨찾지만, 정작 API를 만들 때는 문서 쓰는 일에 소홀합니다. 문서 작성할 시간을 내기 어렵다면, 코드를 작성할 때 주석으로 API 설명을 작성해보세요. 좀 더 쉽고 빠르게 API 문서를 만들 수 있습니다.

- API 설명을 쓸 때는 '무엇을', '어떻게' 해야 하는지에 집중하세요.
- 특히 첫 문장에 '무엇을 하는지'를 쓰세요.
- API 이름에 매몰되지 말고, 사용자에게 꼭 필요한 정보가 무엇인지 고민하세요.
- 특정 분야 개발자만 이해할 수 있는 용어나 표현은 피하세요.
- 코드를 변경할 때 API 주석도 다시 한번 확인하세요.

PART

III

개발자의 글은 곧 PR이다

코드 위에서 쓰는 글에 익숙해졌다면 이제 코드 바깥으로 나갑시다. 빈 페이지를 열고, 코드 없이 다른 사람에게 보여줄 문서를 써보는 겁니다. 코드로 소통하는 것은 개발자가 되는 '필요조건'이지만, 영향력 있는 개발자가 되는 '충분조건'까지는 아닙니다. 영향력 있는 개발자는 코드 외 다른 수단, 개발자가 아닌 다른 사람도 알아듣는 수단, 즉 글로도 소통할 수 있어야 합니다. 글로 소통하지 않으면 좋은 개발자라는 것을 알리기 어려우며 영향력을 키우기도 어렵습니다.

3부에서는 동료 개발자는 물론 회사 밖 개발자 또는 심지어 누구인지 알 수 없는 제품 사용자와도 소통할 수 있는 글쓰기를 다룹니다. 여러분이 무엇을 만들고 변경했는지(리드미, 릴리스 노트), 어떻게 사용하는지(예시 코드, 시작하기 문서), 어떤 것이 문제인지(장애 보고서), 또 어떤 것에 관심 있는지(블로그)를 명확히 쓸 수 있다면, 더 많은 사람이 여러분이 하는 일과 성과를 알아줄 겁니다.

9 리드미

개발자가 코드로 성과를 말한다면, 코드가 있는 깃 저장소야말로 개발자의 보물창고입니다.

회사에서 사내 콘텐츠 검색 도구를 만든다는 소문을 들은 적이 있습니다. 궁금한 나머지 사내 문서를 열심히 찾아봤지만 도무지 정보를 찾지 못했는데, 친하게 지내는 개발자가 깃 저장소에서 찾았다며 저장소 링크를 공유해줬습니다. 덕분에 필요한 정보도 얻고, 코드도 살펴볼 수 있었습니다.

이처럼 개발자 중에는 어떤 기능을 제공하는 라이브러리가 필요하거나 구현하는 방법이 궁금할 때 깃허브나 사내 깃 저장소를 검색하는 사람이 많습니다. 이럴 때 그들은 무엇을 보고 해당 저장소를 계속 살펴볼 것인지 여부를 결정할까요? 깃 저장소에서 가장 눈에 띄는 콘텐츠는 무엇일까요? 제목이 제목이다 보니 뻔한 질문이겠군요. 바로 리드미README입니다.

거창하게 오픈소스까지 가지 않더라도, 이름 모를 회사 동료에게 자랑하고 싶거나 포트폴리오를 보고 찾아온 채용 담당자, 출판/강의 기획자에게 여러분이 한 일을 알리고 싶다면 리드미를 잘 써야 합니다. 리드미는 개발자의 자기 홍보에 더없이 중요한 요소인 셈입니다.

문제는 방문자를 사로잡아야 할 리드미를 소스 코드보다 읽기 힘들게 쓰는 개발자가 상당히 많다는 겁니다. 아니, 아예 쓰지 않는 개발자도 있습니다. 제목만 있거나 성의 없이 쓴 리드미를 보면 해당 저장소는 테스트용이거나 더는 관리하지 않는 저장소라고 생각할 수밖에 없습니다. 참 아이러니한 일입니다. 코드를 사랑하는 개발자가 정작 자기 소스 코드를 소개하는 데는 인색하다니요.

깃허브에서 'AI chatbot'으로 검색해보니(2025년 7월 기준), 일치하는 순(Best match)으로 첫 페이지에 나온 저장소 10개가 모두 리드미를 상세히 적어놨습니다. 로고까지 포함한 대형 프로젝트도 보입니다(그림 9-1).

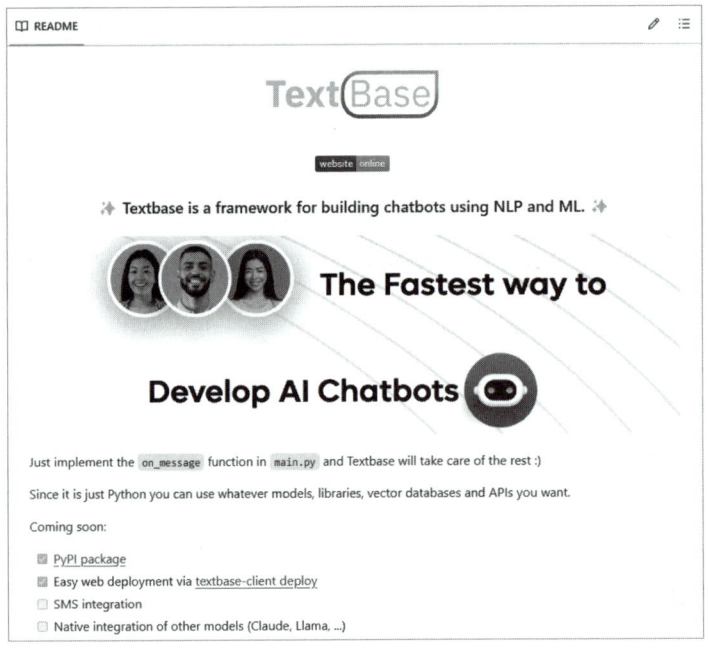

그림 9-1 깃허브에서 AI chatbot을 검색해서 나온 저장소의 리드미 예

반면, 최근 업데이트된 순(Recently updated)으로 정렬하면 새로 시작한 프로젝트가 나타납니다. 리드미에 제목과 설명 한 줄만 적은 것이 많이 보입니다(그림 9-2). 만약 여러분이 AI 챗봇을 가져다 쓰려고 할 때 어느 쪽을 선택하시겠습니까?

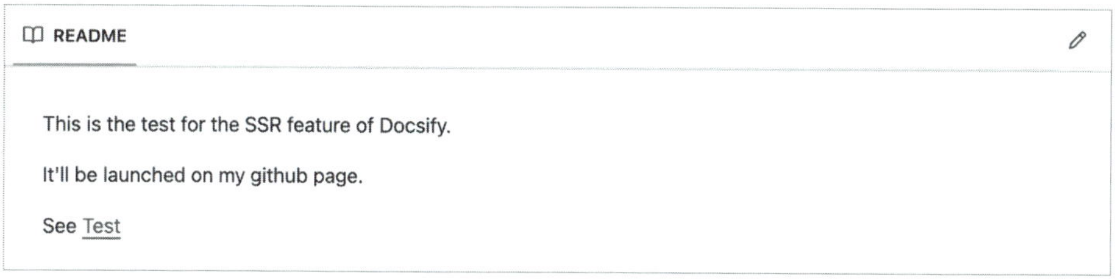

> **README**
>
> This is the test for the SSR feature of Docsify.
>
> It'll be launched on my github page.
>
> See Test

그림 9-2 깃허브에서 볼 수 있는 무성의한 리드미 예

일치하는 순으로 검색했을 때 첫 페이지에 나온 10개 저장소 모두 상세한 리드미가 있는 이유는 깃허브이기 때문입니다. 깃허브는 공개 목적으로 만든 소프트웨어나 대형 오픈소스 프로젝트가 많으니까요. 반면, 공개 목적보다는 업무용으로 쓰는 사내 깃 저장소 상태는 좀 더 좋지 않습니다. 관심 있을 만한 동료에게는 회의에서 다 말해줬고, 다른 팀 동료가 저장소에 많이 방문한다고 성과가 오르는 것도 아니기 때문에 리드미로 홍보할 필요가 없겠죠.

하지만 습관은 무섭습니다. 업무용 저장소의 리드미를 홀대하다 보면 외부에 공개할 저장소를 다룰 때도 리드미에 소홀할 수 있습니다. 혼자 쓰는 저장소라고 해도, 심지어 테스트용이라고 해도 조금씩 조금씩 리드미를 쓰다 보면, 나중에 협력 업체에 전달할 프로젝트나 오픈소스 프로젝트를 작업할 때도 기계처럼 리드미를 만드는 자신을 발견하게 될 겁니다.

저는 사내 저장소를 만들 때도 리드미에 저장소 소개와 사용 방법 몇 줄을 꼭 적는 습관이 있습니다. 덕분에 오래전에 쓰다 만 소스 코드에 대해 질문을 받을 때마다 기대 없이 열어본 리드미에서 의외로 정보를 발견하고 놀라곤 합니다.

미래의 자신이 놀라는 경험을 할 수 있도록 간단하게라도 리드미를 쓰는 법을 익혀보기를 바랍니다.

나를 읽어주세요

어떤 저장소에 들어가든 '나를 읽어달라'고 애원하는 리드미 파일이 눈에 들어옵니다. 왜 그렇게 읽어달라고 하는 걸까요?

리드미를 제외하면 저장소의 파일은 보통 소스 코드입니다. 소스 코드를 읽어보면 무엇을 다루는 저장소인지 알 수 있지만, GPT가 아닌 이상 남이 짠 코드를 읽고 전체 내용을 파악하는 데 걸리는 시간은 소스 코드를 짤 때 못지않게 걸릴 겁니다. **리드미는 방문자가 그런 수고를 하지 않도록 소스 코드에서 정수 중의 정수만 골라 담은 요약본입니다.** 그렇기에 시간 낭비하지 말고 나를 '꼭' '먼저' 읽어달라고 하는 거죠.

다음은 흔한 리드미 예시입니다.

자바스크립트로 만든 자료구조 라이브러리

1. 빌드하기

```
npm i
npm run build
```

2. 테스트하기

```
npm run test
```

뜬금없이 실행 방법부터 알려주는군요. '개발자니까 실행 방법만 알려주면 알아서 잘하겠지'라는 믿음이 있어서겠지만, 이와 같은 리드미를 보면 개발자라도 당혹스러울 수밖에 없습니다.

방문자 입장에서 생각해봅시다. 제목을 보고 자바스크립트로 만든 자료 구조인 것은 짐작했지만, 원하는 기능이 있는지 여부도 모르는데 무작정 내려받아 실행해볼 까닭이 있을까요? 더욱이 npm을 자주 쓰는 개발자라면 npm 명령으로 패키지를 설치하고 빌드하는 것쯤은 알려주지 않아도 됩니다. '나를 읽어주세요!'라고 외친 것치고는 쓸모없는 정보만 준 셈입니다. 방문자가 '읽어달라!'고 외치는 리드미에 기대한 것은 이런 내용이 아닐 겁니다. 자료구조 라이브러리라면 적어도 어떤 자료구조를 제공하는지는 알려 줘야겠죠.

설령 해당 저장소에서 '빌드하기'가 정말 중요한 정보라고 해도, 뜬금없이 본론부터 던 지는 방식은 좋은 글쓰기가 아닙니다. 독자가 당황하지 않고 차근차근 이해할 수 있는 글을 쓰고 싶다면 글머리를 잘 써야 합니다.

그런데 깃허브, 특히 사내 깃 저장소를 둘러보면 단순히 빌드하고 실행하는 법만 알려 주는 리드미가 생각보다 많습니다. 조금 더 성의 있는 개발자라면 다음과 같은 내용 정 도는 덧붙였을 겁니다.

Queue 사용하기

```
const QueueClass = require('data-structure-library').Queue;
const myQueue = new QueueClass(yourConfiguration);
```

이제 이 라이브러리로 큐를 만들 수 있다는 것은 알았습니다. 하지만 큐를 쓸 수 있다 는 것만 알 수 있을 뿐 어떻게 쓰는지는 여전히 알 수 없습니다. 초보자에게는 이 정도 도 고마운 정보이긴 하지만, 시작할 수 있는 힌트를 얻었을 뿐 곧바로 쓰지는 못할 겁니 다. 일단 `yourConfiguration`에 무엇을 넣어야 할지 아리송할 테니까요.

이는 작성자인 개발자가 글쓰기를 어려워하고 코드만 친밀하게 생각하는 탓에 벌어지 는 일입니다. 글쓰기란 절대 쉽지 않습니다. 하지만 리드미는 꼭 필요한 내용만 간략하 게 써도 되니 너무 부담스럽게 생각하지 말고 조금씩 시작해보기를 바랍니다.

리드미에 써야 할 정보는?

'다른 사람이 내가 만든 소프트웨어를 쓸 수 있도록 잘 알려주자'는 것이 리드미의 목 적이기 때문에 '다른 사람이 궁금해할 정보'를 담아야 합니다. 지금부터 유명한 오픈소 스 프로젝트의 리드미를 참고해서 필수 정보를 찾아봅시다.

다음은 자바스크립트 UI 라이브러리인 리액트의 저장소 리드미[1] 일부를 번역한 것입니다(2025년 10월 기준).

리액트는 사용자 인터페이스를 만드는 자바스크립트 라이브러리입니다. // 1

- 선언형: 리액트를 사용하면 인터랙티브한 UI를 쉽게 만들 수 있습니다. 애플리케이션 각 상태에 간단한 뷰를 설계하면, 데이터가 바뀔 때 리액트가 올바른 컴포넌트를 효과적으로 업데이트하고 렌더링합니다. 선언형 뷰를 사용하면 좀 더 예측하기 쉽고 이해하기 쉽고 디버깅하기도 쉬운 코드를 짤 수 있습니다.

(…)

설치 // 2

리액트는 시작부터 차츰차츰 적용할 수 있도록 설계됐으므로 **아주 적게 사용할 수도 있고 필요한 만큼 사용할 수도 있습니다.**

- 빠른 시작으로 간단하게 리액트를 써보세요.

(…)

문서 // 3

리액트 문서를 웹사이트로 제공합니다.

개요를 훑어보려면 Getting Started 페이지를 확인하세요.

(…)

예시 // 4

웹사이트에 몇 가지 예시가 있습니다. 처음 사용할 때 쓸 만한 예시는 아래와 같습니다.

(…)

기여 // 5

이 저장소의 주목적은 리액트 코어를 발전시켜 더 빠르고 쉽게 사용할 수 있게 하는 것입니다.

---

1 https://github.com/facebook/react

1에서는 리액트가 무엇인지 한 줄로 소개하고 특징을 나열했습니다. 2에서는 설치하는 방법을 간단히 알려주고, 3에서는 참고할 문서(밑줄)를 링크했습니다. 이어서 4에서 간단한 예시 코드를 보여준 후, 마지막으로 5에서 기여하는 방법을 알려줍니다.

오픈소스 중 하나인 Armeria 리드미[2]도 살펴보겠습니다(2025년 10월 기준).

> 상세한 정보는 공식 웹사이트에서 찾아보세요.   // 3
>
> ### Armeria
>
> | 다른 사람이 아니라 여러분의 속도에 맞춰 반응형 마이크로서비스를 구축하세요.   // 1
>
> Armeria는 어떤 상황에서도 적용할 수 있는 마이크로서비스 프레임워크입니다. gRPC, 스리프트, 코틀린, Retrofit, Reactive Streams, 스프링 부트, Dropwizard 등 선호하는 기술을 활용해서 모든 유형의 마이크로서비스를 구축할 수 있습니다.
>
> (…)
>
> ### 요구사항   // 2
>
> - 사용자라면 자바 8 이상 설치
> - Armeria 개발자라면 개발자 가이드를 참고
>
> ### 연락 방법 — 채팅, 질문, 소식지   // 5
>
> 커뮤니티를 방문하면 저희와 대화를 나누거나 질문할 수 있고, 기여 방법도 배울 수 있습니다.

3에서처럼 Armeria는 제일 먼저 공식 웹사이트를 알려줬습니다. 공식 사이트에 상세한 정보가 있으니 좀 더 상세히 알고 싶으면 그곳을 찾아보라는 뜻입니다. 그다음 1에서 Armeria가 무엇인지 알려주고, 2에서 사용 조건을 설명합니다. 5에서는 궁금한 점이 있을 때 문의할 수 있도록 커뮤니티 링크를 남겼습니다.

이번에는 리액트나 Armeria처럼 별도 사이트가 없는 저장소를 살펴보겠습니다. remark라는 마크다운 변환 도구의 리드미[3]입니다(2025년 10월 기준).

---

2   https://github.com/line/armeria

3   https://github.com/remarkjs/remark

remark　// 1

remark는 플러그인을 이용해 마크다운을 변환하는 도구입니다. 플러그인은 마크업을 검사하고 변경할 수 있습니다. 서버, 클라이언트, CLI, deno 등에서 remark를 사용할 수 있습니다.

기능 하이라이트

- ☑ 규칙 준수 — CommonMark 100%, 플러그인을 사용하면 GFM이나 MDX 100% 준수
- ☑ AST — 검사 및 변경을 쉽게 함
- ☑ 인기 — 세상에서 가장 유명한 마크다운 파서
- ☑ 플러그인 — 150개 이상 플러그인을 골라 쓸 수 있음

소개

remark는 마크다운을 구조화된 데이터, 특히 AST(abstract syntax tree)로 처리하는 플러그인 생태계입니다. AST를 사용하면 프로그램이 마크다운을 쉽게 처리할 수 있습니다. 이 프로그램을 플러그인이라고 부릅니다. 플러그인은 트리를 검사하고 변경합니다. 여러분은 기존 플러그인을 사용할 수도 있고 직접 만들 수도 있습니다.

(⋯)

내용　// 3

- 무엇인가?
- 언제 써야 하는가?
- 플러그인
- 예시　// 4
    - 예시: 마크다운을 HTML로 바꾸기
    - 예시: GFM과 프런트매터 지원하기
    - 예시: 마크다운 검사하기
    - 예시: CLI로 마크다운 검사하고 형식 정리하기

공식 홈페이지가 없다 보니 리드미에 전부 설명하느라 내용이 무척 깁니다. 그래도 제일 먼저 **1**처럼 이름과 함께 중요한 기능을 강조하고 간단한 소개를 실었습니다. **3**에는 찾아보기 쉽도록 따로 목차를 뒀는데, 목차를 보면 언제 remark를 써야 하는지, 어떤 플러그인이 있는지를 알려주고 **4**처럼 예시를 제시합니다.

세 저장소의 리드미는 세세한 부분은 달라도 크게 유사한 점이 있습니다.

- 무엇을 하는 소스 코드인지 간단하게 소개해준다(**1**). 보통 10줄 이내이며, 주요 특징을 선별해서 보여주기도 한다.
- 사용법을 상세히 안내하거나 사용법을 정리한 외부 문서를 링크했다(**3**).
- 리액트와 Armeria는 설치나 실행 환경 등 소스 코드를 사용하기 전에 알아야 할 사전 정보가 있다(**2**).
- 리액트와 remark는 예시 코드를 제시했다(**4**). 리드미에 예시 코드가 없는 Armeria도 링크한 공식 문서에서 상세한 예시를 제공한다.

이처럼 네 가지 요소만 제대로 갖춰도 방문자의 궁금증을 풀어줄 수 있습니다. 만약 오픈소스라면 기여 방법이나 문의할 곳도 함께 쓰면 됩니다.

리드미를 쓸 일이 생긴다면 다음 순서로 작성해보세요.

1. 간략한 소개(특징 위주)
2. 사용 준비(환경 설정, 설치 등)
3. 상세한 사용 방법(직접 서술 또는 링크)
4. 사용 예시 코드

앞서 언급했듯이 의외로 저장소 소개를 빠뜨린 리드미가 많습니다. 개발자가 쓴 글의 흔한 실수가 바로 '핵심을 빠뜨리고 본론으로 들어가기'입니다. 이 책에서 여러 번 언급하겠지만 문학을 제외한 모든 글은 반드시 핵심 주제를 제일 앞에 언급해야 합니다. 그렇다면 리드미의 핵심 주제는 무엇일까요? 바로 '이 저장소는 무엇인가'입니다. 그러니

네 가지 요소 중 '소개'는 절대 빠뜨리면 안 됩니다.

실전 리드미 작성

필수 요소를 참고해 개발자가 썼을 법한 리드미를 고쳐보겠습니다. 이번에는 제목과 코드 요소가 눈에 띄도록 마크다운 문법도 포함했습니다.

영어가 개발 글쓰기의 만능 도구는 아니지만, 리드미는 영어로 쓰는 것을 추천합니다. 리드미에는 '정보 제공'와 더불어 '저장소 홍보'라는 목적도 있습니다. 이왕 홍보한다면 우라나라뿐만 아니라 해외에 있는 모든 사람에게 홍보하는 편이 좋지 않을까요? 육각형 전사를 넘어선 글로벌 전사가 되기 위해서 말이죠.

리드미는 길지 않아도 되니 연습하는 셈 치고 영어로 써보기를 바랍니다. 5장 '커밋 메시지 작성하기'에서 제안한 대로 꾸준히 영어 커밋 메시지를 썼다면 리드미에서 실력을 발휘할 수 있을 겁니다. 물론 README-ko.md 등으로 한국어를 함께 제공하는 것도 좋습니다.

이 책에서는 어떤 부분이 잘못됐으며, 어떤 부분을 고쳐야 하는지 파악하기 쉽도록 한글로 작성했습니다.

```
# Kkoma Chat
누구나 쉽게 쓸 수 있는 챗봇입니다. Baby Chat에 영감을 받아 만들었습니다.
챗봇이란 문자로 사람과 소통할 수 있는 프로그램으로, 웹사이트에 챗봇을 설치하면
방문자가 웹사이트를 사용하다가 문제가 생기면 물어볼 수 있습니다.

## 실행하기
소스 코드를 다운로드하고 패키지를 설치하세요.
```sh
git clone git@...
cd kkoma-chat
yarn
```
아래 명령을 입력하면 개발 모드로 챗봇을 실행합니다.
```sh
```
```

```
yarn start
```
기여하기
`CONTRIBUTING.md`를 참고해서 코드에 기여하세요.

소개를 세 문장이나 썼고 준비 및 실행 방법도 안내했으니, 필수 요소를 적절히 갖춘 듯 보입니다. 그렇다면 정말 그런지 세세히 뜯어볼까요?

먼저 소개문 중에 마지막 문장은 길이만 길 뿐 쓸모없는 내용입니다. 개발자라면, 특히 '챗봇'을 검색해서 이 저장소에 들어온 사람은 챗봇이 무엇인지 알 테니까요.

두 번째 문장도 꼭 필요하지 않습니다. 만약 Baby Chat이 챗봇 분야에서 손꼽는 프로젝트이고, Kkoma Chat 구조나 사용법이 Baby Chat과 거의 같다면 '사용법은 Baby Chat을 따른다'는 설명과 링크를 덧붙여 의미 있는 정보로 바꿀 수는 있습니다. 그렇지 않다면 과감히 삭제해도 됩니다.

결국 소개문에서 쓸모 있는 정보는 첫 문장뿐인데, 그조차도 빈약합니다. '누구나 쉽게 쓸 수 있다'는 매우 주관적인 개념인 데다, 수많은 챗봇 중 이 챗봇을 써야만 하는 이유를 드러내지 못합니다. 앞서 필수 요소를 언급할 때 소개문은 '간략하게 특징 위주'로 써야 한다고 했습니다. 이 리드미는 '간략'하기만 하고 '특징'은 언급하지 않았습니다.

특징 위주 소개문은 다음과 같은 식이어야 합니다. 굵은 글씨로 강조한 부분이 주요 특징입니다.

> Kkoma Chat은 **Node.js로 만든 웹사이트 전용 챗봇**입니다. Baby Chat에 영감을 받아, **실행 구조는 똑같지만 쉽게 웹사이트에 연동할 수 있도록 개선**했습니다. **설정 파일 하나만 만들면** 곧바로 웹사이트에 챗봇 창을 붙일 수 있습니다.

'특징'을 찾을 때 다른 제품에는 없는 점을 찾느라 골머리를 앓는 사람도 많습니다. 하지만 특징이 유일하거나 독특해야만 하는 것은 아닙니다. 예시처럼 'Node.js 기반'이며 '웹사이트 전용'이라는 정보도 특징입니다. 소개문을 읽은 방문자 중에서 웹사이트용 챗봇을 찾거나 Node.js를 잘 아는 사람은 Kkoma Chat을 좀 더 들여다보려고 할 것이고, 안드로이드 앱에 붙일 챗봇을 찾는 사람은 바로 떠날 겁니다. 시간 낭비를 하지 않아도 되니 방문자에게는 충분히 도움이 되는 정보입니다.

수정한 소개문은 '누구나 쉽게 쓸 수 있는'처럼 모호하고 주관적인 설명을 '설정 파일 하나만 만들면 된다'는 구체적인 정보로 대체했습니다. 제품 특징을 말할 때 '쉽다'는 말을 종종 쓰는데, 만약 어떤 점에서 쉬운지 구체적으로 설명하지 않으면 내세울 장점이 없어 진부한 표현을 늘어놓은 느낌을 줄 수 있으니 주의해야 합니다.

자, 이제 소개문은 정리했습니다. 나머지는 실행 방법이니 쓸모 있는 정보만 남았다고 생각할 수도 있습니다. 하지만 `git clone`과 `cd`, `yarn` 명령이 정말 방문자가 알고 싶은 정보일까요? 한발 양보해서 Yarn에 익숙하지 않아도 깃 저장소의 방문자는 저장소를 클론하는 방법이나 디렉터리를 이동하는 방법을 모르지는 않을 겁니다. 기본적이고 당연한 명령어는 삭제하세요.

이렇게 지우고, 또 고쳤더니 다음만 남았습니다.

```
아래 명령을 입력하면 개발 모드로 챗봇을 실행합니다.
```sh
yarn start
```
```

리드미가 알려준 대로 저장소의 소스 코드를 `yarn start`로 실행했을 때 원하는 웹사이트에 바로 챗봇이 달린다면 얼마나 좋을까요? 아쉽지만 그렇지는 않을 겁니다. 그러니 대뜸 코드나 명령어를 쓰기보다는 다음처럼 사전에 해야 할 일과 실행 과정부터 써 보세요.

```
챗봇을 실행하기 전에 연결할 웹사이트를 지정해야 합니다. 프로젝트 루트 디렉터리에
server.yaml 파일을 만들고 아래 내용을 추가하세요.
```
website_address: "연결할 웹사이트 URL"
```
이제 지정한 웹사이트와 통신하는 챗봇을 로컬에서 실행하세요.
```

```sh
yarn start
```

물론 예시처럼 간단하게 챗봇을 연결할 수는 없으니 좀 더 많은 정보가 필요합니다. 상황별 옵션 등의 정보는 어떻게 써야 할까요?

실행할 때 반드시 있어야 하는 정보라면 '실행하기' 항목에 함께 써야 하지만, 고급 설정 방법이나 선택 가능한 정보는 분량에 따라 '상세 사용법' 항목을 만들어 쓰기도 합니다. 리드미 초반에 나오는 사용법은 저장소를 잠시 둘러보며 테스트할 사용자를 위한 것이므로 너무 길거나 복잡하면 역효과가 날 수 있습니다.

이쯤에서 고친 내용과 꼭 넣어야 할 정보를 다시 봅시다.

```
# Kkoma Chat      // 1 간략한 소개
Kkoma Chat은 Node.js로 만든 웹사이트 전용 챗봇입니다. Baby Chat에 영감을 받아,
실행 구조는 똑같지만 웹사이트에 쉽게 연동할 수 있도록 개선했습니다. 설정 파일
하나만 만들면 곧바로 웹사이트에 챗봇 창을 붙일 수 있습니다.

## 설정하기      // 2 사용 준비(환경 설정, 설치 등)
실행하기 전에 연결할 웹사이트를 지정해야 합니다. 프로젝트 루트 디렉터리에
server.yaml 파일을 만들고 아래 내용을 추가하세요.
```
website_address: "연결할 웹사이트 URL"
```

## 실행하기      // 3 상세한 사용 방법
이제 지정한 웹사이트와 통신하는 챗봇을 로컬에서 실행하세요.
```sh
yarn start
```
챗봇 연동 프로세스와 설정 방법은 [공식 문서](https://docs.kkoma-chat.good-domain.com)에서 볼 수 있습니다.

기여하기
CONTRIBUTING.md을 참고해서 코드에 기여하세요.
```

예시에는 리드미에 꼭 필요한 정보 중 예시 코드가 전혀 없습니다. 실행 방법이 너무 단순하면 예시로 제공할 만한 코드가 없을 수도 있습니다. 혹은 공식 문서에 기술하고 그쪽을 참고하라고 할 수도 있겠죠.

만약 예시 코드를 넣는다면 무엇을 넣어야 할까요? 방문자 입장이 되어봅시다. 로컬에 챗봇 서버를 실행하고 원하는 웹사이트와 연결한 상태라면 무엇이 제일 궁금할까요? 아마도 서버가 정말 연결됐는지 확인하고 싶을 겁니다. 먼저 웹사이트에 챗봇과 통신할 UI를 붙이고, `Hello, World`라도 입력해봐야 합니다.

```
# Kkoma Chat
(…)

## 실행하기
(…)

## 챗봇 UI 붙이기
연결할 웹사이트에는 Kkoma Chat Bot UI를 만들어야 합니다. 웹사이트 각 페이지에
아래처럼 kkoma-chat-ui.min.js를 가져오세요.
```html
 <body>
 (…)
 <script src="https://cdn.jsxxx.net/xxx/kkoma-chat-ui.min.js"> </script>
 </body>
```
챗봇 UI를 붙일 곳에 다음처럼 입력하세요.
```html
 <body>
 (…)
   <div class="container">
     <h1> Kkoma Chat </h1>
     <input id="chat-text" type="text" placeholder="무엇을 물어볼까요?">
     <div id="answer"> </div>
   </div>
 (…)
 </body>
```
웹사이트를 실행하고 Kkoma Chat UI 입력 창에 "hello"를 입력하고 엔터를 누르세요.
"hello"라는 응답이 출력되면 잘 연결된 것입니다.
```

예시 코드를 잘 쓰는 것도 방문자의 시간을 줄여주는 요소입니다.

마지막으로 살펴볼 곳은 '3 상세한 사용 방법'입니다. 링크를 걸든 리드미에 직접 쓰든 언젠가는 상세 사용 가이드를 써야 할 때가 올 겁니다. 그때는 13장 '시작하기 문서'를 참고하세요.

쉬어가기 '모두가 아는 정보' 판단법

'개발자라면 ○○는 당연히 알 것이다' 같은 가정은 굉장히 위험합니다. 이 책에서도 '개발자는 다 아니까'라는 가정으로 중요한 정보를 빠뜨리면 안 된다고 수차례 강조하고 있는데, 여기서는 '개발자는 다 아는 내용'이라는 이유로 빼라고 하니 혼란스러울 겁니다.

어디까지 모두 아는 내용이고 모르는 내용인지 판단하는 것은 쉽지 않습니다. 상세하고 정확한 정보를 제공하는 문서에는 모두 모른다고 가정하고 가능한 한 모든 내용을 쓰는 편이 좋습니다.

다만 리드미는 조금 다릅니다. 리드미는 정확한 정보는 주되 상세할 필요가 없습니다. 일단 방문자가 저장소에 매력을 느끼고 가볍게 써보도록 하는 것이 목적이기 때문입니다. 이것저것 다 쓰면 오히려 그 목적을 해칠 수도 있으니, 다 알 것 같은 정보는 과감하게 제거합시다!

다 알 것 같은 정보인지 아닌지 어떻게 판단하는지 궁금한 분들에게 팁을 드리겠습니다.

첫째, 깃허브에서 용어를 검색해보세요. 유사한 내용을 다룬 저장소 중에서 가장 인기 많은 것을 찾아 해당 용어를 설명했는지 보세요. 설명하지 않았다면 '모두 알 것 같은 정보'로 판단합니다. 유사한 내용을 다룬 저장소가 아예 없거나 있어도 참고할 만한 대상이 없다면 모두 알 것 같은 정보가 아니라고 보면 됩니다.

둘째, 전혀 다른 프로젝트를 하는 동료 다섯 명에게 용어를 물어보세요. 그중 네 명이 안다고 대답한다면 '모두 알 것 같은 정보'로 판단하면 됩니다. 첫 번째 방법을 쓰기 어려울 때 이 방법을 쓸 수 있습니다. 왜 다섯 명 중 네 명이냐고요? 혁신 이론의 확산 과정에 관한 연구에 따르면 초기 다수 채택자와 후기 다수 채택자 비율을 더하면 68%이기 때문입니다. 열 명 중 일곱 명이 혁신을 수용하면 대중적으로 볼 수 있다는 의미인데, 물어볼 동료를 열 명이나 찾기는 어려우니 다섯 명으로 줄인 것입니다.

이왕이면 다홍치마

깃허브를 유영하다 보면 종종 화려한 리드미를 만납니다. 이왕이면 다홍치마라고, 여유가 있다면 트렌드에 뒤처지지 않게 리드미를 꾸며도 좋습니다.

그림 9-3은 네이버의 차트 라이브러리인 billboard.js의 리드미입니다. 색색의 배지badge가 잔뜩 달려 최신 패키지 버전, 테스트 결과, 다운로드 수 같은 정보를 보여줍니다. 얼마든지 텍스트로 쓸 수 있는데 배지로 표현한 것은 배지는 텍스트보다 눈에 띄어 찾기 쉬울 뿐 아니라 자동화할 수 있어 손이 덜 가기 때문입니다. 꾸밈 요소이지만, 아무 의미 없이 보기 좋으라고 넣은 것이 아닙니다.

'정보를 어떻게 표현해야 더 보기 쉽고 이해하기 쉬운가' 하는 문제 역시 글쓰기의 한 영역입니다. 리드미에 한정하자면 제목 대신 로고를, 텍스트 정보 대신 배지를 넣는 것이 좀 더 효율적이고 보기 좋은 정보 표현 방식입니다(그림 9-3).

그림 9-3 billboard.js 저장소 리드미

리드미에 있어야 할 내용을 좀 더 보기 좋고 눈에 띄게 해줄 몇 가지 꾸밈 요소를 살펴봅시다.

먼저 제목을 봅시다. 제목은 반드시 제목 수준 1(# 제목)로 시작하세요. 템플릿 없이 리드미를 쓰다 보면 놓칠 때가 있는데, 제목은 꼭 눈에 띄어야 합니다.

만약 로고나 워드마크가 있다면 제목 위에 넣으세요. `<div align="center">`로 가운데 정렬해주는 것이 좋습니다.

제목만으로는 무엇인지 분명하게 알 수 없다면, 제목 바로 아래에 한 줄을 넘기지 않는 길이로 무엇인지 써보세요. 다음은 쓸 만한 문구 예시입니다.

Armeria

Build a reactive microservice at your pace, not theirs.

Kkoma Chat

설정 한 번으로 웹브라우저에서 실행하는 웹 검색 AI 챗봇

최신 배포 버전, 다운로드 수, 공식 사이트 링크 같은 정보는 라벨로 표시하세요. 이와 같은 정보를 자동으로 업데이트해주는 배지 시스템이 있습니다. 흔히 Shields.io[4]를 많이 사용하는데, 만약 사내 깃이나 npm 레지스트리를 사용한다면 사내망에서 Shields.io 서버를 실행해야 합니다.

코드 블록을 쓸 때는 사용한 프로그래밍 언어를 꼭 지정하세요. 다음과 같이 코드 문법을 강조해서 읽기 좋게 만들어줍니다(그림 9-4).

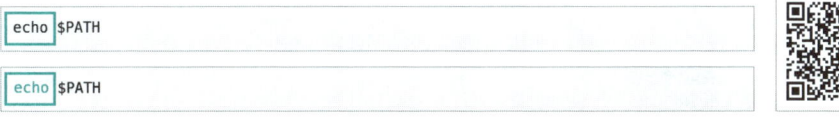

그림 9-4 언어를 명시하지 않았을 때(위)와 명시했을 때(아래)

팁이나 경고를 붙여 강조하고 싶은 내용이 있다면 깃허브용 특수 마크다운 문법을 사용해서 눈에 띄게 표시하세요. 참고로 깃랩에서는 사용할 수 없습니다.

```
> [!NOTE]
> 중요한 설명

> [!TIP]
> 안 봐도 되지만 보면 도움이 되는 내용
```

---

4 https://shields.io/

```
> [!IMPORTANT]
> 꼭 봐야 하는 설명

> [!WARNING]
> 위험할 수 있으니 반드시 봐야 하는 내용

> [!CAUTION]
> 실행하면 나쁜 일이 벌어질 수 있음을 경고하는 내용
```

그림 9-5처럼 색깔을 넣고 아이콘을 붙여 눈에 띄게 해줍니다.

그림 9-5 강조 상자 출력 화면

지금까지 살펴본 꾸밈 요소를 적용해서 Kkoma Chat 리드미를 작성해봤습니다(그림 9-6).

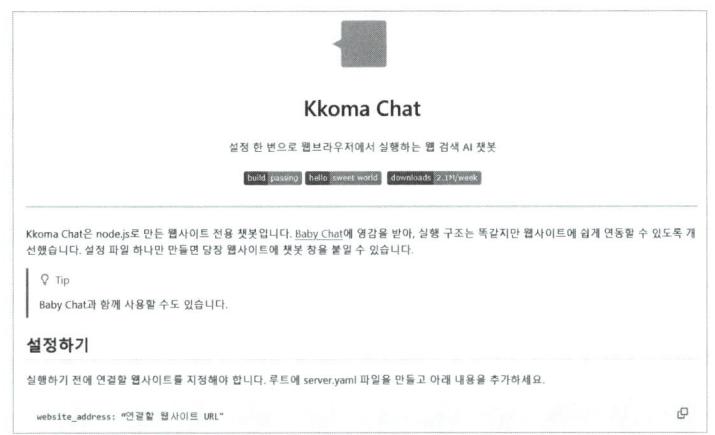

그림 9-6 꾸밈 요소를 적용한 Kkoma Chat의 리드미

밋밋하던 리드미와 저장소의 첫 페이지가 훨씬 눈에 잘 띄고 산뜻해지지 않았습니까?

템플릿, 널 위해 준비했어

개발자들은 템플릿이 있으면 글쓰기가 훨씬 쉽다고 합니다. 그래서 이 절에서 다룬 내용을 따라서 리드미를 작성할 수 있도록 템플릿을 만들어봤습니다. 사실 리드미는 내용이 중요하지, 형식이 중요하지 않습니다. 상황에 따라 얼마든지 자유롭게 써도 됩니다. 이 템플릿은 빈 종이를 어려워하는 사람도 조금 편하게 글쓰기를 시작할 수 있도록 만든 자료일 뿐입니다. 필요 없는 것은 지우고 더해야 할 것은 덧붙여서 여러분만의 리드미를 써보세요.

```
<div align="center">

![logo](path/to/your/logo) (선택 사항)
  <br>
# 저장소 또는 소프트웨어 제목
짤막한 홍보 문구(선택 사항)
  <br>
Shield.io 배지(선택 사항)
  </div>
```

⟨hr⟩
특징 위주 기본 설명(예: OOO에서 OOO 하는 소프트웨어/라이브러리/프레임워크/도구입니다.)

주요 기능
주요 기능 또는 특징 설명. 아래처럼 점 목록으로 설명하는 것을 추천
  - 기능
  - 기능
유사하게 사용할 수 있는 유명한 제품이 있다면 비교 설명하거나 링크

시작하기 전에
실행하기 전에 준비할 것(설치해야 하는 것이나 환경 설정) 나열. 아래처럼 점 목록으로 설명하는 것을 추천
  - 설치
  - 환경 설정
사전 설정이 필요 없으면 이 절은 삭제

실행 방법
서비스라면 실행 방법을, 라이브러리라면 사용 방법을 기술. 명령어나 예시 코드 필수
기본 기능만 설명하고 상세 기능이나 옵션은 아래 ## 상세 사용법에 쓰거나 별도 문서로 링크

기여 방법(선택 사항)
오픈소스라면 기여 방법을 기술. 필요 없으면 이 절은 삭제

상세 사용법(개발 가이드, API 레퍼런스 등 적절한 제목으로 대체)
상세한 사용법을 기술. 초기 설정 옵션, 제공하는 API 상세 정보, 부가 기능 사용법 등을 작성
'실행 방법'에서 충분히 썼다면 이 절은 삭제

요약

저장소는 개발자의 보물창고이며, 리드미는 저장소의 얼굴입니다. 성의 없는 리드미는 소스 코드마저 성의 없는 것처럼 보이게 만듭니다. 멋진 코드를 만들었다면, 그 코드를 많은 사람에게 알리고 싶다면 꼭 리드미를 잘 관리해야 합니다.

- 리드미에는 소개, 사용 준비, 사용법, 사용 예시를 쓰세요.
- 무작정 사용법부터 알려주려고 하지 말고 소개부터 하세요.
- 부수적인 설명이나 모호한 표현은 과감하게 지우세요.
- 꾸밀 수 있다면 꾸미세요.

10

예시 코드

흔히 볼 수 있는 개발 문서로 이번 장을 시작해보겠습니다(그림 10-1).

그림 10-1 설명과 예시 코드가 섞인 문서

그림 10-1과 같은 문서를 봤다면 어떤 순서로 보나요? 아마도 제일 먼저 제목을 보고 무슨 내용을 다루는지 확인한 다음, 예시 코드를 살펴볼 겁니다. 특히 설명이 길다면, 코드를 먼저 보고 힌트를 얻은 뒤 설명을 파악하려고 하겠죠. 쉽고 짧은 것을 먼저 보려는 마음은 개발자뿐만 아니라 누구에게나 있습니다.

개발자는 설명글보다 예시 코드를 훨씬 쉽고 친근하게 느낍니다. 따라서 예시 코드는 소프트웨어 설명서에서 빠질 수 없는 중요한 요소입니다. 10장에서는 예시 코드를 효과적으로 작성하는 법을 다룹니다.

개발자가 코드를 쓰는 일은 식은 죽 먹기나 다름없는데, 왜 굳이 글쓰기 책에서 다룰까요? 예시 코드도 코드이기는 하지만, 제품 소스 코드와 달리 글, 즉 설명과 함께 있어야 의미를 가집니다. 설명이 없는 예시 코드는 '코드'일 뿐, '예시'라고 하기는 어렵기 때문입니다. 예시 코드를 작성할 때는 소프트웨어 개발과는 다른 방식으로 접근해야 하므로 그 방법을 안내하려고 합니다.

예시 코드가 있어야 할 곳

예시 코드는 설명글만으로는 이해하기 어렵거나 복잡한 소프트웨어 사용법을 간단명료하게 보여주는 보조 수단입니다. 여기서 눈여겨볼 부분은 '보조'라는 단어입니다. `index = index + 1`처럼 단순한 내용이 아니라면, 예시 코드만으로 사용법을 충분히 설명할 수 없기에 '주요 설명'으로 사용할 수는 없습니다.

앞서 언급했듯이, 예시 코드가 있다면 개발자 대부분은 코드부터 보고 설명글을 읽습니다. 그렇다 보니 예시 코드만 있으면 만사형통일 것으로 오해하기도 합니다. "어차피 코드를 보면 알 수 있는 내용을 왜 굳이 글로 써야 하느냐"라며 아무 설명 없이 코드만 잔뜩 늘어놓기도 하죠.

물론 모든 기능을 구현한 샘플 프로그램이 있다면 코드만으로도 사용법을 파악할 수 있습니다. 하지만 처음 사용법을 익히는 사람이 긴 소스 코드를 일일이 분석하기란 쉽지 않습니다. 심지어 주석마저 없으면 원하는 기능을 구현한 코드가 어디에 있는지 찾기도 어렵습니다.

잘 쓴 예시 코드는 완성된 샘플 프로그램 소스 코드를 통째로 붙여 넣은 것이 아닙니다. 특정 기능을 사용하는 법을 글로 잘 설명한 다음, 그 기능에 관한 코드만 추려서 넣어야 제대로 된 예시 코드라고 할 수 있습니다. 기능을 설명하는 데 초점을 맞추기 때문에 반드시 완성된 코드일 필요도 없습니다. 잘 작동하는 완성된 코드는 설명이 끝난 후 한꺼번에 보여주거나 별도 저장소로 제공하면 됩니다.

그렇기에 예시 코드가 있어야 할 곳은 코드 저장소 안이 아니라 설명글 옆입니다. 샘플 프로그램 소스 코드와 문서 예시 코드를 혼동하지 마세요.

다음과 같은 글을 쓸 때는 예시 코드가 있어야 합니다.

- 개발 가이드(기능 구현 안내서)
- 개발 튜토리얼[1]
- API 가이드

만약 개발 가이드나 튜토리얼을 따로 만들지 않고, 리드미에서 사용 방법을 전부 설명한다면 리드미에도 예시 코드를 반드시 포함해야 합니다.

이 절 초반에 인용한 문서는 자바스크립트로 특정 블록체인에서 트랜잭션transaction을 전송하는 방법을 안내하는 개발 가이드입니다. `MyClient`의 `broadcastTx()`를 호출하라는 설명만으로는 `MyClient`를 어디서 가져오고 어떻게 초기화하는지 알 수 없었습니다. 하지만 초기화를 포함한 예시 코드를 제공함으로써 그 의문을 해결했습니다. 만약 예시 코드가 없었다면 독자는 API 레퍼런스를 뒤져 초기화 함수를 찾아야 했을 겁니다.

개발 가이드나 튜토리얼이 아니더라도, 설명만으로는 사용 방법을 쉽게 떠올리기 어려운 경우 예시 코드를 활용하는 것이 좋습니다.

소스 코드 말고 예시를

예시 코드를 잘 쓰는 요령이 몇 가지 있습니다.

- 설명과 일치하도록 쓰기
- 필요한 코드와 필요 없는 코드 구분하기
- 주석을 아끼지 말기

---

[1] 요즘에는 노코드(no-code) 튜토리얼도 많지만, 여기서는 코드가 있는 튜토리얼로 한정합니다.

예시 코드를 요청하면 꽤 많은 개발자가 어딘가에 있는 코드를 복사해 붙여 넣습니다. 지금 설명하는 내용이 초기화 부분이든 UI 작업이든, 이미 만들어둔 샘플 프로그램에서 가져오거나 웹서핑에서 찾아낸 코드를 무작정 붙여 넣는 경우가 많습니다. 그러다 보면 설명과 일치하지 않는 것은 물론이고, 불필요한 코드도 포함될 수 있습니다.

바쁘고 시간이 없으니 그럴 수도 있습니다. 문서용으로 예시 코드를 새로 쓰라는 것이 아닙니다. 이미 존재하는 잘 작동하는 코드를 써도 좋지만, 예시 코드로 사용하기 전에 다듬어보기를 권합니다.

다음 예시를 살펴봅시다.

> API를 호출하려면 먼저 `HttpClient` 인스턴스를 생성해야 합니다.
>
> ```
> const devSdk = require('@line/lbd-sdk-js');
> const httpClient = new devSdk.HttpClient(BASE_URL, SERVICE_API_KEY, SERVICE_API_SECRET)
> ```
>
> 이제 `HttpClient` 인스턴스를 사용할 준비가 됐습니다. 아래에서 서버 시각을 가져오는 방법을 살펴보세요.
>
> ```
> httpClient.time().then(response => {
>     console.log("response", response.responseTime);
> })
> ```
>
> 이 코드는 현재 서버 시각을 UTC 기준 유닉스 시각으로 알려줍니다. 로컬 시각을 알고 싶다면 로케일(locale)을 지정하세요.

글을 읽는 사람이 이해하기 쉽도록 예시 코드와 설명을 적절히 섞어서 쓴 글입니다. 완벽한 글로 보이지만 아쉽게도 한 가지 문제가 있습니다. 마지막 문장에서 로케일을 지정하라고 안내했는데 어디에 어떤 값을 입력해야 하는지 알 수 없습니다. 물론 API 레퍼런스를 보면 파악할 수 있습니다. 하지만 사용자가 집중력이 흐트러지지 않도록 예시 코드로 명확히 보여주는 편이 효과적입니다.

이 코드는 현재 서버 시각을 UTC 기준 유닉스 시각으로 알려줍니다. 로컬 시각을 알고 싶다면 로케일(locale)을 지정하세요.

```
httpClient.time('ko_KR').then(response => {
   console.log("response", response.responseTime);
})
```

이렇게 수정하면 예시 코드부터 훑어보는 사용자도 파라미터에 로케일 문자열(특정 언어와 지역을 나타내는 코드)을 전달할 수 있다는 사실을 빠르게 파악할 수 있습니다. 조금 더 명확하게 하려면 설명도 다음과 같이 고치는 것이 좋습니다.

> 이 코드는 현재 서버 시각을 UTC 기준 유닉스 시각으로 알려줍니다. 로컬 시각을 알고 싶다면 **파라미터로 locale 문자열을 입력**하세요.

예시에서 볼 수 있듯이, 예시 코드를 포함하기로 했다면 반드시 설명과 일치하도록 작성해야 합니다. 설명에 없는 엉뚱한 코드를 무작정 추가하면 독자가 내용을 이해하기 어려워집니다.

이번에는 불필요한 예시 코드를 포함한 예시를 살펴봅시다.[2]

트랜잭션을 생성하려면 먼저 TxBuilder 인스턴스를 생성해야 합니다.

```
TxBuilder interface {
        GetTx() signing.Tx
        SetMsgs(msgs ...sdk.Msg) error
        SetSignatures(signatures ...signingtypes.SignatureV2) error
        SetMemo(memo string)
        SetFeeAmount(amount sdk.Coins)
        SetFeePayer(feePayer sdk.AccAddress)
        SetGasLimit(limit uint64)
        SetTip(tip *tx.Tip)
        SetTimeoutHeight(height uint64)
        SetFeeGranter(feeGranter sdk.AccAddress)
        AddAuxSignerData(tx.AuxSignerData) error
```

---

[2] 블록체인 네트워크인 코스모스(Cosmos) SDK의 코드입니다. https://github.com/cosmos/cosmos-sdk/blob/v0.50.0-alpha.0/client/tx_config.go

```
        }
```

설명글에서 제시한 예시 코드는 `TxBuilder` 인터페이스 구조만 보여줄 뿐, 실제 사용법을 안내하지는 않습니다. 이런 예시 코드는 아무리 많아도 제 역할을 하지 못합니다. 이는 마치 "어이, 개발자지? 코드 줬으니 알아서 해" 식의 전형적인 접근입니다.

`TxBuilder` 인스턴스를 생성하라고 했으니 사용자는 최소한 생성 방법을 알려주는 예시 코드를 기대했을 겁니다.

```
txBuilder := myConfig.NewTxBuilder()
```

조금 더 욕심내보자면 '인스턴스를 생성할 때 꼭 넣어야 하는 초기화 인수'도 보고 싶었을 겁니다.

```
// 파라미터는 '초기화' 설명 참고
txBuilder := myConfig.NewTxBuilder(<초기화 파라미터>)
```

비록 기존 예시처럼 인터페이스 구조체를 통째로 가져온 원본 코드보다는 짧지만, '인스턴스를 생성하라'는 설명과 훨씬 잘 맞아떨어집니다.

원본 예시 코드는 제품 소스 코드 일부일 겁니다. 비유하자면 서울역에서 광화문 가는 방법을 물었는데 서울 지도를 내민 격입니다. 이 방식은 해답의 실마리는 줄 수 있지만, 불필요한 정보가 너무 많아 오히려 혼란을 초래합니다.

제품 소스 코드는 내부 구조나 구현 로직을 설명할 때나 필요합니다. 사용 방법을 설명하는 곳에 제품 소스 코드를 그대로 붙여 넣는 것은 낭비입니다. 물론 내부 자료구조나 인터페이스를 설명할 때 제품 소스 코드를 활용하고 싶을 수도 있습니다. 이럴 경우에는 반드시 내부 필드 설명과 사용법을 함께 설명하는 것이 좋습니다. 다음 예시에서 이

내용을 더 자세히 살펴보죠.[3]

addNewNetwork를 이용하면 새로운 네트워크에 연결할 수 있습니다.

```
interface NetworkInfo {
    readonly networkId: string;
    readonly networkName: string;
    readonly adminInfo: Admin;
    readonly features?: string[];
    (…)
}
```

아래 코드를 붙여 넣어 테스트하세요.

```
await window.kkoma.addNewNetwork({
    networkId: "kkoma-test",
    networkName: "Kkoma test network",
    adminInfo: {
        adminName: "kkoma-admin",
        adminEmailAddress: "your email"
    }
});
```

예시 코드가 있지만 무엇을 하는 코드인지 예상하기 어렵습니다. addNewNetwork를 써야 한다면서 뜬금없이 NetworkInfo 인터페이스를 보여주고 있습니다. 게다가 테스트하고 싶으면 예시 코드를 붙여 넣으라고 했지만 무엇을 테스트하고 어디에 붙여 넣어야 하는지 알려주지 않아 굉장히 혼란스럽습니다. 경험이 있는 개발자라면 시간은 걸리더라도 이것저것 테스트하며 방법을 찾아낼 수 있을 것입니다. 하지만 초보 개발자에게는 쉽지 않은 일입니다.

이 예시의 문제는 예시 코드 부족이 아니라 설명 부족입니다. 아무리 좋은 예시 코드가 있어도 설명이 부족하면 초보자에게 큰 도움이 되지 않습니다. 초보도 쉽게 이해할 수

---

[3] 케플러 지갑(Keplr Wallet)이 공개한 소스 코드를 예시에 맞춰 수정했습니다. https://docs.keplr.app/api/guide/suggest-chain

있도록 설명과 예시 코드를 고쳐봅시다.

`window.kkoma.addNewNetwork`를 이용하면 새로운 네트워크에 연결할 수 있습니다. 연결하려는 네트워크 정보로 `NetworkInfo` 객체를 만들어 `addNewNetwork`에 인수로 전달하세요. // 1

`NetworkInfo` 구조는 다음과 같습니다. // 2

```
interface NetworkInfo {
    readonly networkId: string;        // 네트워크 ID. 지원하는 네트워크 목록(링크)에서 확인할 수 있습니다.
    readonly networkName: string;      // 네트워크 이름. 임의의 문자열을 지정할 수 있습니다.
    readonly adminInfo: Admin;         // 등록할 관리자 정보. Admin 객체 구조를 참고하세요.
    readonly features?: string[];      // 네트워크 기능. 기능 목록(링크) 중에서 지원하는 기능을 선택해 배열로 입력하세요..
    (…)
}
```

아래는 테스트용 Kkoma 네트워크에 연결하는 예시 코드입니다. // 3

(앞의 예시와 같으므로 코드 생략)

Kkoma를 설치한 웹브라우저에서 콘솔 창을 열고 위 예시 코드를 붙여 넣으면, 테스트용 Kkoma 네트워크에 연결합니다. // 4

굵은 글씨가 수정한 부분입니다. 하나씩 살펴봅시다.

우선 `addNewNetwork`가 어떤 객체(`window.kkoma`)의 속성인지 명확히 했습니다. 두 번째 예시 코드와 통일하고, 소속 객체까지 외울 수 있도록 돕기 위해서입니다(1).

다음으로 `addNewNetwork`의 파라미터가 `NetworkInfo` 형이므로, `addNewNetwork`를 호출하기 전에 어떤 정보를 파라미터에 전달해야 하는지 안내했습니다. 덕분에 `NetworkInfo`가 뜬금없어 보이지 않게 됐습니다(2).

예시에 나온 `NetworkInfo` 인터페이스는 제품 소스 코드지만, `NetworkInfo` 객체를 만들려면 내부 필드를 알아야 하니 여기서는 쓸모없는 코드가 아닙니다. 특히 앞서 언급한 것처럼 무작정 소스 코드만 붙여 넣지 않고 주석으로 내부 필드를 설명해 좀 더 의미를 부여했습니다.

정확히 말하면 인터페이스 구조와 필드 설명은 소스 코드보다 표로 정리하는 것이 더 적절하며, API 레퍼런스가 있다면 링크를 제공하는 것이 최선입니다. 다만 이 절에서는 예시 코드를 효과적으로 작성하는 법을 안내하고 있으므로 코드 내에서 주석을 활용해 필드를 설명하도록 구성했습니다. 만약 예시 코드의 내용을 줄글로 풀어 설명하기 어렵다면, 주석을 적극 활용하세요. 소스 코드를 가져다 쓸 때 원본에 없는 주석을 붙이는 일에 인색할 필요는 없습니다.

또한, 두 번째 예시 코드의 목적(테스트용 Kkoma 네트워크에 연결)을 설명하고 ⑶, 이를 실행하려면 어디에서(Kkoma를 설치한 웹브라우저 콘솔 창에서) 예시 코드를 붙여 넣어야 하는지도 알려줬습니다 ⑷.

이렇게 고친 내용과 원본을 비교한 후 이렇게 생각하는 사람도 있을 겁니다.

- `NetworkInfo`의 `networkId`는 이름만 봐도 네트워크 ID라는 것을 알 수 있는데 굳이 주석으로 설명해야 하나?
- 두 번째 예시 코드는 `window`로 시작했으니 설명하지 않아도 웹브라우저에서 실행해야 한다는 것쯤은 알 수 있지 않을까?

첫 번째 질문은 `networkId`처럼 이름만으로 의미나 입력값을 짐작하기 쉬운 필드에서 나오는 의문입니다. 그러나 '이쯤이야 척 보면 알겠지' 하는 생각에 쉬운 필드를 설명하지 않는 습관이 생기면 이름만으로 사용법을 알기 어려운 필드도 설명하지 않게 됩니다. 예를 들어 같은 인터페이스의 필드 `features`만 봐도 설명이 없다면 어떤 값을 넣어야 하는지 알 수 없습니다. `networkId`만 고려해 주석을 생략하면 불명확한 문서가 됩니다.

두 번째 질문은 웹 개발에 익숙한 개발자가 할 법한 질문입니다. Kkoma 네트워크를 연결하는 사람이 웹 개발자라는 확신이 없다면 아무리 기초적인 내용이라도 설명하는 편이 좋습니다. 웹에 익숙하지 않은 개발자라면 수정 전보다 수정 후의 설명이 훨씬 명확하고 이해하기 쉬울 겁니다.

소스 코드를 예시로 만드는 주문

앞서 '소스 코드 말고 예시를' 절에서 다룬 두 번째와 세 번째 예시 코드는 잘 작동하는 검증된 코드입니다. 하지만 잘 작동한다고 반드시 좋은 코드는 아닙니다. 작동하는 코드만 믿고 무작정 붙여 넣으면 앞서 본 예시처럼 혼란스러운 상황을 발생합니다.

작동하는 코드를 붙여 넣더라도, 다음 절차를 따라 조금씩 손보면 좀 더 좋은 예시 코드를 만들 수 있습니다.

1. 설명한 부분을 코드로 작성하거나 이미 작성한 코드를 붙여 넣는다.
2. 코드에 있지만 설명하지 않은 변수 또는 함수 선언부를 코드에 넣거나 주석 등으로 설명한다.
3. 코드에 뜬금없는 변수 또는 함수가 없을 때까지 2를 반복한다.
4. 설명이나 다른 코드와 직접적으로 연관이 없는 내용을 삭제하고 생략 기호(…)로 표시한다. 또는 순서상 곧바로 연결되지 않는 코드 사이에 생략 기호를 입력한다.

절차에 따라 '`MyInstance` 클래스 객체를 만들어 초기화하세요'라는 설명에 맞는 예시 코드를 만들어보겠습니다.

   1. 설명한 내용을 코드로 작성한다.

```
import com.goodexample.MyInstance;

public static void main(String[] args) {
    MyInstance myInstance = new MyInstance();
    myInstance.init(initialValue);
}
```

2. 설명하지 않은 변수 initialValue를 코드에 추가한다.

```
int initialValue = getMyInitialValue();
```

3. 설명하지 않은 함수 getMyInitialValue()를 설명으로 대체한다.

```
int initialValue = <클라이언트가 설정한 초깃값>;
```

> **TIP** 초깃값 설정이 기능 설명에서 중요한 부분이라면 설명으로 대체하지 말고 2처럼 코드를 구현하는 편이 좋습니다.

4. 직접적으로 필요하지 않은 코드에 생략 기호를 입력한다.

```
public static void main(String[] args) {
    …
}
```

전체 예시 코드는 다음과 같습니다.

```
import com.goodexample.MyInstance;

public static void main(String[] args) {
    (…)
    MyInstance myInstance = new MyInstance();
    int initialValue = <클라이언트가 설정한 초깃값>;
    myInstance.init(initialValue);
    (…)
}
```

이 절차를 따르면 사용자가 이해할 수 없는 변수나 함수도 없고, 코드를 해석하는 데 방해가 될 정보도 최소화한 깔끔한 예시 코드가 완성됩니다.

만약 설명 단계에 따라 한 줄씩 추가하는 식으로 예시 코드를 작성한다면 이 절차를 반복할 필요는 없습니다. 앞 단계에서 설명한 코드는 생략 기호 등으로 대체하고, 지금 설명하는 코드만 적어도 충분합니다. 파이썬으로 REST API를 호출하는 코드 예시를 작성한다고 가정해봅시다.

데이터를 가져오는 엔드포인트는 다음처럼 호출할 수 있습니다.

```python
import os
import requests
import time

def GET_DATA():
    server_url = os.environ['SERVER_URL']
    service_api_key = os.environ['SERVICE_API_KEY']
    timestamp = int(round(time.time() * 1000))
    path = '/api/data/{조회할 데이터 ID}'
    headers = {
        'service-api-key': service_api_key,
        'timestamp': str(timestamp)
    }
    res = requests.get(server_url + path, headers=headers)
    return res.json()
```

서비스 정보를 가져오는 엔드포인트는 다음처럼 호출할 수 있습니다.

```python
import os
import requests
import time

def GET_SERVICE():
    server_url = os.environ['SERVER_URL']
    service_api_key = os.environ['SERVICE_API_KEY']
    timestamp = int(round(time.time() * 1000))
    path = '/api/services/{조회할 서비스 ID}'
    headers = {
        'service-api-key': service_api_key,
        'timestamp': str(timestamp)
    }
    res = requests.get(server_url + path, headers=headers)
    return res.json()
```

두 코드는 굵게 표시한 두 줄만 빼면 완전히 똑같습니다. 중복 코드를 계속 적는 것은 낭비입니다. 설명에 따라 차차 늘려가는 방식으로 반복되는 코드를 줄여봅시다.

파이썬으로 엔드포인트를 호출하기 위해 필요한 모듈을 가져옵시다.

```
import os
import requests
import time
```

이제 엔드포인트를 호출할 함수를 만들고, 환경변수로 설정한 값을 이용해 API 정보를 설정합니다.

```
def call_endpoint():
    server_url = os.environ['SERVER_URL']           # 서버 주소 설정
    service_api_key = os.environ['SERVICE_API_KEY'] # API 키 설정
```

엔드포인트를 호출할 준비가 됐으니, 헤더를 설정한 뒤 엔드포인트 경로로 requests.get()을 호출하세요.

```
def call_endpoint():
    (…)
    timestamp = int(round(time.time() * 1000))       # 현재 시각
    path = '/api/data/{조회할 데이터 ID}'              # 엔드포인트 경로
    headers = {                                       # 헤더
        'service-api-key': service_api_key,
        'timestamp': str(timestamp)
    }
    res = requests.get(server_url + path, headers=headers)  # 호출
    return res.json()                                 # 응답값 반환
```

서비스 정보를 가져오는 엔드포인트를 호출하려면 아래처럼 path를 바꾸면 됩니다.

```
def call_endpoint():
    (…)
    path = '/api/services/{조회할 서비스 ID}'  # 적절한 엔드포인트 경로로 변경
    (…)
```

이렇게 하면 반복되는 코드 없이 두 엔드포인트의 호출 방법을 안내할 수 있습니다. 나아가 다른 엔드포인트의 호출 방법을 설명할 때도 몇 줄만 추가하면 됩니다.

처음 언급한 예시는 API 레퍼런스의 일부입니다. 여기서는 튜토리얼로 취급해 반복 코드를 줄이는 것으로 바꿔 썼지만, API 레퍼런스를 작성할 때는 원본 예시처럼 동일한 코드를 반복하는 것이 더 적절합니다. API 레퍼런스는 순서대로 읽는 용도가 아니라 필요한 항목을 하나씩 살펴보는 용도이기 때문입니다. B라는 API 예시를 보고 싶은데, 매번 A의 API 설명 페이지로 가서 기본 코드를 찾아야 한다면 누가 좋아할까요?

쉬어가기 │ 예시 코드에서 내부 정보 감추기

외부에 제공할 문서의 예시 명령어 중 파일 소유자를 변경하는 명령어가 다음과 같이 작성된 것을 본 적이 있습니다.

```
chown mainaccount:mainaccount some_file.ext
```

`mainaccount`라는 계정이 `root`처럼 기본 제공되는 계정인지, 아니면 이 제품을 실행하기 위해 반드시 만들어야 하는 계정인지 헷갈렸습니다. 사내 IT팀이 제공하는 가상 머신virtual machine, VM에는 항상 `mainaccount`라는 계정이 있었기 때문에 해당 OS에서는 기본 계정일 수도 있다고 생각했습니다.

인터넷을 검색해보니 많은 개발 블로그에서도 같은 계정명이 반복적으로 등장했습니다. 하지만 그 어떤 블로그에도 이 계정이 무엇인지 설명해주지는 않았습니다. 흥미로운 점은 `mainaccount` 계정명이 국내 블로그에만 나온다는 점이었습니다. 그마저도 대부분 기업 공식 블로그가 아닌 개인 블로그였죠.

이상하다는 생각이 들어 사내 협업 공간을 샅샅이 살펴보고, 오래 근무한 동료들에게 물어본 끝에 사내 IT팀에서 관리하기 편하고자 기본으로 생성하는 계정임을 알게 됐습니다. 다시 말해, 외부 개발자가 해당 문서를 보고 그대로 따라 하면 당연히 오류가 발생하는 상황이었습니다. 작성자가 평소 회사에서 사용하던 명령어를 무심코 붙여 넣었을 가능성이 컸습니다.

이런 실수는 예시 코드에서도 종종 일어납니다. 외부 공개 문서에 내부에서만 사용하는 저장소 이름이나 사내 서버 주소가 포함되는 경우가 그렇습니다. 개발자가 예시 코드를 쓸 때 흔히 저지르는 실수 중 하나입니다. 때로는 그 코드가 외부에 공개한다는 사실을 인지하지 못했을 수도 있습니다(외부에서 사용할 수 있는 주소를 물어보면, "네? 이건 내부용이에요. 외부인이 따라 하면 안 돼요"라는 대답을 종종 듣습니다). 또는 내부용으로 썼는데 모르는 사이에 외부용으로 바뀌었을 수도 있고요. 사내용 예시 코드라도 상황에 따라 달라질 수 있는 정보는 직접 입력하지 말고, 〈사용자 계정 이름〉 같은 형식으로 표기하는 편이 좋습니다.

특히 다음과 같은 정보는 직접 사용하는 것을 피하고, 가능하면 설명으로 대체하세요.

- 사내 서버 주소(REST API 호출 주소도 포함)
- 사내 저장소나 레지스트리
- 로컬 파일 경로(특히 /User/xxx이나 C\Users\ooo 같은 홈 디렉터리)

샘플 프로그램

개발 가이드나 튜토리얼처럼 기능 사용 또는 구현 방법을 설명할 때 보조 수단으로 사용하는 예시 코드는 완전하지 않아도 됩니다. 글로 설명하는 내용을 좀 더 명확히 보여주는 것이 목적인 만큼 딱 그 부분만 다루는 것이 읽기에도 좋습니다. 프로그래밍 언어 구조나 로직을 고려해서 부수적인 정보를 과하게 포함하면 오히려 혼란을 초래할 수 있습니다.

초기화 방법을 알려줄 때는 초기화에 필요한 코드만, 인수 입력 방법을 설명할 때는 주요 인수를 넘겨주는 코드만 보여주면 충분합니다. 절차가 있어서 순서대로 구현해야 한다면 단계별로 관련 코드만 보여준 후 마지막에 전체 코드를 제공하면 됩니다.

샘플 프로그램은 다릅니다. 샘플 프로그램은 소프트웨어 사용법을 알려주는 가장 좋은 수단으로, 생소하고 복잡한 기능을 실제로 어떻게 사용하는지 알려주는 역할을 합니다. **샘플 프로그램은 완전해야 하며, 명확한 목적이 있어야 합니다.** 수십 개의 기능을 넣어 놓고도 아무런 사용 안내가 없어 어디를 봐야 할지 감조차 오지 않는 샘플 프로그램을 보고 당황한 적이 있을 겁니다. '개발자는 다 알아요'라고 생각하지 말고, 이왕이면 초보 개발자도 이해할 수 있도록 목적이 분명한 샘플 프로그램을 만드는 것이 좋습니다.

지금부터 샘플 프로그램을 만들기 전에 고려하면 좋은 항목을 하나씩 살펴봅시다.

어떤 기능을 알려주려는 것인가?

한 프로그램에 모든 기능을 다 넣으려는 욕심을 버립시다. 반드시 알리고 싶은 기능이나 사용하기 복잡한 기능을 선택해 집중하는 편이 좋습니다. 소개하고 싶은 기능이 너무 많다면 기능을 묶어서 샘플 프로그램을 따로 만드는 것을 추천합니다.

LINE 블록체인 플랫폼은 게임 아이템을 블록체인 토큰$_{token}$으로 만드는 방식의 샘플 프로그램을 제공했습니다.[4] 이는 게임과 블록체인을 어떻게 접목하는지, 토큰화된 게임 아이템을 어떻게 사고파는지 알리기 위한 목적이었습니다. 이 샘플 프로그램은 토큰 발행과 거래 기능에만 집중했으며, 다른 블록체인 기능은 전혀 다루지 않았습니다. 오히려 게임을 구현한 코드가 더 많았죠. 덕분에 게임 개발사는 게임 설계 시점에 샘플 프로그램을 참고할 수 있었고, 실제 구현 단계에서는 필요한 기능을 공식 문서나 질의를 통해 확인할 수 있었습니다.

어디에서 내용을 설명할 것인가?

샘플 프로그램이 간단해서 코드만 봐도 충분히 알 수 있다면 좋겠지만, 보통 그렇지 않습니다. 프로그램이 복잡할수록 실행 방법과 기능 구현 방식을 설명하면 보는 사람도 훨씬 편합니다.

샘플 프로그램은 보통 깃 저장소로 공유되므로, 리드미 파일에 간단한 사용법과 구현 설명을 기술하는 것이 좋습니다. 만약 제품 사이트나 사내 공유 페이지에서 제공한다면 해당 페이지에 사용법을 작성하는 방법도 있습니다. 사용법 작성 방법은 13장 '시작하기 문서'에서 다루겠습니다.

어떤 프로그래밍 언어로 제공할 것인가?

프로그래밍 언어 선택은 곧 대상 사용자를 선택하는 일입니다. 따라서 사용자가 즐겨

---

[4] 이 샘플 프로그램은 2023년 말까지 공개했으며, 현재는 공개하지 않습니다.

쓰는 프로그래밍 언어로 샘플 프로그램을 만들어야 합니다. 웹 UI 프레임워크 샘플 프로그램에서 자바스크립트를 제외할 수 있을까요? 게임 플랫폼 샘플 프로그램에서 유니티Unity를 제외할 수 있을까요? (물론 유니티는 프로그래밍 언어는 아니지만요.) 대상 사용자가 즐겨 쓰는 프로그래밍 언어가 여러 개라면 여러 언어로 샘플 프로그램을 제공하는 것도 좋은 방법입니다.

쉬어가기 cURL 예시도 REST API 예시 코드일까요?

REST API 사용 설명서에서 curl 명령어 호출도 예시 코드로 간주할 수 있을까요?

10년 넘게 API 문서를 작성했지만, 이 질문에 답하기가 쉽지 않습니다. 안드로이드나 iOS 중심의 모바일 개발이나 스프링 기반의 관공서 웹 서비스 분야와 달리 REST API는 사용자에게 프로그래밍 언어를 강제하지 않기 때문입니다. 그렇다면 REST API 예시 코드는 어떤 언어를 작성해야 할까요?

API 개발자에게 API 호출 예시 코드를 요청하면 아마도 다섯 중 넷은 curl 명령을 사용할 겁니다.

```
curl -L \
  -H "Accept: application/vnd.github+json" \
  -H "Authorization: Bearer <YOUR-TOKEN>" \
  -H "X-GitHub-Api-Version: 2022-11-28" \
  https://api.github.com/repos/OWNER/REPO/commits
```

예시는 깃허브 API 문서에서 가져왔습니다. 깃허브뿐만 아니라 REST API를 제공하는 수많은 서비스가 curl 명령을 예시 코드로 제공합니다. 그렇다면 curl도 충분히 예시 코드로 인정할 수 있다는 뜻이 되겠죠.

하지만 여기서 한 가지 짚어볼 점이 있습니다. 깃허브 API 같은 문서는 curl뿐만 아니라 다른 프로그래밍 언어의 예시 코드도 함께 제공한다는 사실입니다.

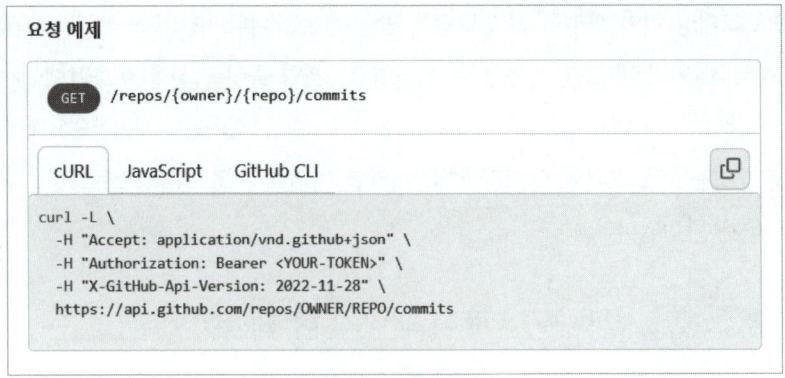

그림 10-2 깃허브 API 요청 예시 코드. cURL과 자바스크립트, CLI 방식을 제공

많은 개발자가 참고하는 깃허브 문서도, 사용자 친화적인 문서로 잘 알려진 스트라이프Stripe 문서도 그렇다는 점을 보면 curl을 사용한 예시 코드만으로 REST API를 설명할 수도 있지만, 그것만으로는 부족하다는 뜻이 아닐까요?

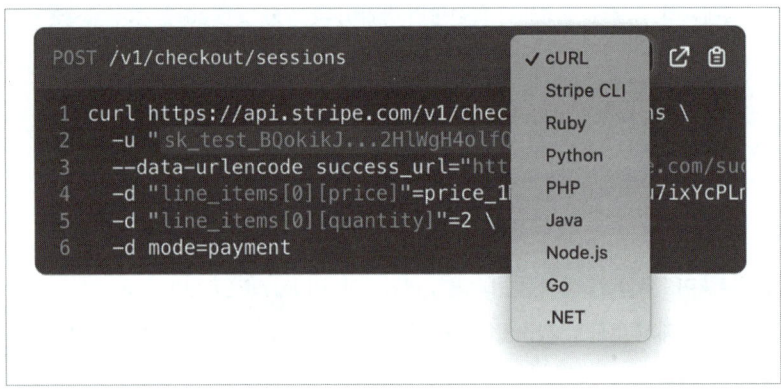

그림 10-3 스트라이프 문서의 예시 코드. cURL 외에 다양한 프로그래밍 언어와 CLI 방식을 제공

어떤 언어로 예시 코드를 제공할 것인가는 꽤 중요한 문제입니다. REST API 문서에서 `curl` 명령어를 예시 코드로 제시하는 방법도 나쁘지는 않습니다. 다만, 그 외에 다른 프로그래밍 언어도 함께 제공한다면 독자에게 많은 도움이 될 겁니다.

작동하지 않으면 코드가 아니다

예시 코드와 샘플 프로그램은 반드시 검증해야 합니다. 처음 작성할 때는 완전무결했더라도, 개발 서버나 환경, API가 바뀌면 언제든지 어그러질 수 있습니다.

안타깝게도 업데이트할 때 본문 내용은 읽어도, 그 옆에 있는 예시 코드는 대충 훑고 지나가는 경우가 많습니다. 예시 코드에서 사용하는 API가 변경됐다는 정보를 받지 않은 한 이미 잘 쓴 코드에 문제가 있을 것이라고는 생각하지 않으니까요.

API 변경은 그나마 인지할 수 있지만, 개발 서버나 환경이 바뀌는 것은 예시 코드를 작성한 개발자조차 모르는 경우가 많습니다. 그러다 보니 처음 쓸 때 확실히 작동한 코드라 당연히 문제없을 것으로 생각하고, 검토할 때도 예시 코드를 건너뛴 채 설명만 확인하는 실수를 하게 됩니다.

문서 엔지니어로서 외부에 공개할 문서를 다룰 때, 언급된 명령어나 예시 코드를 함께 검증합니다. 하지만 초안에 포함된 코드가 생각보다 자주 작동하지 않습니다. 특히 개발이 진행 중일 때 작성된 코드일수록 그렇습니다.

예를 들면, API 이름이 `checkData`였다가 `checkUserData`로 살짝 바뀌었거나 명령어에 옵션을 생략할 수 있었지만, 나중에 반드시 필수 옵션이 생겼을 수 있습니다. 혹은 한 페이지에서 같은 코드를 다루면서도 앞에서는 `myVar`였던 변수명이 뒤에서는 `myVariable`로 바뀌는 경우도 있습니다.

이런 실수를 피하고 잘 작동하는 예시 코드를 오래 유지하려면 다음의 몇 가지를 명심해야 합니다.

첫째, 단 한 줄을 쓰더라도 상상이 아니라 실제로 작동하는 코드 기반으로 쓰세요. 잘못된 API나 다른 코드와 일치하지 않는 변수명을 쓰는 실수를 방지할 수 있습니다.

둘째, 앞으로 바뀔 가능성이 있는 서버 정보나 환경 설정값은 주석이나 설명(예: ⟨현재 서버 정보⟩, ⟨~~에서 설정한 값⟩ 등)을 활용하세요. 정보가 바뀔 때마다 예시 코드를 업데이트할 필요가 없습니다.

셋째, 피드백을 받아 수정하거나 새로운 기능을 추가할 때는 반드시 전체 코드를 다시 확인하세요. 설사 10번 줄이 틀렸다는 제보를 받더라도 코드를 전체적으로 검토하면 틀린 곳, 또는 수정 과정에서 발생한 어긋난 곳을 찾아낼 수 있습니다. 직접 작성한 코드라도 시간이 지난 후 다시 볼 때는 절대 믿어서는 안 됩니다.

`createCustomer()`라는 함수를 조금 변형한 `updateCustomer()`라는 함수를 추가해 문서화해야 했던 일이 있었습니다. 내용이 비슷하고 시간도 급박했던 터라 `createCustomer()`에서 사용한 예시 코드를 그대로 복사해 함수명과 파라미터만 바꿔 배포하려고 했습니다. 그런데 풀 리퀘스트 단계에서 API 개발자에게서 '예시 코드에 사용한 이 함수는 `put` 메서드이어야 하는데, `post`로 되어 있다'는 피드백을 받고서야 민망해하며 다급히 수정한 기억이 아직도 머릿속에 남아 있습니다.

10줄도 안 되는 간단한 코드였고 형태도 거의 같았지만, 검증 없이 몇 부분만 수정해서 쓰다 보면 반드시 문제가 생깁니다. 이 사실을 명심해야 코드 단 몇 줄이라도 다시 보는 습관을 기를 수 있습니다.

요약

원숭이도 나무에서 떨어질 때가 있듯이, 코딩에 자신 있는 개발자도 예시 코드에서 실수할 때가 있습니다. 예시 코드를 짤 때는 제품을 개발할 때와 다른 마음가짐이 필요합니다. 다음 내용을 명심해 같은 개발자가 즐겨보는 예시 코드를 좀 더 보기 쉽게 만들어보세요.

- 예시 코드는 설명의 보조 수단입니다. 반드시 설명을 함께 쓰세요.
- 필요 없는 코드는 과감히 삭제하고 지금 설명하는 기능에 관한 코드만 남기세요.
- 코드 내 주석이나 설명(《현재 서버 정보》, {OOO에서 설정한 초깃값} 등)을 적극 활용하세요.
- 단 한 줄을 쓰더라도 작동하는 코드인지 꼭 검증하세요.

11 장애 보고서

개발자가 작성해야 하는 수많은 보고서 중 진땀을 흘리게 하는 보고서를 꼽자면 장애 보고서와 엔지니어링 보고서가 아닐까 합니다. 두 보고서를 부르는 이름은 회사나 조직마다 다르기 때문에 먼저 각 보고서를 어떤 의미로 보는지 정의하겠습니다.

장애 보고서란 장애가 발생했을 때 작성하는 보고서로, 부르는 이름은 다양합니다. '장애 일지'나 'outage report', 'incident report' 같은 이름으로 부르기도 합니다.

여기서 이야기하는 엔지니어링 보고서는 통신을 기반으로 서비스를 제공하는 회사가 아니라 IT 기기 제조사에서 작성하는 보고서를 의미합니다. 컴퓨터나 핸드폰 같은 전자 기기를 양산量産하기 전, A급 문제가 발견됐을 때 작성하는 보고서입니다. 혹은 제품이 이미 출시된 후 현장에서 A급 문제가 발생했을 때도 작성합니다. A급 문제는 제품 출시가 불가하다고 판단할 만한 수준에 해당하는 결함입니다. 이런 결함이 발견되면 개발 부서는 문제를 파악하고 해결안을 마련한 다음 보고서를 작성합니다. 보고서에는 현상 및 원인, 수정안, 적용 시점 등을 작성하고, 개발 부서 팀장이 이를 검토한 후 결재선을 타고 공장 책임자에게까지 전달됩니다. 모든 결재 라인을 통과한 후에야 수정된 소프트웨어가 배포되고, 멈췄던 양산이 재개됩니다. 이 절차는 조직에 따라 상이하며, 일부 조직에서는 보고서를 작성하지 않을 수도 있습니다.

이 장에서는 엔지니어링 보고서가 아닌 장애 보고서를 다루며, 글쓰기와 관련 없는 다음 내용은 다루지 않습니다.

- 슬기로운 장애 문화란 어떤 것인가?
- 장애는 어떤 절차로 처리, 즉 어떻게 탐지하고 분석하고 해결해야 하는가?
- 장애와 일반 문제(버그)는 어떻게 구별해야 하는가?
- 장애 상황을 어떻게 전파하는가?
- 장애는 누가 담당해야 하는가?
- 장애는 누구에게 공유하고 누구에게 보고해야 하는가?
- 장애 등급은 어떻게 매겨야 하는가?
- 장애 회고엔 누가 참석하고 무엇을 다뤄야 하는가?
- 장애는 어떻게 줄일 수 있는가?

장애 보고서 작성법을 이해하려면 장애의 생애가 어떤 흐름을 갖는지 간략하게라도 알아둘 필요가 있습니다. 장애의 생애 주기는 일반적으로 다음과 같은 흐름을 갖습니다.

1. 장애가 발생한다.
2. 누군가 장애를 탐지한다.
3. 장애가 발생한 사실을 전파한다.
4. 장애에 대응한다.
5. 장애 대응 완료 사실을 전파한다.
6. 장애 회고를 실시한다.

> **TIP** 업계의 실제 장애 대응 방식을 알아두면 장애 보고서 작성에 도움이 됩니다. 관련 자료를 찾아보려면 검색 서비스에서 대상 회사 이름과 '장애 대응', '장애 문화' 같은 키워드를 함께 검색해보세요. 'LINE 플랫폼 서버의 장애 대응 프로세스와 문화'[1] 영상도 추천합니다.

---

1 https://www.youtube.com/watch?v=YS35AGyq4aY

쉬어가기 서비스가 멈추는 순간, 우리가 겪는 불편함

'장애'란 통신을 기반으로 제공하는 서비스에 발생하는 문제로, 실시간 대응이 매우 중요한 사건입니다. 이런 이야기 들어본 적 있지 않나요? '맛있게 식사하고 결제하려는데 하필 내가 사용하는 카드사만 결제를 할 수 없었다', '결제하려는데 인터넷 문제로 포스기가 작동하지 않았다', '메신저 앱이 먹통이 되어 연락할 수 없었다' 등 통신 서비스에 문제가 발생해 이용자가 서비스를 사용하지 못하게 되는 상황을 '장애가 발생했다'고 표현합니다.

장애는 결코 가볍게 다룰 수 있는 문제가 아닙니다. 이용하는 인터넷 회사에 문제가 생겨 네트워크 연결이 불가능해져 예정된 비대면 면접을 보지 못하게 된다면 어떨까요? 무인 스터디카페의 키오스크 서버가 다운되어 방문한 고객이 결제를 못 하고 돌아가게 된다면요? 또는 고객이 이용권을 구매했음에도 데이터베이스에 구매 이력이 저장되지 않았다면요?

장애가 발생하면 서비스 이용자에게 손실, 특히 경제적 손실이 발생합니다. 자연재해와 같은 위급한 상황에서 유무선 통신에 장애가 발생한다면 생명을 위협하는 상황으로 이어질 수도 있습니다. 따라서 장애는 신속한 대응이 매우 중요합니다.

장애 보고서란?

앞서 장애 보고서를 장애 발생 시 작성하는 보고서라고 정의했습니다. 더 깊게 들어가기 전에 한 가지 확실하게 선언하고 싶습니다. 장애 보고서는 시말서가 아닙니다. 본의 아니게 장애를 발생시켜 죄송하다는 송구함을 애절하게 적거나 앞으로 이런 일이 결단코 일어나지 않게 하겠다는 굳센 각오를 쓰는 보고서가 아닙니다. 장애가 발생했다고 원인에 기여한 구성원의 잘못으로 몰아가는 행위는 건강한 장애 대응 문화가 아닙니다.

장애 보고서는 기록용 보고서만이 아니라 장애가 발생한 원인을 함께 파악하고, 추후에 유사한 장애가 일어나지 않도록 함께 외양간을 잘 고치고자 하는 일종의 미래를 위한 투자 보고서이기도 합니다.

장애 보고서를 잘 작성하려면 작성하는 목적을 잘 알아야 합니다. 장애 보고서는 왜

쓰는 것일까요? 여느 개발 문서를 쓰는 이유와 큰 차이는 없습니다. 글은 소통 매체이자 기록입니다. 장애 보고서도 소통을 위한 자료이고 기록을 담습니다. 'A 서비스에 장애가 발생했습니다'라는 장애 발생을 알리는 메시지도 글이긴 하지만, 장애 알림 메시지(그림 11-1)와 장애 보고서를 같은 선상에 둘 수 없습니다.

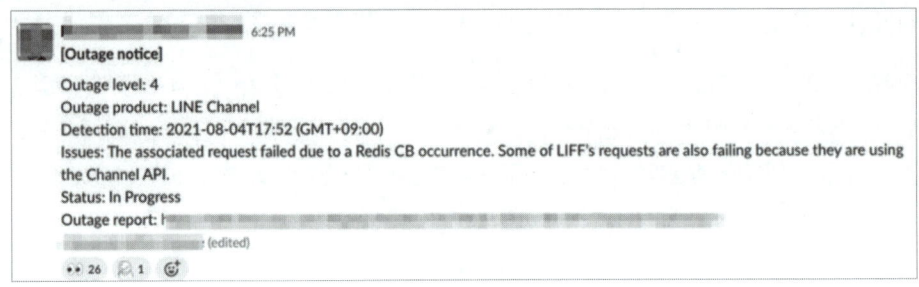

그림 11-1 장애 알림 메시지

장애를 알리는 메시지나 이메일이 장애 보고서를 대체할 수 없습니다. 장애 보고서는 공식 문서입니다. 장애 보고서는 장애가 발생한 서비스나 제품에 관련된 사람들과 소통하는 매체이자 장애의 처음과 끝을 담은 기록입니다.

장애 보고서는 경찰서에서 작성하는 사건 경위서와 비슷합니다. 범죄가 발생하면 피해자나 목격자 등의 진술을 바탕으로 조서를 작성하며, 육하원칙에 따라 사건과 관련 있는 정보를 자세히 기록합니다. 경찰서에서 사건 초기에 작성한 경위서나 진술서가 나중에 재판에서 활용될 수도 합니다. 그만큼 정확하고 상세하게 정보를 기록하는 것이 중요합니다. 장애 보고서도 마찬가지로 장애 관련 정보를 상세하게 기술해야 합니다. 다만 다른 점이 있다면 장애 보고서가 미래를 위한 디딤돌 역할을 한다는 점입니다. 어떤 의미인지 지금부터 살펴보겠습니다.

장애 보고서엔 무엇을 쓰나요?

개발 조직이 정의한 장애 처리 절차와 장애 처리 범위에 따라 장애 보고서에 기록하는 정보가 달라집니다. 체계적으로 장애를 관리하는 조직일수록 기록을 요하는 정보가 많습니다. 어떤 정보를 기록하는지 자세히 알아보기 전에 업계에서는 어떤 내용을 기록하라고 하는지 확인해보겠습니다.

ISMS-P(정보보호 및 개인정보보호 관리체계) 인증 안내서에는 다음과 같은 사항을 장애 보고서에 기록하라고 되어 있습니다(그림 11-2).

- 장애 발생 시 절차에 따라 조치하고, 장애조치보고서 등을 통하여 장애조치내역을 기록하여 관리하여야 한다.

    ※ 장애조치보고서에 포함되어야 할 사항(예시)
    · 장애일시
    · 장애심각도(예: 상, 중, 하)
    · 담당자, 책임자명(유지보수업체 포함)
    · 장애내용(장애로 인한 피해 또는 영향 포함)
    · 장애원인, 조치내용, 복구내용, 재발방지대책 등

그림 11-2 한국인터넷진흥원 ISMS-P 자료실

LINE의 기술 블로그에 소개된 장애 보고서 구성은 다음과 같습니다(그림 11-3).

장애 보고서 템플릿의 내용은 대략 다음과 같습니다.

- 요약: 장애 상황에 대해 간략히 설명한다.
- 장애 탐지 시간: 장애가 최초 탐지된 시간을 명시한다.
- 영향받은 서비스: 장애에 영향받은 서비스를 명시한다.
- 장애 원인: 장애가 발생한 원인을 설명한다.
- 타임라인과 해결 과정: 장애가 최초 발생한 시점부터 주요 진행 과정을 순서대로 설명한다. 어떻게 대응했는지 자세한 설명을 덧붙인다.
- 해결 과정과 예방책: 장애를 어떻게 해결했는지, 어떤 예방 조치를 취해야 하는지 자세하게 설명한다. Jira 티켓 정보도 포함한다.

그림 11-3 'LINE의 장애 보고와 후속 절차 문화' 중에서

우아한형제들 기술 블로그에서는 다음의 내용을 포함한다고 합니다(그림 11-4).

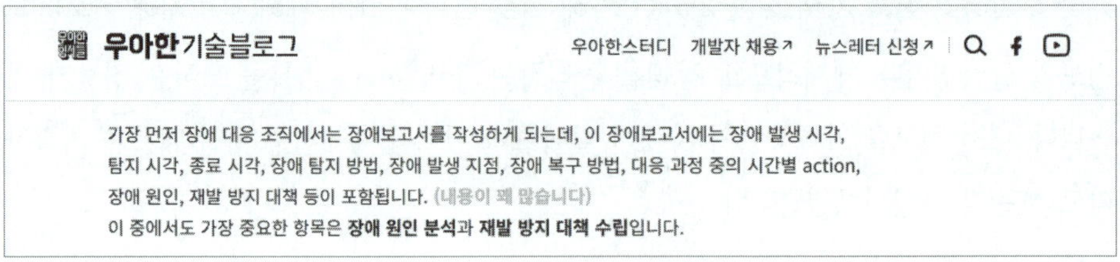

> **우아한기술블로그**   우아한스터디 개발자 채용↗ 뉴스레터 신청↗
>
> 가장 먼저 장애 대응 조직에서는 장애보고서를 작성하게 되는데, 이 장애보고서에는 장애 발생 시각, 탐지 시각, 종료 시각, 장애 탐지 방법, 장애 발생 지점, 장애 복구 방법, 대응 과정 중의 시간별 action, 장애 원인, 재발 방지 대책 등이 포함됩니다. (내용이 꽤 많습니다.)
> 이 중에서도 가장 중요한 항목은 **장애 원인 분석**과 **재발 방지 대책 수립**입니다.

그림 11-4 '우아~한 장애대응' 중에서

세 자료에서 공통으로 언급된 항목은 다음과 같습니다.

- 장애 발생 시각
- 장애 탐지 시각
- 장애 내용
- 장애 원인
- 타임라인(대응 과정)
- 장애 해결 방법
- 재발 방지 대책

각 항목과 추가로 기록할 만한 정보는 무엇이 있는지 살펴보겠습니다.

장애 내용

장애 내용으로는 장애 요약과 상세 설명으로 구분해 작성하세요. 장애 요약은 장애를 두세 문장으로 독자가 개발자가 아닐 수 있다는 점을 고려해서 이해하기 쉽게 작성하세요. 단순히 어느 제품 혹은 서비스에서 어떤 장애가 발생했다고만 적지 말고, 장애 때문에 사용자가 겪은 불편사항이 무엇인지 명확하게 드러내세요. 예를 들어 '트래픽이 증가해서 서버에 부하가 발생했다'로 끝내지 말고, '트래픽 증가로 서버 부하가 발생해 ○○ 서비스 사용자가 로그인할 수 없다'라고 작성하는 겁니다.

상세 내용도 마찬가지입니다. 장애가 없었다면 할 수 있었으나 장애 때문에 할 수 없게 된 상황이 드러나도록 작성하세요. 장애 때문에 사용자가 겪는 문제가 화면으로 드러난다면 해당 화면을 캡처하거나 화면 흐름을 영상이나 GIF로 만들어 보고서에 첨부하세요. 구체적으로 사용자(사람 혹은 서비스)가 무엇을 할 수 없었는지를 정확하게 기록해야 합니다.

사용자가 무엇을 할 수 없었는지를 알아야 재발 방지 대책을 수립할 때 대안을 연구할 수 있습니다. 이번 장애로 사용자가 수행할 수 없었던 기능을 추후에 비슷한 장애가 발생했을 때도 수행할 수 있도록 말입니다.

시간 정보

시간 정보는 날짜와 시간을 포함한 정보입니다. 시간 정보를 입력할 때 누가 작성하든 같은 형식으로 입력하도록 해야 합니다. 누구는 '2024년 12월 1일', 누구는 '2024-12-01', 누구는 '01/12/24' 이렇게 입력하면 데이터 정확성이 떨어집니다. 나중에 조직 전체의 장애 처리 개선을 위해 장애 보고서에서 데이터를 추출할 때 분석 결과가 이상해질 수 있습니다. 정확히 말하면 다양한 형태로 작성된 시간 정보를 파싱parsing하는 과정이 번거로워집니다. 표기할 시간의 타임존과 형식을 미리 지정해 장애 보고서를 파싱할 때 문제없이 읽어낼 수 있도록 하는 것이 좋습니다.

- 장애 발생 시각: 장애가 발생한 시각. 장애가 발생한 시각은 장애를 탐지한 시각과 다르다.
- 장애 탐지 시각: 장애가 생겼다는 것을 처음 인지한 시각
- 장애 해소 시각: 장애가 완전히 해소돼 복구가 모두 완료된 시각
- 타임라인: 장애가 발생한 시각부터 해소된 시각까지 취한 작업과 그 시간 기록

이러한 시간 정보를 기록해야 얼마나 빨리 장애를 감지하고, 원인을 파악하며, 장애를 해소했는지 정확히 파악할 수 있습니다. 이 정보는 개발 거버넌스 차원에서 전사적 장애 개선 작업을 수행할 때뿐만 아니라 고객에게 장애를 알릴 때도 활용합니다. 특히 과

금 서비스라면 고객에게 정확한 정보를 제공해야 합니다. 고객 보상의 근거 자료로도 활용될 수 있기 때문에 더욱 정확히 기록해야 합니다.

> **TIP** 장애는 서비스 수준 협약(Service Level Agreement, SLA), 서비스 수준 지표(Service Level Objective, SLO), 서비스 수준 목표(Service Level Indicator, SLI)에 영향을 끼치기 때문에 장애 시간 정보는 정확하게 기록해야 합니다. 서비스 수준 지표 관한 자세한 안내는 아틀라시안(Atlassian)에서 제공하는 인시던트 관리 문서[2]를 참고하세요.

액션 타임라인

바로 앞에서도 언급했지만, 시간별로 조치한 작업 이력을 기록하세요. 장애를 회고할 때 장애 처리 과정에서 불필요한 작업을 하지는 않았는지, 또는 필요 이상으로 시간을 허비한 구간은 없었는지 파악할 수 있습니다. 타임라인은 어떻게 하면 장애 처리에 소요되는 시간을 단축할 수 있을지 연구하는 기초 자료가 됩니다.

다음은 2022년 발생했던 카카오 서비스 장애와 관련해서 카카오에서 고객을 대상으로 준비한 보고서의 타임라인입니다(그림 11-5). 보고서의 주 독자가 개발자가 아닌 고객이기 때문에 개발자가 아니어도 이해할 수 있도록 다이어그램으로 작성해 제공했습니다.

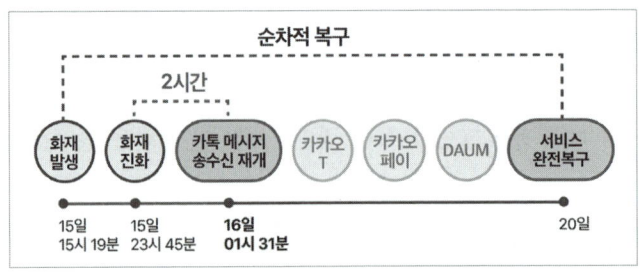

그림 11-5 카카오가 작성한 '우리가 부족했던 이유'

우리가 작성하는 장애 보고서는 고객에게 제공할 보고서가 아니라 내부용이기 때문에 타임라인을 다이어그램으로 그릴 필요까지는 없습니다. 다음은 Erika Kaoli 씨가 미디

---

2 https://www.atlassian.com/ko/incident-management/kpis/sla-vs-slo-vs-sli

엄Medium[3]에 기고한 장애 보고서 샘플에서 발췌한 타임라인입니다(그림 11-6). 다음과 같이 시간마다 수행한 작업 이력을 남기면 됩니다.

> **Timeline (all times in Pacific Time)** 타임라인(태평양 표준시 기준)
> - 10:30 PM: Reboot begins 리부트 시작
> - 12:26 AM: Outage begins 장애 발생
> - 12:26 AM: Alerts sent to teams 팀에 장애 알림 발송
> - 12:30 AM: Lead SRE silenced all subsequent alerts due to server behavior being "normal" 서버가 '정상' 작동하여 SRE 리드가 후속 알림을 전부 꺼버림
> - 2:30 AM: Server down and customers can't reach the site 서버가 작동하지 않고 고객은 사이트에 접근 불가능한 상태가 됨
> - 2:30 AM: Alerts sent to teams 팀에 알림 발송
> - 2:35 AM: A ticket was opened and a database service provider personnel sent over within 30 minutes. 티켓이 생성되고 데이터베이스 서비스 제공자 담당자가 30분 내로 파견됨
> - 3:15 AM: Personnel arrives to assess the situation 상황 판단을 위해 담당자가 도착
> - 4:30 AM: Server restarts begin 서버 재기동 시작
> - 8:30 AM: 100% of traffic back online 온라인 트래픽 100% 복구

그림 11-6 장애 발생 보고서 예시

장애 발견 경로

장애를 발견하게 된 경로를 입력하세요. 누군가의 제보로 알게 된 것인지, 모니터링 중 직접 발견한 것인지, 아니면 설정된 모니터링 시스템에서 알림을 받았는지 등 정보를 기록하세요. 이 정보를 토대로 당연히 알림이 왔어야 하는 상황인데 오지 않은 것인지, 모니터링 대상에서 누락된 것인지, 알림 조건을 강화할 필요가 있는지 등을 판단할 수 있습니다.

20nn-nn-nnT10:00:00 OO에 로그인할 수 없다는 고객 문의가 빗발치고 있습니다.

모니터링 알림을 받은 경우, 모니터링 시스템 이름과 알림을 받은 위치, 알림 내용 등 상세 정보를 함께 기록합니다. 응당 알림을 받았어야 하는 담당자가 본인은 알림을 받지

---

[3] https://medium.com/

못했다는 사실을 인지할 수도 있습니다.

○○○ 모니터링 시스템에서 비정상적으로 많은 트래픽이 접속하고 있다는 알림이 #abc-xyz-project 슬랙 채널로 접수됐습니다.

- 알림 이름: ○○○Health
- 클라이언트 이름: ○○○
- 프로젝트: let-developers-write-better
- 서비스: come-on-you-all
- 장애 심각도: 매우 심각
- 요약: lets-write-something-that-makes-sense 엔드포인트가 불안정합니다. 성공률이 70%입니다.

장애 영향

발생한 장애에 영향받은 서비스, 국가 혹은 지역, 사용자 수를 기록하세요. 이 기록은 영업상 피해 금액을 산출할 때 활용될 수 있습니다.

- 영향받은 서비스: 교육 플랫폼, 결제 서비스
- 영향받은 기능: 퀴즈 사이트 로그인, 장바구니, 결제 서비스, 강의 등록 서비스
- 영향받은 사용자: 한국 및 미국에서 접속한 구매자 123,456명, 판매자 789명
- 지역: 한국, 미국

장애 등급

조직 내에서 정해둔 등급 정의에 따라 장애 등급을 입력하세요. 다음은 장애의 경중을 표현할 수 있는 등급 예시입니다.

- 1, 2, 3, 4, 5
- A, B, C, D, E

- Red, Orange, Yellow
- 응급, 심각, 보통, 약함

장애 보고서를 작성하는 사람이 장애 등급에 어떤 값을 넣어야 하는지 고민하지 않도록 장애 보고서 템플릿에 장애 등급 기준을 명시해두세요. 장애 등급 기준 설명이 길다면 관련 기준이 명시된 페이지 링크를 함께 제공하세요. 장애 등급 기준 설명이 너무 길다면, 기준이 불명확한 것일 수 있습니다. 간결하고 명확한 기준을 수립할 수 있는지 검토해보세요.

장애 대응 초기에는 정확한 상황을 파악하지 못해 입력한 등급이 실제 장애 수준과 맞지 않을 수 있습니다. 그렇다면 장애 처리가 완료된 후 실제 상황에 적합한 등급으로 고쳐도 됩니다. 보고서는 언제든지 누구나 수정할 수 있음을 고지해 정확한 정보가 유지되도록 하세요.

장애 원인

장애가 발생한 핵심 원인을 기록하세요. 첫 문단은 원인을 요약해 작성하되 비개발자도 이해할 수 있도록 작성하세요. 좋은 예로 카카오 장애 사태 관련 보고가 있습니다. 'if(kakao)dev 2022'에 공개된 1015 카카오 장애 사태[4] 관련 보고[5]에서 요약한 카카오 서비스 장애의 주요 원인은 다음과 같습니다.

1. 데이터센터간 이중화가 미흡했습니다.
2. 시스템을 복구하기 위한 운영 도구 및 모니터링 시스템의 이중화가 미흡했습니다.
3. 장애에 대응하기 위한 인력과 자원이 충분하지 않았습니다.

함께 발표한 장애 원인 분석[6]은 카카오 구성원이나 개발자가 아니라도 충분히 이해할

---

[4] 2022년 10월 15일, 판교 데이터센터에서 발생한 화재로 인해 카카오 서비스에 장애가 발생했고, 10월 20일까지 대략 5일간 카카오 서비스가 정상적으로 제공되지 못했던 사건입니다.
[5] https://youtu.be/v4hRiooY7DwI
[6] https://if.kakao.com/2022/session/111

수 있을 만큼 쉽게 설명하고 있습니다. 장애가 매우 심각하다면 경영진까지 관여할 수 있으므로 원인을 설명할 때는 누구나 쉽게 이해할 수 있는 수준으로 작성해야 합니다.

원인을 설명한 후에는 내부 개발자를 위한 정보를 상세하게 기록하세요. 먼저 핵심 원인이 또 다른 문제를 유발해 도미노처럼 연쇄적으로 문제를 일으켰다면 다음과 같이 목록을 삽입해 문제 흐름을 드러내세요.

- ○○ 데이터센터에서 화재 발생함
- ○○ 데이터센터에 전원 공급 차단됨
- 백업 데이터센터 가동 지연됨

내용을 상세하게 작성하라는 말은 글을 주저리주저리 길게 작성하라는 의미가 아닙니다. 원인 파악을 하는 과정에서 알게 된 모든 정보를 기록하라는 의미입니다. 다음 목록에 명시된 항목과 같이 사소해 보이는 정보도 전부 기록하세요.

- 오류 코드
- 서버 이름
- IP 주소
- 호출한 API(API 레퍼런스 링크)
- 문제가 된 코드
- 유사한 이전 장애의 보고서 링크

원인을 적을 땐 원인과 결과가 명확하게 드러나도록 작성해야 합니다. 작성자 본인만 이해할 수 있는 문장은 안 됩니다. 작성자는 인과 관계를 잘 알지만, 장애 보고서를 읽는 다른 사람들은 인因과 과果를 연결시키지 못할 수도 있기 때문입니다.

> **TIP** 사용자를 식별할 수 있는 개인정보를 장애 보고서에 절대 남기지 마세요. 어떤 종류의 개인정보도 장애 보고서에 남기면 안 됩니다. 장애 대응이나 장애 보고서 작성은 별것 아니었다고 생각할 만한 급의 문제가 생길 수도 있습니다.

장애 조치

장애를 조치하기 위해 취한 행동과 복구를 위해 수행한 작업을 상세하게 기록하세요. 시도했다가 실패한 작업이 있다면 함께 기록으로 남기세요. 특히 원인을 파악하고자 진행한 작업 흐름이 명확히 드러나도록 작업 단위를 절이나 문단, 목록 등으로 구분해 작성하세요. 필요 없는 곳에 번호 목록을 남발하는 건 지양해야 하지만, 흐름을 나타내려면 번호를 붙이는 것이 좋습니다.

1. ○○○ 하드웨어를 교체함
2. 펌웨어를 업데이트하고 안정화 작업을 수행함
3. 서버를 재기동하고 ○○○ 서비스를 다시 배포함

장애 대응 과정을 타임라인 형태로 기록할 경우, 날짜와 시간 정보가 번호를 대신합니다.

2024-04-23 14:00 city-of-angels-000123에서 ○○○ 활성화함. 장애 발생함

2024-04-23 14:30 sleepless-in-seattle-000456에서 캐시 삭제함

2024-04-23 14:32 테스트용 빌드 실행

2024-04-23 15:00 pulp-fiction-000789 shard-12345 슬레이브를 추가함

만약 장애 조치가 간단했다면 짧게 작성해도 괜찮습니다. 길게 쓴 보고서가 반드시 잘 쓴 보고서는 아니니까요. 예를 들어 서버 리부팅만으로 해결됐다면 어떤 어떤 서버를 리부팅했다고 간결하고 정확히 입력하면 됩니다.

로직을 수정하고 배포 후 ○○○ 인스턴스 재시작함

재발 방지책 및 회고

장애를 해결하고 복구 작업이 완료된 뒤에는 회고를 진행합니다. 회고는 동일한 장애가 재발하지 않으려면 어떤 조치가 필요한지, 장애를 탐지하거나 처리하는 과정에서 개선할 부분은 없는지 등을 논의하는 자리입니다.

회고 시간에 나온 의견을 모두 기록한 후, 그중 최종 합의된 내용을 별도로 정리하세

요. "앞으로 우리 잘합시다, 화이팅!" 하며 서로 등 두드리고 격려하는 자리가 아닙니다. 회고에서는 구체적인 액션 아이템을 도출해야 합니다. 지라나 레드마인 등 프로젝트 관리 도구를 사용한다면, 작업별로 티켓을 생성하고 티켓 목록을 장애 보고서에 추가하세요. 프로젝트 관리 도구를 사용하지 않는다면 장애 보고서에 액션 아이템 목록을 직접 추가하고 액션 아이템마다 할당된 담당자를 명시하세요.

장애 보고서는 누가 쓰나요?

장애 보고서를 누가 작성하는지는 조직에서 수립한 장애 처리 문화에 따라 다릅니다. 다만 한 가지 확실한 것은 장애 탐지 시점부터 장애가 해결되기까지 보고서 전체를 단 한 명이 모두 작성해야 하는 건 아니라는 점입니다. 물론 고객 서비스customer service, CS부터 개발, 운영까지 혼자 다 감당하는 일당백이나 1인 기업이라면 혼자 다 쓸 수밖에 없겠지만요.

장애 보고서는 누구든지 작성해도 됩니다. 일반적으로 개발 부서에서 작성하겠지만, 필요하다면 CS에서 작성하게 할 수도 있습니다. 예를 들어 CS가 고객 문제를 접수한 후 이를 서비스 장애로 판단했다면 장애를 알람과 동시에 미리 정의된 템플릿대로 장애 보고서를 자동 생성할 수 있습니다. 어떤 문제가 접수됐는지, 장애 때문에 어떤 현상이 나타나는지, 언제 신고가 접수됐는지 등 장애 탐지 단계의 정보는 개발자가 아닌 사람도 충분히 작성할 수 있기 때문입니다.

장애 감지는 서비스 운영팀이나 개발팀에서 모니터링을 통해 할 수도 있고, 누군가 우연히 발견할 수도 있습니다. 따라서 장애 보고서는 문제를 먼저 발견한 사람이 작성할 수도 있고, 장애를 최초로 알린 사람이 작성할 수도 있습니다. 결국 CS든지 개발자든지 운영자든지 장애를 가장 먼저 인지한 사람이 장애 보고서를 생성하도록 할 수 있습니다. 보고서 생성 자체가 어려운 일은 아니니까요.

누가 생성하든지 중요한 것은 장애 보고서를 누가 생성할 수 있는지, 누가 생성해야 하는지를 조직에서 확실하게 명시하고 공유해야 한다는 것입니다. 사전에 작성자가 명확히 정의되지 않으면 같은 장애에 대해 여러 명이 장애 보고서를 생성하는 혼선이 발생할 수 있습니다. 장애 보고서가 이미 생성됐다면 모두 빠르게 알 수 있도록 전달하는 체계를 갖춰야 합니다.

이렇게 장애 보고서는 장애 처리 절차와 밀접하게 연결되어 있기 때문에 미리 조직 내에서 장애 처리 절차를 정의하고 모두에게 공유하는 것이 중요합니다.

앞서 다뤘듯 장애 보고서에는 장애를 탐지하거나 인지한 시점과 인지한 경로를 기록합니다. 이 정보는 장애를 맨 처음 인지한 사람이 제일 정확하게 압니다. 따라서 장애를 최초로 인지한 사람이 장애 보고서를 생성하고 관련 정보를 입력하도록 하는 것이 효율적일 수 있습니다.

장애를 처음 인지한 사람이 장애 원인을 파악하고 해결까지 할 필요는 없습니다. 장애 보고서의 나머지 빈칸은 다른 사람이 작성해도 됩니다. 장애 보고서의 많은 부분을 작성하는 영광의 주인공은 장애의 원인이 된 서비스 개발자일 확률이 높습니다.

예를 들어 장애가 A라는 서비스에서 발생했다고 가정해봅시다. A 서비스 담당자가 장애를 해결하려고 분석하다 보니 장애 발생 원인은 A에서 사용하는 B라는 시스템에 있었습니다. 원인을 파악하고자 수행한 작업 내용은 A 서비스 담당자가 쓰겠지만, 장애 보고서의 주요 내용은 B 시스템 담당자가 더 많이 작성하게 됩니다. 장애 원인을 정확히 분석하고 재발 방지 대책까지 작성해야 하기 때문입니다.

장애 보고서는 언제 쓰나요?

장애 보고서는 장애가 탄생한 순간부터 장애가 지속되는 기간, 장애를 해결하는 장애 장례식, 그리고 이후 장애 추모식에 걸쳐 작성합니다. 장애가 발생한 시점부터 장애 보고서 작성을 시작할 수 있습니다. 문서를 생성하고 제목만 적어도 장애 보고서를 작성한 행위로 볼 수 있습니다. 장애 보고서를 빨리 생성해두면 장애를 해결하는 과정에서 알게 된 사실을 틈틈이 기록할 수 있습니다. 장애 보고서는 장애를 해결한 후 회고를 마칠 때까지 계속 작성할 수 있습니다. 작성 시점을 반드시 장애가 해결된 후로 제한할 필요는 없습니다.

그렇다고 장애를 해결하는 중간에 써야 한다는 의미는 아닙니다. 장애를 빠르게 해결하는 것이 훨씬 더 중요하니까요. 하지만 모든 정보를 한 번에, 특히 사후에 전부 기록하는 것은 생각만큼 쉽지 않습니다. 장애가 종료된 후, 순간순간의 상황을 자세히 떠올려 기록하는 것은 매우 어렵습니다. 여름방학 일기를 개학 전날 한꺼번에 몰아서 쓰는 것과 비슷한 부담을 느끼게 됩니다.

나중에 덜 고생하려면 장애 처리 중에도 장애 보고서를 작성해야 한다는 사실을 잊지 말고, 중간중간 메모해두는 것이 도움이 됩니다. 기자가 기사를 작성하기 전 취재한 정보를 메모하듯이, 가공되지 않은 정보라도 그대로 기록해두기를 권장합니다. 특히 타임라인 정보는 그때그때 기록해놓는 것이 좋습니다. 필요하다면 그 순간을 포착한 화면을 스크린숏으로 저장하세요.

장애 보고서를 언제까지 쓰는지write는 조직 내 장애 처리 문화나 장애 보고서 템플릿에 따라 다릅니다. 장애를 해결한 시점까지만 기록을 남기는 문화라면, 장애 종료 후 빈칸만 채우면 보고서 작성을 끝낼 수 있습니다. 회고까지 장애 처리 절차에 포함하는 문화라면 장애를 해결한 후 회고 내용까지 장애 보고서에 기록합니다.

장애 보고서를 언제 쓰는지use 역시 장애 처리 문화에 따라 다르겠지만, 장애 보고서가 활용되는 시점은 주로 장애가 종료된 후입니다. 장애 원인을 돌아보고, 처리 방법은 어떠했는지 논의하고, 유사 장애를 방지하기 위한 후속 처리 방안이나 급하게 막은 장애를 제대로 처리하고자 논의할 때 앞서 작성한 장애 보고서를 참고해 쓰기도use 합니다.

또한 조직 내 서비스 안정성 지표를 확인할 때, 장애 보고서에 기입한 장애 등급, 장애 처리 소요 시간 등 기록된 정보를 활용하기도 합니다. 앞으로 장애를 더 빨리 탐지할 수 있는 방법을 찾거나 반복적으로 발생하는 장애 유형을 파악해 개선하기 위한 자료로 활용하는 것입니다. 이런 정보를 토대로 조직에 필요한 과제나 개선 작업을 도출해낼 수도 있습니다. 장애 보고서는 미래를 위한 자료이기도 합니다.

미래를 위해 장애 보고서를 쓰는use 다른 방법도 있습니다. 신입 직원이든 경력 직원이든 신규로 조직에 합류했을 때 그간 쌓아온 장애 보고서를 공유하는 것입니다. 입사 초기에는 적응 단계이므로 바로 실무에 투입될 가능성은 낮습니다. 장애 보고서를 공유하면 눈만 깜빡이며 막연하게 불안감을 느끼는 신규 개발자의 마음을 진정시킬 수 있습니다. 또한, 그동안 발생했던 장애 이력을 알게 하는, 즉 싱크를 맞추는 효과와 더불어 기존에 장애를 발생시켰던 비슷한 실수를 신규 직원이 반복하지 않도록 미연에 방지하는 효과를 얻을 수도 있습니다. 여러분이 신규로 합류했다면 장애 보고서를 요청해 공부해두는 것이 큰 도움이 될 것입니다.

장애 보고서는 어디에 쓰나요?

제목은 장애 보고서를 어떤 도구로 작성하고, 어디에 저장하며, 어떻게 공유하고 볼 것인지를 고민하는 질문입니다. 작성 도구나 방식은 정말 다양합니다. 대부분 다음과 같은 후보를 떠올릴 수 있을 겁니다(표 11-1).

표 11-1 장애 보고서를 작성 및 공유할 때 사용하는 도구

작성 도구 종류	작성 도구 예시	공유 형태	배포 도구
워드 프로세서	마이크로소프트 오피스 워드, 한컴 오피스 한글	파일 (.docx, .hwp, .pdf)	이메일
웹 기반 편집기	노션Notion, 구글 문서Google Docs	웹 문서(URL)	작성 도구
위키류	컨플루언스Confluence, 미디어위키MediaWiki	위키 페이지(URL)	작성 도구
프로젝트 관리 도구	지라Jira, 레드마인Redmine	티켓 페이지(URL)	작성 도구

표 11-1 장애 보고서를 작성 및 공유할 때 사용하는 도구 (표 계속)

작성 도구 종류	작성 도구 예시	공유 형태	배포 도구
마크다운 문서	텍스트 편집기(예: 메모장, 비주얼 스튜디오 코드), IDE(예: IntelliJ IDEA)	HTML 문서(URL)	깃 저장소의 호스팅 서비스 (깃허브, 빗버킷, 깃랩), SSG Static Site Generator
사내 개발 시스템		HTML 페이지	작성 도구

물론 표 11-1에서 언급한 도구 외에도 이용할 수 있는 도구는 많습니다. 여기에 적힌 도구들이 제일 좋은 도구로 검증된 것도 아닙니다. 결국 조직 내에서 자주 사용하는 도구, 즉 구성원 대부분이 익숙한 도구가 제일 적합할 것입니다.

아직 도구를 선택하기 전이거나 도구 변경을 고민 중이라면 다음 사항을 고려해 선택하기를 권장합니다.

- 도구 접근성 및 보고서 접근성
- 작성 난이도 및 템플릿 지원 여부
- 정보 조회 가능 여부
- 검색 가능 여부

이번 절에서 소개하는 내용은 도구의 장단점을 평가하는 것이 아닙니다. 도구를 선택할 때 어떤 점을 고려하면 좋을지 가볍게 살펴보는 차원으로 다룹니다. 언급된 도구는 어느 정도 알려진 도구일 뿐, 꼭 이 책에 등장한 도구만을 후보로 고려할 필요는 없습니다. 어떤 도구를 선택하든 우리 조직의 특성을 고려하기 바랍니다.

도구 접근성 및 보고서 접근성

앞서 장애 보고서는 누구나 작성할 수 있다고, 한 사람이 도맡아 쓸 필요는 없다고 했습니다. 누구나 작성할 수 있으려면 작성 도구의 접근성도 좋아야 합니다. 작성자가 작성 도구를 이용하려고 까다로운 과정을 거쳐야 하지 않는지, 별다른 수고가 들지 않는지를 고려하는 겁니다. 동시 편집이 필요한지도 고려하고요.

또한, 보고서 접근성도 고려 대상에서 빼놓을 수 없습니다. 작성자뿐만 아니라 보고서를 읽는 사람도 쉽게 장애 보고서를 읽을 수 있는 도구여야 좋겠죠. 실무자가 아닌, 즉 경영진이 장애 내용을 확인하고자 할 때 별도의 권한 요청이나 시스템 등록 없이도 읽을 수 있는 환경을 제공해야 합니다.

작성자 접근성

장애 보고서를 작성하는 개발자 입장에서 도구의 특징을 살펴보겠습니다.

- 워드 프로세서: 일반적으로 문서를 작성하거나 읽으려면 해당 소프트웨어를 설치해야 한다. 여러 명이 작성하려면 작성하던 파일을 메일로 공유하거나 셰어포인트 SharePoint, 공유 드라이브, 클라우드 서비스 등에 올려서 관리해야 한다.
- 웹 기반 편집기: 계정만 만들면 누구나 이용할 수 있으며, 웹브라우저로 작업해 별도 프로그램을 설치하지 않아도 된다. 장소나 기기에 구애받지 않고 작업할 수 있다. 구글 문서와 노션은 동시 편집도 지원한다.
- 위키류: 웹브라우저에서 작업할 수 있어 별도 프로그램을 설치할 필요가 없다. 조직에서 이미 문서화를 위해 위키류 서비스를 이용하고 있다면 작성이 용이하다. 컨플루언스는 비동기 동시 편집을 지원한다.
- 프로젝트 관리 도구: 조직에서 이미 지라나 레드마인 같은 서비스를 사용하고 있다면 작성이 용이하다. 웹브라우저에서 작업해 별도 프로그램을 설치할 필요가 없다.
- 마크다운 문서: 개발할 때 사용하던 편집기나 메모장에서도 작성할 수 있어 별도 프로그램을 설치할 필요가 없다. 다만 비개발자가 장애 보고서를 생성하고 작성하기는 어려울 수 있다. 마크다운 형식으로 작성된 장애 보고서는 깃 저장소 관리 서비스의 호스팅 서비스를 이용하거나 별도로 웹사이트를 만들어보는 방법이 있다.
- 사내 개발 시스템: 웹브라우저에서 작업할 수 있어 별도 프로그램을 설치할 필요가 없다.

> TIP 장애 보고서를 작성할 수 있고, 작성된 장애 보고서를 찾아서 읽어볼 수 있는 별도의 사내 개발 시스템을 구축한다면 사내에 특화된 시스템을 만들 수 있어 작성자나 사용자 모두 편리합니다.

다만, 자체 시스템을 구축하는 비용과 추후 기능 추가나 개선 등 유지보수로 발생하는 비용을 고려해야 합니다.

사용자 접근성

장애 보고서를 읽는 사용자의 입장에서 도구별 접근성을 살펴보겠습니다.

- 워드 프로세서: 보고서를 읽는 사람도 동일한 소프트웨어를 설치해야 할 가능성이 높다. PDF 형식으로 변환해 공유하면 별도의 소프트웨어 없이 접근할 수 있지만, PDF 문서는 추후 수정이나 업데이트가 어려워 정보의 최신성을 유지하기 힘들다. 또한, 이메일로 보고서를 공유한다면 수신자가 누락될 가능성이 있으며, 당시 보고서를 공유받지 못한 인원은 추후 보고서에 접근하기 매우 어렵다. 보고서 작성 시 워드 프로세서를 사용할 때는 클라우드 서비스나 조직에서 공통으로 이용하는 공유 드라이브를 함께 사용하는 것이 좋다.
- 웹 기반 편집기: 웹브라우저로도 읽을 수 있어 프로그램을 설치하지 않아도 된다. 웹 기반 도구이기 때문에 장애 보고서를 업데이트하면 버전이 변경된 걸 별도로 알리지 않아도 최신 버전에 접근할 수 있다. 또한, 도구에서 제공하는 링크만으로도 보고서를 읽을 수 있다.
- 위키류: 웹브라우저로 접근해 별도 프로그램을 설치하지 않아도 보고서를 읽을 수 있다. 다만, 장애 보고서가 저장된 공간과 상위 페이지에 접근 권한이 없다면, 링크를 공유받아도 보고서에 접근할 수 없다.
- 프로젝트 관리 도구: 별도 프로그램 설치 없이 웹브라우저로 보고서를 읽을 수 있다. 다만, 티켓을 생성한 프로젝트에 접근 권한이 없다면 보고서에 접근할 수 없으며, 권한 요청이 필요하다.
- 마크다운 문서: 별도 프로그램 설치 없이 웹브라우저로 보고서를 읽을 수 있다. 하지만 보고서를 깃 저장소에 보관할 경우, 저장소 접근 권한이 필요하다. 엔터프라이즈 버전이라면 깃허브 엔터프라이즈 계정이 필요할 수도 있지만, 보고서를 링크로 공유하면 누구든지 쉽게 보고서에 접근할 수 있다.
- 사내 개발 시스템: 별도 프로그램 설치 없이 웹브라우저로 보고서를 읽을 수 있다.

웹 기반 시스템이므로 어디서든 접근할 수 있으며, 장애 보고서 내용을 갱신해도 항상 최신 버전에 접근할 수 있다.

> **TIP** 장애 보고서를 전사에 공개할 수 없다면, 접근 권한 체계를 잘 설정해야 합니다. 미리 권한을 적절하게 관리하면, 권한 요청과 관련된 번거로운 업무를 줄일 수 있습니다. 장애 보고서를 어떤 공간이나 저장소에 모을 것인가부터 고심해서 설계하면 미래가 편해집니다.

작성 난이도 및 템플릿 지원 여부

도구 사용법을 배우지 않아도 쉽게 작성할 수 있는 도구를 추천합니다. 누구나 큰 부담 없이 장애 보고서를 작성할 수 있어야 하므로 사용 진입 장벽이 낮은 도구가 적합합니다. 특히 조직에 새로 합류한 인원도 쉽게 작성할 수 있으려면 범용적인 도구를 선택하는 것이 좋습니다.

추가로 고려해야 할 사항은 두 가지가 있습니다. 첫째, 레이아웃이나 서식을 신경 쓰지 않고 작성할 수 있는 도구를 선택하세요. 장애 보고서는 경영진도 볼 수 있지만, 형식보다 내용이 훨씬 중요합니다. 예쁘게 꾸밀 필요가 없습니다. 덜 중요한 것에 시간을 할애하지 않기 바랍니다. 둘째, 작성자가 어떤 내용을 넣어야 할지 고민하지 않도록 해야 합니다.

두 가지를 만족시킬 수 있는 것은 템플릿입니다. 레이아웃과 서식이 미리 적용돼 있고, 어떤 내용을 적으면 되는지 명확하게 제시된 템플릿이 있으면 됩니다.

작성 난이도

장애 보고서 작성자 입장에서 도구별 작성 난이도를 살펴보겠습니다.

- 워드 프로세서: 마이크로소프트 워드는 진입 장벽이 낮아 누구나 쉽게 사용할 수 있는 도구다. 한컴 오피스의 '한글'은 공무원이 아니라면 조금 어렵게 느낄 수도 있지만, 익숙해지는 데 오래 걸리지 않는다. 보편화된 도구이기 때문에 인터넷에서 이용 방법도 쉽게 찾을 수 있다. 다만, 작성자가 서식을 의도치 않게 변경할 가능성이 있어 장애 보고서 간 일관성이 깨질 위험이 있다.

- 웹 기반 편집기: 구글 문서는 인터페이스가 워드와 비슷해 누구나 쉽게 작성할 수 있으며, 이미지 삽입도 간편하다. 노션의 인터페이스도 어렵지 않다. 노션은 다양한 단축키와 마크다운 문법을 지원하여 익숙해지면 편리하게 이용할 수 있다. 또한, 노션은 지라와 연동할 수도 있어 장애와 관련된 지라 티켓 목록을 삽입할 수도 있다.
- 위키류: 컨플루언스는 WYSYWIG$_{\text{what you see is what you get}}$ 편집기를 제공해 작성이 어렵지 않으며, 이미지나 영상 삽입도 간편하다. 또한, 다양한 매크로와 확장 기능$_{\text{extension}}$을 지원해 다이어그램을 그리거나 여러 기능을 활용할 수 있다. 미디어위키는 위키 문법이 다소 복잡하지만, 시각편집기$_{\text{VisualEditor}}$ 확장 기능으로 WYSYWIG 편집기를 사용할 수 있다.
- 프로젝트 관리 도구: 프로젝트 관리 도구에서 티켓을 생성해 장애 보고서를 작성하면 글이 아닌 데이터, 즉 단순 정보를 필드로 기록할 수 있어 편리하다. 장애 등급이나 종류 등 사전에 입력값을 정의해두면 작성자가 드롭다운 목록에서 값을 선택해 주어진 범위에서만 선택하면 되니 생각해야 하는 수고를 덜 수 있다.
- 마크다운 문서: 깃허브 저장소의 첫 화면에서 마주하는 README.md 파일이 대표적인 마크다운 문서다. 프로그래밍을 처음 배우는 개발자가 아니라면 마크다운 문법은 익숙할 것이고, 마크다운 문법을 모르더라도 어렵지 않게 익힐 수 있다. 하지만 마크다운 문법은 순수 텍스트에 비중을 두기 때문에 텍스트 외 정보를 삽입하는 것은 번거롭게 느껴질 수 있다. 편집기에서 확장 기능을 쓰지 않는다면 단축키나 이미지 및 링크 삽입용 UI가 없어서 마크다운이 익숙하지 않은 사람은 불편할 수 있다. 다이어그램을 삽입해야 한다면 별도 도구에서 그린 후, 이미지로 저장한 다음 삽입해야 한다. 지라 같은 프로젝트 관리 도구와 보고서를 연동하려면 별도 기능을 구현하거나 직접 티켓 링크를 넣어야 하는 부담이 있다.
- 사내 구축 시스템: 사내에서 개발한 서비스가 많으면 많을수록 장애 보고서에 포함될 내용이 다양해진다. 서비스별로 특징이 다르고 개발 인프라도 다를 수 있으므로 입력할 정보가 다르다. 공통으로 입력해야 하는 항목은 장애 보고서 앞 부분에 필수로 입력하도록 템플릿을 구성하고, 세부 내용은 서비스별로 자유롭게 구성할 수 있도록 설계하는 것을 추천한다.

> **TIP** 장애 보고서를 표 형태로 작성한다면 마크다운은 적합하지 않습니다. 셀 병합을 하거나 셀 안에서 개행하는 것은 번거롭기도 하거니와 내용이 길어지면 길어질수록 작성자 입장에선 가독성이 낮아지고, 마크다운 문법 오류가 발생하기 쉽습니다. 마크다운으로 장애 보고서를 작성한다면 표를 사용하지 않도록 설계하세요.

템플릿 지원 여부

장애 보고서 작성 도구별로 템플릿 지원 여부를 살펴보겠습니다.

- 워드 프로세서: 별도로 시스템을 구축하지 않는 한 버튼 한 번으로 지정된 템플릿을 불러오는 기능은 없다. 대신 작성해야 하는 틀을 갖춘 파일을 '템플릿'이라는 이름으로 만들어 복사 후 사용하는 방식이 가능하다. 템플릿이 업데이트되어도 이전 템플릿을 사용하지 말라는 공지와 함께 새 버전을 배포하지 않으면 새롭게 기입해야 하는 정보가 누락될 수 있다.
- 웹 기반 편집기: 구글 문서는 커스텀 템플릿을 지원하지만, 유료 서비스에서만 활용할 수 있다. 무료로 템플릿을 사용하려면 템플릿 역할을 하는 문서를 미리 만들어 둔 후 해당 문서를 복사해서 보고서를 작성하면 된다. 노션에서는 커스텀 템플릿을 만들 수 있어 활용도가 높다.
- 위키류: 컨플루언스는 템플릿 제작을 지원한다.
- 프로젝트 관리 도구: 지라에선 필요에 따라 템플릿을 구성할 수 있다. 장애 보고서에 필요한 내용을 입력할 수 있도록 티켓 종류를 별도로 만들고, 원하는 대로 필드를 구성할 수 있다.
- 마크다운 문서: 워드 프로세서와 마찬가지로, 작성해야 할 내용을 틀로 만들어 파일로 저장한 후 복사하여 사용할 수 있다.
- 사내 구축 시스템: 장애 관리를 위한 별도 시스템을 구축한다면 사내 요구사항에 최적화해 작성 난이도를 낮추고, 템플릿을 지원하는 방식으로 개발하면 된다. 템플릿 형식이 지원되지 않더라도 기본 틀은 구성해놓을 수 있다.

> **TIP** 템플릿에는 작성자가 채워야 할 내용이 무엇인지 안내하는 문구를 포함하세요. 실제로 입력할 수 있는 값을 예시로 명시하는 것도 좋습니다. 노션 템플릿에서는 각 섹션의 소제목 아래에 안내 문구를 명시했습니다(그림 11-7). 섹션별로 어떤 내용을 기재해야 하는지를 안내합니다. 템

플릿을 만든 후 장애 보고서에 추가해야 하는 정보가 생기면 템플릿을 업데이트하세요. 너무 자주 변경하면 혼란을 야기할 수 있으니 변경할 때는 관계자들의 의견을 확인하고, 변경된 후에는 반드시 변경된 버전으로 작성할 수 있도록 공지하세요.

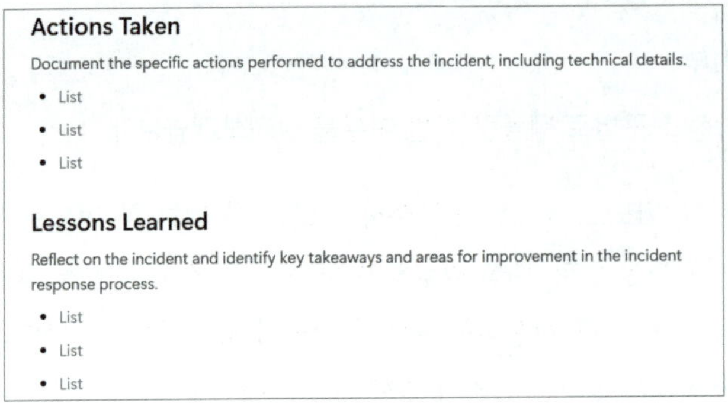

> **Actions Taken**
> Document the specific actions performed to address the incident, including technical details.
> - List
> - List
> - List
>
> **Lessons Learned**
> Reflect on the incident and identify key takeaways and areas for improvement in the incident response process.
> - List
> - List
> - List

그림 11-7 노션의 인시던트 보고서 템플릿 일부

정보 조회 가능 여부

장애 보고서를 작성하는 목적 중 하나는 발생한 일을 기록하는 것입니다. 그렇다면 기록을 남기는 이유는 무엇일까요? 소 잃고 외양간을 고치는 일이 발생하지 않도록, 혹여 비슷한 문제가 발생하더라도 그 빈도를 줄이기 위해서입니다. 소와 외양간이 위태로워지는 상황이 다시 닥치면 외양간 고치는 시간을 단축하고자 함도 있습니다.

이런 목적을 달성하려면 어떻게 해야 할까요? 정보를 바탕으로 철저히 분석해야 합니다. 예를 들어 특정 외양간에서만 사고가 발생하지는 않는지, 소가 탈출한 걸 너무 늦게 알아차리고 있는 것은 아닌지, 문제의 원인이 외양간이 아니라 그곳의 소에 있는 것은 아닌지, 외양간을 고치는 데 너무 오래 걸리지 않는지 등 다양한 요소를 정확하게 파악하고 분석해야 합니다. 건별로 재발 방지 대책을 마련하는 것도 중요하지만 거시적인 대책을 마련하는 것 또한 필요합니다.

정보는 장애 보고서에 담겨 있습니다. 하지만 장애 보고서의 내용을 일일이 수동으로 데이터베이스에 옮기는 것은 비효율적이며, 기록된 정보를 효율적으로 조회할 수 있어야 합니다. 따라서 장애 보고서를 작성하고 공유하는 도구를 선택할 때는 문서 내용을 조회하는 기능이 있는지 반드시 확인하세요. 만약 조회 기능이 없다면 대안이 무엇인지 고민해야 합니다.

다시 외양간으로 돌아옵시다. 외양간을 제대로 수리하려면 분석이 필요하고, 분석을 하려면 정보가 필요합니다. 산더미처럼 쌓인 장애 보고서 뭉치에서 정보를 뽑아내야 합니다. 이때 보고서에서 필요한 정보만 뽑아 반환해주는 API가 있다면 용이합니다. 필요한 정보만 조회할 수 없더라도, 일단 문서 내용이라도 조회하는 기능을 제공한다면 도움이 됩니다. 즉 장애 보고서에서 정보를 조회할 수 있는 API나 기능을 제공하는 도구를 우선적으로 고려하세요. 특정 정보를 직접 반환하는 API가 없더라도 문서 자체를 반환할 수만 있어도 활용할 수 있습니다.

> **NOTE** 정보를 조회하려면 보고서 위치를 파악할 수 있어야 합니다. 장애 보고서는 한곳에 모아두는 것이 여러모로 편리합니다. 특히, 전사 차원에서 장애를 관리하고 개선하려면 장애 관련 기록을 일관된 형식으로 작성하고 한곳에 보관하는 것이 중요합니다. 그래야 정보 추출도 훨씬 수월해집니다. 반면, 장애 보고서를 각자의 로컬 환경에 보관하거나 장애 보고서가 여러 장소에 흩어져 있다면 필요한 정보를 찾기가 어려워집니다. 물론 팀별로 장애 보고서를 보관하는 위치가 다를 수 있습니다. 하지만 작성 도구와 배포 방식을 통일해야 전사 차원으로 분석할 수 있습니다. 조회 대상이 되는 정보(예: 장애 등급, 장애 발생 시간 등)를 뽑아내려면 대상이 되는 모든 장애 보고서의 정보 형식이 같아야 합니다. 누구나 정보를 동일한 형식으로 입력하도록 템플릿을 기반으로 장애 보고서를 작성하도록 합시다.

- 워드 프로세서: API를 제공하지 않으며, 파일을 어디에 저장했는지에 따라 API가 지원될 수 있다. 셰어포인트는 API를 제공한다.
- 웹 기반 편집기: 구글 문서 및 노션은 API를 제공한다.
- 위키류: 컨플루언스 위키 및 미디어위키는 API를 제공한다.
- 프로젝트 관리 시스템: 지라 및 레드마인은 API를 제공한다. API로 필드값을 조회할 수 있기 때문에 장애 관련 정보를 글 대신 여러 필드로 나누어 입력하면 정보 조회가 훨씬 수월하다. 이는 티켓 설명란에 작성된 글에서 정보를 식별해내는 것보다 효율적이기 때문이다.
- 마크다운 문서: 마크다운 문서는 단순 문서이기 때문에 문서를 어디에 저장하느냐

에 따라 API 지원 여부가 달라진다.
- 사내 구축 시스템: 장애 보고서를 위해 구축한 시스템이라면 공개 API를 별도로 만들지 않고, 시스템 자체에서 정보 조회가 가능하도록 구현하면 된다. 또한, 정보를 분석할 수 있는 형태로 추출하고, 도표까지 그려주는 시스템으로 구현하면 일사천리다.

검색 가능 여부

어떤 문서라도 마찬가지이지만, 문서는 검색할 수 있어야 합니다. 문서 자체를 찾을 수 있어야 할 뿐만 아니라 보고서 안에 적힌 내용을 검색할 수 있어야 합니다. 장애 보고서를 한곳에 모아두지 않았다면 장애 보고서가 저장된 모든 위치를 알고 있어야 합니다. 혹여나 장애 보고서 위치를 일원화하지 못하더라도, 통합 검색이 구현되어 있다면 그나마 다행입니다.

보통 회사에서는 해마다 자산 실사를 진행합니다. 지급한 물건이 실제로 잘 있는지, 지급한 소프트웨어를 사용하는지 등을 확인합니다. 장애 보고서는 기술 자산입니다. 어떤 기술 자산이 있는지, 기술 자산이 어디에 있는지 파악할 수 있어야 합니다. 장애 보고서를 효과적으로 검색할 수 있는 도구를 고려하세요. 애써 모은 기술 자산이 방치되지 않도록 철저히 관리해야 합니다.

- 워드 프로세서: 작성한 파일을 어디에 저장했는지, 어떤 도구로 파일에 접근하는지에 따라 검색 지원 여부가 달라진다. 파일 저장을 지원하는 도구라면 대부분 기본으로 파일 찾기를 제공하지만 장애와 관련된 특정 정보를 찾기에는 검색 기능이 충분하지 않을 수 있다.
- 웹 기반 편집기: 구글 문서나 노션으로 작성한 문서는 해당 도구의 워크스페이스 내에서 검색할 수 있다.
- 위키류: 위키류는 검색 기능을 제공한다. 도구가 태그(라벨)를 지원한다면 장애 보고서만을 위한 태그를 첨부해서 태그로도 검색이 되도록 구성하자. 템플릿에 태그를

설정해두면 템플릿으로 생성하는 페이지에 해당 태그가 자동으로 첨부된다.

- 프로그램 관리 시스템: 기본 검색 기능이나 프로그램에서 제공하는 쿼리문(예: 지라의 JQL)을 활용하여 검색할 수 있다.
- 마크다운 문서: 마크다운 문서를 어디에 저장했는지에 따라 검색 지원 여부가 달라진다. 마크다운 문서를 웹페이지로 렌더링해 웹사이트로 구축한다면 검색 기능을 필히 적용하자.
- 사내 구축 시스템: 검색 기능을 구현하여 구축했다면 검색이 가능하다.

요약

'역사를 잊은 민족에겐 미래가 없다'라는 말이 있죠. 저는 이 말이 과거를 잊은 개발자에게도 그대로 적용된다고 생각합니다. 사람인지라 실수할 수 있고, 문제가 발생할 수 있습니다. 운영 중 문제가 발생하는 것은 어쩔 수 없는 일이기도 하지만 어쩔 수 있는 일이기도 합니다. 같은 문제를 반복해서 발생시키지 않으려면, 일하는 방식을 개선하려면, 정보가 필요합니다. 정보는 기록에 남습니다. 장애 보고서를 토대로 소들이 안전한 '무적無敵 외양간'을 구축할 수 있기를 바랍니다.

- 조직 문화에 최적화된 장애 처리 문화를 수립하세요. 그리고 그 문화에 기반해 장애 보고서를 작성하고 공유할 도구를 선택하세요.
- 여러 명이 동일한 형식으로 작성할 수 있도록 장애 보고서 템플릿을 만드세요.
- 장애 보고서는 글을 담고 있기도 하지만 데이터를 담고 있는 보고서입니다. 정보를 조회할 수 있는 곳에 장애 보고서를 모으세요.

12 릴리스 노트

"도대체 왜 이렇게 전화를 안 받아? 내가 얼마나 전화했는 줄 알아?"

분노를 꾹꾹 누르며 그가 말합니다. 아무리 연락해도 닿지 않았던 그녀를 만나 묻습니다.

"아, 내가 이야기 안 했나? 나 전화번호 바꿨잖아."

"뭐? 그래서…… 새 번호가 뭔데?"

"그걸 말해줘야 알아?"

두 사람은 어떤 관계일까요? 바로 부부입니다. 이 상황이 어떻게 보이나요? 부부가 아닌 상황도 상상해봅시다. 부모, 형제나 자매, 자녀가 연락처를 바꿨는데 저런 답변을 하면 어떤 기분일 것 같나요?

또 다른 사례를 봅시다. A 서비스의 HTTP API를 잘 쓰고 있었습니다. 그런데 어느 날 계속 타임아웃이 발생하는 겁니다. 문의해보니 서비스 담당자가 다음과 같이 말합니다.

"아, 몰랐어요? 우리 API 포트 바꿨잖아요."

"네? ……바뀐 포트는 몇 번이에요?"

"안 알랴줌."

물론 현업에서는 이런 당혹스러운 일이 생기진 않겠지만요. 출시된 서비스나 소프트웨어의 사양이 변경되면 사용자에게 응당 알려야 합니다. 기존에 제공하던 기능이 다르게 작동하게 바뀌었거나 사용법이 바뀌어도 알려야 합니다. 알리는 쪽에 책임이 있는 것은 물론이지만, 사용자 역시 알림을 잘 숙지해야 합니다. 이용하던 서비스나 라이브러리, 프레임워크 등에 변화가 생기면 그에 맞춰 자신이 개발하는 제품[1]도 적절하게 변경하거나 배포 버전을 설치할지 결정하는 등의 대응이 필요합니다.

릴리스 노트? 체인지로그?

변경 내용을 기록하고 공유하는 문서는 크게 두 종류로 구분할 수 있습니다. 릴리스 노트release note와 체인지로그changelog입니다. 릴리스 노트나 체인지로그라는 이름은 혼용하기도 하고 구분하기도 합니다. 제품을 개발하면서 둘 다 작성할 수도 있고, 하나만 작성할 수도 있습니다. 이는 정하기 나름입니다. 내용이나 형식을 보면 체인지로그에 가까운 것 같지만 릴리스 노트라고 이름을 붙일 수도 있습니다. 그렇게 이름을 붙인다고 세상이 뒤집히지 않습니다. 만약 구성이나 내용이 이름과 맞지 않다는 사람이 있다면 이야기를 들어보고, 함께 논의하고, 결정하면 됩니다.

릴리스 노트와 체인지로그의 큰 차이는 대상 독자입니다.

- 릴리스 노트: 해당 제품을 사용하는 최종 사용자end user가 대상
- 체인지로그: 해당 제품을 함께 개발하는 개발자가 대상

릴리스 노트는 '버전 기록'이나 '버전 히스토리', '릴리스 히스토리' 등으로도 불립니다. 다음은 앱 스토어App Store에 게시된 네이버 카페 앱의 '버전 기록'입니다. 이전 버전과 비교했을 때 무엇이 달라졌는지, 이전 버전에서는 할 수 없었지만 새 버전에서 할 수 있는 기능이 무엇인지 간략하게 소개합니다(그림 12-1).

---

[1] 개발하는 제품, 소프트웨어, 서비스, 프로그래밍 언어 등 개발할 수 있는 그 모든 것을 이번 장에서는 '제품'이라는 명칭으로 부르겠습니다.

> **Version History**
>
> **15.0.5**　　　　　　　　　　　　　　1d ago
>
> - 모바일 개별 카페 홈이 새로워졌어요!
> 더 넓어진 글 목록, MY 구독 탭 추가, 최근 읽은 게시판 등
> 더 편리하게 이용할 수 있도록 개선되었어요.
> - '스트리머/유튜버' 카페라면 운영 중인 치지직 채널을 연결할 수 있어요!
> 카페 멤버들은 연결된 치지직 채널의 활동 정보를 공개할 수 있답니다.
> - 공개 채팅방의 참여 멤버 수가 600명으로 늘어났어요.
> - 멤버 차단 기능이 200명까지 확대되었어요.
>
> 그 외 오류 수정 및 사용성을 개선했어요.

그림 12-1 네이버 카페 앱의 버전 히스토리

파이썬은 변경 이력을 '릴리스 노트'와 함께 '체인지로그'라는 형식으로도 제공합니다(그림 12-2). 다운로드 페이지의 [Release notes]를 클릭하면 'Changelog'가 포함된 문서가 열립니다.

> **Changelog**
>
> Filter entries by content: [   ] [Filter]
>
> ### Python 3.13.0 final ¶
>
> *Release date: 2024-10-07*
>
> #### Core and Builtins
>
> - gh-125008: Fix `tokenize.untokenize()` producing invalid syntax for double braces preceded by certain escape characters.
> - gh-124871: Fix compiler bug (in some versions of 3.13) where an assertion fails during reachability analysis.
>
> ### Python 3.13.0 release candidate 3
>
> *Release date: 2024-10-01*
>
> #### macOS
>
> - gh-123797: Check for runtime availability of `ptsname_r` function on macos.
>
> #### Windows
>
> - gh-124609: Fix `_Py_ThreadId` for Windows builds using MinGW. Patch by Tony Roberts.
> - gh-124254: Ensures experimental free-threaded binaries remain installed when updating.
> - gh-123915: Ensure that `Tools\msi\buildrelease.bat` uses different directories for AMD64 and ARM64 builds.

그림 12-2 파이썬의 체인지로그 일부

앞서 말한 것과 같이 파이썬은 변경 이력을 두 가지 형식으로 제공하는데, 개발자 대상의 기술적인 변경 사항은 'Changelog' 형태로, 사용자 대상의 주요 변경 요약은 'What's New in Python(릴리스 노트)' 문서로 제공됩니다. 오픈소스 프로젝트인 파이썬은 개발자들이 최종 사용자이면서 동시에 개발에 참여하기도 하는 프로젝트입니다. 이러한 오픈소스의 특성상 변경 이력은 함께 개발하는 개발자를 대상으로 작성하므로 '체인지로그'라는 명칭이 사용된다고 볼 수 있습니다.

그러나 최종 사용자가 누구냐에 따라 릴리스 노트와 체인지로그를 구분하는 기준이 절대적이지는 않습니다. 실제 사용자가 누구인지, 누구를 위한 정보를 남기는 것인지 등을 종합적으로 고려해 어떤 문서를 작성할지 결정하면 됩니다.

반드시 둘 중 하나만 써야 한다는 법은 없습니다. 둘 다 제공해도 됩니다. 예를 들어 LINE Planet의 레퍼런스 페이지에서는 API 체인지로그와 릴리스 노트 모두 제공합니다(그림 12-3).

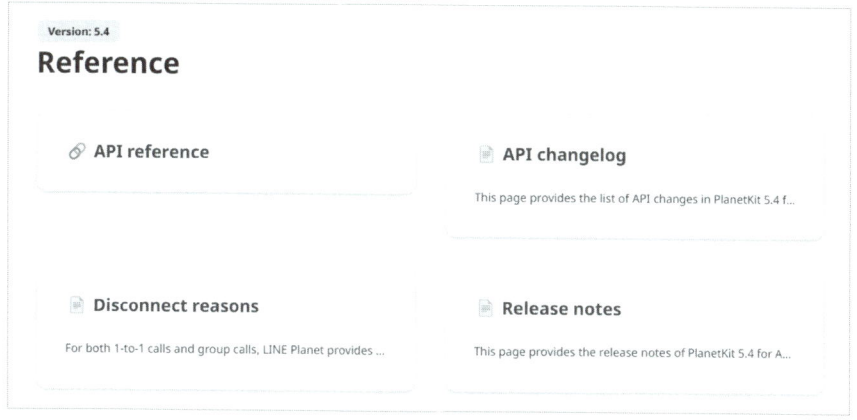

그림 12-3 LINE Planet의 Reference 섹션

릴리스 노트와 체인지로그의 특징을 간략하게 살펴보겠습니다(표 12-1). 두 문서 모두 변경 이력을 담는 문서이지만 대상 독자가 다르다는 것이 가장 큰 차이점으로, 대상 독자로 인해 특징이 상이합니다.

표 12-1 릴리스 노트와 체인지로그의 특징 차이

	릴리스 노트	체인지로그
나열 순서	최신 배포된 버전 기록부터 오래된 버전까지 시간순으로 나열한다.	
작성 어투	• 개발자가 아닌 사용자가 개발 지식 없어도 이해할 수 있는 쉬운 문장으로 작성한다. • 형식적이지 않고 덜 딱딱하게 작성한다. • 유머를 넣기도 한다. • 어떻게 제공되느냐에 따라 문서 서식에 신경을 쓰기도, 써야 하기도 한다.	• 공식 문서처럼 무미건조하다. • 변경 사실을 나열한다.
작성 길이	• 독자가 쉽게 이해할 수 있도록 작성해서 설명이 길어질 수 있다. • 변경 배경이나 독자가 취해야 하는 행동을 설명해야 할 수도 있어 설명이 길어질 수 있다.	• 핵심만 간결하게 작성한다. • 독자의 환심을 끌지 않아도 된다.
작성 범위	• 사용자에게 영향을 끼치는 변경 사항을 기록한다. • 사용자가 알고 싶어하지 않을 내용은 넣지 않는다.	• 추가, 삭제, 변경 사항 전부 넣는다. • 최종 사용자에게 영향이 없는 내용도 들어간다.
서식	프로그램의 브랜딩과 직결될 수 있으므로 릴리스 노트를 어디에 배포하느냐에 따라 어느 정도 신경 쓰는 것을 권장한다.	• 문서를 예쁘게 꾸미지 않아도 된다. • 플레인 텍스트로만 작성해도 된다.

쉬 어 가 기 반박 시 당신 말씀이 맞습니다만, 저도 맞을 수 있지 않을까요?

릴리스 노트와 체인지로그의 특징을 살펴보면 체인지로그를 간결하게 써야 한다는 의견과 오히려 릴리스 노트를 간결하게 써야 한다는 의견이 있습니다.

의견은 다를 수밖에 없고, 시간이 흐르면 바뀔 수도 있습니다. 옛날에는 '설겆이'가 맞는 표기법이었습니다. 지금은 '설거지'가 맞고[2] 그때는 '설거지'가 틀렸습니다.[3] 이렇게 지금 맞다고 생각한 것이 나중엔 틀린 것이 될 수도 있고 지금 틀리다 생각한 것이 시간이 흐르면 맞는다는 의견이 우세해질

---

2 한국어에서 사어(死語)가 된 단어는 고어로 처리하고 현재 널리 사용되는 단어를 표준어로 삼는다는 표준어 규정 제20항에 따라 지금은 고어가 된 '설겆다'에서 파생된 '설겆이'가 아닌 원래가 명사로 인정된 '설거지'가 맞습니다.
3 국립국어원의 '온라인 가나다'에는 설겆이와 설거지 두 가지 형태가 혼용되어 쓰였을 수도 있다는 답변이 있지만, 나름 받아쓰기에 매우 진심이었던 저는 '설거지'는 틀린 표현이라고 배웠습니다.

수도 있습니다.

업계에서 주장하는 '릴리스 노트는 이래야 한다'거나 '체인지 노트는 이래야 한다'는 의견은 언제든지 혹은 언젠가는 바뀔 수 있습니다. 의견이 분분한 주제를 마주했을 때, '누가 이렇게 말했다'거나 '빅테크가 이렇게 한다'는 이유만으로 무작정 따라 하기보다는 먼저 트렌드를 확인해보기 바랍니다.

내가 쓰는 문서는 결국 사용자가 읽어야 합니다. 사용자들이 선호하는 구조나 구성, UI를 시대에 맞게 준비해보세요. 릴리스 노트든 체인지로그든, 어떤 이름으로 문서를 쓰든, 어떻게 구성하느냐는 개발한 제품의 PR이 됩니다.

어떤 결정을 내리든 근거가 타당하고 튼튼하다면 자신 있게 밀고 나가세요. 꼭 대기업에서 하는 대로, 다수가 하는 대로 따라야 할 필요가 있나요? '내가 가는 곳이 곧 길'이라는 마음으로 개척하는 자세도 때로는 필요합니다.

릴리스 노트를 알아봅시다

릴리스 노트는 이름 그대로 '릴리스release', 즉 배포할 때 작성하는 문서입니다. 앞서 배포한 버전과 배포하려는 버전의 차이를 설명하는 역할을 합니다. 어떤 제품을 처음 배포한다면 가이드 문서를 함께 작성할 겁니다. 그때 배포한 문서에 적힌 내용과 지금 배포하려는 버전과 버전 사이의 간극을 메워주는 문서가 바로 릴리스 노트입니다.

질문을 드리겠습니다. 여러분은 릴리스 노트를 잘 읽나요? 아마 정독하는 사람은 찾기 어려울 겁니다. 다들 새로 산 상품의 설명서를 읽기도 전에, 아니 설명서가 어디에 있는지 찾기도 전에 바로 상품을 조립하거나 설치하거나 바로 콘센트를 꽂아버리지 않나요? 릴리스 노트도 마찬가지로 안 읽는 사람이 부지기수일 겁니다. 이러한 현실 때문에 '과연 릴리스 노트를 잘 쓰는 의미가 있을까?'라는 회의감이 들 수도 있습니다.

한 가지 상황을 가정해봅시다. 여권이 만료되어 새로 신청을 해야 하는데, 그사이 사진 규정이 바뀌었습니다. 그런데 외교부에서 변경된 규정을 명확하게 고지하지 않아 내 사진이 반려된다면 어떨까요? 이미 비싼 비용을 들여 사진을 찍은 뒤라면 분노는 더 클

것입니다. 이처럼 사용자가 불편이나 혼란을 겪지 않도록 하려면 릴리스 노트를 명확하고 친절하게 써야 합니다.

릴리스 노트를 신경 써서 작성해야 하는 이유가 있나요?

릴리스 노트는 필히 잘 써야 합니다. 여기서 '잘 쓴다'는 기준은 필력이 아니라 '신경을 써서 작성했구나'라는 느낌이 드는가입니다.

앱 스토어에서 버전 기록을 보다 보면 어떤 앱은 외주 개발사가 제작한 것 같거나 또는 업무에 지친 개발자가 대충 썼다는 느낌이 들 때가 있습니다. 이는 외주 개발사가 만들었다는 이유로 앱을 대충 만들었을 것이라는 이야기가 결코 아닙니다. 원청에서 릴리스 노트에 대한 관심을 가지지 않았을 가능성이 있다는 합리적 의심을 해볼 수 있다는 의미입니다. 릴리스 노트 하나만 봐도 프로젝트에 어떤 직무 담당자가 참여했는지, 얼마나 체계적으로 관리하는지를 유추할 수 있습니다.

항간에서는 '디테일의 중요성'을 강조합니다. 그 중요성은 비단 제품 자체에만 적용되는 것이 아닙니다. 사용자에게 노출되는 모든 요소가 제품의 브랜드와 제품의 가치에 영향을 미칩니다. 문서화 역시 소프트웨어 개발에서 중요한 비중을 차지하는 이유가 여기 있습니다.

제품 개발에 쏟아부은 노력과 열정이 수포로 돌아가지 않도록 문서화에도 그 정성과 열정을 담아보세요. 릴리스 노트를 써야 하는 운명에 처한 그대에게 드릴 수 있는 조언은 하나입니다.

기본은 지키자. 그리고 어차피 해야 한다면 즐겨보자.

릴리스 노트에 이 정보만큼은 꼭 넣으세요

릴리스 노트에서 절대 누락해서는 안 되는 핵심 정보는 이번에 배포되는 버전을 이용할 때 사용자가 취해야 할 행동입니다. 신규 버전을 이용함으로써 사용자인 개발자가 바꿔야 하는 코드나 설정이 있다면, 더 이상 사용 불가인 API가 있다면, 또는 포트 번호를 바꿔야 한다면 반드시 릴리스 노트에 명시하세요.

이와 더불어 기본으로 제공해야 하는 정보는 다음과 같습니다.

- 버전: 버전을 명시해 배포하는 제품이라면 관련 버전
- 날짜: 버전을 배포한 날
- 신규 기능(new): 이번 버전에 새롭게 추가된 기능
- 변경된 기능(changed): 이전 버전에도 있고 이번 버전에도 있는 기능 중 이번 버전에서 달라진 기능 및 이전 버전 대비 개선된 사항
- 수정한 버그(bug fixes): 이번 버전에 있던 해결된 버그(변경된 기능 항목에 포함시켜도 됨)
- 삭제된 기능(removed): 이번 버전에선 지원하지 않는 기능
- 삭제 예정인 기능(deprecated): 삭제하지 않았으나 곧 삭제될 예정으로, 사용을 권장하지 않는 기능 및 해당 기능 대신 사용할 수 있는 대체제 소개
- 알고 있는 문제(known issues): 이번 버전 이용 시 발생하는 문제로 인지하고 있지만 추후 버전에서 고칠 문제

> **쉬 어 가 기** **끝날 때까진 끝난 것이 아니다! deprecated는 '아직'이에요**

'deprecated'는 API 레퍼런스에서 흔히 볼 수 있는 표현입니다. 이를 '지원이 종료됐다'는 의미로 잘못 사용하기도 하는데, '이미 지원을 종료했다'는 것이 아닌 '종료 예정'임을 나타내는 것입니다. 현재는 제공하겠지만 '곧' 혹은 '언젠가' 제거될 수 있는 기능, 그래서 사용을 권장하지 않는 기능에 적합한 표현입니다. 지원이 완전 종료됐거나 제거된 기능이라면 'obsolete'라는 단어를 사용해야 합니다.

다음은 MySQL Connector/C++ 8.4.0의 릴리스 노트입니다(그림 12-4). deprecated 상태인 `authentication_fido` 플러그인의 지원을 종료했다는 안내입니다.

> - Removed support for the deprecated `authentication_fido` authentication plugin. Instead, use `authentication_webauthn`. For backward-compatibility, the `Fido_Callback` callback argument remains but invokes WebAuthn authentication. (WL #16154)

그림 12-4 MySQL 릴리스 노트

이번에 지원을 종료하기 때문에 'deprecated'라는 표현을 사용한 것이 아니라, 플러그인은 이미 deprecated 상태였으며 deprecated 상태인 플러그인을 더 이상 지원하지 않는다는 것입니다. 이제 이 플러그인은 deprecated 상태가 아니라 obsolete 상태입니다.

릴리스 노트는 제품의 영향을 받아요

릴리스 노트는 배포하는 제품 종류에 따라 다르게 작성할 수 있습니다. 우선 프로그램 종류에는 어떤 것이 있는지 살펴보겠습니다. 다음처럼 분류를 나누면 참고할 만한 릴리스 노트를 찾을 때 도움이 됩니다.

- 개발용 vs. 비개발용
- 완제품형 vs. 부품형

꼭 경쟁 제품의 릴리스 노트만 보지 말고, 참고 자료의 범위를 넓혀 내가 개발하는 제품과 같은 분류에 속한 타사 제품의 릴리스 노트는 어떻게 작성됐는지 찾아보세요.

각 분류가 구체적으로 어떤 의미인지 예시로 확인해보겠습니다(표 12-2).

표 12-2 제품 분류

	완제품형	부품형
개발용	XCode, 안드로이드 스튜디오, Intellij IDEA, 시뮬레이터, SDK, 클라우드 스토리지	API, 라이브러리, 노드 패키지, 자바 패키지, HTTP API, 클라우드 컴퓨팅 서비스
비개발용	LINE, 슬랙, 컨플루언스, LG 트윈스 앱	클라우드 스토리지 서비스

'개발용 제품'이라면 주 사용자는 당연히 개발자입니다. 개발자가 신규 버전을 이용하려

면 반드시 알아야 할 변경 사항을 릴리스 노트에 명시해야 합니다. 개발용 제품의 릴리스 노트는 비개발용 제품의 릴리스 노트보다 더 딱딱하게, 마치 궁서체로 작성하듯 써야 합니다. 친근하게 쓰지 않아도 되며, 여느 기술 문서를 작성하는 것처럼 전문용어와 건조한 문장이 등장해도 어색하지 않습니다. 실제로 개발용 제품은 릴리스 노트보다는 체인지로그 형태로 작성하는 경우가 많습니다.

'비개발용 제품', 즉 비개발자와 개발자 모두를 포함하는 사용자를 위한 제품의 릴리스 노트는 '버전 히스토리'라는 이름으로도 제공됩니다. 최종 사용자 입장에서는 물 위에 보이는 오리의 머리와 몸통만 보면 됩니다. 물 아래에서 힘차게 차는 오리의 발이나 오리의 발에 걸린 돌 같은 내용은 알지 않아도 됩니다. 마치 뮤지컬 관객에게 무대 뒤에서 일어나는 일을 보여주지 않는 것처럼 말이죠. 그래서 아주 간략하게 소식을 전하곤 합니다.

다음은 슬랙의 릴리스 노트 일부입니다(그림 12-5). 설명이 길지 않습니다.

Slack 4.46.101
2025년 10월 6일

버그 수정
- 흘러가는 하루 속에서 한 가지 알려드리고 싶은 것이 있어요. 여러분이 있기에 이 세상은 더 특별해지고 여러분은 미처 상상하지 못한 방식으로 다른 사람들에게 영향을 주고 있답니다. 아, 그리고 이번엔 앱에 큰 변경 사항이 없어요. 즐겁게 메시지를 나누세요!

Slack 4.46.99
2025년 9월 22일

보안 지침
- 이 릴리스에는 보안 개선 사항이 포함되어 있습니다. 업데이트하는 것이 좋습니다.

Slack 4.46.96
2025년 9월 9일

버그 수정
- 모든 항목이 원활하게 실행되도록 코드를 정리했어요. 이제 끊김 없이 원활한 Slack을 사용할 수 있습니다.

그림 12-5 슬랙의 릴리스 노트

'완제품형'이란 완제품처럼 배포된 제품을 설치하기만 하면 혹은 가입만 하면 바로 원하는 기능을 이용할 수 있는 제품을 의미합니다. 조립된 상태로 오는 가구처럼 손에 넣으면 곧바로 이용할 수 있는 상태의 프로그램입니다. 스마트폰에 설치하는 앱, 구글 드라이브나 구글 문서 같은 클라우드 기반 서비스나 웹 서비스, 개발 도구인 IDE 등이 이 분류에 속합니다.

완제품형으로 분류되는 프로그램의 릴리스 노트에서는 최종 사용자가 알아야 할 변경 사항을 기능 기준으로 설명합니다. 이런 제품류의 릴리스 노트는 '버전 기록', '버전 히스토리', '릴리스 히스토리' 같은 이름으로도 불립니다.

완제품형이면서 비개발용인 링크드인 앱의 버전 기록을 보겠습니다(그림 12-6). 이 버전 소개는 대화를 할 때는 속도와 안정성이 중요하다는 이야기로 시작합니다. 업데이트하게 된 주된 이유를 짧게 설명합니다. 이어서 링크드인 앱을 안정화했다는 소개가 뒤따릅니다. 마지막으로 버그를 수정했다는 짤막한 문장으로 마무리합니다. 사용자는 이 버전을 설치하면 링크드인에서 대화 기능을 이전보다 안정적으로 이용할 수 있다는 점을 알 수 있습니다. 단 세 문장으로 링크드인 앱 사용자가 관심 가질 만한 내용을 기록으로 남긴 셈입니다. 이 기록은 다음 버전을 설치할지 말지를 결정하는 기준이 됩니다.

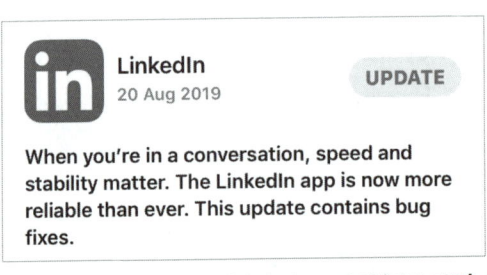

그림 12-6 앱 스토어에 게시된 링크드인 앱 '버전 기록'

다음은 역시 완제품형이면서 비개발용인 LG 트윈스 앱의 버전 기록입니다(그림 12-7). 2.2.2 버전을 설치하면 사용자가 수행할 수 있는 기능 기준으로 변경 이력이 설명되어 있습니다. 모바일 티켓 기능, 위젯 기능, 경기 관람 기록을 사진으로 남기는 기능, 기념품 교환을 위한 QR 코드 조회 기능을 이용할 수 있음을 알 수 있습니다.

2.2.2 3y ago

모바일티켓 기능이 추가되었습니다.
- 모바일티켓으로 바로 입장 가능합니다
- LG트윈스 앱을 사용하는 친구에게 모바일티켓을 선물하세요

위젯 기능이 추가되었습니다.
- 앱 실행없이 위젯으로 나의 포인트를 확인하세요
- 경기 중인 GAME BOX를 바로 볼 수 있습니다

경기관람을 사진으로 기록하세요.
- 홈구장, 우리집 어디서든 경기를 보고 있는 모습을 남기세요

더 쉬워진 기념품 교환으로 원하는 상품을 교환하세요.
- LG트윈스 앱에서 기념품을 직접 선택하고, QR코드만 보여주세요

그림 12-7 LG 트윈스 앱 버전 기록

클라우드 서비스나 웹 기반 서비스도 완제품형으로 제공되기도 합니다. 구글 드라이브나 구글 문서, AWS, 컨플루언스 클라우드Confluence Cloud 같은 서비스가 그 예시입니다. 웹이나 클라우드 서비스는 설치가 필요 없기 때문에 사용자가 어떤 버전을 이용 중인지 인지하지 못한 채 사용하는 경우가 많습니다. 이 때문에 '버전'을 기준으로 기능이 새로워졌다고 소개하기는 어려울 수 있습니다. 사실 사용자 입장에서는 이런 류의 서비스에서 버전 정보는 큰 의미로 다가오지 않습니다.

그렇다면 변경 이력은 어떤 기준으로 나누어 설명하면 좋을까요? 구글 문서가 제공하는 릴리스 노트 성격의 문서처럼 날짜를 기준으로 변경 이력을 소개하는 방법이 있습니다(그림 12-8).

그림 12-8 구글 문서 변경 이력

완제품형과 반대로, '부품형'은 내가 개발하는 프로그램과 연동하거나 호출해 이용하는 류를 의미합니다. 구성품만 배달되고 조립은 직접 해야 하는 가구처럼요. 부품형 제품의 예로는 임포트해서 사용하는 라이브러리, 호출하는 API, 클라우드 서비스, 오픈소스 프로젝트, 플랫폼 등이 있습니다.

부품형 프로그램의 릴리스 노트는 설치형보다 더 명확하고 상세하게 작성해야 합니다. 조립된 상태로 온 가구의 사용 설명서는 사용 시 주의사항만 담으면 되지만, 조립식 가구의 설명서는 부품 목록과 각 부품의 개수, 부품과 부품을 연결하는 작업 순서 등을 상세히 안내해야 합니다. 부품형은 릴리스 노트보다는 체인지로그라는 이름으로 변경 이력을 잘 남기기 때문에 이는 뒤에서 나오는 '체인지로그를 알아봅시다' 절에서 다루 겠습니다.

릴리스 노트는 얼마나 길고 상세하게 쓰는 게 좋을까요?

아이가 처음 태어나면 초반엔 기록할 정보가 많습니다. 몸무게도 자주 측정하고, 키도 자주 측정해 기록합니다. 첫 뒤집기, 첫 걸음마, 유치가 빠졌을 때 등 기록을 남길 일이 자주 생깁니다. 그러다 어느새 유치원에서 발표회도 하고, 초등학교에서 상장도 받으며 기록이 쌓이는 간격이 점차 길어집니다. 특히 키는 점차 1년에 한 번씩 기록하게 되죠.

소프트웨어 제품도 이와 비슷합니다. 처음 출시한 뒤에는 릴리스 노트에 기록할 내용이 많습니다. 고객의 이런저런 의견을 반영해 수정하게 되고, 버그도 자주 발견되어 수정 빈도가 높습니다. 시간이 흐르고 제품이 안정되면 릴리스 노트에 쓸 내용이 줄어듭니다.

시맨틱 버저닝semantic versioning을 따르는 제품이라면 주主 버전이 바뀔 때는 쓸 내용이 많습니다. 부部 버전이 바뀔 때도 릴리스 노트에 담을 내용이 어느 정도 생깁니다. 수修 버전이 바뀔 때는 쓸 내용이 많이 없을 겁니다. 굳이 내용이 없는데 어떻게 채워야 할까 고민할 필요는 없습니다(그림 12-9).

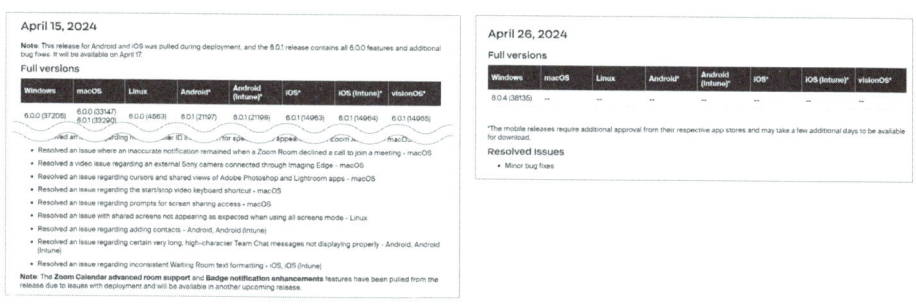

그림 12-9 줌(Zoom)의 6.0.0 버전 릴리스 노트 전체의 50%(좌)와 6.0.4 버전(우)

릴리스 노트는 짧은 문장들을 목록으로 나열하기도 하고, 줄글로 길게 작성하기도 합니다. 짧게 작성하더라도 체인지로그보다는 길게 작성하는 편입니다. 릴리스 노트는 제품을 실사용자인 제품 사용자를 위한 문서라는 점을 잊지 말고, 사용자인 독자를 배려해 작성해야 합니다.

우리의 릴리스 노트는 얼마나 상세하게 작성할 것인지에 대한 기준을 미리 정해두세요. 릴리스 노트마다 작성자가 다를 수 있기 때문에 길이가 들쭉날쭉한 것보다는 일관된 분량을 유지하는 것이 좋습니다. 변경 이력을 목록으로 표시한다면 목록 항목당 최대 문장 개수를 지정해두는 것도 방법입니다. 그렇다고 꼭 이렇게 해야 하는 것은 아닙니다. '들쭉날쭉해도 상관없다', '우리는 길이와 상관없이 자유롭게 쓰겠다'라는 방침이 명확한 기준으로 정해져 있기만 하다면 괜찮습니다.

릴리스 노트를 길게 작성한 예시를 보겠습니다(그림 12-10). 자바의 릴리스 노트 일부에서 발췌한 문단입니다. 목록형이 아닌 줄글과 문단으로 구성되어 있습니다.

New Features

security-libs/javax.crypto
→ **Update XML Security for Java to 3.0.3** (JDK-8319124)

The XML Signature implementation has been updated to Santuario 3.0.3. Support for four new SHA-3 based RSA-MGF1 signature methods have been added: `SHA3_224_RSA_MGF1`, `SHA3_256_RSA_MGF1`, `SHA3_384_RSA_MGF1`, and `SHA3_512_RSA_MGF1`. While these new algorithm URIs are not defined in `javax.xml.crypto.dsig.SignatureMethod` in the JDK update releases, they may be represented as string literals in order to be functionally equivalent. SHA-3 hash algorithm support was delivered to JDK 9 via JEP 287. Releases earlier than that may use third party security providers.

Additionally, support for the following EdDSA signatures has been added: `ED25519` and `ED448`. While these new algorithm URIs are not defined in `javax.xml.crypto.dsig.SignatureMethod` in the JDK Update releases, they may be represented as string literals in order to be functionally equivalent. The JDK supports EdDSA since JDK 15. Releases earlier than that may use 3rd party security providers. One other difference is that the JDK still supports the `here()` function by default. However, we recommend avoiding the use of the `here()` function in new signatures and replacing existing signatures that use the `here()` function. Future versions of the JDK will likely disable, and eventually remove, support for this function, as it cannot be supported using the standard Java XPath API. Users can now disable the `here()` function by setting the security property `jdk.xml.dsig.hereFunctionSupported` to "false".

Other Notes

client-libs/java.awt
→ **AWT SystemTray API Is Not Supported on Most Linux Desktops** (JDK-8322750)

The `java.awt.SystemTray` API is used for notifications in a desktop taskbar and may include an icon representing an application. On Linux, the Gnome desktop's own icon support in the taskbar has not worked properly for several years due to a platform bug. This, in turn, has affected the JDK's API, which relies upon that.

Therefore, in accordance with the existing Java SE specification, `java.awt.SystemTray.isSupported()` will return false where ever the JDK determines the platform bug is likely to be present.

그림 12-10 자바 릴리스 노트 일부

구글 플레이Google Play 결제 라이브러리의 릴리스 노트는 목록 형태로 간단하게 변경 이력을 요약해 나열하고, 상세 내용은 링크를 클릭해 확인할 수 있도록 구성했습니다(그림 12-11).

Google Play 결제 라이브러리 8.0.0 출시 (2025년 6월 30일)

이제 Google Play 결제 라이브러리 버전 8.0.0 및 Kotlin 확장 프로그램을 사용할 수 있습니다.

변경사항 요약

- 이제 *인앱 상품*을 *일회성 제품*이라고 합니다.
- 일회성 제품의 여러 구매 옵션 및 혜택

  이제 일회성 제품에 여러 구매 옵션과 혜택을 제공할 수 있습니다. 이를 통해 제품을 판매하는 방식을 유연하게 조정할 수 있으며 제품 관리의 복잡성을 줄일 수 있습니다.
- `queryProductDetailsAsync()` 메서드가 개선되었습니다.

  PBL 8.0.0 이전에는 `queryProductDetailsAsync()` 메서드가 가져올 수 없는 제품을 반환하지 않았습니다. 제품을 찾을 수 없거나 사용자에게 제공할 수 있는 제품이 없기 때문일 수 있습니다. PBL 8.0.0에서는 가져오지 않은 제품에 관한 정보를 제공하는 새로운 제품 수준 상태 코드와 함께 가져오지 않은 제품이 반환됩니다. `ProductDetailsResponseListener.onProductDetailsResponse()`의 서명이 변경되어 앱을 변경해야 합니다. 자세한 내용은 결과 처리를 참고하세요.
- 자동 서비스 재연결

  새 `BillingClient.Builder.enableAutoServiceReconnection()` 빌더 매개변수를 사용하면 개발자가 자동 서비스 재연결을 선택할 수 있습니다. 자동 서비스 재연결을 사용하면 Play 결제 서비스에 대한 재연결을 자동으로 처리하고 서비스 연결이 끊긴 경우 `startConnection()`를 수동으로 호출할 필요가 없으므로 연결 관리가 간소화됩니다. 자세한 내용은 연결 자동 재설정을 참고하세요.

그림 12-11 구글 플레이 결제 라이브러리

두 릴리스 노트를 보고 '이 형식은 맞고, 저 형식은 틀렸다'고 생각했나요? 그렇지 않습니다. 각자 사용자에게 가장 적절하고 최선이라고 판단한 형식을 선택한 결과일 것입니다.

이건 릴리스 노트뿐 아니라 모든 기술 문서에 적용되는 이야기입니다. 릴리스 노트의 길이와 상세 정보의 수준을 정할 때는 항상 사용자인 독자 중심으로 생각하고 결정해야 합니다. 내 사수나 상사가 짧게 쓰는 걸 선호해서 혹은 온갖 미사여구를 넣는 걸 좋아해서 같은 이유가 기준이 되어서는 안 됩니다.

릴리스 노트의 길이를 고민하기보다는 필요한 정보가 전부 담겼는지를 확인하세요. 거듭 강조하지만, 문서를 얼마나 상세하게 작성할지는 독자에게 필요한 정보가 무엇인지, 얼마나 많은 정보를 원하는지에 따라 달라집니다.

쉬어가기 릴리스 노트가 길어지면 어쩌죠?

변경 이력을 별도 문서로 제공해야 할 만큼 상세하게 설명해야 한다면, 어떻게 하는 게 좋을까요? 관련 내용을 별도 문서로 만들되, 릴리스 노트에는 해당 문서를 볼 수 있는 링크를 남기면 됩니다.

다만 이런 종류의 문서는 어느 위치에 둘 것인지 미리 정해두는 것을 권장합니다. 만약 별도로 제공하는 문서가 해당 소프트웨어의 문서 사이트에서 이미 제공 중인 개발 가이드와 비슷한 성격이라면 개발 가이드가 있는 위치에 문서를 하나 더 추가하면 됩니다. 즉 개발 가이드를 하나 더 추가하는 격이죠.

하지만 추가되는 문서가 개발 가이드가 아니라 변경 이력 자체를 상세히 설명하는 글이라면 개발 가이드 옆에 두기엔 애매합니다. 성격이 다르기 때문입니다. 그래서 문서를 어디에 둘지 고민해보는 것이 좋습니다.

다음 예시는 LINE의 News 섹션에 게시된 메서드 개선 안내 소식입니다(그림 12-12). 내용을 보면 별도로 SDK를 업데이트할 필요는 없다고 합니다. 그렇다면 이 소식은 릴리스 노트에 넣기엔 애매합니다. 특정 버전에만 적용되는 내용이 아니라, 이미 해당 SDK를 이용해 만든 앱에 자동 적용된다고 하니 특정 버전의 릴리스 노트에 포함시키기도 어렵습니다.

> We've improved the behavior of the liff.scanCodeV2() method
>
> 2024/04/18
>
> We've made two improvements to the `liff.scanCodeV2()` method. These improvements are automatically applied to all LIFF apps, so there is no need to update the LIFF SDK or modify the code in your LIFF apps.
>
> **We've improved the reading accuracy of 2D codes**
>
> We've improved the reading accuracy of 2D codes in the `liff.scanCodeV2()` method. Note that the reading accuracy depends on the camera performance of a device, so there may not be a noticeable improvement depending on the user's device.
>
> **We've improved the header label of the 2D code reader**
>
> In the `liff.scanCodeV2()` method, we've changed the header label of the 2D code reader as follows to make it easier for users to understand that LY Corporation gets and analyzes 2D code information and provides the analysis results to the service provider.

그림 12-12 LINE Developers 사이트에서 소개하는 liff.scanCodeV2() 메서드 개선 사항 안내

이처럼 다소 성격이 애매한 소식이나 변경 이력을 상세하게 소개하는 글을 따로 모아두는 방안도 있습니다. LINE처럼 News 섹션에 공유하는 것도 한 방법입니다. 위치가 어디든 소프트웨어 사용자가 쉽게 찾을 수 있어야 하며, 다양한 곳에 링크를 배치해 쉽게 접근성을 높이는 것이 중요합니다.

릴리스 노트를 쓸 때도 읽는 사람을 고려하세요

추가로 고려해야 할 요소는 주 독자가 릴리스 노트에 관심을 갖고 읽을 만한 집단인지 여부입니다. 독자가 알고 싶지 않은 정보, 또는 읽고 나서 시간 낭비했다고 느낄 만한 정보는 포함하지 않는 것이 좋습니다. 유의미한 정보라도 무의미하다고 받아들일 수 있는 게 사용자입니다. 반드시 알아야 할 정보는 포함하되, 너무 자세한 설명으로 읽다 지치게 만들면 안 됩니다.

상세한 정보가 특히 필요한 제품은 '개발할 때 사용하는 제품'입니다. '버그 고쳤습니다', '기능 개선했습니다' 같은 수준의 추상적인 정보만으로는 부족합니다. 어떤 버그를

고쳤는지, 이전에는 어떤 수준이었고 어느 수준까지 개선했는지 등 정확하고 구체적인 정보를 제공해야 합니다. 변경 이력이 버그 수정이라면 버그가 보고된 티켓이나 링크를 첨부하고, 해당 버그로 인해 발생했던 현상을 요약해서 기술하세요. 내부에서만 알고 있는 정보일지라도, 사용자에게 도움이 된다면 공유해야 합니다. 예를 들어 '타임아웃이 너무 짧아 불편하다'는 고객 의견이 있어 타임아웃을 늘렸다면, 몇 초에서 몇 초로 늘렸는지 구체적으로 밝혀야 합니다.

읽는 이를 배려해 작성한 카카오톡의 버전 기록을 보겠습니다(그림 12-13). 이 버전 기록의 독자는 최종 사용자입니다. 개발사가 한 일을 개발사의 시선으로 표현하면서도, 그 결과로 사용자가 할 수 있게 된 일을 매핑해 설명합니다. 예를 들어 '펑 추가'는 개발사가 한 일입니다. 그러나 사용자 입장에서는 '펑 추가'가 무엇을 의미하는지 불분명할 수 있습니다. 따라서 '24시간 뒤 사라지는 '펑'으로 일상을 공유해보세요'와 같이 사용자 입장에서 이해할 수 있도록 설명을 덧붙입니다. 또한, '채널홈 전면 개편'이라는 항목 뒤에 '주요 정보와 이벤트를 한 번에 볼 수 있도록 개선됐어요'라는 설명이 뒤따르는데, 매우 영리하게 작성된 버전 기록입니다.

> [v10.3.5]
> • 전화번호로 친구 추가 허용 옵션 추가
> : 상대방이 나를 전화번호로 친구 추가하는 것에 대한 허용 여부를 설정할 수 있어요.
> • 펑 추가
> : 24시간 뒤 사라지는 '펑'으로 일상을 공유해보세요.
> : 펑을 공개하고 싶은 친구들을 선택할 수 있어요.
> • 저장공간 관리 개선
> : 채팅방 마다 쌓인 캐시데이터를 한 페이지에서 관리하고 저장 공간을 확보할 수 있어요.
> • 미디어 자동 다운로드 설정 추가
> : Wi-Fi에서 채팅방의 미디어를 바로 다운로드 받을 수 있어요
> • (톡서랍 플러스) 채팅방 +메뉴에 톡서랍 전송 기능 추가
> • 채널홈 전면 개편
> : 주요 정보와 이벤트를 한 번에 볼 수 있도록 개선됐어요.

그림 12-13 **카카오톡 버전 기록**

개발자들이 흔히 하는 실수 혹은 개선할 수 있는 부분이 바로 이겁니다. 릴리스 노트나 개발 가이드를 작성할 때 개발자 자신의 입장에서 쓰는 경우가 많습니다. 어떤 문서든 읽는 이를 중심으로 작성해야 하지만, 릴리스 노트는 특히 더 독자 입장을 고려해서 써야 합니다. '내가 무엇을 했는가'가 아니라 '내가 이렇게 해서 네가 무엇을 할 수 있게 됐는가'의 관점으로 작성하세요.

재미있게 써도 될까요?

재미있게 쓴다고 해서 안 될 이유는 전혀 없습니다. 다만 복장에 TPO가 있듯이 누울 자리를 봐가며 발을 뻗어야 하지 않을까요? 한창 코로나19로 힘들었던 당시, QR 코드 인증 기능이 탑재된 앱이 출시됐을 때를 떠올려보세요. 만약 그런 앱의 릴리스 노트에 유머를 넣었다면 어땠을까요? 누군가는 시말서를 쓰고, 해당 회사는 언론의 뭇매를 맞았을 가능성이 높습니다.

이왕이면 일도 재미있게 하고, 글도 재미있게 쓰는 게 좋다고 생각합니다. 그래서 유머가 허용되는 범위 안에서는 '재미'라는 요소를 더하는 것도 괜찮다고 봅니다. 그런 점에서 유튜브 릴리스 노트는 더욱 좋게 느껴졌습니다(그림 12-14).

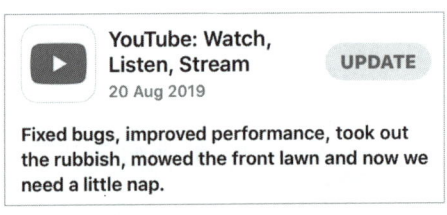

그림 12-14 유튜브 릴리스 노트

'버그를 고쳤고fixed bugs, 성능을 개선했고improved performance, 쓰레기를 내다 버렸고took out the rubbish, 앞마당의 잔디를 깎았고 그러니 이제 낮잠을 잘 시간mowed the front lawn and now we need a little nap'이라는 유튜브의 버전 기록 내용은 제 취향을 정확히 저격했습니다.

마지막으로 깃의 릴리스 노트를 예로 들겠습니다(그림 12-15).

그림 12-15 깃 릴리스 노트

'and friends learned that'이란 표현이 등장합니다. 깃 명령어를 의인화해 '○○와 친구들'이란 표현과 '배웠다'는 표현을 썼습니다. 이렇게 친근함을 더해주는 요소는 과하지 않고, 글에 자연스럽게 녹아듭니다.

릴리스 노트에 쓸 말이 없을 때는 어떻게 하는 게 좋을까요?

앞서 잠깐 언급했던 것처럼 수 버전을 업데이트할 때는 릴리스 노트에 쓸 말이 없을 수도 있습니다. 꼭 그런 경우가 아니더라도 릴리스 노트에 쓸 말이 없을 때가 있습니다. 변경된 내용은 있지만, 사용자가 굳이 알아야 할 필요가 없는 경우가 특히 그렇습니다. 그럴 때는 슬랙의 릴리스 노트처럼 '알릴 내용이 없습니다Nothing to report this time'라고 적어도 괜찮지 않을까요(그림 12-16)?

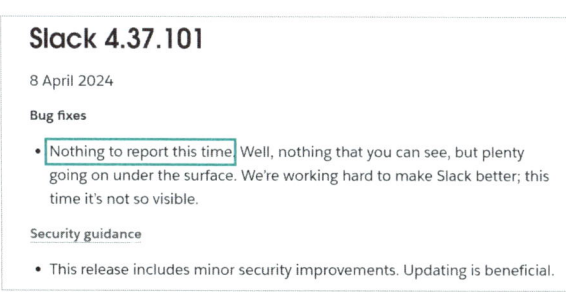

그림 12-16 슬랙의 릴리스 노트

다음은 X의 버전 기록입니다(그림 12-17). 한눈에 봐도 배포된 버전 사이에 변경된 사항이 거의 없을 것 같습니다. 주 버전이 바뀌지 않았고, 배포 주기도 매우 짧았던 점을 보면 그렇게 추측할 수 있습니다. 이처럼 배포 주기가 짧았다면 빠르게 고쳐야 했던 문제가 있었을 수도 있지만, 그런 언급은 없습니다. 이 기록만 보면 앱을 업데이트할 필요성을 느끼기 어렵습니다. 그런데 영문 버전 기록을 확인해보면, 한국어 릴리스 노트와 달리 정보가 조금 더 풍부합니다. 같은 버전임에도 기록된 내용이 다릅니다. 표면적으로만 보면 한국어 버전 기록은 성의 없이 작성된 것처럼 보일 수 있습니다.

그림 12-17 **X 버전 기록에서 보이는 한국어(좌)와 영어(우) 차이**

영어 문서와 한국어 문서를 함께 작성할 때, 두 문서가 일대일로 완벽하게 같아야 할 필요는 없습니다. 예를 들어 영어로는 문장 하나로 표현한 내용이라도 한국어로는 두 문장으로 나누는 것이 훨씬 자연스러울 수 있습니다. 문서 구조 또한 영어로 사고하느냐, 한국어로 사고하느냐에 따라 자연스러운 흐름이 달라질 수 있으므로 아주 드물지만 목차 순서를 다르게 쓴 문서도 있습니다.

이 이야기를 하는 이유는 X의 버전 기록이 그런 언어 차이 때문에 다르게 작성된 것은 아닐 것 같다는 점을 말하고자 함입니다. 그림 12-17을 보면 10.39 버전과 10.37 버전의 영문 기록과 국문 기록을 비교해보면 내용 자체가 아예 다릅니다.

원인이 무엇이든 고객을 대하는 태도에 일관성이 없다면 기업 브랜드에 긍정적인 영향을 주기는 어렵습니다. 버전 기록의 이런 차이가 큰 타격으로 이어지지 않더라도 말이지요.

앞의 예시처럼 같은 말을 반복해서 쓴다고 해서 문제가 되는 건 아닙니다. 유튜브의 버전 기록처럼 다양한 표현을 섞어 쓰는 방법은 어떨까요(그림 12-18)? 버전 기록을 누가 작성했는지는 알 수 없지만, 정성이 느껴집니다. 고객을 향한 정성은 득이 될지언정 실이 되지는 않습니다. 이런 작은 정성 하나만으로도 기업이나 제품의 브랜드 가치가 달라질 수 있습니다.

제품을 판매하는 회사의 A/S 품질을 통해 그 회사가 고객을 어떻게 대하는지 알 수 있는 것처럼 밖으로 드러나는 모습만 보더라도 그 기업의 문화가 엿보이기도 합니다. 버전 기록이나 릴리스 노트, 체인지로그는 그 어떤 광고보다도 소비자에게 기업의 '민낯'을 보여주는 매체입니다.

그림 12-18 유튜브 버전 기록

'버그를 고치고, 성능을 개선하고, 오후 반차를 썼다'고 합니다. 앞서 봤던 '잔디를 깎았다'는 설명보다는 한국 사용자에게 더 와닿는 표현이죠. '시공간 연속체를 수정'하고, '다양한 고양이 동영상'을 개선하고(?), '우주 경계 탐사'를 하고, '카페인 과다 충전'했다는 이야기도 등장합니다. 같은 표현이 다시 등장하는 걸 보면 어느 순간 창의력이 바닥난 게 아닐까 싶습니다. 그래도 이렇게라도 버전 기록을 재미있게 풀어내려는 그들의 위트가 참 좋습니다.

쉬어가기 | 문서도 릴리스 노트를 써야 할까요?

문서만을 위한 릴리스 노트를 따로 작성할 수도 있습니다. 오픈소스 프로젝트처럼 불특정 다수가 함께 참여하는 프로젝트에서는 문서도 함께 만들어지는 경우가 많습니다. 특히 문서 파일이 코드가 저장된 같은 저장소에 위치하다 보니, 문서를 위한 풀 리퀘스트도 그 저장소에서 생성합니다. 그림 12-19처럼 문서 변경 이력을 체인지로그에 포함시키기도 합니다.

그림 12-19 파이썬 체인지로그에 기록된 문서 변경 이력

오픈소스 프로젝트가 아닌 제품이라도 문서 변경 이력을 제품 문서 사이트에 게시할 수도 있습니다. 문서가 변경되는 주된 이유는 제품 자체에 변경이 생겼기 때문입니다. 제품의 릴리스 노트가 따로 있는데 문서 변경 이력을 굳이 제공해야 하나 의문이 생길 수도 있습니다. 그럴 땐 모든 변경 이력을 전부 게시하는 대신 새 문서가 추가될 때만 '어떤 문서가 추가됐는지'를 명시하는 방법도 있습니다.

실제로 '이런 문서가 없어서 아쉽다', '찾았는데 없었다'는 개발자들의 의견을 인터넷에서 발견하기도 합니다. 문서에 관심이 많거나 문서의 중요성을 아는 제품이나 회사라면 우리 제품 사용자들이 인터넷 커뮤니티에서 어떤 질문을 하는지, 어떤 어려움을 겪는지 살펴보거나 자주 들어오는 문의를 파악해보세요. 어떤 문서가 없어서 사용자가 불편해하는지 능동적으로 확인하고 필요한 문서를 제공해보세요. 문서도 PR_{public relation}입니다.

체인지로그를 알아봅시다

체인지로그는 제품을 같이 개발하는 사람들을 위한 문서입니다. 각각 담당하는 기능이 다르기 때문에 다른 개발자가 어떤 작업을 했는지 확인할 수 있는 정보 보고寶庫 역할을 합니다. 지라 같은 티켓 관리 시스템에서 조회하지 않고도 체인지로그를 보고 특정 버그가 해결됐는지 여부를 바로 확인할 수 있습니다.

체인지로그는 보통 저장소의 리드미 파일처럼 CHANGELOG.md, CHANGES.md, HISTORY.md 같은 이름으로 저장됩니다. 깃허브에서 이런 파일 이름으로 검색해보면 다른 프로젝트에서 어떻게 작성했는지 참고할 수 있습니다.

체인지로그를 작성할 때도 앞서 릴리스 노트를 다루며 이야기한 지침이 적용됩니다. 따라서 이번 절에서는 중복되는 내용은 생략하고, 체인지로그에 특화된 부분만 다루겠습니다.

앞서 봤던 파이썬의 체인지로그나 PHP 체인지로그(그림 12-20)를 보면 공통점이 있습니다. 하나는 항목이 목록 형식으로 정리되어 있다는 점, 또 하나는 변경 이력과 관련된 풀 리퀘스트 링크가 함께 명시된다는 점입니다. 체인지로그에 따라 티켓 링크가 함께 기재되기도 합니다.

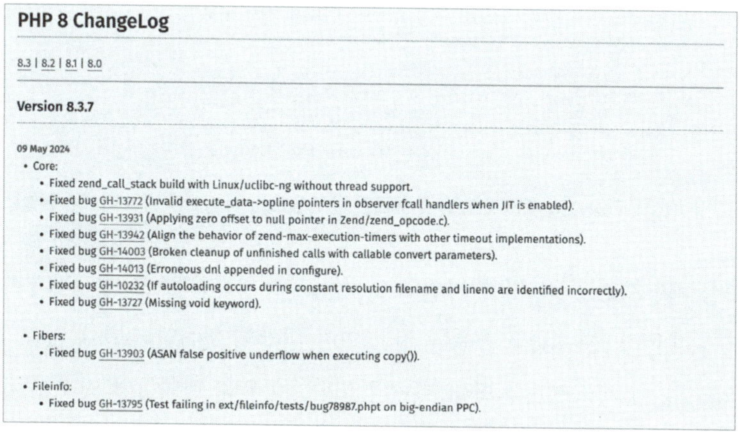

PHP 8 ChangeLog

8.3 | 8.2 | 8.1 | 8.0

Version 8.3.7

09 May 2024

- Core:
  - Fixed zend_call_stack build with Linux/uclibc-ng without thread support.
  - Fixed bug GH-13772 (Invalid execute_data->opline pointers in observer fcall handlers when JIT is enabled).
  - Fixed bug GH-13931 (Applying zero offset to null pointer in Zend/zend_opcode.c).
  - Fixed bug GH-13942 (Align the behavior of zend-max-execution-timers with other timeout implementations).
  - Fixed bug GH-14003 (Broken cleanup of unfinished calls with callable convert parameters).
  - Fixed bug GH-14013 (Erroneous dnl appended in configure).
  - Fixed bug GH-10232 (If autoloading occurs during constant resolution filename and lineno are identified incorrectly).
  - Fixed bug GH-13727 (Missing void keyword).
- Fibers:
  - Fixed bug GH-13903 (ASAN false positive underflow when executing copy()).
- Fileinfo:
  - Fixed bug GH-13795 (Test failing in ext/fileinfo/tests/bug78987.phpt on big-endian PPC).

그림 12-20 PHP의 체인지로그

체인지로그는 기본적으로 풀 리퀘스트를 기반으로 작성됩니다. 만약 풀 리퀘스트를 기반으로 하지 않는다면 변경 이력을 일일이 찾아내기 힘들 겁니다. 그래서 커밋 메시지나 풀 리퀘스트 메시지를 신경 써서 작성하는 것이 중요합니다. 풀 리퀘스트만 보고도 나뿐만 아니라 다른 개발자도 어떤 내용인지 파악할 수 있어야 합니다.

체인지로그 작성이 귀찮다고 `git log`로 뽑아낸 커밋 목록을 그대로 체인지로그에 쏟아 붓는 것은 제대로 된 체인지로그라고 보기 어렵습니다. 만약 `git log`로 충분하다면 굳이 체인지로그를 따로 쓸 필요가 없지 않을까요(그림 12-21)?

```
commit b019fcc08127f9f9a50d19fe1ea1869607652838
Author: Greg Kroah-Hartman <gregkh@linuxfoundation.org>
Date:   Fri May 17 12:18:09 2024 +0200

    Linux 6.9.1

    Link: https://lore.kernel.org/r/20240515082345.213796290@linuxfoundation.org
    Tested-by: Ron Economos <re@w6rz.net>
    Tested-by: Florian Fainelli <florian.fainelli@broadcom.com>
    Tested-by: Shuah Khan <skhan@linuxfoundation.org>
    Tested-by: Linux Kernel Functional Testing <lkft@linaro.org>
    Tested-by: Mark Brown <broonie@kernel.org>
    Tested-by: Bagas Sanjaya <bagasdotme@gmail.com>
    Tested-by: Jon Hunter <jonathanh@nvidia.com>
    Signed-off-by: Greg Kroah-Hartman <gregkh@linuxfoundation.org>

commit ddb02739a2be54ed922bce3cb57d5f901590ee70
Author: Ben Greear <greearb@candelatech.com>
Date:   Tue Mar 26 17:11:31 2024 -0700

    wifi: mt76: mt7915: add missing chanctx ops

    commit 2f7cf3b61d85228ae749b6cb8eda1e1df9d4926f upstream.

    Looks like this was missed in the initial patch that made
    the conversion to the emulated chanctx drivers.

    Fixes: 0a44dfc07074 ("wifi: mac80211: simplify non-chanctx drivers")
    Tested-by: James Courtier-Dutton <james.dutton@gmail.com>
    Signed-off-by: Ben Greear <greearb@candelatech.com>
    Signed-off-by: Felix Fietkau <nbd@nbd.name>
    Signed-off-by: Greg Kroah-Hartman <gregkh@linuxfoundation.org>
```

그림 12-21 리눅스의 체인지로그. 깃 로그만 담고 있으나 리눅스 형님이 하시면 뭐들!

깃의 로그를 체인지로그로 사용한다면 커밋 메시지와 풀 리퀘스트 메시지가 주로 영어로 작성되기 때문에 `git log`로 추출된 정보 역시 대부분 영어일 수밖에 없습니다. 그러다 보면 생성형 AI 서비스나 온라인 번역기 API를 이용해 번역하면 되지 않을까 생각할 수 있습니다.

하지만 이럴 땐 반드시 주의가 필요합니다. 기밀유지 협약non-disclosure agreement, NDA을 맺은 업체의 서비스가 아니라면 사용자가 입력한 정보가 외부 서비스로 전송되어 사내 정보가 유출될 수 있기 때문입니다. 특히 해당 서비스가 사내에서 사용하는 기업용 라이선스인지, NDA를 맺은 업체의 서비스인지 또는 사내에서 사용이 공식적으로 허락된 도구인지 여부를 반드시 먼저 확인하세요. 확인 후 문제가 없다면 그때 이용하기 바랍니다(이와 같은 이유로 온라인 문법 검사 플러그인이나 브라우저 확장 도구 등도 주의해서 사용해야 합니다. 사내 정보를 무심코 남에게 건네는 행위이기 때문입니다).

물론 체인지로그를 직접 작성하는 일은 수고롭고 번거로울 수 있습니다. 깃에 커밋할 때 남긴 정보, 즉 커밋 메시지나 풀 리퀘스트 메시지를 기반으로 체인지로그를 자동으로 생성해주는 도구들도 존재합니다. 이런 도구가 개발됐다는 건 그만큼 필요성이 있었고, 많은 개발자가 체인지로그 작성을 어려워하거나 꺼린다는 뜻으로 볼 수 있습니다.

하지만 어쩔 수 없습니다. 익숙해져야 합니다. 체인지로그를 자동으로 생성해주는 도구를 사용한다고 해도, 애초에 커밋 메시지나 풀 리퀘스트 메시지를 제대로 써놓지 않았다면, 필요한 태그를 잘 붙이지 않았다면, 재료가 부실한 상태에서 만든 결과의 품질이 좋을리 만무합니다. 생성형 AI의 성능이 좋으려면 학습을 잘해야 하고, 학습이 잘되려면 학습 데이터의 품질이 중요합니다. 작은 것부터 성실히 기록하는 습관을 들여두면 나중에는 일이 훨씬 수월해집니다.

체인지로그에 들어가야 하는 내용은 앞서 릴리스 노트에서 정의한 것과 유사합니다.

- 버전: 버전
- 날짜: 버전을 배포한 날
- 신규 기능(new): 새롭게 추가한 코드나 기능
- 변경된 기능(changed): 기존 코드나 기능의 변경 사항
- 수정한 버그(bug fixes): 코드 수정으로 해결된 버그

- 삭제된 기능(removed): 삭제한 코드나 기능
- 호환성 이슈: 다른 소프트웨어에 의존성이 있는 경우, 변경되는 의존성 및 개발자가 주의해야 할 내용

플랫폼 성격을 지닌 제품이라면 코드 베이스에 여러 모듈과 컴포넌트 코드가 하나의 저장소에 함께 담기곤 합니다. 이럴 땐 앞서 설명한 것처럼 '버전별 변경 유형' 기준으로 구조를 나누지 않고 모듈이나 컴포넌트 단위로 절을 나누어 체인지로그를 구성하기도 합니다. 파이썬의 체인지로그가 여기에 해당합니다(그림 12-22).

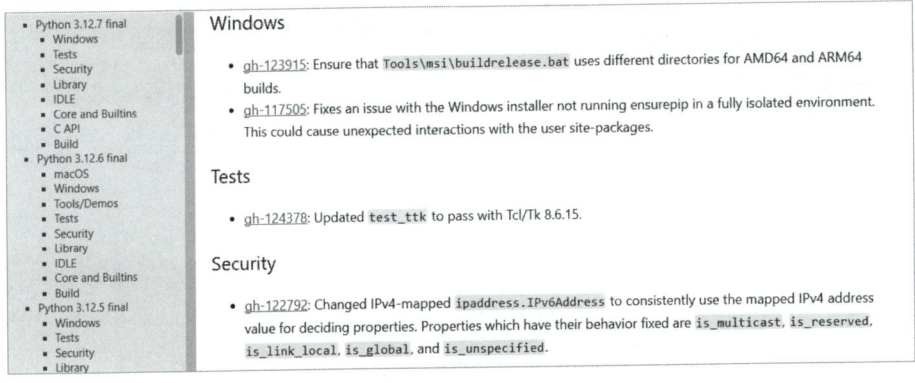

그림 12-22 파이썬 체인지로그 구성

egoist의 체인지로그처럼 중요도에 따라 따라 변경사항을 나누어 구성하는 것도 하나의 방법입니다(그림 12-23).

그림 12-23 egoist 체인지로그

Lodash의 체인지로그처럼 섹션을 나누지 않고 구성하는 방식도 있습니다(그림 12-24). 대신 같은 동사로 시작하는 문장끼리 묶어 독자가 변경 내용을 쉽게 구분할 수 있도록 구성한 점이 특징입니다.

```
v4.0.1
Jan. 25, 2016 — Diff — Docs
 • Added  _.matches  to the core build
 • Added placeholder support to "fp" methods
 • Added support for keycap emojis
 • Ensured  _.concat  returns an empty array for nullish values
 • Ensured  _.each  &  _.eachRight  aliases have the correct chain behavior
 • Ensured  _.defaultsDeep  doesn't convert function properties to objects
 • Ensured  _.fromPairs  can consume results of  _.toPairs
 • Ensured  _.isEqual  compares objects unordered
 • Ensured  _.noConflict  restores  _  only if  lodash  is the current value
 • Ensured  _.words  captures all-caps words
 • Ensured  _.words  treats all-lower & all-upper postfixes as separate words
 • Fixed "fp" mapping of several methods
 • Made  _.omitBy  &  _.pickBy  provide a  key  param to iteratees
```

그림 12-24 **Lodash의 체인지로그**

하지만 한국어로 체인지로그를 작성한다면 Lodash의 체인지로그와 같은 효과를 기대하기가 어렵습니다. 한국어는 동사가 문장 끝에 오기 때문입니다. 체인지로그를 어떤 언어로 작성할 것인지에 따라 구성 방식도 달라질 수 있음을 고려해 체인지로그를 구성하세요.

체인지로그에서 반드시 명시해야 하는 정보 중 하나는 호환성에 영향을 끼치는 변경 사항입니다. 영어로 흔히 'breaking change'라고 부르는 그 정보입니다. 중요한 정보이기 때문에 documentation.js 체인지로그는 호환성 정보를 제일 앞에 배치했습니다(그림 12-25).

```
14.0.0-alpha.0 (2022-08-05)

⚠ BREAKING CHANGES

• all Extensions should contains '.' so that mean if you have just 'ts' then need to convert to '.ts'
• external parameter was removed Migration plan propose to move all external resources to input usages Motivation: packages has many inputs which describe in package.json so that mean need each time to parse all package.json of external resources to understand which entry point need to pick. But it is base on guesses because entry point may could not contains a documentation and the best way to handle it manually.
• The serve parameter was removed, you can use any other tools which could be refresh and store your html site The private parameter has removed, use a access
• documentation.js will now require node 14 or later.

Bug Fixes

• add micromark dependencies fixed #1381 (3ba8165)
• add TS and TSX as default extensions fixed #1377 (f0cb1c0)
• external was removed as prefer of input usages (e3c59d7)
• html report, it is return html if output is not defined (0975581)
• remove private parameter, use access (BREAKING CHANGES) (874069c)
```

그림 12-25 documentation.js의 체인지로그

> **쉬어가기 해당하는 정보가 없을 땐 없다고 명시하세요**

추가한 것도 없고, 변경한 것도 없으며, 버그만 수정했다면 보통은 수정한 버그만 명시합니다. 하지만 기술 문서 관점에서는 모든 소제목을 명시하고, 변경 사항이 없더라도 '없음'이라고 표기하는 방식을 권장합니다(그림 12-26). 작성자나 읽는 입장에서 실수로 누락된 정보가 없는지를 확실하게 식별할 수 있습니다.

```
Dependencies

Added
Nothing has changed.

Changed
Nothing has changed.

Removed
Nothing has changed.
```

그림 12-26 쿠버네티스 체인지로그

앞서 체인지로그를 자동으로 추출하거나 생성하는 도구 이야기가 잠깐 나왔는데, 도구의 도움을 받

더라도 글은 작성자가 손봐야 합니다. 어떤 정보가 중요한지, 어떤 정보가 덜 중요한지는 결국 개발자만 압니다. 그리고 읽는 사람도 사람입니다.

AI가 내 말의 뜻을 제대로 이해하게끔 프롬프트 엔지니어링도 신경 쓰는 요즘, 사람이 쉽게 읽을 수 있도록 작성하는 것은 우리의 몫입니다. 도구를 이용해 체인지로그 내용을 추출하더라도 내용을 확인하세요.

- 분류가 제대로 됐는지 확인하세요.
- 비문이 없는지 확인하세요.
- 독자에게 도움이 될 만한 정보가 있다면 링크를 추가하세요.
- 누락된 이력이 없는지 확인하세요.
- (문장이 길지 않을 테니) 소리 내어 읽으세요.

요약

릴리스 노트나 체인지로그는 대상 독자군이 달라 공개하는 정보의 분량이 다르다는 특징이 있으나, 둘 다 변경 이력을 담는 문서입니다. 변경 이력을 기록하지 않는다면 굳이 버전을 명시해 배포할 이유가 없습니다. 평소에 풀 리퀘스트 제목과 본문을 잘 작성해두면 변경 이력을 작성할 때 도움이 됩니다.

- 릴리스 노트는 최종 사용자가 주 독자입니다.
- 체인지로그는 함께 개발하는 개발자가 주 독자입니다.

13 시작하기 문서

개발 가이드 깨나 본 적이 있는 사람이라면 'Getting Started'라는 단어를 들어봤을 겁니다. 보통 개발 가이드를 구성할 때는 Getting Started를 꼭 넣고, 개발자에게 초안을 요청할 때도 Getting Started부터 써달라고 합니다. 도대체 이 Getting Started는 무엇일까요?

대학 시절에 겪은 에피소드를 보면서 함께 생각해봅시다.

> 시스템 설계 과제 평가 시간. 제일 먼저 과제를 완수한 가람 조가 의기양양하게 검사받으러 갔다가 시무룩해서 돌아왔다.
>
> **학생들** 왜, 왜? 무슨 일인데?
>
> **가람** …동기식으로 해야 한대.
>
> **학생들** 동기식?
>
> **가람** 응, 비동기식이면 점수 깎는대.
>
> 이야기를 들은 다른 학생들이 황급히 동기와 비동기 문제를 해결하고 있을 때, 소식을 듣지 못한 나라 조가 자신 있게 교수 방을 찾아갔다. 교수는 뚱하게 그들을 보며 질문을 던졌다.
>
> **교수** …동기야?
>
> **나라** 아니요, 95, 98학번입니다.

의사소통에서 오해는 주로 용어를 잘못 사용하면서 생깁니다. 앞선 에피소드는 '동기'라는 단어가 듣는 사람에 따라 의미가 달라 우스꽝스러운 상황이 벌어진 예입니다. 다행히 이런 동음이의어 문제로 생긴 오해는 금방 해결할 수 있습니다.

반면, 제대로 정의되지 않았거나 서로 다른 의미로 사용하는 용어에서 비롯된 혼란은 심각해질 수 있습니다. 예를 들어 '인프라'라는 말을 서버와 네트워크로만 좁게 생각하는 가람 씨와 클라우드, 스토리지 플랫폼, 네트워크 설정 서비스 등 더 넓은 의미로 생각하는 나라 씨가 '인프라'에 대해 논의한다면 결국 결론에도 큰 오해가 생기고 말 것입니다.

Getting Started라는 용어 역시 사람마다 다르게 이해할 수 있습니다. 오랫동안 개발 가이드를 접해본 사람은 Getting Started 문서가 익숙하니, 누구나 그 의미를 안다고 생각합니다. 하지만 그런 문서를 자주 접하지 않은 사람에게 'Getting Started를 써보자'고 제안하는 것은 초보 작가에게 '이번에는 소설을 써보자'고 말하는 것만큼이나 굉장히 모호합니다. 이런 제안을 들으면 어떤 사람은 설치 방법을 쓰고, 어떤 사람은 상세한 사용 방법을 쓰려고 할 겁니다. 따라서 이 장에서는 우선 Getting Started가 무엇인지 명확히 정의하고자 합니다.

Getting Started를 우리말로 옮기면 '시작하기'입니다. 앱을 사용할 때 '시작'이란, 서비스에 가입하고 앱을 설치한 뒤 가장 기본적인 기능을 실행하는 일입니다. 개발 언어를 사용할 때는 툴체인을 설치하고, 기본 명령을 실행하거나 기능을 구현해보는 일입니다. 클라우드 기반 플랫폼에서는 플랫폼 사이트에 가입하고, 콘솔을 실행하고, 역시 기본적인 작업을 수행해보는 일입니다. 요약하자면, Getting Started란 사용 준비 작업과 기본 작업을 안내하는 문서입니다.

때로는 기본을 넘어 복잡한 기능까지 시도해보게끔 유도할 수도 있지만, 너무 길거나 복잡하면 읽는 사람이 지칠 수 있습니다. 그래서 요즘은 '빠른 시작quick start 문서'라고도 부릅니다. 빠르고 간단하게 제품을 체험할 수 있도록 하여 '해보니까 쓸 만한데?'라는 인상을 심어주어 읽는 사람이 의욕을 불태우게 하는 것이 목적입니다.

이제부터 개발 가이드를 구성할 때나 제품 사용 안내서를 이야기할 때는 Getting Started라는 말 대신 '가입부터 설치, 기본 기능 사용 방법까지 설명하는 안내서'라고 표현해보세요. 결과물이 처음 의도와 훨씬 가까워지는 걸 느낄 수 있을 겁니다.

제목은 '시작하기(Getting Started)'라고 해도 좋고, '빠른 시작'이라고 해도 좋습니다. 혹은 '기본 사용 방법'이라도 괜찮습니다. 중요한 건 제목만 보고도 사용자가 문서 내용을 대략 짐작할 수 있을 정도면 충분합니다. 이 책에서는 이 문서를 '시작하기 문서'라고 부르겠습니다.

제품을 처음 접하는 사용자가 가장 먼저 본다는 점에서 시작하기 문서는 리드미와도 닮았습니다. 하지만 리드미와 달리 시작하기 문서에는 소개나 특징 설명, 연락처 등은 담지 않아도 됩니다. **제품을 사용하는 기본적인 방법만을 온전히 담는 것이 바로 시작하기 문서의 특징입니다.**

> TIP 복잡하고 규모가 큰 제품은 Getting Started를 대제목으로 삼고, 소개와 개념, 기본 기능 설명은 각각 하위 제목을 구성해 모든 내용을 담기도 합니다. 이럴 때는 빠른 시작 문서가 앞서 말한 진짜 Getting Started 역할을 합니다.

시작하기의 도입부: 가입과 설치

제품을 사용하려면 제품 사이트에 가입하거나 설치하는 과정이 반드시 필요합니다. 홈브루Homebrew, npm, pip 같은 패키지 매니저로 가져오거나 앱 스토어에서 다운로드하는 일은 작성자 입장에서는 너무 쉽고 당연하게 느껴지더라도, 사용자에게는 낯설 수 있습니다. 따라서 이러한 과정을 반드시 시작하기 문서에 명시해야 합니다.

다음은 가상의 소프트웨어인 '꼬마 덱'의 시작하기 문서를 예시로 작성한 것입니다.

> 꼬마 덱은 공식 웹사이트에서 다운로드하거나 npm으로 관리할 수 있습니다. 다운로드 페이지(링크)에서 최신 버전을 다운로드하거나 다음 명령으로 패키지를 설치하세요.

```
npm install kkoma-deck
```

꼬마 덱은 클라우드 또는 로컬에서 실행할 수 있습니다. 실행 환경을 결정했다면 아래 환경변수에 값을 설정하세요.

변수명	설명
SERVER	실행 환경. 다음 두 가지 중 하나를 입력하세요. • `"remote"`: 클라우드에서 실행할 때(기본값) • `"local"`: 로컬에서 실행할 때
ID	가입 후 발급받은 ID값. SERVER가 `"local"`일 때는 입력하지 않아도 됩니다.

안내대로 했을 때 누구나 제품을 쓸 수 있는 상태라면 시작하기 문서의 가입 및 설치 안내로 충분합니다. 예외 상황이나 상세한 설정 방법 같은 내용은 상세 가이드에 포함하면 되므로, 시작하기 문서에는 언급하지 않아도 됩니다. 꼭 언급하고 싶으면 상세 설명이 있는 문서로 연결되는 링크를 제공하세요.

반면, 똑같이 따라 해도 바로 쓸 수 없다면 내용이 부족하다는 뜻입니다. 예를 들어 사설 npm 레지스트리를 사용하거나 설치 전에 부가 소프트웨어나 도구가 필요하다면 반드시 이를 언급해야 사용자가 혼란에 빠지지 않습니다. 만약 API 서비스라면 호출 자격을 확인하기 위해 API 키와 시크릿을 사용합니다. 이 정보는 해당 서비스에 가입해야만 발급받을 수 있으며, 시작하기 문서에는 이러한 절차가 반드시 포함되어야 합니다.

앞서 본 꼬마 덱도 마찬가지입니다. 환경변수 `ID`에 넣으라는 값은 API 키와 유사한 역할을 하며, 클라우드 서비스에 가입한 후 받을 수 있습니다. 이럴 때는 다음과 같이 클라우드 서비스 가입 및 연결 절차를 시작하기 문서에 안내합시다.

> 클라우드 서비스를 이용하려면 가입하기 페이지(링크)를 방문해 안내에 따라 가입하세요.
> 가입 후 **내 정보** 화면에서 **ID**를 확인할 수 있습니다.

클라우드를 이용할 때만이 아니라 로컬에서 실행할 때도 사전에 필요한 조건이 있을 수 있습니다. 요즘에는 제품의 주요 기능 외에도 다양한 부가 서비스를 함께 제공하는 프로그램이나 플러그인을 포함하는 경우가 많습니다. 꼬마 덱도 로컬에서 실행할 수 있도록 별도의 프로그램을 제공한다고 가정하겠습니다.

로컬에서 실행하려면, 먼저 로컬 서버 데몬을 실행해야 합니다. 꼬마 덱 로컬 서버 설치 페이지(링크)에서 서버 데몬을 설치한 후, 다음 명령어를 실행하세요.

```
kkoma-deck-server start
```

만약 사용하는 OS에 따라 초기 설정 방법이 다르다면 그 차이점도 반드시 안내해야 합니다. 사용자의 환경에 따라 잘 안 될 수도 있지만, 일반적인 상황에서는 누구나 똑같은 결과를 볼 수 있도록 안내하는 것이 바로 시작하기 문서의 핵심입니다.

시작하기의 핵심: 기본 기능 수행

사용 준비를 마쳤다면, 이제 기본 기능을 수행할 차례입니다. 그렇다면 수많은 기능 중에서 '기본 기능'이란 무엇일까요?

기본 기능을 찾아내는 일은 그리 어렵지 않습니다. 예를 들어 '웹서버'를 만들었다면 '웹서버 실행'이 기본이라는 것을 누구나 자연스럽게 떠올릴 수 있습니다. 앱 개발 플랫폼이라면 앱을 만들고 실행하는 것이 기본이고, 포맷 변환 라이브러리라면 자주 쓰는 A 포맷을 B 포맷으로 바꾸는 기능이 기본입니다. UI 컴포넌트라면 버튼 같은 기본 UI를 표출하는 것이 기본입니다. 이처럼 기본 기능이 무엇인지는 개발자라면 자연스럽게 떠올릴 수 있습니다. 하지만 경험과 순발력에만 의지해 판단하다 보면 가끔 실수하게 됩니다.

예를 들어 UI 컴포넌트의 기본 기능인 '버튼'을 표시하는 방법이 두 가지라고 가정해봅시다. 첫 번째는 버튼 컴포넌트에만 쓸 수 있는 특수하고 간단한 방법이고, 두 번째는 모든 컴포넌트에 적용할 수 있는 일반적인 방법입니다.

개발자는 보통 간단하고 설명하기 쉬운 첫 번째 방법을 시작하기 문서에 안내하려고 합니다. 하지만 사용자는 이 설명을 읽고 다른 컴포넌트에도 똑같이 적용하려다가 어려움에 부딪히기 마련입니다. 이유는 명확합니다. 당연히 다른 컴포넌트에는 그 방법을 적용할 수 없기 때문입니다.

이런 실수를 피하려면 다음과 같은 원칙에 따라 기본 기능을 선별하는 것이 좋습니다.

- 리드미의 제품 특징 중 가장 먼저 소개한 기능(리드미가 없다면 남들에게 소개할 때 대표적으로 말하는 기능)
- 모든 작업에 보편적으로 적용할 수 있는 기능
- 가장 복잡하지도, 가장 단순하지도 않은 기능

두 번째와 세 번째 원칙이 앞서 언급한 실수를 피하게 해줍니다. '복잡하지도, 단순하지도 않은'이라는 조건이 애매하게 느껴진다면, 좀 더 명확한 방법을 사용할 있습니다. 제품의 기능 N개를 구현하기 쉬운 것부터 복잡한 것 순으로 나열한 후 N/2번째 기능을 선택하는 것입니다.

기능이 함수일 경우를 봅시다. 파라미터도 반환값도 없는 함수는 가장 단순하므로 시작하기 문서에서 다루기에는 부족합니다. 반면, 파라미터가 10개 이상이고 조합이 복잡할 뿐 아니라 반환값조차 복잡한 구조체라면 시작하기 문서에서 설명하기에는 과합니다. 파라미터 수가 적당하고, 반환값이 있지만 이해하기 쉬운 함수가 가장 적절합니다.

'꼬마 덱'이라는 제품이 A 포맷으로 작성한 텍스트를 B 포맷으로 변환해주는 도구라고 가정하고, 기본 기능을 선별해봤습니다.

1. 포맷 A를 B로 변환하는 방법(제품 특징에 소개한 기능)
2. 변환 결과를 파일로 저장하는 기능(보편적으로 적용할 수 있는 기능)
3. 변환할 때 정규식을 적용하는 방법(보편적으로 적용할 수 있는 단순하지 않은 기능)

다음은 이 기본 작업을 설명한 문서입니다.

변환할 원본인 A를 준비하고 다음과 같이 실행하세요.   // 1

```
kkoma-deck A
```

이 명령은 화면에 변환 결과를 출력합니다. 변환 내용을 파일에 저장하고 싶으면 출력 리다이렉션(〉 B)이나 `-o` 플래그를 사용하세요. // 2

```
kkoma-deck A -o B
kkoma-deck A 〉 B
```

A에서 특정 정규식 패턴을 제거한 후 변환하려면 `-e` 플래그를 사용하세요. 아래는 숫자를 모두 제거한 후 변경하는 방법입니다. // 3

```
kkoma-deck A -e /\d/g -o B
```

그 밖의 옵션은 상세 가이드 문서(링크)에서 볼 수 있습니다.

꼬마 덱이 서버에 저장한 데이터를 조회하거나 변경하는 도구라면, 시작하기 문서에 작성할 기본 기능은 다음처럼 정할 수 있습니다.

1. 도구 기본 사용법(보편적인 사용법)
2. 데이터 하나를 조회하고 저장하는 기능(제품 특징에 소개한 기능)
3. 여러 데이터를 한꺼번에 저장하는 기능(단순하지 않은 기능)

다시 살펴보죠.

꼬마 덱 CLI(command line interface)는 서버에 저장한 데이터를 다운로드하거나 로컬에 있는 데이터를 서버에 업로드할 수 있습니다. 사용 방법은 아래와 같습니다. // 1

```
kkoma-deck [명령] [옵션]
```

지원하는 명령은 다음과 같습니다.

명령	설명
download	서버에서 데이터를 다운로드합니다.
upload	데이터를 서버에 업로드합니다.
...	...

아래처럼 데이터 이름과 로케일을 제공하면 일치하는 데이터를 JSON 형식으로 다운로드할 수 있습니다. // 2

```
kkoma-deck download -t [이름] -l [로케일] -o [(선택) 저장할 파일 이름]
```

저장할 파일 이름을 지정하지 않으면 kkoma-{이름}-{로케일}.json 파일에 데이터를 저장합니다.

꼬마 덱은 이름과 로케일(locale)로 데이터를 구분하므로, 이 명령은 일치하는 데이터 하나만 다운로드합니다.

특정 로케일로 작성한 데이터를 한꺼번에 다운로드하고 싶다면 아래 명령을 사용하세요. // 3

```
kkoma-deck download -l [(선택) 로케일]
```

지정한 로케일로 작성한 데이터를 전부 다운로드해 kkoma-{이름}-{로케일}.json 파일에 각각 저장합니다. 로케일을 입력하지 않으면 모든 데이터를 다운로드합니다.

기본 기능 수행 방법을 작성할 때는 예시처럼 앞서 말한 규칙에 따라 어떤 기능을 설명할 것인지 선별한 후 그에 맞춰 순서대로 설명하면 작성하는 것이 쉽습니다. 여기까지 작성했다면 시작하기 문서의 역할은 다한 셈입니다.

시작하기의 마무리

보통 글을 쓸 때 어려운 부분은 시작과 마무리라고 합니다. 특히 마무리가 더 그렇습니다. 인터넷 커뮤니티를 살펴보면 "어떻게 끝내야 할지 모르겠네. 그럼, 안녕" 같은 식으로 급히 끝맺는 글을 종종 볼 수 있습니다. 그만큼 시작하기 문서에도 마무리가 필요합니다. 하지만 낙담하지 마세요. 이 책에서 시작하기 문서를 어떻게 마무리하면 좋을지 알려드리겠습니다.

논문과 달리 개발 가이드, 특히 시작하기 문서는 결론을 내리지 않아도 됩니다. 그렇다면 마무리에는 어떤 내용을 담아야 할까요? 보통 설치나 기능 소개에서 설명하지 못했던 이야기, 제품 사용과 직접적으로 관련은 없지만 꼭 안내해야 할 작업을 소개하는 편이 좋습니다. 만약 전체 가이드의 일부가 아니라 시작하기 문서만 별개로 배포했다면 더 상세한 사용법이나 관련 정보를 담은 문서를 링크로 안내하는 것도 좋은 마무리 방식입니다.

시작하기 문서를 어떻게 마무리할지 막막하다면, 다음과 같은 내용을 써보세요.

- 종결 방법
- 참고 문서 또는 도구 링크

여기서 '종결'이란 제품을 사용해 얻은 결과물을 마지막으로 정리하는 과정을 뜻합니다. 예를 들어 앱 스토어 같은 마켓이나 패키지 저장소에 업로드하는 일, 로컬에서 결과물을 실행하거나 관리하는 작업 등이 이에 해당합니다.

다음은 스트라이프의 시작하기 문서 중 'Activate your account(계정 활성화)' 부분의 마무리를 기계 번역한 예시입니다(그림 13-1).

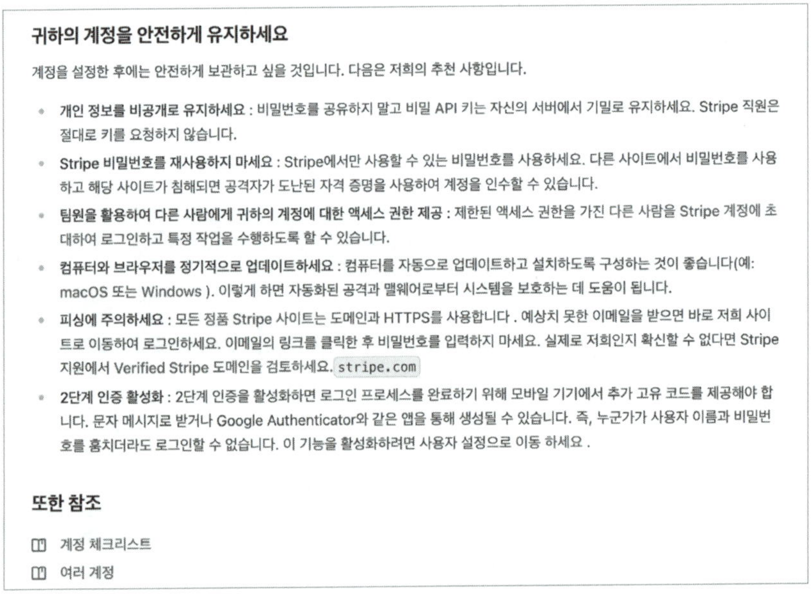

귀하의 계정을 안전하게 유지하세요

계정을 설정한 후에는 안전하게 보관하고 싶을 것입니다. 다음은 저희의 추천 사항입니다.

- **개인 정보를 비공개로 유지하세요** : 비밀번호를 공유하지 말고 비밀 API 키는 자신의 서버에서 기밀로 유지하세요. Stripe 직원은 절대로 키를 요청하지 않습니다.
- **Stripe 비밀번호를 재사용하지 마세요** : Stripe에서만 사용할 수 있는 비밀번호를 사용하세요. 다른 사이트에서 비밀번호를 사용하고 해당 사이트가 침해되면 공격자가 도난된 자격 증명을 사용하여 계정을 인수할 수 있습니다.
- **팀원을 활용하여 다른 사람에게 귀하의 계정에 대한 액세스 권한 제공** : 제한된 액세스 권한을 가진 다른 사람은 Stripe 계정에 초대하여 로그인하고 특정 작업을 수행하도록 할 수 있습니다.
- **컴퓨터와 브라우저를 정기적으로 업데이트하세요** : 컴퓨터를 자동으로 업데이트하고 설치하도록 구성하는 것이 좋습니다(예: macOS 또는 Windows). 이렇게 하면 자동화된 공격과 맬웨어로부터 시스템을 보호하는 데 도움이 됩니다.
- **피싱에 주의하세요** : 모든 정품 Stripe 사이트는 도메인과 HTTPS를 사용합니다 . 예상치 못한 이메일을 받으면 바로 저희 사이트로 이동하여 로그인하세요. 이메일의 링크를 클릭한 후 비밀번호를 입력하지 마세요. 실제로 저희인지 확인할 수 없다면 Stripe 지원에서 Verified Stripe 도메인을 검토하세요. `stripe.com`
- **2단계 인증 활성화** : 2단계 인증을 활성화하면 로그인 프로세스를 완료하기 위해 모바일 기기에서 추가 고유 코드를 제공해야 합니다. 문자 메시지로 받거나 Google Authenticator와 같은 앱을 통해 생성될 수 있습니다. 즉, 누군가가 사용자 이름과 비밀번호를 훔치더라도 로그인할 수 없습니다. 이 기능을 활성화하려면 사용자 설정으로 이동 하세요 .

또한 참조

- 계정 체크리스트
- 여러 계정

그림 13-1 스트라이프 시작하기 문서의 마무리 부분

제목에서 알 수 있듯이, 이 문서는 계정 활성화 작업을 기본 기능으로 삼아 설명했을 것입니다. 그리고 마무리 부분에서는 활성화한 계정을 관리하는 법을 다뤘습니다. 이는 계정 활성화와 직접적인 관련은 없지만, 결과물을 어떻게 활용하거나 관리하는지를 보여준다는 점에서 종결 방법으로 볼 수 있습니다. 그 밖에 (기계 번역이 다소 어색하긴 하지만) '또한 참조see also'로 참고할 만한 다른 문서도 안내하고 있습니다.

이번에는 OpenAI 빠른 시작 문서의 마무리 부분을 살펴봅시다. 이 역시 기계 번역한 내용입니다(그림 13-2).

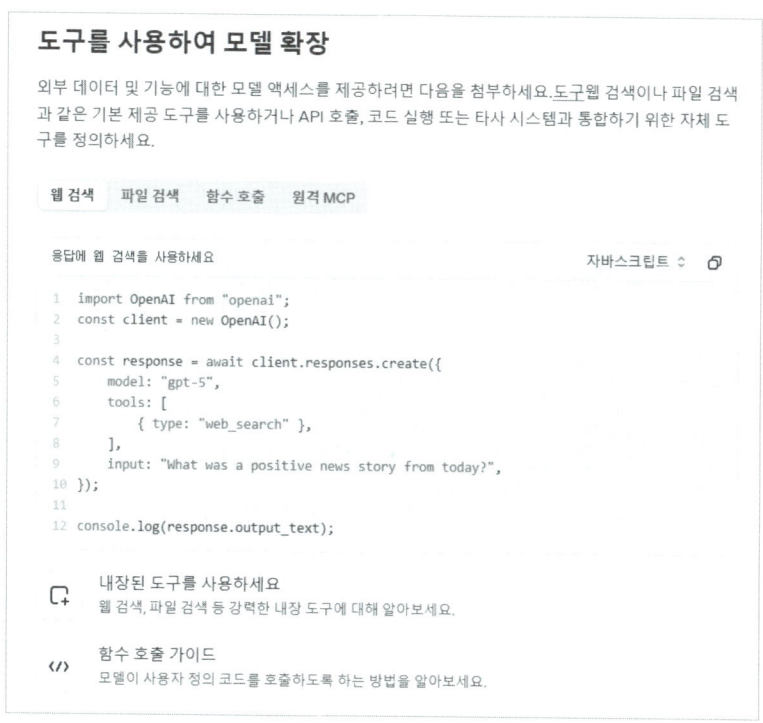

그림 13-2 OpenAI 빠른 시작 문서의 마무리 부분

마무리를 길게 쓰지 않고 다음에 볼 만한 문서만 안내했습니다. 종결할 내용이 없다면 이렇게 간단히 참고 링크만 남겨도 충분합니다.

문제점 찾기 연습

내용이 부족한 시작하기 문서에는 공통적으로 나타나는 문제점이 있습니다. 이번 절에서는 몇 가지 예시를 통해 그러한 문제점을 찾아보겠습니다.

> 제목: 꼬마 덱 클라이언트 개발하기
>
> 꼬마 덱에서 공통으로 사용할 수 있는 라이브러리는 아래와 같다.
> - Kkoma SDK: 자세한 설명은 공식 개발자 문서 참고
> - Kkoma Client: 클라이언트를 쉽게 개발하게 해주는 라이브러리

꼬마 덱 클라이언트의 개발 방법을 소개하는 시작하기 문서의 첫 부분입니다. 모든 문서에서 가장 중요한 부분은 바로 시작입니다. 사용자가 첫 문장을 읽고 이 문서에서 무엇을 알 수 있을지 짐작할 수 없다면, 그 문서는 실패한 셈입니다.

꼬마 덱 클라이언트의 시작하기 문서는 시작부터 느닷없이 '공통으로 사용할 수 있는 라이브러리'를 소개합니다. 그런데 이 라이브러리를 언제, 왜 사용해야 하는지에 대해 안내하지 않았습니다. 앞서 말한 것처럼 시작하기 문서는 가입과 설치부터 차근차근 설명해야 합니다.

만약 공통 사용 라이브러리가 꼬마 덱 클라이언트를 만드는 데 꼭 필요하다면, 문서의 첫머리에 언급한 것은 잘한 선택입니다. 다만 단순히 '이런 라이브러리가 있다'고 설명하는 대신 '○○○라는 이유로 필요하니 XXX 라이브러리를 설치하라'는 식으로 함께 안내하는 편이 좋습니다. 반대로 공통 라이브러리가 꼭 필요하지는 않지만 참고용으로 알려주고 싶었다면 문서의 첫머리보다는 마지막 부분, 즉 마무리에서 설명해야 합니다.

이제 설명에 따라 예시를 올바르게 고쳐보겠습니다. 라이브러리가 필수 항목일 때는 다음과 같이 쓸 수 있습니다.

> 제목: 꼬마 덱 클라이언트 개발하기
>
> **꼬마 덱 클라이언트를 개발하려면 몇 가지 라이브러리를 설치해야 한다.**

- Kkoma SDK: **꼬마 덱 기본 SDK**. 공식 개발자 문서(링크) 참고
- Kkoma Client: 클라이언트를 쉽게 개발하게 해주는 라이브러리. **다운로드 페이지**(링크)**의 설명 참고**

이제 조금 뜬금없어 보이던 라이브러리 소개에도 개연성이 생겼습니다. 다음은 이 라이브러리가 필수 항목이 아닐 때 사용할 수 있는 안내 방법입니다.

> 제목: 꼬마 덱 클라이언트 개발하기
>
> **꼬마 덱 클라이언트를 개발할 때는 다음과 같은 개발 환경이 필요하다.**
>
> - **Go 1.20 이상**
>
> (…)
>
> **공용 라이브러리를 사용하면 좀 더 쉽게 꼬마 덱 클라이언트를 개발할 수 있다. 아래 항목에서 필요한 라이브러리를 확인하고 공식 문서에서 상세 사용 방법을 확인하라.**
>
> - Kkoma SDK: 꼬마 덱 기본 SDK. 공식 개발자 문서(링크) 참고
> - Kkoma Client: 클라이언트를 쉽게 개발하게 해주는 라이브러리. **다운로드 페이지**(링크)**의 설명 참고**

기본 기능을 설명한 또 다른 예시를 살펴봅시다.

> 제목: Baby Search JavaScript 라이브러리 사용하기
>
> 1. 가입하기
>
> (…)
>
> 2. API 호출하기
>
> (…)
>
> 2-1. 인증 정보 입력
>
> Baby Search API를 호출할 때는 올바른 요청인지 확인할 수 있도록 인증 정보를 보내야 합니다. 〈가입하기〉에서 발급받은 ID와 API 키를 아래처럼 환경변수로 설정하세요.

```
export BABY_SEARCH_ID= <your ID>
export BABY_SEARCH_KEY= <your key>
```

2-2. 서버 상태 조회

BabySearch 인스턴스를 만들고 아래처럼 서버 상태를 확인해보세요.

```
const library = require('@kkoma/sdk-js');
const babySearch = new library.BabySearch(BASE_URL);

babySearch.healthCheck().then(response => {
    console.log("statusCode", response.statusCode);
})
```

같은 방법으로 아래 기능을 호출할 수 있습니다.

기능	설명	비고
healthCheck()	서버 상태 확인	API 키 인증 필요 없음
getIndexList()	검색 인덱스 전체 목록	
search(keyword, indexId)	특정 인덱스에서 키워드 검색	
...	...	...

얼핏 보면 문제없는 것 같지만, 자세히 뜯어보면 맹점이 있습니다. 대부분 API는 호출할 때 키로 인증해야 하는데, 하필이면 인증하지 않아도 되는 `healthCheck()`로 사용 방법을 설명했다는 점입니다. 환경변수에 인증 정보를 입력한 후 BabySearch 멤버 함수가 자동으로 이 정보를 참고한다면 다행이지만, 그렇지 않다면 설명대로 `search()` 함수를 호출해봤자 인증 오류가 발생할 겁니다.

이 문제를 해결할 방법은 두 가지입니다. 첫 번째는 환경변수로 설정한 인증 정보가 자동으로 전달된다는 것을 명시하는 방법이고, 두 번째는 인증을 사용하는 함수를 설명하도록 바꾸는 방법입니다.

다음은 첫 번째 방법을 채택한 예시입니다.

제목: Baby Search JavaScript 라이브러리 사용하기

(…)

2-1. 인증 정보 입력

Baby Search API를 호출할 때는 올바른 요청인지 확인할 수 있도록 인증 정보를 보내야 합니다. 〈가입하기〉에서 발급받은 ID와 API 키를 아래처럼 **환경변수**로 설정하세요.

```
export BABY_SEARCH_ID= <your ID>
export BABY_SEARCH_KEY= <your key>
```

BabySearch 인스턴스는 **환경변수**로 설정한 인증 정보를 가져와 API를 호출할 때마다 함께 전달합니다.

인증 정보를 자동으로 전달하는 방식이 아니라면 두 번째 방법을 써야 합니다. 그러기 위해서는 다음처럼 시작하기 문서에서 `healthCheck()` 대신 `search()`를 다루는 편이 좋습니다.

제목: Baby Search JavaScript 라이브러리 사용하기

(…)

2-1. 인증 정보 입력

Baby Search API를 호출할 때는 올바른 요청인지 확인할 수 있도록 인증 정보를 보내야 합니다. **인증 정보를 입력하려면, 아래처럼 `authenticate()` 함수를 사용하세요.**

```
const library = require('@kkoma/sdk-js');
const babySearch = new library.BabySearch(BASE_URL);

babySearch.authenticate().search('happy', 'my-local-data').then(response
=> {
    console.log("statusCode", response.statusCode);
})
```

세 번째 예시를 보겠습니다. 이번에는 문제점을 찾기가 약간 어려울 수 있으니 꼼꼼하게 읽어보기를 바랍니다.

제목: 꼬마 패키지 매니저 사용 방법

1. 가입하기

(…)

2. 권한 관리

꼬마 패키지 매니저로 배포한 패키지는 기본적으로 로그인한 사용자라면 누구나 접근/배포/배포 취소할 수 있습니다. 단, 필요하다면 패키지 배포, 배포 취소 권한을 특정인으로 제한할 수 있습니다.

2-1. 권한 종류

모든 패키지는 다음 두 가지로 접근 수준을 나눕니다.

- 사용자: 접근 및 사용할 수 있는 사용자
- 관리자: 배포, 배포 취소할 수 있는 사용자

2-2. 관리자 추가

패키지를 처음 배포하면, 배포한 사람이 관리자로 등록됩니다. 다른 사용자를 관리자로 등록해 패키지를 배포할 수 있게 하려면, 아래 명령으로 권한을 부여해야 합니다. 명령을 실행할 사람은 관리자로 로그인한 상태여야 합니다.

```
kkctrl permission 〈사용자 ID〉 〈패키지 ID〉
```

이제 지정한 사용자가 해당 패키지를 배포하거나 배포 취소할 수 있습니다.

2-3. 관리자 삭제

이상한 점을 찾았나요? 힌트를 드리면 기본 권한에 문제가 있습니다. 이를 염두에 두고 다시 한번 읽어보세요. 이번에는 찾을 수 있을 겁니다.

예시에는 모순된 내용이 있습니다. 다음의 문장들을 봅시다.

> 2. 권한 관리
>
> 꼬마 패키지 매니저로 배포한 패키지는 **기본적으로 로그인한 사용자라면 누구나 접근/배포/배포 취소**할 수 있습니다.

2-2. 관리자 추가

패키지를 처음 배포하면, 배포한 사람이 관리자로 등록됩니다. 다른 사용자를 **관리자로 등록해 패키지를 배포할 수 있게 하려면, 아래 명령으로 권한을 부여**해야 합니다.

굵게 표시한 부분은 서로 모순입니다. 처음에는 로그인한 사용자가 누구나 접근, 배포, 배포 취소할 수 있다고 했으나, 나중에는 관리자로 등록해야 패키지를 배포할 수 있다고 했으니까요. 내용을 잘 살펴보면 로그인한 사용자가 할 수 있는 것은 '접근'일 뿐, '배포'나 '배포 취소'는 관리자만 할 수 있는 것으로 보입니다.

이런 모순이 생기는 흔한 이유는 두 가지입니다.

- 본래부터 첫 번째 상황(모두 배포 가능)이 아닌데 잘못 표현한 경우
- 본래는 첫 번째 상황(모두 배포 가능)이었으나 나중에 두 번째 상황(관리자만 배포 가능)으로 바뀌었는데, 문서에 제대로 반영하지 못한 경우

첫 번째 이유라면, "기본적으로 로그인한 사용자라면 누구나 접근/배포/배포 취소할 수 있습니다"라는 문장은 '로그인만 하면 누구나 이미 배포한 모든 패키지에 접근할 수 있고, 자신의 패키지를 배포하거나 배포 취소할 수 있습니다'라는 뜻이었을 겁니다. 다시 말해, '접근'의 목적어는 '모든 패키지'이지만, 배포나 배포 취소의 목적어는 '자신의 패키지'란 말이죠. 하지만 짧게 쓰고 싶은 마음에 목적어를 없애고, '접근/배포/배포 취소'라고 동사를 한데 묶는 바람에 의도가 모호해지고 오해를 불러일으켰습니다.

문서를 작성할 때 조사나 서술어, 목적어를 생략하고 명사만 줄줄이 나열하거나 어려운 한자를 쓰는 사람이 꽤 많습니다. 짧게 쓰고 싶어서 혹은 해당 방식의 문서를 많이 봐서 그렇게 해야 한다고 생각했기 때문일 수도 있습니다. 하지만 조사나 서술어, 목적어는 우리말에서 아주 중요한 역할을 하므로 잘못 생략하면 의미가 달라질 수 있습니다.

흔히 오해를 빚는 생략형 표현을 살펴봅시다.

이 시스템은 향상된 안정성과 투명성을 제공합니다.

이 문장은 보안성과 투명성이 높아졌다는 것인지 아니면 보안이 높아지고 투명하다는 것인지 불분명합니다. '이 시스템은 기존 시스템보다 안전하고 투명합니다'처럼 풀어쓰는 것이 좋습니다.

금융기관을 이용한 범죄 자금의 세탁을 방지합니다.

이 문장에서 방지하고자 하는 것이 금융기관을 이용한 범죄인지, 금융기관을 이용한 세탁인지 불분명합니다. 또 "범죄 자금의 세탁"에서 '의'는 '을'의 조사를 잘못 사용했습니다. 따라서 '금융기관을 이용해 범죄 자금을 세탁하는 일을 방지합니다'로 풀어쓰는 것이 좋습니다.

그런데 두 번째 이유가 원인이라면 권한 설정이 바뀌었을 때 시작하기 문서 전체를 개정하지 않고 변경한 기능 사용법(2-2, 2-3 등)만 추가하는 바람에 벌어진 일일 겁니다. 비단 시작하기 문서에만 일어나는 문제가 아닙니다. 내용이 길어지고 변경이 많을수록 하나의 문서 내에서 내용이 불일치하는 경우가 자주 일어납니다. 새 기능을 문서에 반영할 때 문서 전체를 살피는 일은 꼭 필요하지만, 보통은 관련 부분만 변경하거나 추가하는 선에서 그치기 때문입니다. 이 문제는 문서를 개정할 때마다 전체 내용을 다시 읽어보는 것으로 해결할 수 있습니다. 이 방법이 힘들다면 관련 키워드가 나오는 부분만이라도 다시 읽어보는 것을 권합니다.

시작하기 문서는 사용자가 처음 접하는 문서입니다. 특히 내용 불일치가 일어나지 않도록 신경 써야 한다는 것을 명심하세요.

요약

시작하기 문서는 제품의 기본 사용법을 알려주는 문서로, 제품 사용자가 개발 가이드 중에서 가장 먼저 접하는 대상입니다. 시작하기 문서에는 다음과 같은 내용이 꼭 있어야 합니다.

- 사용 준비 작업(가입, 설치 등)
- 기본 기능 수행 방법
- 마무리(종결 방법, 추가 정보)

14 기술 블로그

블로그를 쓰면 돈이 됩니다. 아니, 돈이 될 수 있습니다. 어때요, 구미가 당기나요? 게다가 초기 자본이 거의 들지 않는다는 점도 큰 장점입니다.

취직을 준비하던 시절 열심히 써놨던 블로그가 플러스 요인이 되어 취업으로 이어졌다면 그것 역시 돈으로 이어진 것입니다. 정성 들여 쓴 글이 출판사 눈에 띄어 책으로 출간될 수도, 블로그 조회 수가 높아져 업계에서 인지도가 올라가거나 그로 인해 출강 기회를 얻을 수도, 미미하지만 광고 수익을 얻을 수도 있습니다. 글쓰기 연습을 꾸준히 하다 보면 문서도 술술 잘 써지고, 회사에서 인정을 받거나 프로젝트 문서화에 기여하거나 사내 기술 블로그에 기고해 평가 기간에 어필할 수도 있습니다.

블로그를 쓰면 돈으로 연결될 수 있습니다. 대다수가 잘 못하는 걸 할 줄 알면 돈이 될 수 있습니다. 돈이란 인간에게 최고의 동기부여가 되기도 하지 않습니까? 물질만능주의를 이야기하려는 것은 아니지만 블로그 쓰기에 이만한 동기부여가 있을까요? 투입 시간을 고려하면 ROI(투자자본수익률)return on investment가 만족스럽지 않을 수 있어도, 블로그를 쓰다 보면 결국에는 '내 자산'이 됩니다. 쓴 글들은 내 자산이고 그 글을 쓰면서 키운 글쓰기 근육도 내 자산입니다.

이번 장에서는 블로그를 한 번도 써보지 않은 개발자, 써볼까 말까 고민만 N년째인 초보자, 그리고 써보려고 계정도 개설했는데 첫 글을 못 쓰고 있는 개발자, 조금 써보다

포기한 개발자가 블로그라는 길로 발걸음을 뗄 수 있도록 응원하는 내용을 다뤄보려고 합니다.[1]

무엇을 얻고 싶은가요?

블로그를 이미 시작했다면 시작한 동기가 무엇이었나요? 블로그를 쓰려고 고민 중이라면 왜 쓰고자 하나요? 블로그에 관심이 없다면 이번 절은 이미 건너뛰었을 겁니다. 이번 절의 제목에 시선이 머물었다면 블로그에 관심이 있거나 회사에서 DevRel나 이밴젤리스트(에반젤리스트)evangelist인 여러분에게 블로그 작성 요청이나 압박을 하는 상황일 수도 있습니다.

요청이나 지시를 받고 시작하는 게 아니라 자발적으로 블로그를 쓰려고 한다면 목적이 무엇인지 생각해보세요. 목적에 따라 블로그를 쓰는 방향이나 깊이가 달라집니다. 블로그를 써서 얻고자 하는 것이 무엇인가요?

- 취업이나 이직할 때 도움이 됐으면 해서
- 나를 위해서(공부나 기록)
- 언젠가 집필하고 싶어서
- 누군가에게 도움이 되고 싶어서
- 기타 이유

목적은 언제든 바뀔 수 있고, 바꿀 수 있어야 합니다. 얽매일 필요는 없습니다. 취업을 위해 블로그를 썼다면 목적을 달성한 후에는 새로운 목적을 세우면 됩니다. 목적은 유연하게 바꿀 수 있다는 조건을 가지고 시작하세요.

---

1 이번 장에 등장하는 블로그 예시는 전부 LINE Engineering 블로그(https://engineering.linecorp.com/ko/blog) 및 LY Corporation Tech 블로그(https://techblog.lycorp.co.jp/ko)에 기고된 글입니다.

취업이나 이직할 때 도움이 됐으면 해서

취업할 때 도움이 됐으면 하는 마음으로 블로그를 작성한다면 주 독자는 누구일까요? 바로 서류 전형 담당자와 면접관입니다. 이력서에 블로그 링크를 기입해도 블로그에 방문하지 않을 수 있습니다. 누군가는 쓱 훑어보기만 할 수도 있습니다. 누군가는 글 하나하나 꼼꼼히 읽어볼 수도 있습니다. 지원자를 소중히 여기는 문화가 있는 훌륭한 회사라면 면접관이 면접을 준비하면서 지원서뿐만 아니라 블로그도 찬찬히 볼 가능성이 높습니다.

'내 블로그를 읽기는 할까?', '읽지 않는다면 과연 블로그를 쓰는 게 도움이 될까?'라는 고민이 생긴다면, 대답을 드리겠습니다.

네, 도움이 됩니다. 쓰십시오.

이력서에 한 줄 추가하는 건 굉장히 어려운 일입니다. 블로그를 쓰지 않는 지원자보다 돋보일 기회입니다. 물론 블로그를 썼다는 사실 하나로 합격이 보장되는 건 아닙니다. 하지만 주제를 고민하고, 생각을 글로 풀어쓰는 연습은 취직 후에도 필히 도움이 됩니다.

글쓰기 자체가 면접 준비가 될 수도 있습니다. 예상되는 면접 질문 중에서 주제를 고르세요. 아니면 쓰고 싶은 주제를 바탕으로 면접 질문을 만들어보세요. 그리고 답변을 글로 써보는 겁니다. 검색 서비스에서 '기술 면접 질문'으로 검색하면 많은 질문 예시가 나옵니다. 도무지 첫 문장을 쓰지 못하겠거나 글이 안 써지면 면접관에게 할 대답을 말로 하면서 그대로 타이핑해보세요. 입도 안 떨어진다면 주어진 문제를 입으로 읊으며 문제를 글로 옮겨보세요.

지원자의 블로그 글을 자세히 읽는 회사는 블로그에서 무엇을 확인하고 싶어 할까요? 글 자체를 평가하기보다는 얼마나 꾸준히 올렸는지를 볼 가능성이 높습니다. 꾸준히 글을 올렸다는 사실 하나만으로 성실함을 증명할 수 있습니다. (물론 메모 수준의 영양가 없는 글만 꾸준히 올린 블로그는 예외입니다.) 글에 관심 있는 면접관이라면 오타 여부, 중언부언하지 않고 간결한 문장으로 작성하는 능력, 결론까지 가는 과정이 논리적으로 흘렀는지를 유심히 볼 겁니다. 테크니컬 라이터를 뽑는 게 아니라면 필력을 평가할 가능성은 낮습니다.

기술 면접을 보는 면접관은 글에 적힌 내용의 정확성을 보겠죠. 문제를 해결한 과정을 다룬 글이라면 지원자가 어떤 흐름으로 문제를 파악하고 접근했는지, 문제를 해결한 방법은 무엇인지를 볼 수도 있습니다. 경력자의 블로그에서는 글 목록과 주제 분류에 눈길이 갈 수도 있습니다. 이는 지원자가 어떤 분야에 관심과 경력이 있는지 보고자 함입니다.

취직이나 이직에 도움이 됐으면 하는 마음으로 운영하는 블로그라면 서류 제출이나 면접에 앞서 날짜를 잘 계산하는 것도 도움이 됩니다. 제출 기한이나 면접일에 가깝게 글을 한두 개 올려서 인사팀이나 면접관의 시선을 끌고, 나아가서는 클릭을 유도할 만한 주제가 바로 보이도록 구성해보세요.

나를 위해서(공부나 기록)

철저히 '나'를 위해서 쓰는 것이 목적이라면 '흥, 독자 따위!'라는 생각으로 정말 편하게 써도 됩니다. '내 블로그'는 나만 읽을 거니까요. 철자를 틀리든, 비문이든 상관하지 않고 편하게 써도 됩니다. '음슴체'로 써도 누가 뭐라고 할까요? 다만 이럴 때는 블로그를 비공개로 설정하는 것을 추천합니다. 공개되는 글을 쓸 때는 그것이 단순 댓글이든, 블로그이든, 커밋 메시지이든 읽는 사람에게 영향을 끼친다는 것을 잊지 마세요.

독자를 향한 일말의 책임감을 가지고 글을 쓸 각오를 했다면 칭찬합니다. 작성자도 독자이기 때문입니다. 시간이 흘러 썼던 글을 다시 읽을 때 작성자인 내가 이해할 수 있는 글을 써야 합니다. 여기서 중요한 건 '글'입니다. 메모와 블로그는 다릅니다. 메모는 토막입니다. 글자나 문장이 나열된 것은 글이 아닙니다. '구슬이 서 말이라도 꿰어야 보배'라는 속담처럼 오직 나만을 위한 블로그라고 할지라도 문장과 문장이 연결되도록 구슬을 꿰는 작업을 거치세요.

글을 쓸 때는 머릿속 램random-access memory, RAM에 정보가 살아 있어 엉망으로 작성해도 읽으면 무슨 이야기인지 압니다. 하지만 시간이 지나 다시 그 글을 찾았을 때는 당시 기억은 휘발되어 없고 도통 무슨 말인지 알기 어려운 글자들만 나를 맞이할 겁니다.

언젠가 집필하고 싶어서

언젠가 블로그에 글을 써서 책으로 출간하고 싶다면 우선 블로그의 인지도를 올려야 합니다. 인지도가 높다는 것은 사람들이 내 글을 많이 읽는다는 의미입니다. 물론 블로그 말고 다른 경로로 인지도를 올려도 되긴 합니다.

사람들이 내 글을 많이 읽게 하도록 내가 만족시켜야 하는 조건은 다음과 같습니다.

- 꾸준히 올라오는 글
- 대중이 관심 있어 하는 주제
- 독자가 원하는 정보
- 이해하기 쉬운 글
- 잘 검색되는 글

스스로 할 수 있는 일들입니다. 읽기 쉬운 글을 쓰려면 쉬운 주제를 다루거나 어려운 주제를 쉽게 풀어쓰는 것도 한몫합니다. 내 블로그가 검색 서비스에 잘 등장하게 하려면 '블로그 SEO 최적화' 및 '메타태그', 'OGPOpen Graph Protocol'를 검색해보세요. 생각보다 간단한 설정으로 큰 차이를 만들 수 있습니다.

블로그, 기본 틀

블로그에는 읽는 사람이 필요한 정보, 알고 싶은 정보를 담아야 합니다. 여러분은 블로그에 방문해서 글들을 읽을지 말지 여부를 무엇으로 기준으로 결정하나요? 잠시 생각해보세요. 내가 원하는 정보가 있으면 읽을 겁니다. 마찬가지로 내 블로그 역시 독자가 원하는 걸 준비하면 됩니다.

블로그 글을 구성하는 기본 요소는 다음과 같습니다.

- 제목
- 글 공개 날짜
- 대상 독자
- 예상 완독 시간
- 목차
- 서론
- 본론
- 결론
- 관련 자료, 참고 자료 링크
- 출처 정보

필수는 아니지만 전부 제공한다고 해서 과유불급過猶不及은 아닙니다.

사람을 낚는 어부가 되세요

유튜브에서 시청자의 간택을 기다리는 영상 중 '택함'을 받는 영상은 어떻게 선택을 받았을까요? 여러분이 어떤 영상을 클릭하는지 생각해보세요. 보통 섬네일과 제목을 보고 결정할 겁니다. 블로그도 마찬가지입니다. 제목이 무척 중요합니다. 구글이나 네이버에서 검색할 때 표시되는 게 바로 제목입니다.

제목으로 사람을 낚으세요. 일단 클릭하게 만드는 것이 중요합니다. 과대광고 같은 제목을 만들자는 것이 아니라 매력 있는 제목을 뽑자는 이야기입니다. 검색 결과에서 내 글의 제목이 다른 글보다 조금이라도 도드라지면 내 글이 간택될 확률이 높습니다. 마케팅 차원에서 독자의 관심을 끌 만한 표현이 무엇일까 고민해보세요.

LINE Engineering 블로그와 LY Corporation Tech 블로그에서 잘 지은 제목을 골라봤습니다.

감자탕 먹고 Vue.js로 Figma 번역 플러그인 만든 이야기

멀쩡한 앱을 Flutter 앱으로 **다시 짠 이유** - 일본 1위 배달 앱, 두 번째 Recode

누가 Kubernetes 클러스터에 있는 **나의 사랑스러운** Prometheus 컨테이너를 **죽였나!**

모두가 행복해지는 API 문서 통합과 자동화

우선순위에 시달리다 공식을 만들었다

오픈소스**답게** 소프트웨어 설계하기

Jira의 이슈 정렬 방식이 Integer 방식이 **아니라고?!**

보이지 않는 로직, **읽을 수 있는** 문서로 만들기!

질문에 대처하는 **어느 플랫폼 개발자의 이야기**

개발자가 **손수** 대규모 Cassandra를 신규 클러스터로 이전하기

1,100km 떨어져 있는 사용자를 위한 UX 리서치부터 과감한 리뉴얼까지의 기록

굵게 표시한 부분은 독자의 흥미를 끌기에 충분합니다. 단어 몇 개, 표현 몇 개만으로 품격을 잃지 않으면서도 제목을 맛깔나게 뽑았기 때문입니다. 그렇다고 해서 모든 글에 지나치게 흥미로운 제목을 붙이려 애쓸 필요는 없습니다. 어느 순간 제목 뽑기가 부담으로 느껴져 오히려 글쓰기를 멈추게 되는 요인이 될 수도 있으니까요.

언제 올린 글이에요?

간혹 글을 게시한 날짜를 표시하지 않는 블로그가 있습니다. IT 업계는 자고 일어나면 새로운 것이 나오는 게 일상인지라 주제에 따라 글이 더 이상 유효하지 않을 수 있습니다. 독자는 블로그를 읽는 시점에 내용이 유효한지 아닌지 알 수 있어야 합니다.

구글 검색 결과에 스택 오버플로Stack Overflow 문답 링크가 여러 개 나온다고 합시다. 여러분은 그중 최신 날짜가 찍힌 글을 클릭하지 않나요? 소프트웨어나 서비스, 도구 사양은 빠르게 바뀌기 때문에 몇 년 전 문답이면 지금은 해당되지 않는 내용이 담겼을 가능성이 높습니다. 자연스럽게 최근 글을 선호하게 되는 거죠.

네이버 블로그처럼 블로그용 서비스를 이용한다면 날짜는 자동으로 표시되지만, 직접

블로그 사이트를 제작한다면 그렇지 않습니다. 날짜가 표시되도록 구현해야 합니다. 만약 날짜가 표시되지 않는 블로그 서비스를 이용한다면 글 안에 날짜를 직접 기입하세요. 내가 썼던 주제와 관련해 변경 사항이 생기거나 새 버전이 나와서 글 내용을 최신 상황으로 수정한다면 수정 부분이 어디인지 명시하고, 첫 게시 날짜와 마지막으로 수정한 날짜를 명시하는 것이 좋습니다.

읽을까, 말까?

등산을 시작하기 전에 등산로 앞에서 코스별 난이도를 보고 등산로를 결정하듯이, 블로그도 마찬가지입니다. 독자가 글을 읽기 전 무엇을 기대할 수 있는지 알려주는 것이 좋습니다. 어떤 독자를 위한 것인지, 읽는 데 얼마나 시간이 걸리는지 간단히 안내해주세요.

내 블로그를 찾아오는 독자의 배경은 정말 다양합니다. 연령대도, 경력도, 배경도 제각각일 겁니다. 내가 쓴 내용을 이미 잘 아는 독자도 있고, 생전 처음 접하는 독자도 있을 수 있습니다. 그래서 글을 쓸 때 누구를 대상으로 했는지 명확히 밝히는 게 좋습니다. '초급 자바스크립트 개발자'나 'C에는 익숙하지만 객체 지향 프로그래밍은 처음인 C++ 개발자'처럼 구체적으로 명시하세요. 만약 내가 다룰 내용을 배경지식이 있어야만 이해할 수 있다면, 그 배경을 가진 독자를 대상으로 쓴 글임을 미리 안내해야 합니다.

다음은 블로그는 아니지만 대상 독자가 누구인지, 누가 읽어야 하는지를 명시한 좋은 예시입니다(그림 14-1). LINE Blockchain Developer Docs에 게시됐던 문서에서는 해당 글이 자바스크립트나 타입스크립트로 핀시아 서비스를 개발하려는 사람이 대상이라는 것을 알려주고 있습니다.

> **JavaScript 라이브러리 가이드**
>
> LINE Blockchain Developers SDK는 LINE Blockchain Developers API를 이용한 서비스 개발을 도와줍니다. SDK는 모든 LINE Blockchain Developers API 엔드포인트 함수를 제공하며, 요청의 서명을 생성해주므로 별도의 서명 작업이 필요하지 않습니다.
>
> 👤 **핀시아 서비스를 JavaScript 또는 TypeScript로 개발하려는 사람**
> 📄 SDK 사용해 JavaScript로 개발하기

그림 14-1 도입부에 대상 독자를 명시한 자바스크립트 라이브러리 가이드

이처럼 대상 독자가 누구인지 글 앞에 명시하는 방법도 있지만 글에 풀어쓸 수도 있습니다. 우회적으로 '당신이 이런 것을 몰라도 이 글을 읽는 데 문제가 없습니다'라는 메시지를 전달하는 방법입니다.

다음은 LINE Engineering 블로그에 게시된 '주석 분석기를 이용한 간단한 API 문서화 방법'의 도입부입니다(그림 14-2). "코딩이 많이 필요할 거라는 기대 혹은 염려는 가슴 한편에 고이 접어둬도 좋습니다"라는 도입부의 마지막 문장은 코딩에 익숙하지 않은 독자에게 이 글을 읽기로 결심하기까지 허들을 한 단계 낮춰주는 효과가 있습니다.

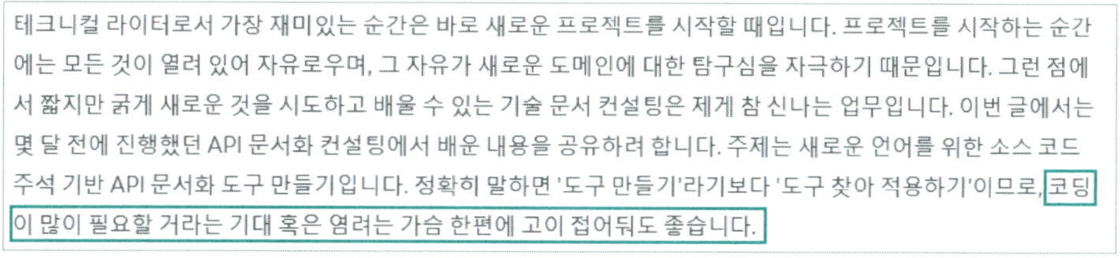

> 테크니컬 라이터로서 가장 재미있는 순간은 바로 새로운 프로젝트를 시작할 때입니다. 프로젝트를 시작하는 순간에는 모든 것이 열려 있어 자유로우며, 그 자유가 새로운 도메인에 대한 탐구심을 자극하기 때문입니다. 그런 점에서 짧지만 굵게 새로운 것을 시도하고 배울 수 있는 기술 문서 컨설팅은 제게 참 신나는 업무입니다. 이번 글에서는 몇 달 전에 진행했던 API 문서화 컨설팅에서 배운 내용을 공유하려 합니다. 주제는 새로운 언어를 위한 소스 코드 주석 기반 API 문서화 도구 만들기입니다. 정확히 말하면 '도구 만들기'라기보다 '도구 찾아 적용하기'이므로, **코딩이 많이 필요할 거라는 기대 혹은 염려는 가슴 한편에 고이 접어둬도 좋습니다.**

그림 14-2 블로그에서 다루는 내용이 무엇인지 명시한 도입부

미디엄Medium[2]은 글마다 완독에 소요되는 예상 시간을 표시합니다(그림 14-3). 글보다 영상을 더 찾는 요즘은 유튜브를 보더라도 총 재생 시간이 얼마인지 확인하고 시청 여부를 결정하기도 합니다. 재생 시간을 확인한 후 지금 볼 여유가 없다면 보기 목록에 영상을 추가하는 것이죠. 이와 같이 바쁜 현대인을 위해 블로그에도 예상 완독 시간을 함

---

2 https://medium.com/

께 명시하는 것도 좋은 방법입니다.

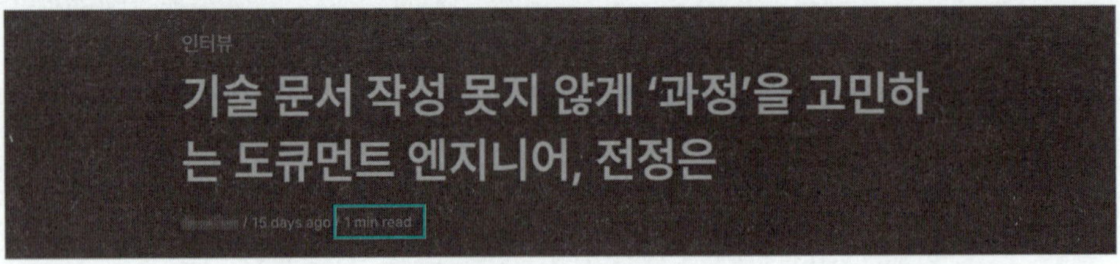

> 인터뷰
> **기술 문서 작성 못지 않게 '과정'을 고민하는 도큐먼트 엔지니어, 전정은**
> / 15 days ago | 1 min read

그림 14-3 기술 블로그에 실린 인터뷰를 읽는 데 1분 정도 소요된다는 것을 알 수 있다.

미디엄에 따르면,[3] 평균 성인의 읽기 속도를 265 WPM(words per minute), 즉 1분에 265단어를 읽는 기준으로 완독 시간을 계산했다고 합니다. 중국어와 일본어, 한국어 글은 1분에 500자를 기준으로 계산했다고 합니다. 모수가 적지만 〈한국어 읽기 속도 측정 애플리케이션의 유효성 및 정상인의 읽기 속도에 대한 사전 연구〉[4]에 따르면, "10포인트 글자 크기에서의 평균 읽기 속도는 202.3 ± 88.4" WPM이라고 합니다. 미디엄의 기준과 크게 다르지 않습니다. 공식 자료가 없으니 정확한 기준을 정하는 것은 어렵지만 언급된 값 언저리로 기준을 삼아 계산하면 무난한 결과를 제시할 수 있을 겁니다.

날이면 날마다 오는 게 아녀! 이 약으로 말할 것 같으면

제목만큼 중요한 것이 도입부입니다. 클릭했던 글이 화면에 다 표시된 후 몇 초 만에, 아니면 다 로딩되기도 전에 뒤로가기한 경험, 다들 있을 겁니다. 독자의 시선을 조금이나마 내 블로그에 묶어두려면 글을 읽고 싶게끔 만들어야 합니다. 독자가 서론을 읽고, 왜 시간을 내서 이 블로그에 머물러야 하는지, 무엇을 얻을 수 있는지 알 수 있도록 도입부를 작성하세요.

다음은 잘 지은 제목에 선정된 '우선순위에 시달리다 공식을 만들었다'라는 글의 도입부입니다(그림 14-4). 제목부터 독자와 공감대를 형성하고 있습니다.

---

[3] https://help.medium.com/hc/en-us/articles/214991667-Read-time

[4] https://www.kci.go.kr/kciportal/landing/article.kci?arti_id=ART002099342

> "리소스가 부족해서요."
>
> "우선순위가 낮아서요."
>
> 어느 회사 어느 부서에서나 협업할 때 가장 많이 나오는 말 아닐까요? 지금 있는 인원으로 주어진 일정을 소화하기에도 바쁘므로 당신의 요청은 당장 들어주기 어렵다는 의미이지요. 한정된 인원이 규칙적인 릴리스 사이클을 지켜가면서 기술 부채도 최소화하며 좋은 프로덕트를 만드는 것은 꽤 어려운 일입니다.
>
> 플랫폼 서비스를 만들면 엔드 유저가 둘 이상이기에 각 엔드 유저의 만족도를 올리면서 엔드 유저 경험 사이의 균형을 맞춰야 하는 등 복잡도가 부쩍 올라갑니다. 서비스가 잘 되기 시작하면 파트너들로부터 요구 사항이 몰려오며, 거절하기 힘든 큰 비즈니스 기회로 빠르게 대응해야 할 일이 갑자기 들어오기도 합니다.
>
> 사업부나 영업부는 서로 자신들의 요구가 가장 중요하다고 말하고, 그 사이 CEO가 갑자기 그날 떠오른 생각을 메신저로 덜렁 보낼 때도 있습니다. 프로덕트 팀 내에서도 하나의 컴포넌트 팀이 다른 팀의 컴포넌트에 의존해서 원활히 진행이 안되는 경우도 있습니다.
>
> 큰일입니다. 서론만 썼는데도 머리가 아파옵니다. 읽는 분들도 마찬가지일 것입니다.

그림 14-4 독자의 관심을 불러일으키는 도입부

도입부에서 독자와 공감대를 형성하려는 시도가 잘 드러납니다. 경험을 나누는 글이기 때문에 공감대를 형성하려는 시도가 더욱 잘 어울립니다. 아니나 다를까 이 글은 2024년 상반기 조회 수 1위를 기록했습니다.

글을 쓴 이유를 명시적으로 쓰는 방식도 있습니다. 다음은 '가상 머신의 성능을 높이는 것도 지구 온난화에 도움이 될까요?'라는 글의 도입부입니다(그림 14-5).

> 이 문제를 해결하기 위해 1년간 연구와 실험을 진행했습니다. 그 결과 가상 머신에 몇 가지 옵션을 추가해서 기존 가상 머신보다 높은 성능을 발휘하는, 유사한 환경(CPU 수와 메모리 크기 등)에서 물리 서버 대비 70~80%의 성능을 내는 가상 머신을 생성할 수 있었습니다. 또한 이를 통해 추후 회사에서 도입했어야 할 물리 서버의 수를 줄일 수 있었습니다.
>
> 이 글에서는 제가 이 문제를 발견하고 분석한 과정과 어떤 방법으로 해결했는지 이야기하려고 합니다.

그림 14-5 글의 주제를 명시한 예시

도입부에서 두괄식으로 연구 결과를 명시했습니다. 기존 가상 머신보다 성능이 높고, 물리 서버의 성능을 크게 따라잡는 가상 머신을 생성할 수 있었다는 결과를 미리 제시한 점이 인상적입니다. 이어지는 글에서는 작성자가 문제를 어떻게 발견하고 분석했는지, 또 어떻게 문제를 해결했는지를 다룬다고 드러냈습니다. 독자 입장에서는 이 글을 통해 어떤 내용을 알 수 있는지 명확히 파악할 수 있습니다.

오늘 제가 할 이야기는 뭐냐면요

우리의 친구 나무위키[5]에서 LG 트윈스 선수인 '홍창기'를 검색해보면 다음과 같은 페이지가 나옵니다(그림 14-6). 페이지 상단을 보면 목차가 있습니다.

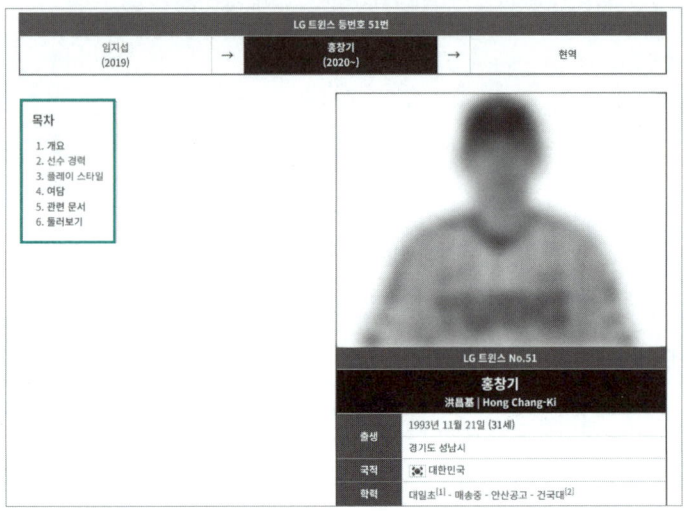

그림 14-6 나무위키에서 '홍창기'를 검색하면 나오는 페이지

위키백과[6]에서 검색해도 좌측 상단에 목차가 나옵니다(그림 14-7).

5　https://namu.wiki/

6　https://ko.wikipedia.org

그림 14-7 위키백과에서 '홍창기'를 검색하면 나오는 페이지

나무위키나 위키백과가 블로그는 아니지만, 정보를 제공한다는 차원에서 보면 블로그와 비슷합니다. 차이가 있다면 위키백과는 글을 구성하는 절 간에 흐름이 형성되지 않아도 되지만, 블로그는 처음부터 끝까지 정보와 정보, 절과 절의 흐름이 있어야 합니다. 그렇다면 위키백과는 왜 목차가 있을까요? 독자가 해당 페이지에서 얻을 수 있는 정보의 핵심을 한눈에 파악할 수 있도록, 그리고 해당 정보로 바로 이동할 수 있도록 준비해둔 것입니다.

블로그도 마찬가지입니다. 목차를 제공하면 독자 입장에서는 제목만 보고 유추했던 글 내용을 더 구체화할 수 있습니다. 어떤 내용을 기대하면 되는지 더 명확하게 파악할 수 있습니다. 문단이 서너 개로 끝나는 글이라면 절로 나누지 않아도 되지만 글이 길면 절로 나누어 구성합니다. 이를 위해서는 목차가 필요합니다. 논리적인 단위로 글을 묶으면 독자는 본인이 소화할 수 있는 만큼 정보를 끊어 읽거나 원하는 부분만 골라서 읽을 수 있습니다. 글을 쓴 입장에서는 글을 쓰기 전 전달하고자 하는 핵심 메시지를 서너 개 정도 뽑고 그 메시지를 절 제목으로 두고 내용을 채워나가면 됩니다. (물론 반대로 작업하기도 합니다.)

인터넷이라는 특성을 활용해 'C4 모델과 C4-PlantUML을 이용한 소프트웨어 구조 다이어그램 만들기'라는 글과 같이 목차를 링크 형식으로 제공하세요(그림 14-8).

> 이번 글에서 소개할 발표는 Avi Flax 님의 Set your data free with model-based architecture diagramming 세션으로, 저와 여러분의 고민을 조금이나마 해소할 수 있을 것 같아 이에 대한 생각을 공유하려고 합니다.
>
> 이 글은 다음과 같은 순서로 진행하겠습니다.
>
> - 데이터/텍스트 기반 다이어그래밍
> - 소프트웨어 구조 다이어그램 작성 경험
> - C4 모델
> - 텍스트 기반 C4 모델 다이어그램 작성 도구, C4-PlantUML
> - 맺음말

그림 14-8 목차를 링크 형식으로 제공한 예시

독자가 소제목을 클릭하면 바로 해당 절로 이동할 수 있어 편리하면서도, 글을 작성한 이도 검토할 때나 시간이 흐른 후 다시 글을 읽을 때 편리합니다.

그래서 제가 하고 싶었던 이야기는 이거예요

스크롤을 여러 번 내리며 글을 끝까지 읽어준 독자들을 위한 서비스 코너를 준비합시다. 한 문단 정도 결론 혹은 요약 같은 이름으로 블로그 글의 핵심을 정리해서 제공하세요. 꼭 '요약'이란 이름으로 제공하지 않아도 됩니다. '앞으로는'이나 '끝으로', '맺음말' 같은 제목이 될 수도 있습니다. 글을 마무리하며 저자로서 글을 읽은 독자가 가져갔으면 하는 핵심 메시지를 담아보세요.

이 책을 읽고 있는 여러분도 앞서 읽은 내용을 다 기억하기는 어려울 겁니다. 하고 싶은 말의 핵심을 정리해서 글의 마지막을 작성하세요. 글을 읽은 사람이 만약 '그래서 어쩌라고?'처럼 묻는다면 답할 법한 말을 쓰세요. 예를 들어 제품을 소개한 글은 다시 한번 해당 제품이 좋은 이유나 아쉬운 점을 간단히 정리한 뒤, 사용을 권장할지 말지를 덧붙이는 것입니다.

'오픈챗 해시태그 예측을 위한 다중 레이블 분류 모델 개발하기'라는 글을 분석해봅시다(그림 14-9).

> **마치며**
>
> 지금까지 오픈챗 해시태그 예측 모델을 실시간 추론과 오프라인 태깅 상황에 맞게 개발하고 발전시키는 과정을 소개했습니다. 오프라인 테스트를 통해 다중 레이블 분류를 위한 평가 지표들로 예측 성능을 검증했으며, 다양성과 정밀도를 높여야 하는 시나리오에서는 정성 평가를 통해 임계치 파라미터를 최종 결정했습니다. 추후 사용자가 직접 입력한 해시태그나 모델이 추론한 결과를 오픈 추천 모델의 피처로 활용한다거나, 이를 바탕으로 사용자가 관심을 보이는 해시태그 키워드의 순위를 매기고 추천하는 서비스도 구상하고 있습니다.
>
> 모든 것의 기본이자 중심은 사용자라는 기준에 따라 사용자가 자신에 취향에 맞는 오픈챗을 쉽게 찾고 마음에 맞는 다른 사용자를 많이 만날 수 있도록 부단히 나아가겠습니다. 끝까지 읽어주셔서 감사합니다.

그림 14-9 글의 마지막 절

첫 번째 문장(지금까지 오픈챗 해시태그 예측 모델을 (…) 개발하고 발전시키는 과정을 소개했습니다)은 이 글이 무엇을 다뤘는지 요약하며, 글의 주제를 다시 상기시키는 역할을 합니다. 두 번째 문장(오프라인 테스트를 통해 다중 레이블 분류를 위한 평가 지표들로 (…) 임계치 파라미터를 최종 결정했습니다)은 앞 문장을 뒷받침하며, 글에서 다룬 소개한 '과정'을 간결하게 요약합니다. 세 번째 문장(추후 사용자가 직접 입력한 해시태그나 모델이 추론한 결과를 (…) 순위를 매기고 추천하는 서비스도 구상하고 있습니다)에서는 저자가 앞으로 계획하고 있는 방향성을 소개합니다.

이 절의 두 번째 문단이자 글의 마지막 문단(모든 것의 기본이자 중심은 사용자라는 기준에 따라 사용자가 자신에 취향에 맞는 오픈챗을 (…) 끝까지 읽어주셔서 감사합니다)은 저자의 포부와 다짐을 전하며 마무리합니다. 글의 마지막 부분은 PR의 장이기도 하며, 독자에게 저자를 각인시킬 수 있는 좋은 기회입니다.

도입부만큼 중요한 것이 글 마무리입니다. 도입부를 읽고 필요한 내용을 '찾기' 기능을 활용해 핵심만 읽고 마무리를 읽는 독자도 있습니다. 우리는 소설을 쓰는 것이 아니기 때문에 열린 결말로 글을 맺는 대신 글을 요약해 꽉 찬 결말로 글을 맺으세요. 비행기는 착륙할 때 기장이 어디에 도착했다는 안내 방송을 합니다. 이륙할 때는 어디로 가는지를 언급하죠. 그와 같이 저자가 도입부에서 소개한 도착지로 독자를 잘 이끌고 갔는지 저자 스스로도 확인하고 독자가 알 수 있도록 어디에 도착했는지를 알려주세요.

블로그, 어떤 글을 쓸까요?

개발 문서 사이트의 글 종류가 다양하듯이 단 한 종류의 글만 다룰 필요는 없습니다. 쓰고 싶은 글을 쓰면 됩니다. 블로그에 올리는 글을 분류하면 다음과 같습니다.

- 신기술이나 새 버전, 제품을 소개하는 글
- 문제를 해결하는 글
- 방법을 설명하는 글
- 경험을 나누는 글(회고 포함)
- 기타

종류마다 어떤 점을 중점적으로 고려해야 하는지 살펴보겠습니다.

소개하는 글

20세기 말 이후 대한민국에서 살아본 사람이라면 홈쇼핑 방송을 적어도 한 번쯤은 본 경험이 있을 겁니다. '저거 살까?' 하고 마음을 뺏긴 적도 한 번은 있었을 것이라고 생각합니다. 홈쇼핑 호스트가 제품을 어떻게 팔았나요? 먼저 제품이 무엇인지 소개한 뒤, 왜 이것을 사야만 하는지 쉬지 않고 설명합니다. 타사 제품을 직접 언급하지는 않지만 경쟁 제품의 속성과 우리 제품의 속성을 비교하면서 설득하기도 합니다.

블로그에 소개 글을 쓴다는 것은 마치 홈쇼핑 호스트가 제품을 소개하는 것과도 같습니다. 소개가 성립하려면 소개하는 사람과 소개받는 사람이 있어야 합니다. '어떤 제품을 써봤는데 나는 이게 좋고, 저게 싫었다'는 식의 내용만 적으면 소개 글이 아니라 체험기, 즉 제품 후기인 셈입니다. 소개 글을 쓸 때는 소개하는 제품을 사용할지도 모르는 사람을 독자로 설정해야 합니다.

홈쇼핑 호스트처럼 제품을 소개하라고 해서 꼭 좋은 내용만 써야 하는 것은 아닙니다. 중요한 건 사용자가 관심 있어 할 만한 부분을 놓치지 않고 다뤄야 한다는 것입니다. 그게 제품의 장점이든, 단점이든 말이죠. 글의 소재가 되는 제품(소개 대상은 제품이나 프로젝트, 기능 등 여러 가지가 될 수 있으나 이번 절에서는 '제품'으로 통칭합니다)을 팔려는 사람의 입장에서도, 비평가 입장에서도 써보세요.

다음 목록의 주제를 바탕으로 소개 글의 꼭지를 정하고 직접 써보는 것을 추천합니다.

- 제품의 목적
- 글에서 다루는 제품 버전
- 제품을 소개하는 이유, 소개하기로 결정한 계기
- 동종 제품이 있다면 비교해서 소개
- 전 버전이 있다면 전 버전과 비교해서 소개
- 눈여겨볼 만한 기능 소개
- 제품의 장점과 단점
- 사용 후기

제품 기능 소개를 위해 영상을 보여주는 것이 효과적이라면 직접 촬영한 영상 파일이나 GIF 파일[7]을 만들어 글에 첨부하는 것을 고려해보세요. 코드를 작성하는 작업이 수반되는 글이라면 샘플 코드도 함께 올리기를 권장합니다.

---

[7] LY Corporation Tech 블로그의 'req-shield로 캐시의 골칫거리 'Thundering Herd 문제' 쉽게 풀기!'라는 글에서 GIF 파일과 샘플 코드를 활용한 사례를 확인할 수 있습니다. https://techblog.lycorp.co.jp/ko/req-saver-for-thundering-herd-problem-in-cache

> **쉬 어 가 기** 글로 영업해보세요

개요나 소개 글을 잘 쓰면 업무 중 내가 개발한 제품의 문서를 만들 때 도움이 됩니다. 소개 글은 제품에 따라 기획자가 작성할 수도 있지만, 기획자가 없는 프로젝트라면 개발자가 초안을 작성해야 합니다. 기획자가 있어도 개발 이야기를 드러내고자 개발자에게 초안 작성을 요청할 수도 있습니다.

정식 문서에 쓰는 개요나 소개에는 장점을 많이 써야 합니다. 사내용이든 사외용이든 자신을 홈쇼핑 호스트라고 상상해서 써보세요. 말을 멋드러지게 써야 하는 게 아닙니다. 독자가 제품을 사용하겠다고 마음먹게 만들어야 합니다. 무엇을 드러내고, 독자의 어떤 문제를 해결해줄 수 있는지 등을 고민하며 작성해보세요.

문제 해결을 다루는 글

혼자서 해결하기 힘든 문제는 자고로 검색이 답입니다. 어느 날 갑자기 핸드폰 알림이 뜨지 않거나 처음 보는 빌드 오류가 발생했거나 API에 파라미터를 제대로 잘 넣었지만 파라미터값이 유효하지 않다고 해서 온갖 노력을 다했음에도 해결되지 않았다면, 바로 검색이 답입니다.

문제의 범위는 다양합니다. 오류도, 작동해야 하는 기능이 작동하지 않는 것도, 개선이 필요한 불편사항도 문제라고 할 수 있습니다. 이번 절에서는 개선해야 하는 문제가 아닌 정상 결과가 아닌 류의 문제를 다루는 글 이야기를 해보려고 합니다.

문제를 해결하고자 검색 결과를 클릭했을 때 우리는 어떤 글을 기대하나요?

네, '문제를 해결해주는 답'입니다.

클릭한 글이 문제를 해결해주는 답인지 어떻게 확인하나요? 먼저 내가 겪는 문제를 다루는 글인지 확인하겠죠. 맞다면 어떻게 해결했는지 안내하는 대로 따라 할 겁니다.

독자가 찾는, 독자에게 필요한 정보는 다음과 같습니다.

- 문제 정의
- 환경 및 버전 정보(예: 기기 모델명, OS, 펌웨어 버전, 소프트웨어 버전)
- 문제 해결책

세 가지 정보는 필수입니다. 문제를 해결하고 싶어 방문한 독자는 세 가지 정보를 얻을 수 있어야 합니다. 일종의 트러블슈팅troubleshooting 문서를 제공하는 것입니다. 독자의 고충을 해결해주면 독자는 자연스럽게 내 블로그로 찾아오게 됩니다.

문제가 발생한 제품의 공식 문서에도 트러블슈팅 가이드가 마련돼 있습니다. 그런데 왜 독자는 굳이 블로그 글을 찾아보고 클릭할까요? 이유는 여럿 있겠지만, 가장 큰 이유는 해당 제품의 웹사이트가 한국어를 지원하지 않거나 공식 문서의 해결책으로는 해결되지 않았기 때문일 가능성이 큽니다. 설령 한국어 문서가 있어도 무슨 소리인지 도무지 이해되지 않았을 수도 있겠죠.

문제를 해결하고 싶어 찾아본 글을 읽은 후 '시간만 낭비했다'는 생각이 든 경험이 있지 않나요? 왜 그렇게 느꼈을까요? 그 원인을 떠올려봅시다. 그리고 내 블로그 글에서는 그 원인을 제거하면 됩니다.

일단 블로그를 한국어로 쓴다면 그 자체로 독자의 한 가지 고충은 덜어주는 셈입니다. 그다음으로 중요한 문제는 글의 내용이 이해되지 않는다는 점입니다. 문제를 해결하려는 독자는 바로 해결책을 알고 싶어 들어온 것입니다. 그 외의 내용에는 사실 큰 관심이 없습니다. 따라서 블로그에서는 군더더기 없이, '이렇게 하세요', '저렇게 하세요'라고 명확하게 지시하면 됩니다. 스크린샷을 첨부할 수 있다면 함께 첨부하고, 명령어를 실행해야 한다면 정확한 명령어를 명시하세요.

여기서 중요한 건 환경 및 버전 정보입니다. 예를 들어 독자가 블로그를 읽는 시점이 작성 시점보다 2년 정도 지난 뒤라고 해봅시다. 2년이면 UI가 바뀌었을 수 있습니다. 해당 글에 첨부한 UI 스크린샷이 더 이상 유효하지 않을 가능성이 높죠. 혹은 명령어와 함께 명시한 옵션값이 더 이상 지원되지 않아 명령어를 실행했을 때 경고가 출력될 수도 있습니다.

만약 글에 첨부된 화면이 독자의 화면과 다르고 안내한 메뉴에 접근할 수 없다면, 독자는 해당 글을 신뢰하지 않게 됩니다. 글에서 안내한 것과 독자가 마주한 상황이 다르다는 걸 인지하기까지 독자는 글에 머물러 있느라 시간만 낭비한 것이 되죠. 본론에 들어가기 전에 독자가 시간을 아낄 수 있도록 글에서 다루는 제품이나 기기의 버전, 테스트 환경을 명시하세요.

또한, 문제 해결 방법을 적용했을 때 부작용이 있다면 부작용도 반드시 함께 언급하세요. 정보는 전부 제공하고 저자가 찾은 해결책을 독자가 적용할지 말지는 독자가 선택할 수 있도록 하는 겁니다.

그렇다면 해결에 실패한 사례를 글로 쓰는 건 어떨까요? 괜찮습니다. 해결에 실패한 경험도 충분히 블로그 소재가 될 수 있습니다. 실패 원인은 제품에 있을 수도 있고, 제품에서 지원하지 않는 기능이라서, 다음 버전에서 해결 예정이라서, 패치 풀 리퀘스트가 아직 반영되지 않아서일 수도 있습니다. 어떻게든 해결하려고 노력했으나 내 힘으로는 어쩔 수 없던 문제였다면 '이런 시도를 했지만 결국 해결할 수 없었다'고 써주세요. 해결안을 찾는 과정에서 임시방편을 찾았다면 임시방편을 소개하고, 임시방편을 적용하기로 한 이유를, 혹 적용하지 않기로 한 이유를 설명하세요. 누군가에게는 무척 유용한 정보가 됩니다. 나는 해결 못했지만 누군가 댓글로 해결법을 남겨줄지도 모릅니다.

문제 해결 중 거친 시행착오나 과정 중에 깨달은 점 같은 이야기는 사족일까요? 아니요. 우리가 쓰는 건 트러블슈팅 가이드가 아니라 블로그입니다. 블로그는 나의 이야기를 담는 곳입니다. 쓰고 싶은 내용을 자유롭게 쓰면 됩니다.

다만 독자를 배려하는 차원에서 저자가 할 수 있는 조치를 취해보세요. 핵심 정보, 즉 문제 해결책은 문서 앞에 배치하고 나의 여정 이야기는 뒤쪽으로 구성하거나 문제 해결 과정을 순차적으로 서술하되, 해결책이 등장하는 곳에 앵커를 삽입하고 글 앞에서 해결책으로 이동할 수 있는 링크를 제공하는 겁니다. 또는 목차에서 '해결책'이란 소제목으로 바로 이동하도록 편의를 제공하는 것도 하나의 방법입니다.

NOTE 장애를 해결한 내용을 쓴다면 그 글은 문제 해결을 다루는 글일까요? 아니면 경험을 나누는 글일까요? 둘 다입니다. 문제 해결 경험을 나누는 글이니까요. '문제 해결을 다루는 글'에서 중요하게 여기는 부분과 '경험을 나누는 글'에서 중요하게 여기는 부분을 같이 고려해서 작성해보세요.

방법을 설명하는 글

방법이란 게 존재한다는 건 그 방법을 수행해 이루고자 하는 목표가 있다는 뜻입니다. 예를 들어 '케이크를 만드는 법'은 케이크를 만들어내는 게 목표이고, '개를 훔치는 완벽한 방법'의 목표는 강아지를 훔치는 것입니다. 그렇다면 방법을 설명하는 블로그를 읽는 독자는 왜 그 글을 클릭했을까요? 해당 목표를 달성해야 하거나 이미 달성했지만 다른 사람은 어떻게 했는지 궁금해서일 수도 있고, 단순히 어떤 이야기를 하나 궁금해서일 수도 있습니다. 이유는 다양하지만, 중요한 건 글을 쓸 때 독자가 이 글을 읽고 무엇을 얻고자 하는지 생각하는 일입니다.

다음은 'LINE 앱에서 음성 품질을 측정하는 방법'이란 제목의 글입니다(그림 14-10). 제목만 봐도 이 글이 다루는 내용은 음성 품질을 측정하는 방법이란 걸 알 수 있습니다. 서론을 읽어보면 왜 품질을 측정해야 하는지 그 이유가 나오고, 음성 품질을 측정할 수 있는 세 가지 방법(AEC와 주파수 응답, 손실 강건성)이 무엇인지 알 수 있습니다.

> **들어가며**
>
> LINE 앱에서 제공하는 실시간 커뮤니케이션 서비스인 LINE 1:1 통화와 LINE 그룹 통화, LINE 미팅은 인터넷 프로토콜을 통해 실시간으로 음성 및 영상 데이터를 전송합니다. 이를 통해 사용자들은 어느 곳에서든 편리하게 음성 및 영상 통화를 경험할 수 있습니다.
>
> 실시간 커뮤니케이션 서비스의 핵심 과제는 실시간성과 좋은 품질을 동시에 유지하는 것입니다. 사용자들이 서비스를 이용하면서 느끼는 불편함이나 문제점을 파악하고 개선하려면 객관적이고 공정한 품질 측정과 평가가 필수입니다. 이 글에서는 먼저 어떤 측면에서 품질을 측정하고 있는지 알아보고, 대표적인 세 가지 품질 측정 영역인 에코 제거(acoustic echo cancellation, 이하 AEC)와 주파수 응답(frequency response), 손실 강건성(loss robustness) 측정 방법을 살펴보겠습니다.

그림 14-10 무엇을 달성하기 위한 방법을 다루는지 알 수 있는 글

이처럼 어떤 목적을 달성하기 위해 수행해야 하는 작업을 설명할 때는 먼저 달성하고자 하는 목표를 명시하고, 수행해야 하는 작업을 순서대로 나열한 뒤, 각 작업에 대한 세부 설명을 앞서 제시한 순서에 따라 작성하는 것이 좋습니다.

방법을 설명할 때는 독자가 따라 해볼 수 있도록 단계별로 구성하세요. 큰 작업 덩어리들부터 나열하고, 각 덩어리 안에서 세부 단계를 차근차근 상세히 설명해주세요. 이 구성은 블로그뿐 아니라 'How to 가이드'를 쓸 때도 널리 권장되는 구조입니다. 독자가 안내 순서대로 따라야 하는 경우라면, 번호 목록을 활용하는 것이 유용합니다.

'LINE 앱의 잡음 제거 기술 성능 측정 방법'이라는 글에서는 작성자가 수행한 작업 목록을 진행 순서대로 나열했습니다(그림 14-11). "각 절차를 순서대로 하나씩 살펴보겠습니다"라는 문장이 있지만, 이 문장이 없더라도 독자는 이 목록의 순서를 중심으로 글이 전개될 것이라고 예상할 수 있습니다. 기술 문서를 쓸 때는 독자의 예상을 배반하지 마세요.

NS 성능 측정 방법

정량적 평가는 NS 기술의 성능을 객관적으로 측정하고 평가할 수 있는 중요한 방법입니다. 정량적 평가를 통해 기술의 잡음 제거 능력을 신뢰성 있게 파악해 사용자의 통화 경험을 지속적으로 개선할 수 있습니다.

NS 기술의 성능을 평가할 때 가장 중요한 요소 두 가지는 오디오 품질 유지와 잡음 제거 능력 측정입니다. 이는 해당 기술이 사용자의 음성과 같은 원하는 소리는 온전히 보존하면서 동시에 배경 잡음을 얼마나 줄이는지 평가한다는 의미입니다.

LINE은 정량적 평가를 통해 NS 기능을 효과적으로 관리하며 고객들에게 최상의 통화 경험을 제공하기 위한 노력을 지속하고 있는데요. NS 기술의 성능 측정은 다음과 같은 절차로 진행합니다.

1. 성능 측정 접근 방식 수립
2. 데이터 셋 선정
3. 테스트 데이터 셋 준비
4. NS 성능 평가 지표 선정
5. 측정 시스템 환경 구성
6. NS 성능 측정

각 절차를 순서대로 하나씩 살펴보겠습니다.

그림 14-11 작업 절차를 순서대로 명시한 예시

안내한 작업을 수행할 때 시각 자료가 도움된다면 꼭 함께 첨부하세요. 가령 어떤 프로그램의 설정을 바꿔야 한다고 해봅시다. 그런데 그 프로그램에 기능이 많다면, 글만으로도 해당 설정을 바꿀 수 있는 메뉴까지 가는 경로를 바로 파악하기 어려울 수 있습니다. 이럴 때는 글로 설명은 하되 해당 메뉴에 접근한 화면, 즉 드롭다운 메뉴가 펼쳐진 상태의 스크린숏을 함께 보여주면 독자가 해당 메뉴를 더 쉽게 찾을 수 있습니다.

그림뿐만 아니라 글도 남겨야 하는 이유는 검색이나 문서 내에서 '찾기' 기능으로 관련 내용을 찾을 수 있게 해야 하기 때문입니다. 블로그를 한국어로 쓰고, 주 독자도 한국인이며, 프로그램 UI도 한국어를 지원한다면 첨부하고자 하는 화면도 한국어 UI로 설정한 후 스크린숏으로 저장하는 것이 좋습니다.

경험을 나누는 글

경험을 나누는 글은 다른 종류의 글보다 조금 더 편하게 쓸 수 있습니다. 경험이라는 특성상 주관적으로 쓸 수 있는 자유가 조금 더 있습니다. 소재로는 어떤 과제를 담당하며 겪었던 일, 어려운 프로젝트를 마무리한 경험, 난제를 해결했던 과정, 콘퍼런스나 밋업에 참석 후기, 기술 면접 후기 등이 있습니다.

경험을 나누는 글을 쓰더라도 유의할 점이 있습니다. 블로그는 일기가 아니라는 것입니다. '경험'이란 무엇일까요? 표준국어대사전에서는 "자신이 실제로 해보거나 겪어 봄. 또는 거기서 얻은 지식이나 기능", "객관적 대상에 대한 감각이나 지각 작용에 의하여 깨닫게 되는 내용"으로 정의합니다. 즉 경험을 나눌 때는 내가 겪은 일을 단순히 나열하는 게 아니라 얻은 지식과 정보, 깨달은 바를 담아야 합니다. 설령 일기처럼 쓰더라도 독자가 얻어갈 수 있는 게 있어야 합니다. 독자가 얻을 수 있는 건 지식과 정보, 그리고 작성자의 인사이트입니다. 작성자의 눈을 통해 작성자의 경험을 대리 체험하는 것입니다.

맛집 리뷰를 예로 들 수 있습니다. 우리는 리뷰어의 눈으로 대상 식당을 체험합니다. '이걸 먹었고, 저걸 먹었다'는 이야기만 담지 않죠. '이 메뉴는 맛있고, 저 메뉴는 아쉬웠다', '식당의 이런 점이 좋았고, 저런 점이 개선되면 좋겠다'는 의견이 함께 담깁니다. (물론 리뷰 이벤트나 광고 글이 아니라면 말입니다.)

그 일을 통해 무엇을 알게 됐는지, 어떤 것을 얻었고 실수와 실패가 있었는지 함께 기록하면 읽는 사람도 무언가를 얻어갈 수 있습니다.

블로그, 쓸 때 생각해볼 것

이번 절에서는 블로그를 쓸 때 생각해볼 만한, 조금 신경을 써야 하는 부분들은 무엇이 있는지 가볍게 살펴봅시다.

블로그는 논문이 아니에요

회사의 블로그 검토 업무를 할 당시 힘들다고 느꼈던 글은 따라가기 어려운 글이었습니다. 길이가 긴 것도 힘들었지만, 내용까지 너무 복잡했습니다. 도메인 지식이 없는 분야의 글이라 더 어렵게 느껴진 것도 있지만, 블로그에 담기에는 다소 심오한 주제였습니다. 과연 이 글을 끝까지 읽는 사람이 한 명이라도 있을까 하는 생각이 들 정도였습니다.

논문은 일반적으로 해당 주제와 관련된 도메인 지식을 가진 사람들이 읽습니다. 예를 들어 〈국내 워터파크의 유형별 방문객 특성에 관한 연구〉[8]나 〈상추와 재배환경에서 분리한 황색포도상구균의 항생제 내성 및 유전적 다양성〉[9] 같은 논문을 읽는 사람들은 관련 지식뿐만 아니라 그 지식의 깊이도 논문 저자와 비슷할 겁니다. 일반 개발자가 이런 논문을 찾아 읽을 가능성은 매우 낮겠죠.

IT 기술 블로그를 읽는 독자군은 비개발자를 포함한 IT 업계 종사자, IT 배경이 있는 사람, IT를 배우는 사람, 또는 IT에 흥미나 관심이 있는 사람까지 포함될 수 있습니다. 이들과 IT 관련 논문을 읽는 독자군과의 교집합은 합집합 대비 매우 작을 겁니다. 즉 IT 기술 블로그에서 논문 수준의 깊이를 기대하는 독자는 적다는 의미입니다. 모든 독

---

8 https://www.kci.go.kr/kciportal/landing/article.kci?arti_id=ART001485540

9 https://www.kci.go.kr/kciportal/landing/article.kci?arti_id=ART003055201

자가 저자와 비슷한 도메인 지식의 깊이를 가졌으리란 보장이 없으니까요. 애초에 IT 기술 블로그를 찾은 독자가 논문 수준의 글을 원할까요?

결국 블로그를 쓰는 목적에 따라 글에 담는 지식의 양과 깊이를 결정해야 합니다. 오로지 나만을 위한 기록이라면 논문처럼 깊이 있는 내용으로 작성해도 문제는 없습니다. 실제로 깊이 있는 글을 찾는 독자가 아예 없지는 않을 겁니다. 그들을 대상으로 내 블로그의 색을 '깊이 있는 글'로 설정하는 것도 하나의 전략이 될 수 있습니다.

> **쉬어가기** 소화할 수 있는 글쓰기

논문만큼이나 깊이 있는 내용을 다룬다고 글에서조차 체크무늬 남방이 느껴질 정도로 쓸 필요는 없습니다. 주제를 깊이 있게 다루더라도 독자에게 '친근하게' 다가가는 글을 쓸 수 있습니다. 우리가 블로그에 쓰는 건 '코드'가 아니라 '글'이니까요.

시청자에게 친근하게 잘 접근하는 좋은 참고 사례로 유튜브 채널 '얄팍한 코딩사전'[10]이 있습니다. 배경 지식이 없는 시청자도 잘 이해할 수 있도록 쉽게 설명합니다. 내 이야기를 독자의 눈높이에 맞춰 풀어서 전달하려는 시도, 독자가 내가 하는 이야기에 빠져들도록 고민한 흔적이 곳곳에 보이는 채널입니다.

물론 기술 블로그에서 매 글을 그렇게 정성껏 설명해야 한다는 뜻이 아닙니다. 다만 어떻게 하면 독자가 내가 하려는 이야기를 잘 이해할 수 있을지, 내 문장을 한 번만 읽고도 이해할 수 있을지를 스스로에게 물어보세요. 자나깨나 독자 생각을 해보세요.

지식재산권과 초상권을 존중하세요

블로그를 쓸 때 특히 주의를 기울여 조심해야 하는 것은 지식재산권과 초상권입니다. 지식재산 기본법 제3조 1항에서 정의하는 '지식재산'이란 다음과 같습니다. 범위가 상당히 넓습니다.

---

10 https://www.youtube.com/@yalco-coding

"지식재산"이란 인간의 창조적 활동 또는 경험 등에 의하여 창출되거나 발견된 지식·정보·기술, 사상이나 감정의 표현, 영업이나 물건의 표시, 생물의 품종이나 유전자원遺傳資源, 그 밖에 무형적인 것으로서 재산적 가치가 실현될 수 있는 것을 말한다.

지식재산권만큼 많이들 간과하는 것은 초상권입니다. 초상권 침해 관련 판결문에서는 타인의 얼굴뿐 아니라 특정인으로 식별할 수 있는 신체 특징을 촬영 및 활용하는 데 반드시 피촬영자의 동의가 필요하다고 명시합니다.

초상권침해금지및방해예방청구
[대법원 2021. 7. 21. 선고 2021다219116 판결]
(…) 사람은 누구나 자신의 얼굴 기타 사회통념상 특정인임을 식별할 수 있는 신체적 특징에 관하여 함부로 촬영 또는 그림묘사되거나 공표되지 아니하며 영리적으로 이용당하지 않을 권리를 가지는데, 이러한 초상권은 헌법 제10조에 의하여 헌법적으로도 보장되고 있는 권리이다. 따라서 타인의 얼굴 기타 사회통념상 특정인임을 식별할 수 있는 신체적 특징이 나타나는 사진을 촬영하거나 공표하고자 하는 사람은 피촬영자로부터 촬영에 관한 동의를 받고 사진을 촬영하여야 하고, (…) 이를 공표하고자 하는 경우에는 그에 관하여도 피촬영자의 동의를 받아야 한다. (…)

블로그를 쓰다 보면 시각 자료를 사용해야 하는 순간이 찾아옵니다. 특히 영상 관련 내용을 다루거나 AI 얼굴 인식 같은 내용을 설명할 때는 시각 자료가 빠질 수 없습니다. 그런데 블로그에 자료를 게시할 때는 정말 조심해야 합니다.

사내에서 개발할 때 테스트 샘플로나 문서에 삽입할 얼굴 사진이 필요하면, 연예인 사진이나 누군지 모르는 외국인 사진을 곧잘 사용하곤 합니다. 그래서인지 내부용 문서가 담기는 사내 위키에는 개발자의 최애 연예인 얼굴이 등장하는 걸 심심치 않게 볼 수 있습니다. 초상권을 무시하는 의도가 아니라 좋아하는 최애의 얼굴을 조금이라도 더 보고 싶어서 혹은 자랑하고 싶은 마음에서 비롯된 행동일 겁니다. (개발자 성향을 고민하는 연예인이 있을 가능성도, 그 연예인이 이 책을 읽을 가능성도 거의 없겠지만, 혹시 모를

0.000001%를 고려해 말씀드리자면 연예인 여러분을 자랑하고 싶은 마음이었다는 점 너그러이 이해해주기를 바라봅니다.) 하지만 그렇게 가져온 연예인 사진이나 출처가 불명한 외국인 사진을 외부에 공개하는 문서나 블로그에 올리는 건 문제가 됩니다.

사진이나 이미지를 쓸 때는 반드시 블로그에 사용할 수 있는 권리를 확보한 다음에 이용하세요. 사람 얼굴이 꼭 들어가야 하는데 마땅한 사진을 찾기 어렵다면, 작성자 본인의 등판만큼 확실히 초상권이 보장된 것이 어디 있겠습니까? 물론 내 얼굴을 드러내고 싶지 않다면 다른 사람도 허락 없이 자신의 얼굴이 사용되는 걸 원치 않을 수 있다는 점을 꼭 기억하세요.

이모티콘이나 가벼운 삽화는 무료 이미지 제공 서비스를 이용하거나 유료 이미지 사이트에서 구매하세요. 대부분 무료 이미지 서비스는 출처를 밝히라고 명시하니 서비스에서 안내하는 규칙에 따라 출처를 밝히면 됩니다.

얼굴 사진을 구하기 어렵다면 'LINE Web Timeline 이미지 얼굴 인식 기능 적용'에서 택한 영리한 방법처럼 직접 얼굴을 그려 넣는 방법이 있습니다(그림 14-12). 이처럼 귀엽게 그리지 못하더라도 얼굴은 그림판이나 파워포인트, 키노트로도 그릴 수 있습니다.

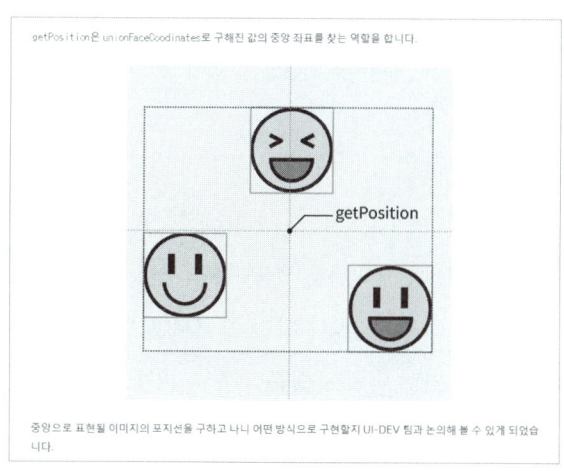

그림 14-12 진짜 사람 얼굴 사진을 활용하기 어려울 때 직접 이미지를 그려 대응한 예시

다른 사람이 작성한 코드를 블로그에 올린다면 출처를 명시하세요. 다른 사람이 작성한 코드인데 내가 쓴 코드처럼 블로그에 올리는 것 또한 지식재산권을 침해하는 행위일 수 있습니다. 내가 열심히 쓴 글을 누군가 허락 없이 출처를 명시하지 않고 블로그에서 활용한다면, 게다가 마음대로 각색해서 게시한다면 어떤 마음이 들까요? 이미지나 얼굴, 영상, 코드 등 다른 사람이 제작한 지식 재산을 무단으로 사용하면 안 됩니다. 블로그를 작성할 때 역지사지易地思之의 마음으로 스스로에게 엄격한 잣대를 적용하세요.

통신 보안! 업무 이야기를 올리지 마세요

회사와 관련된 내용이나 외주 혹은 프리랜서로서 맡은 프로젝트와 관련된 내용을 개인 블로그에 올리는 실수는 하지 마세요. 회사가 운영하는 기술 블로그라면 보안 및 마케팅 차원에서 내부 검토를 거치기 때문에 마땅히 걸러져야 하는 내용이 걸러지겠지만, 개인 블로그는 그런 안전장치가 없습니다. 무엇보다도 회사 정보를 개인 블로그에 올릴 권리 자체가 없습니다.

무지에서 비롯된 행동이라면 실수라고 할 수 있지만, '안 되는 줄 알면서 왜 그랬을까'가 되면 돌이킬 수 없습니다. 시말서만으로 끝나지 않습니다. 이미 외부에 공개된 프로젝트라고 해도 위험한 길은 들어서지 않는 것이 가장 안전합니다. 특히 누군가를 특정할 수 있는 내용은 반드시 피하세요. 박제되어 언젠가 부메랑처럼 돌아올 수 있습니다.

길어지면 쪼개세요

글을 쓰다 보면 글이 길어질 때가 있습니다. 독자에게 전달하고 싶은 말이 많을 때 특히 그렇습니다. 작성자의 열정이 드러나는 아주 좋은 현상이지만, 아쉽게도 요즘은 긴 글은 읽지 않는 시대입니다. 내용이 길어진다면 끊어서 시리즈로 작성해보세요. 처음부터 시리즈로 기획해서 글을 쓰는 방법도 있습니다.

다음은 '기술 부채를 갚기 위한 첫 발을 떼기까지'라는 글의 마지막 부분입니다(그림 14-13). 후속 글이 게시될 것임을 예고합니다. 후속 글이 준비됐을 때는 처음 게시된 글의 예고 부분에 후속 글의 링크를 추가해 흐름을 연결해주었습니다.

> **마치며: 2편으로 이어집니다**
>
> 지금까지 Demaecan 프로젝트에 합류한 후 시스템 안정성을 해하는 기술 부채 청산을 목표로 메시징 허브를 선정하게 된 일련의 과정을 말씀드렸는데요. 다음 글 (메시징 시스템(a.k.a messaging-hub) 톺아보기)에서는 구체적으로 메시징 허브를 톺아보도록 하겠습니다.

그림 14-13 1편에 게시된 2편 예고

그리고 후속 글인 2편 '메시징 시스템(a.k.a messaging-hub) 톺아보기'에서는 1편을 볼 수 있는 링크를 제공합니다(그림 14-14).

> 지난 글, 기술 부채를 갚기 위한 첫 발을 떼기까지에 이어 이번 글에서는 messaging-hub의 아키텍처가 진화해 나간 과정과 세부적인 구성 및 처리 흐름에 대해서 공유하려고 합니다.

그림 14-14 2편 서두에 언급한 1편 글 및 링크

시리즈로 기획한 글이 아니라도 내가 쓴 블로그 글 중에 있다면 해당 글을 언급하고 링크를 걸어주세요. 'LINE 앱의 잡음 제거 기술 성능 측정 방법'에서는 연관성 있는 글을 소개하고 있습니다(그림 14-15).

> 이전에 LINE 앱에서 음성 품질을 측정하는 방법이라는 글에서 LINE 앱에서 어쿠스틱 환경과 네트워크 환경 변화, 글로벌 환경에 대응하는 방법을 소개한 바 있습니다. 특히, 어쿠스틱 환경에 대응하는 방법과 관련해서 AEC(acoustic echo cancellation, 에코 제거) 성능 측정 방법을 자세히 다뤘는데요. 이번 글에서는 어쿠스틱 환경 대응의 핵심 요소 중 하나인 잡음 제거(noise suppression, 이하 NS) 기술의 성능을 측정하는 방법을 소개하고자 합니다.

그림 14-15 이어지는 글은 아니지만 연관성 있는 글 소개하며 링크 걸기

연관성 있는 글을 링크로 연결하는 방법은 독자가 접근할 수 있는 정보 범위를 넓혀주는 동시에 조회 수를 올릴 수 있습니다.

피노키오가 되지 마세요

어떤 일이 있어도 블로그에 거짓말을 담아서는 안 됩니다. 확인하지도 않은 내용을 그럴 것이라고 지레짐작해서 쓰는 일은 피해야 합니다. 그런 글을 쓰면 독자의 신뢰를 잃게 됩니다. 블로그에 쓰는 내용이 모두 사실인지 꼭 확인하고 글을 올리세요. 불확실한 내용이 있다면 아예 쓰지 않는 편이 낫습니다.

실수로 거짓 정보를 담을 수도 있습니다. 오타 때문에 명시한 버전값을 잘못 적거나 파라미터 이름을 틀리게 쓰거나 복수複數라서 's'가 들어가야 하는데 빠뜨려서 's' 하나 차이로 API 이름을 잘못 명시하는 등 실수가 생길 수 있습니다. 거짓말lie이 아니더라도, 내가 쓴 내용이 'true'가 아닌 'false'라면 그것은 결국 거짓입니다. 그러니 블로그에 글을 올리기 전에 내용이 정확한지 반드시 검토하는 과정을 거치세요.

암호를 쓰지 마세요

어떤 조직에 오래 몸담고 있다 보면, 그 조직에서 통용되는 용어나 표현에 익숙해지기 마련입니다. 글을 퇴고하면서 내가 쓴 글을 의심하면서 읽어보세요. 독자가 이 단어와 문장을 이해할 수 있을지, 자연스러운 국어인지 생각해보는 겁니다. 유행어나 시대를 타는 표현은 되도록 쓰지 않는 게 좋습니다. 내 블로그 독자의 연령층은 다양할 수 있으니, 특정 독자군이 소외되지 않도록 주의하세요.

독자가 모를 것 같은 표현이나 업계 전문용어, 여러 뜻으로 해석될 수 있는 표현이나 단어가 있다면 각주를 달거나 용어가 정의된 페이지로 링크를 거세요. 15장 '정확성'의 '정확한 용어 사용하기' 절을 참고하면 용어 선택에 도움을 받을 수 있습니다.

너무 잘 쓰려고 하지 마세요

잘 써야 한다는 강박 때문에 너무 의식하면서 쓰면, 문장 하나하나에 신경이 쓰여 오히려 글을 끝내지 못할 수도 있습니다. 글 하나를 완성하는 것만으로도 이미 대단한 일입니다. 문장은 나중에 퇴고할 때 다듬어도 충분합니다. 그리고 퇴고는 반드시 수행해야 하는 작업이기도 하죠. 문장뿐 아니라 문단 나누기나 절 구성도 일단 다 쓰고 난 후에 검토할 때 확인해도 늦지 않습니다. 블로그 쓰기에 익숙해질 때까지는 너무 잘 쓰려고 애쓰지 마세요. 일단 써보는 게 가장 중요합니다. 17장 '완결성'의 '일단 쓰고 지우기' 절을 참고해보세요.

독자와 싸우지 마세요

기본으로 탑재돼 있든 직접 구현해넣었든, 블로그에 댓글 기능이 있다면 거기에 일희일비하지 마세요. 기술 블로그는 일반 커뮤니티에 비해 무례한 댓글이 달릴 가능성이 상대적으로 적을 수는 있지만, 모든 댓글이 우호적일 것이라고 기대할 수는 없습니다. 내가 글에 담은 의견에 반박하는 댓글이 달릴 수도 있습니다.

그 댓글이 내 생각과 다른 의견이든, 내 글을 반박하는 내용이든, 비판이든, 심지어 비난일지라도, 내 블로그를 읽고 시간을 내어 댓글을 남긴 독자에게 감사한 마음을 가지세요. 공격적인 대댓글은 삼가야 합니다. 배달 앱의 리뷰를 보면 세상 사람들은 정말 각양각색이라는 것을 느끼게 되는 경우가 있습니다. 어이없는 리뷰에 웃으며 대응하는 사장님들의 대댓글을 보면 존경스럽기까지 합니다. 블로그는 개발자의 PR 창구입니다. 댓글에서 저자의 소통 능력을 보여주세요. 글은 작성자의 품격을 드러냅니다.

블로그, 시작해봅시다

'중요한 건'이라는 말을 들으면 문장을 어떻게 마무리하고 싶은가요? 아마 '꺾이지 않는 마음!'이라고 답할 분이 많을 것 같습니다. 제가 소개하고 싶은 문구는 한때 자주 등장했던, '눈물의 여왕'이 모델로 나오는 광고에 등장하는 문구입니다. 바로 "중요한 건 해내는 것보다 해보는 것"이라는 문구입니다. 해내는 것도 중요하지만 처음부터 목표를 너무 거대하게 잡으면 오히려 금방 지치고 포기하게 됩니다. 해내는 것은 차차 생각하기로 하고, 일단 해봅시다.

목표와 계획 세우기

목표를 글로 써봅시다. 현실적으로 내 상황에 맞는 목표를 세우는 겁니다. 글쓰기를 위해 할애할 수 있는 시간이 언제인지, 주말에 따로 시간을 낼 수 있는지 파악해보세요.

> 오늘부터 한 달 안에 블로그 글 하나 쓰기

이 정도 목표는 어떤가요? 한 달이면 넉넉하게 느껴지겠지만, 생각보다 만만치 않습니다. 일단 글 하나를 탈고하면 목표를 달성하는 겁니다. 글 길이도 정하지 않았어요. 일단 탈고가 목표입니다. 탈고한 후 블로그와 조금 친해진 것 같으면 게시 주기를 줄여봅시다.

> 2주마다 블로그 글 하나 쓰기

주기를 줄여가면서 긍정적인 경험을 쌓아가다가 목표를 상향하는 겁니다.

> 글 올린 후 한 달 내 조회 수 100건 달성하기

얼마나 자주 쓸지, 조회 수 목표치를 어떻게 하는 것이 현실적으로 달성 가능한 것인지는 본인이 제일 잘 압니다. 블로그를 쓰려는 목표에 따라 설정하세요.

계획은 머리로만 하지 말고 글로 써보는 것을 추천합니다. 마음에만 담아두면 소리소문 없이 목표가 사라질 수 있습니다. 소박하게 오늘부터 한 달 내로 글을 하나 쓰기로 했으니 한 달 동안 수행할 작업을 계획으로 수립합니다. 블로그 쓰려고 이렇게까지 해야 하나 싶을 수도 있지만, 다음 계획표처럼 계획을 가시화해보세요(표 14-1).

표 14-1 블로그 쓰기 계획표 예시

	첫 번째 주	두 번째 주	세 번째 주	네 번째 주
소재 정하기	■			
자료 조사하기	■	■		
목차 구성하기	■	■		
글쓰기		■	■	
검토하기			■	■
글 게시하기				■

블로그나 인터넷 커뮤니티에 최근에 올라온 게시글 날짜가 꽤 오래전이라면 그곳을 더 이상 찾지 않게 됩니다. 사내 위키 문서도 마지막으로 수정된 날짜가 오래됐다면 그 문서에 담긴 정보가 읽는 시점에도 유효한 정보인지 의심하게 됩니다.

독자가 내 블로그를 신뢰하도록 꾸준히 글을 올릴 수 있는 목표와 계획을 수립하세요. 꾸준히 올릴 자신이 없다면 글 쓰는 주기를 넉넉하게 잡거나 분량을 줄이는 방식으로 목표와 계획을 현실적으로 조정해보세요.

소재 선정하기

앞서 소개했던 블로그 글 종류 중에서 덜 어렵게 느껴지는 종류를 골라보세요. 내가 잘 아는 분야에서 소재를 고르는 것이 첫 글을 쓰는데 도움이 됩니다. 첫 글뿐만 아니라 꾸준하게 글을 쓰려면 처음에는 내가 잘 알고 익숙한 분야에서 소재를 골라보는 것이 좋습니다. 아무래도 소재가 떠오르지 않는다면, 이 책의 후기로 시작해보는 건 어떤가요?

블로그를 쓰기로 마음먹었다면, '이걸 써볼까? 저걸 써볼까?' 하고 소재가 떠오를 때마다 꼭 한곳에 차곡차곡 모아두세요. 떠오른 소재만 메모하지 말고, 함께 떠올랐던 세부 항목이 있다면 그것도 꼭 같이 메모하세요. (이 책을 쓰면서 직접 기록해둔 메모를 보고도 무슨 말인지 몰라 버린 소재가 너무 많습니다.) 소재를 모아두면 나중에 글감이 부족할 때 도움이 됩니다.

목차 구성하기

소재를 정한 후에는 내가 무슨 이야기를 하고 싶은지 생각해보세요. 생각과 정리를 동시에 하는 건 어렵습니다. 일단 떠오르는 아이디어를 전부 메모해두세요. 어느 정도 아이디어를 모였다면, 비슷한 것끼리 모으세요. 그중 어떤 아이디어는 다른 것보다 규모가 있어 보일 수 있습니다. 그런 아이디어는 이번 글에 활용하기보다는 새 주제로 분리해 별도의 글로 작성하는 것이 좋습니다.

이런저런 이유로 블로그에 담지 못하게 되는 아이디어가 있다면 표시해두거나 소재 바구니에 담아두세요. 먹다 남은 닭갈비에 계란과 김, 깨소금을 넣어 맛난 볶음밥을 만들어내듯이, 남은 소재는 또 다른 글의 재료가 됩니다.

소재를 하나 떠올려봅시다. 예를 들어 만년 막내 개발자로 팀의 온갖 궂은 일을 하던 중 인생 처음으로 누군가의 사수가 된 경험이 문득 떠올랐다고 해봅시다. 부사수를 위해 어떤 준비를 했는지, 좋은 사수가 되기 위해 책을 읽었다면 어떤 책을 읽었는지, OJT(직무간 훈련)on-the-job training를 어떻게 구성했는지, 사내 시스템 정보와 이용법을 어떻게 전달했는지, 추천 도서나 영상을 준비했다면 그 기준은 무엇이었는지, 멘토링 기간은 얼마로 잡았는지, 회사 생활 팁은 어디까지 알려줄지를 고민한 내용까지 전부 메모하세요. 그다음 비슷한 항목을 모으다 보면 묶음이 생기고, 그 묶음 가운데서 핵심 메시지가 나옵니다. 그 메시지를 소제목으로 삼고, 아래에 관련 내용을 적어보세요.

다음은 이 책에서 '블로그'라는 주제를 맡은 후 어떤 내용을 쓸까 고민하면서 생각나는 대로 일단 적어놓은 아이디어 뭉치입니다(그림 14-16). 아이디어가 떠오를 때마다 포스트잇을 하나씩 추가했고, 추가 과정에서도, 다 적고 난 후에도 비슷한 이야기를 담은 포스트잇은 한데 모으며 생각을 정리했습니다. 날것 그대로 보여드리고자 오타가 있는 상태로 공유합니다.

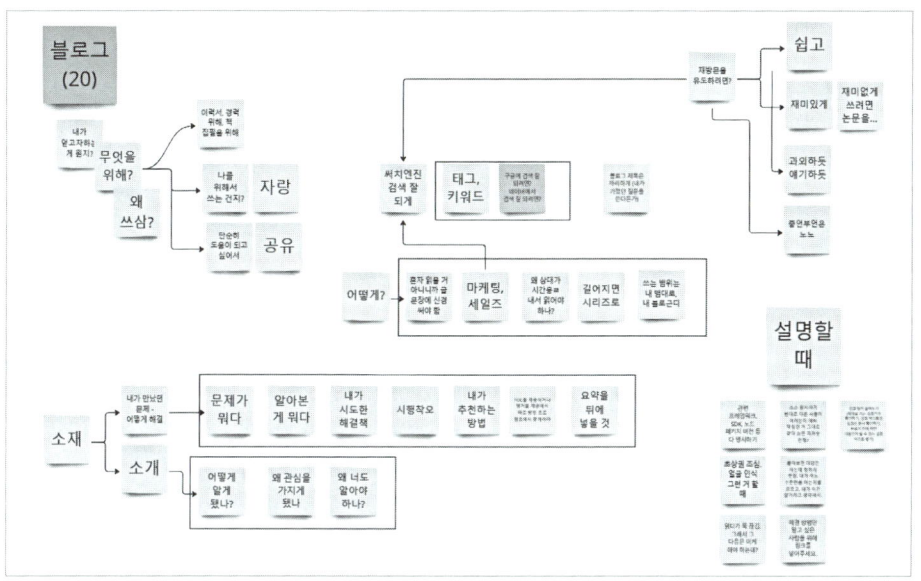

그림 14-16 블로그 쓰기란 주제로 쓸 내용 아이디에이션

브레인스토밍을 할 때 꼭 이런 형태로 작업해야 하는 건 아닙니다. 마인드맵을 활용하는 방식도 있습니다. '그것이 알고 싶다 - 왜 개발자는 글을 못 쓸까?'라는 글에서는 '개발자의 입장에서 글 쓰기 힘들어 하는 이유를 도출'하고자 마인드맵을 사용했습니다 (그림 14-17).

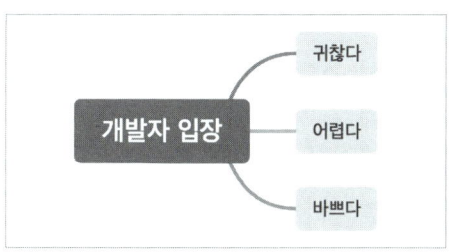

그림 14-17 생각을 마인드맵으로 정리한 예시

아이디어가 어느 정도 정리됐다면, 이제 글의 구조를 잡기 위해 목차를 구성해보세요. 주요 메시지, 즉 꼭지를 몇 개 뽑아내는 작업입니다. 이렇게 도출된 꼭지들이 글의 목차 항목이자 소제목이 됩니다. 다음은 앞서 등장한 마인드맵을 기반으로, 꼭지를 소제목

으로 정리해 절을 구성한 예시입니다(그림 14-18).

귀찮다

귀찮기 때문에 글을 못 쓰고, 귀찮기 때문에 글을 안 쓰고, 귀찮기 때문에 글쓰기가 싫습니다. 귀찮아서 아예 쓸 시도를 하지 않거나 쓰긴 쓰는데 귀찮으니까 많은 내용을 생략해 버립니다. 귀찮으니까 누구를 위해 쓰는지는 물론 무엇을 쓰는지도 고려하지 않습니다. 그래서 문서 목차를 도출하기도 전에 키보드에 손가락을 얹습니다. 그리고 손가락을 바삐 움직입니다. 그 결과 문서에 반드시 필요한 내용이 누락됩니다. 주어나 타동사에 대한 목적어, 조사 혹은 핵심 단어를 빠뜨리고 키보드를 두들깁니다.

글 쓰는 것이 귀찮다고 여겨지는 이유를 다음과 같이 묵상해 보았습니다.

- 개발자 입장
  - 귀찮다
    - 머리 속에 있는 것을 글로 써 내려가기 어렵다
    - 개떡같이 말해도 찰떡같이 알아들으면 좋겠다
    - 코드가 돌아가기만 하면 되는 거 아님?
    - '내가 왜 이 고생을 해야 하지?'라는 생각이 든다
    - 샘플 코드만 제공하면 되지 않나?
    - 설명하기 귀찮다
  - 어렵다
  - 바쁘다

그림 14-18 마인드맵으로 도출한 구성에서 섹션을 써내려간 예시

이렇게 처음부터 내가 전하고 싶은 메시지가 서너 개 명확하게 있어서 그 메시지를 소제목으로 삼아 글을 써내려가는 톱다운top-down 방식이 있는가 하면, 일단 글부터 쓰고 난 뒤에 전체 구조를 정리하며 절 제목을 뽑는 보텀업bottom-up 방식도 있습니다. 주제나 취향에 따라 본인에게 더 효율적인 방식을 택해 구성해보세요. 절 제목이나 절이 등장하는 순서는 글을 쓰면서 혹은 다 쓰고 나서 바꿔도 괜찮습니다.

글쓰기

목차를 구성하는 꼭지별로 글을 쓰세요. 굳이 목차 순서를 따르지 않아도 됩니다. 마음이 가는 소제목부터 골라 작성하면서 속도를 내보세요. 목차를 미리 구성했더라도 그

와 상관없이 하고 싶은 이야기가 생각나면 일단 손가락을 움직이세요. 나중에 적당해 보이는 곳으로 옮기면 됩니다.

어차피 검토라는 단계가 우리를 기다리고 있으니, 쓰고 싶은 말은 두서없이 일단 쓰세요. 오타도 신경 쓰지 말고, 흐름이 맞는지 생각하지 말고, 하고 싶은 말은 일단 내뱉으세요. 나중에 다른 곳으로 옮겨야 할 것 같은 내용을 쓴 후엔 '//TODO' 같은 메모를 남겨두면 됩니다.

검토하기

현업에서 팀 내 테크니컬 라이터의 글을 검토하면서 피드백을 줄 때 가끔 제안하는 게 있습니다. 바로 내가 쓴 글을 소리 내어 읽어보는 것입니다. 그냥 눈으로 글을 훑으며 검토할 때보다 부자연스러운 부분이나 오타를 쉽게 발견할 수 있습니다. 특히 읽다가 숨이 차오르면 '아, 이 문장이 너무 길었구나' 하고 스스로 깨닫게 됩니다.

회사명이나 제품명이 언급된다면 공식 표기대로 썼는지 꼭 확인하세요. 특히 본인이 소속된 회사라면 확실하게 더욱 정확히 써야 합니다. 삽입한 참고 링크가 유효한지, 출처를 다 명시했는지, 이미지나 기타 자료 출처도 안내된 방식에 맞게 기록했는지 확인해보세요.

검토가 끝났나요?

축하드립니다.

글을 게시하세요!

블로그, 어렵죠?

블로그, 생각만큼 시작하기도 어렵고, 시작해도 지속하기가 어렵습니다. 블로그 쓰고는 싶은데 어려움을 겪고 계신 여러분을 위한 처방을 내려드립니다.

정체기인가요?

모두가 알다시피, 꾸준히 하던 운동을 중단하면 내 땀과 눈물의 결과이자 인내의 결실인 근육이 점차 사라집니다. '근손실 때문에 울지도 말라'는 우스갯소리가 있을 정도로 근력 운동을 열심히 해오던 사람들은 근육을 사수하는 데 온 정성을 들입니다. 대부분은 글쓰기 근육이 생기기도 전에 글쓰기를 포기합니다. 중요한 건 꺾이지 않는 마음이기도 하지만, 더 중요한 건 꺾였는데도 다시 해보는 마음입니다. 블로그 쓰기를 잠시 쉬었더라도 다시 써보기를 강력히 추천합니다.

시작이 어려운가요?

'먼 길을 가장 빨리 갈 수 있는 방법은 사랑하는 사람과 같이 가는 것'이라는 이야기가 있듯이, 블로그의 여정 또한 먼 길이지만 함께하면 덜 힘들고 덜 지칠 수 있습니다. 글쓰는 모임에 참여해보거나 직접 모임을 개설해보세요.

아는 게 많이 없어서 쓰는 게 부담된다면 내가 아는 만큼만 쓰고 독자에게 질문을 하는 건 어떨까요? 어차피 독자가 내 글을 읽어야 댓글을 남겨줄 테니까요. 그렇다면 내 글이 검색이 잘되게 하거나 홍보도 해야겠죠.

글을 잘 못 쓴 것 같아 진행이 안 되나요?

글쓰기가 익숙해지면 '과연 좋은 글이란 무엇인가'라는 고민을 하게 됩니다. 그런 질문에 답하는 책도 많습니다. 읽을 땐 '아!' 하고 감탄하지만, 뒤돌아서면 잊게 됩니다. 책에서 이런저런 이야기를 해도 스스로 고민하고 터득하지 않으면 내 것이 되지 않습니다. 주어와 서술어 호응, 수식어의 위치처럼 올바른 문장을 쓰는 법, 더 나은 문장을 쓰는 법 같은 글쓰기 기술도 중요합니다. 다만 글로만 배워서는 체화하기 어렵습니다.

축구 경기를 관람하다 보면 함께 시청하는 가족이나 친구 중 혹은 인터넷 응원창에 감독이 여럿 등장합니다. 그중 축구 경기는 차치하고 공을 한 번도 안 차본 사람이 대부분이겠지만, 청산유수로 쏟아지는 말들은 프리미어리그급 감독입니다. 축구를 해보지 않았지만 어떻게 그리 할 수 있는 말이 많을까요? 그만큼 경기를 많이 봐서 익숙해졌기 때문일 겁니다.

글도 마찬가지입니다. 책을 읽으세요. 많이 읽고, 자주 읽으세요. 그러다 보면 테크니컬 라이터가 아니더라도, 소설가가 아니더라도, 어떤 문장이 좋은 문장인지, 잘 읽히는 문장인지 자연스레 깨닫게 됩니다.

응원합니다!

블로그는 내가 쓰는 글이고, 내 이름으로 올리는 글입니다. 누가 대신 써주지 않습니다. 내가 고민해야 하고 내가 써야 합니다. 언젠가 이 책을 읽고 블로그를 쓰기 시작했다는 소식이 들려오기를 고대합니다.

요약

개발자가 본업을 하면서 시간을 내서 글을 쓴다는 것은 대단한 결심을 요하는 일입니다. 결심은 누구나 할 수 있습니다. 그 결심을 행동으로 옮길 수 있기를 응원합니다.

- 중요한 건 해내는 것보다 해보는 것. 시작합시다, 블로그.
- 중요한 건 꺾이지 않는 마음. 내 블로그에 그 누가 어떤 댓글을 남기든 감사히 여기며 받아들입시다, 댓글.
- 중요한 건 꺾였는데도 다시 하는 마음. 블로그를 하다 지쳐도 잠깐만 쉬고 금방 털고 일어나 다시 써봅시다, 블로그.
- 앉으나 서나 독자 생각

PART

IV

기술 글쓰기에는 기법이 있다

2부와 3부에서는 개발자가 업무로 쓰는 글 종류를 중심으로, 각각을 어떻게 써야 하는지 설명했습니다. 이제부터는 글 종류와 상관없이, 공학적이고 논리적인 모든 글에 적용할 수 있는 기법을 다루겠습니다.

기술을 다루는 글은 정확하고, 간결하고, 완전해야 합니다. 이 3요소를 갖추면 복잡하고 어려운 정보를 독자가 쉽게 이해할 수 있도록 전달할 수 있습니다. 4부에서는 정확성, 간결성, 완결성을 갖추기 위한 실질적인 기법을 예시와 함께 소개합니다.

단, 명심할 것은 '독자가 쉽게 이해할 수 있도록 쓰는 것'이 최우선이라는 점입니다. 3요소를 갖추기 위해 노력하는 중에도 그 목적을 잊어서는 안 됩니다.

15 정확성

신용 결제에서 **매입사**란 가맹점에 대금을 지급하는 곳을 말합니다. 사업 구조에 따라 **신용카드사**가 **매입 기관**을 겸하기도 하고, 은행이 **매입 기관**이 되기도 합니다. 가맹점은 **신용카드사**나 **매입사**에 대금을 요청합니다.

여기서 '매입 기관'은 무엇을 의미할까요? '매입사'와 '매입 기관'은 어떤 관계이며, '신용카드사'와 '매입사'는 왜 병렬 관계로 나열됐을까요? 생략한 내용을 끝까지 읽어보면, 대강 '매입 기관'은 '매입사'와 유사한 의미이지만, '매입사'라고 부르기에는 완전히 같은 뜻은 아니므로 구분해서 썼다는 것을 알 수 있습니다. 하지만 처음 읽는 사람에게는 몹시 혼란스럽고 이해하기 힘든 설명입니다. 처음부터 '매입 기관'에는 신용카드사 또는 전용 매입사가 있고, 이를 통칭해 '매입 기관'이라고 부르겠다고 알려줬다면 훨씬 좋았겠죠.

기술을 다루는 글은 정확해야 합니다. 정확한 글을 쓰기 위해서는 모호하거나 부정확한 표현을 제거하고, 현재 제품 상태와 설명이 일치하는지 반복해서 확인해야 합니다.

모호한 표현의 대표적인 예가 '기가 인터넷' 같은 상품 이름입니다. 통신에서 사용하는 단위는 비트_bit_이므로 '기가 인터넷'은 기가비트_gigabit, Gbit_ 단위로 통신하는 인터넷을 말합니다. 하지만 컴퓨터 전공자가 아니라면 흔히 접하는 저장 매체 기준으로 '기가_giga_'라

는 단위를 해석해 기가바이트$_{gigabyte, GB}$, 즉 GB 단위로 오해할 수 있습니다.[1]

'컴퓨터 전공자가 아니라면'이라고 단서를 붙이긴 했지만, 컴퓨터 전공자 또는 개발자, 엔지니어라고 해도 항상 모든 상황에서의 정확한 단위를 알지는 못합니다. 단위뿐 아니라 용어도 마찬가지입니다. 정확한 표현을 쓰자고 제안하면 "개발자들은 그렇게 써도 다 알아들어요"라는 대답을 자주 듣습니다. 공식 표현이 없고 애매한 단어라면 결국 '두루 쓰는 표현'을 채택할 수밖에 없겠죠. 하지만 공식 표현이 있다면 주변 사람이 다 알아듣는다고 해도 비공식 표현이나 약어는 쓰지 않는 편이 좋습니다. 다이아몬드 감정서에 사람들이 안다고 해서 캐럿 단위를 생략하고 숫자만 쓴다면 과연 소비자가 믿어줄까요?

개발자가 업무를 다룰 때는 오해를 불러올 수 있는 표현은 쓰지 말아야 합니다. 하지만 우리는 업무 중에도 습관적으로 모호하게 표현할 때가 있습니다.

가람 나라 님, 데이터 업로드하는 위치가 OOO로 바뀌지 않았나요?

나라 확인해보겠습니다.

(잠시 후)

나라 예, 가람 님. 말씀하신 OOO로 바뀐 것 같습니다.

동방예의지국 국민인 우리는 이 대화에서 나라 씨의 마지막 말을 듣고 의미를 오해하는 일이 없을 겁니다. 바로 '예, 바뀌었습니다'라는 뜻이죠. 하지만 '같습니다'가 항상 '입니다'는 아닙니다.

다정 나라 님, 이번 달 OOO 앱 활성 사용자 수가 지난달보다 크게 늘었네요?

나라 예, 이번 달에 진행한 이벤트 때문인 것 같습니다.

여기서 나라 씨의 대답은 '이벤트 때문이라고 생각합니다'라는 개인 의견이지, 사실이 아닙니다. 그런데도 여기서도 '같습니다'를 썼군요. 우리나라 사람이라면 으레 앞뒤 맥

---

[1] 이에 대한 상세한 설명은 다음 기사를 참고합시다. https://www.etnews.com/20240502000341

락에 따라 개인 의견인지 사실인지 쉽게 구분할 수 있다고 생각하겠지만, 꼭 그렇지는 않습니다.

우리나라 사람은 '-입니다'라고 단정하는 것이 다소 건방지거나 무례하다고 느끼는 것 같습니다. (자, 이건 개인 의견일까요, 아니면 사실일까요?) "A 안으로 하시죠"나 "A 안이 좋습니다"라고 하지 않고 "A 안이 좋을 것 같습니다"라고 해야 좀 더 부드럽게 느껴지는 것이죠. 하지만 이런 모호한 표현은 기술을 다루는 글에 쓰면 안 됩니다. 해외 고객이 있어서 한국어로 쓴 글을 번역해야 하는 경우라면 자칫 의미가 달라질 수도 있기 때문에 더더욱 조심해야 합니다.

개발자가 쓴 글 초안을 보다 보면 이런 모호한 표현을 종종 봅니다. 예를 들어볼까요?

> 이 기능은 베타용이므로 실제 서비스에는 사용하지 않을 것을 권장합니다.

이런 문장을 쓸 때는 꼭 스스로에게 물어봐야 합니다. '정말 사용하지 말아야 하는가? 아니면 사용해도 되지만 가급적 사용하지 말라고 해야 하는가?'

앞선 예시에는 '베타용'이라는 표현을 통해 문제가 있을 수 있다는 의미를 전달하고자 했을 테니, 본래 의도는 사용하지 말라는 뜻이 더 강할 겁니다. 하지만 '권장합니다'라고 표현하면 사용해도 괜찮다고 오해할 수 있습니다. 이럴 때는 명확하게 사용하지 말라고 써야 합니다.

> 이 기능은 베타용이므로 실제 서비스에 사용하지 마십시오.

혹은 결론을 내리기보다는 일어날 문제를 정확히 고지하는 방식도 있습니다.

> 이 기능은 베타용이므로 실제 서비스에서 문제를 일으킬 수 있습니다. OOO 사는 베타 기능을 사용하면서 벌어지는 문제를 책임지지 않습니다.

우리말 표현이 모호해지기 쉽다고 해도, 글을 쓸 때는 최대한 분명하고 정확하게 표현해야 합니다. 지금부터 글의 정확성을 높이는 세 가지 기법을 소개하겠습니다. 세 가지 기법을 잘 익혀서 더 정확한 글쓰기에 도전해봅시다.

정확한 용어 사용하기

누구나 어떤 분야에서든 초보였던 시절이 있습니다. 사회 초년생 때 독립을 하게 되면 '임대인', '임차인', '등기부등본', '건축대장물' 같은 단어가 참 어렵게 느껴집니다. 전세나 월세는 익숙해도 '깔세'가 무엇인지 모르는 사람도 있을 것이고, 요즘에는 '사글세'라는 말조차 처음 듣는 사람이 있을 겁니다. 그 분야에 몸담지 않으면 나이가 들어도 잘 알 수 없는 단어가 많습니다.

필라테스 수업을 수강해본 적 있나요? 수업을 받다 보면 선생님이 '포인$_{pointe}$' 혹은 '플렉스$_{flex}$' 같은 짧은 단어로 지시를 하곤 합니다. 포인은 발가락을 앞으로 찌르듯이 발을 뻗는 자세이고, 플렉스는 발등이 날 향하게 발목을 접는 자세입니다. 저는 처음에 '포인'을 듣고 'paw-in'인 줄 알았습니다. (동물의 발을 'paw'라고 하죠. 인간은 자기가 아는 범위 내에서 이해하려고 하는 동물입니다.) 그래서 '발을 안쪽으로 당기라는 건가? 움켜쥐듯이 잡으라는 이야기인가?' 하며 한참 헤맸습니다. 어떤 자세를 취하라는 것인지 나중에 이해했지만, 조금이라도 피곤한 날이면 늘 헷갈렸습니다. '포인'은 '발가락 앞으로', '플렉스'는 '발등 땡기고'라고 해도 충분할 것 같은데 말이죠. 포인의 의미를 찾아보면 'pointe'라는 단어에서 온 표현으로, '발끝'을 뜻합니다. 어느 필라테스 수업을 가도 이 표현이 등장하는 것을 보면 포인과 플렉스는 확실히 전문용어입니다.

IT 업계도 마찬가지입니다. 분명 업계에서만 통용되는 표현과 전문용어가 있습니다. 그런데 기술 문서를 쓸 때 용어에 신경을 쓰지 않는 경우가 많습니다. 왜일까요? 내가 알고 있기 때문입니다. '이걸 왜 몰라?'라는 생각이 자연스럽게 들 수도 있고, 상대방이 이 단어를 모를 수 있다는 것을 아예 인지하지 못하는 경우도 있습니다. 용어나 표현을 상대방이 모를 수 있는 이유는 우리 조직에서만 쓰는 말일 수도 있고, 세대 차이 때문일 수도 있습니다.

꽤 오래전, 사내에서 여러 명이 30분씩 발표하는 행사를 한 적이 있었습니다. 업무 외 주제도 들을 수 있어 기대하는 마음으로 신청해서 경청했습니다. 'Material Design'[2]을

---

2 https://m3.material.io

주제로 한 발표가 있었습니다. 문제는 제가 당시 Material Design이 무엇인지 전혀 모르던 상태였고, 발표자는 Material Design이 무엇인지 설명 없이 바로 열강했다는 겁니다. 30분 동안 발표자의 뜨거운 열정과 전문성은 확실히 느낄 수 있었으나 끝끝내 Material Design이 무엇인지는 알 수 없었습니다. 청중은 전사 직원이었기 때문에 모르는 사람도 분명 있었을 겁니다. "Material Design은 구글의 디자이너와 개발자가 개발하고 지원하는 디자인 시스템입니다"라고 단 한 문장만 말했어도 발표를 훨씬 잘 따라갈 수 있었을 것이라는 아쉬움이 남았습니다. 나에겐 숨쉬는 것처럼 자연스러운 용어도 조직 밖에 있는 사람이나 나와 다른 업무를 하는 사람에게는 아주 생소한 단어일 수 있습니다.

인스타그램에서 재미있는 영상을 봤습니다. 한 어머니가 유선 전화기 쓰는 법을 알려줘야 하는 시대가 도래했다며 딸에게 유선 전화기를 쓰는 법을 알려주는 영상이었습니다. 아이는 전화를 어떻게 끊어야 할지도 몰랐습니다. '그땐 CD를 정말 많이 구웠는데'라는 말을 듣고는 쿠키나 빵을 굽는 것처럼 받아들이는 시대입니다. 내가 쓴 글을 읽는 독자의 배경은 내가 상상하지 못할 만큼 다양합니다. 누구도 용어를 몰라서 다른 의미로 이해하거나 글을 헤매지 않도록 작성자가 먼저 노력해야 합니다.

용어를 검색하게 하지 마세요

기술 문서를 작성할 때 가급적 목표로 삼는 것은 내가 쓴 글을 읽는 개발자가 내용을 이해하지 못해서 보던 화면을 떠나 다른 곳에서 찾게 만들지 않는 것입니다. 이를 위해서는 글을 잘 쓰는 것도 중요하고, 참고할 만한 자료의 링크를 본문에 적절히 추가하며 용어를 잘 설명해야 합니다. 독자가 단어 뜻을 몰라 구글이나 네이버에 검색하지 않도록 하는 게 좋습니다. 검색 결과에 정확한 정의가 1순위로 뜨면 그나마 다행이지만, 동음이의어라면 독자가 읽던 맥락과 맞는 정의인지 독자 스스로 판단해야 하니까요.

기술 문서에 새롭게 등장한 용어가 있다면 반드시 용어에 대한 설명을 문서에 써주세요. '새롭게 등장'의 기준은 대체로 그 단어가 문서에서 처음 언급됐을 때를 의미합니다. 저는 문서 전체에서 그 용어가 처음 등장하는 곳에만 정의를 넣는 것이 아닌, 섹션[3] 마다 처음 등장할 때도 정의를 함께 보여주는 편입니다. 독자가 문서를 처음부터 읽을 수도 있지만, 온라인 문서라는 특성상 다른 문서에서 링크를 타고 특정 섹션으로 바로 들어오는 경우도 많기 때문입니다. 독자가 필요한 정보만 보고 돌아간다면 문서 초반부에 있던 용어 정의는 놓치게 됩니다. 그래서 중복되더라도 용어 정의는 여러 번 보여줍니다.

용어를 설명한다는 것은?

용어를 설명한다는 것은 정확히 어떤 일을 의미할까요? 표준국어대사전에 따르면 '설명'이란 "어떤 일이나 대상의 내용을 상대편이 잘 알 수 있도록 밝혀 말함. 또는 그런 말"입니다. 핵심은 '상대편이 잘 알 수 있도록'입니다.

LINE Developers에 게시된 용어집의 일부를 보겠습니다(그림 15-1). 일반적으로 '액세스 토큰access token'은 어딘가에 접근할 때 접근 권한이 있음을 확인하는 데 사용하는 값으로 이해합니다. LINE Developers에 게시된 정의는 그런 일반적인 설명이 아니라 LINE을 사용하는 범위 내에서 의미 있는 설명을 제공합니다. LINE Developers의 문서를 읽는 개발자가 필요한 것은 사전을 찾아도 알 만한 설명이 아니라 LINE이라는 서비스 안에서 해당 용어가 어떻게 쓰이는지 알려주는 설명입니다.

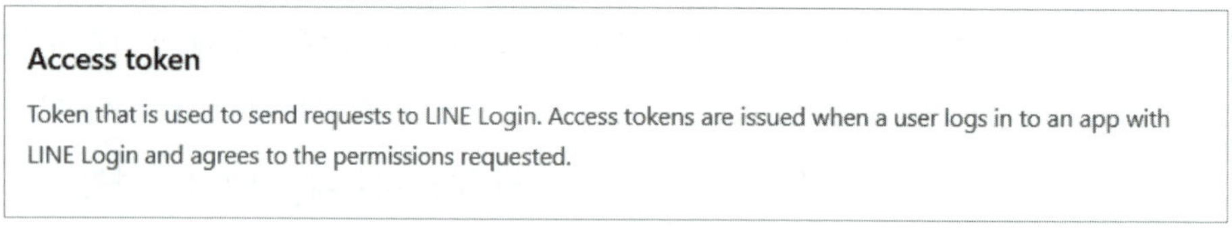

> **Access token**
> Token that is used to send requests to LINE Login. Access tokens are issued when a user logs in to an app with LINE Login and agrees to the permissions requested.

그림 15-1 **LINE Developers에서 설명하고 있는 '액세스 토큰'의 의미**

용어를 설명할 때는 해당 용어가 사용되는 범위 내에서 유효한 의미로 작성하세요. 모

---

[3] 온라인 문서를 기준으로 했을 때 문서 제목은 h1이고, 소제목은 h2입니다. 이 책에서는 소제목에 속한 부분을 한 '섹션'으로 간주했습니다.

두가 다 아는 일반적인 뜻으로 설명할 거라면 굳이 설명을 덧붙일 필요가 없습니다.

특히 주의해야 할 것은 두문자어와 축약형입니다. 두문자어는 'HTTP'나 'SaaS'처럼 앞 글자를 따서 만든 말이고, 축약형은 'CAPTCHA', 'L10N', 'A11y'처럼 일부를 줄여 만든 말입니다. '짧게 쓴 이유가 있는데 굳이 풀어서 써야 하나' 하는 생각에 풀이를 생략하거나 '개발자라면 이 정도는 다 안다니까?'라는 생각에 설명을 건너뛰는 경우도 많습니다.

하지만 내 문서를 개발자만 읽는 건 아닙니다. '이걸 모른다고?' 혹은 '이걸 왜 몰라?'라는 생각이 들 수도 있지만, 의외로 모르는 독자가 있습니다. 그리고 같은 개발자라도 내가 아는 분야를 다 아는 건 아닙니다. 예를 들어 임베디드 소프트웨어$_{embedded\ software}$ 분야에만 오래 종사한 개발자에게 CPaaS$_{communications\ platform\ as\ a\ service}$ 이야기를 꺼냈다가는 욕이냐는 이야기를 들을 수도 있습니다. 자신의 주 분야가 아니면 관련 용어나 약어를 모를 수도 있는 건 당연합니다.

HTTP처럼 오랜 시간 사용되어 고유명사처럼 취급되는 두문자어는 풀이를 병기하지 않아도 괜찮지만, 생긴 지 얼마 안 된 두문자어나 축약어는 처음 언급할 때 풀이를 병기하세요. 특히 풀이가 두 개 이상인 두문자어는 풀이 병기를 꼭 권장합니다. 예를 들어 네트워크 담당자에게 'AP'는 'access point'를 의미할 수 있고, 임베디드 소프트웨어 개발자에게는 'application processor'로 받아들여질 수 있습니다. 맥락상 어떤 의미인지 알 수 있을 것이라고 생각할 수도 있지만, 모든 독자가 나처럼 해석하리라 추정하는 것은 위험합니다.

준말의 풀이가 둘 이상일 경우, 검색을 해도 다양한 뜻이 함께 나옵니다. 프런트엔드를 줄여 표현하는 'FE'를 구글에서 검색해보세요. 'FE'가 '프런트엔드$_{front-end}$'라고 알려주는 결과는 없고, 철$_{Fe}$이나 게임 〈Fe〉 관련 결과가 상단에 표시됩니다.

// 좋은 예

CAPTCHA는 Completely Automated Turing test to tell Computers and

Humans Apart의 줄임말로, 어떤 작업을 수행하기 앞서 작업을 수행하려는 주체가 사람인지 봇(bot)인지를 판단하기 위해 문제를 제시하고 답변을 확인해 사람인지 봇인지 판단하는 기능입니다.

// 나쁜 예

CAPTCHA는 Completely Automated Turing test to tell Computers and Humans Apart의 약자입니다.

두문자어나 축약어의 풀이를 병기하는 것으로 만족하지 말고, 독자가 그 용어의 뜻을 이해할 수 있을 만큼 간단한 설명도 함께 제공해주세요.

어떤 용어를 설명할까요?

그렇다면 어떤 용어를 설명해야 할까요? 우리는 사전을 만드는 사람이 아니기 때문에 기술 문서에 등장하는 모든 단어를 설명하지 않아도 됩니다. 우선 구글과 네이버에 검색했을 때 나오는 단어인지 확인해봅시다. 사내에서만 쓰는 용어라면 검색 결과로 나올 확률이 0.001%입니다. (간혹 개인 블로그나 커뮤니티에 '사내에서는 이런 말을 쓰더라' 같은 글을 남겼을 수도 있어 0%라고 하지 않았습니다.) 검색 결과로 나오지 않는다면 문서 안에서 설명하세요(그림 15-2).

> 우선 TLS(Transport Layer Security. 구(舊) SSL. 이하, 일반적인 표기에 따라 SSL/TLS로 표기)가 무엇인지 간단하게 살펴보는 것으로 시작하겠습니다. TLS는, 브라우저 같은 클라이언트가 공개된 인터넷 망을 통해 웹서버와 커뮤니케이션할 때, 여러 가지 보안 메커니즘을 제공하여 원하는 상대와 안전하게 연결될 수 있도록 도와주는 인터넷 프로토콜입니다.

그림 15-2 **TLS의 뜻을 괄호 안에 풀어쓴 글**

용어 설명을 추가하는 기준으로 다음을 제안합니다.

- 구글이나 네이버에서 검색이 되지만 결과물이 별로 없는 표현
- 신생 분야에서 생긴 표현
- 사내 시스템 이름

- 우리 조직에서만 쓰는 표현
- 같은 회사인데 해외 조직에서만 쓰는 표현
- 새로 출시하는 서비스나 시스템 이름
- 신규 사원이나 타 부서 직원이 뜻을 물어본 표현

용어 설명을 적는 것도 중요하지만, 애초에 용어 설명이 필요 없도록 글을 쓰는 것도 좋은 방법입니다. 의미를 파악하기 어려운 용어 중에는 두문자어나 축약형이 특히 많습니다. 풀어쓴 말만으로도 맥락상 그 뜻을 짐작할 수 있도록 풀이를 병기하는 것도 하나의 방법입니다. 널리 쓰이지 않는 두문자어나 축약형을 쓸 때는 그 말이 처음 등장하는 부분에 어떤 단어를 줄인 것인지 괄호 안에 함께 풀어써주세요.

용어집을 만들어보세요

단별 문서를 작성하는 경우라면 굳이 용어집까지 만들 필요는 없습니다. 하지만 문서를 여러 벌로 구성하거나 서드파티 개발자를 위한 개발자 사이트를 운영한다면 용어집은 꼭 만들기를 권장합니다. 앞서 살펴본 LINE Developers 사이트에도 용어집이 있고, LINE Blockchain Developer Docs 사이트에도 용어집이 있었으며(그림 15-3), LINE Planet 사이트[4]에도 용어집이 마련돼 있습니다.

A

AOA (Aggressive Official Account)

LINE 메신저에서 친구로 등록되지 않아도 사용자에게 메시지를 보낼 수 있는 계정

Approving token proxy (Proxy 승인)

아이템 토큰 관리 권한을 다른 wallet에 위임하는 것. 권한을 위임받은 wallet은 권한을 위임한 wallet을 대신해서 그 wallet이 소유한 아이템 토큰을 전송, 소각할 수 있습니다. 권한을 위임받은 wallet을 proxy라고 합니다.

Asset (자산)

핀시아를 통해 거래할 수 있는 자산을 통칭.

그림 15-3 LINE Blockchain Developer Docs에서 제공했던 용어집

4 https://docs.lineplanet.me/ko/overview/glossary

온라인 문서에 용어집을 만들어 사용해본 결과 매우 만족스러웠습니다. 독자가 용어를 모를 상황을 대비해 본문 내에 정의를 삽입하면, 본문 흐름이 끊길 수 있습니다. 하지만 용어집이 있다면 그런 장애물을 본문에 넣지 않고도 문제를 해결할 수 있습니다. 본문에 등장하는 용어에 용어집 링크만 걸면 되니까요.

이 방식은 글을 쓰는 입장에서도 자유도를 높여줍니다. 해당 주제 내에서는 통용되는 용어라면, 대체 표현을 고민하지 않아도 됩니다. 독자 입장에서도 모르는 단어를 즉시 확인할 수 있어 정보를 습득하는 흐름이 끊기지 않습니다. 특히 독창적인 단어, 제품을 제작한 회사에서 자체적으로 만들어낸 이름처럼 뜻을 유추하기 어려운 경우는 더더욱 그렇습니다. '용어집'이라는 페이지가 있으면 제품을 처음 사용하는 사용자도 쉽게 용어 정의에 접근할 수 있고, 새 개념을 이해하는 데 들이는 노력을 줄일 수 있습니다.

문서를 위한 용어집을 만들지 않더라도, 조직 내에서는 용어집을 하나 만들어두는 편이 좋습니다. 이는 조직에 새로 합류한 직원들에게 매우 유용한 자료가 됩니다. 무슨 뜻인지 묻고 싶어도 '이것도 모르냐'는 눈총을 받을까 봐 질문하기 어려워하는 극 I형에게는 매우 고마운 존재가 될 수 있습니다. 협업하는 타 부서 인원에게도 매우 유용합니다. 무엇인지 물어보면 해당 용어 링크만 공유하면 끝이니까요.

조직별로 각각 용어집을 만들다 보면, 공통으로 등장하는 용어들이 생기기 마련입니다. 특히 사내에서 공통으로 사용하는 시스템 이름은 여러 부서에서 반복해서 등장합니다. 그런데 새 시스템이 등장할 때마다 조직별로 용어집을 따로따로 업데이트해야 한다면 비효율적입니다. 사내 공용 용어집[5]이 있다면, 기술 문서를 작성할 때나 메신저로 소통할 때 사내 공용 용어집에 등록된 링크를 활용하면 되기 때문에 매우 편리합니다.

---

5   사내 공용 용어집 중 하나인 LINE Words는 글로벌 환경과 비대면 업무 속에서 커뮤니케이션 비용을 줄이기 위해 기획되었으며, 그 과정은 LINE Engineering 블로그 '사내 용어 사전, LINE Words 오픈 여정기'에 소개되어 있습니다. https://engineering.linecorp.com/ko/blog/glossary-project-line-words-open

문서에 은어가 있을 자리는 없어요

영문 문서만 주구장창 쓰다가, 어느 날 한국어 문서만 써야 하는 상황이 찾아왔습니다. 영어만 쓰다 보니 한국어로 문서를 작성하는 게 익숙하지 않고, 문장도 어딘가 부자연스러웠습니다. 고군분투하며 한국어 문서를 쓰던 와중에 개발자에게 한 가지 표현을 지적받았습니다. 바로 '화면을 띄우다'라는 표현입니다. '띄우다'가 표준어가 아니라는 것이었습니다. 너무나 익숙한 표현이었는데 말입니다.

'구어체'와 '문어체'라는 말이 존재하는 이유는 말할 때 쓰는 표현과 글을 쓸 때 쓰는 표현이 다르기 때문입니다. 우리가 대화를 할 때는 문어체보다는 구어체를 구사하고, 그만큼 표준어가 아닌 말이나 은어를 쉽게 입에 담습니다. 실무에서도 '팝업을 띄운다', '공지를 띄운다', '발표 자료를 화면에 띄운다' 같은 표현을 정말 자주 사용합니다.

그런데 사전에서 '띄우다'의 정의를 보면 "물 위나 공중에 있게 하거나 위쪽으로 솟아오르게 하다. '뜨다'의 사동사"입니다. '뜨다'의 정의는 "물속이나 지면 따위에서 가라앉거나 내려앉지 않고 물 위나 공중에 있거나 위쪽으로 솟아오르다"입니다. 이런 정의에 따르면 팝업이나 공지, 발표 자료를 '띄운다'는 말은 성립되지 않습니다. 지적이 타당했습니다.

언젠가는 표준국어대사전이나 우리말샘 같은 곳에 우리가 실무에서 쓰는 의미대로 정의가 추가되지 않을까 기대합니다. 현업에서 자연스럽게 사용하더라도 단어의 본래 정의와 다르게 사용하는 단어가 있다는 점을 인지해야 합니다. 기술 문서를 쓸 때는 전달하려는 의도와 다르게 해석되지 않도록 정확한 단어와 표현을 사용하는 것이 중요합니다.

> **쉬어가기** 실무에서 쓰는 표현을 기술 문서에 알맞게 포장하기

대화할 때나 회의 중에 쓰는 표현, 위키에 댓글을 남길 때 편하게 사용하는 표현은 기술 문서에 적합하지 않습니다. 단순 구어체와 문어체의 차이를 넘어서 문서를 읽는 독자를 염두에 둔다면 '우리의 언어'가 아닌 '모두의 언어'로, 누구나 이해할 수 있는 표현을 사용하세요.

표 15-1 실무에서 쓰는 표현을 기술 문서에 적합하게 바꿔서 작성하기

실무에서 자주 쓰는 편한 표현	기술 문서에 쓰기 적합한 표현
○○ API를 찌르다	○○ API를 호출하다
○○을/를 콜하다	○○을/를 호출하다
○○ 서버를 찌르다	○○ 서버를 조회하다, ○○ 서버에 조회하다, ○○ 서버에 요청하다, ○○ 서버에서 값을 받다
(프로그램을) 깔다	(프로그램을) 설치하다
(코드를) 까다	(코드를) 확인하다
발라내다	추리다, 추려내다, 추출하다, 파악하다
빌드를 걸어두다	빌드를 실행해두다, 빌드를 시작해두다, 빌드가 되도록 하다
빌드를 돌리다	빌드시키다, 빌드를 실행하다
○○을/를 쏘다	○○을/를 전달하다, ○○을/를 주입하다, ○○을/를 발생시키다
○○을/를 던지다	○○을/를 전달하다, ○○을/를 호출하다, ○○을/를 공유하다
○○을/를 붙이다	○○와/과 연동하다, ○○을/를 연동시키다
엎어치다	새로 설치하다, 새 버전을 설치하다, 값을 일괄 변경하다
AA로 띄워진 BB 프로그램	AA로 실행된 BB 프로그램, AA가 실행시킨 BB 프로그램
날리다, 날려버리다	잃다, 사라지다, 삭제하다, 제거하다, 지우다
(저장소, 스레드)를 파다	(저장소, 스레드)를 생성하다
○○을/를 띄우다	○○을/를 표시하다
스샷을 뜨다	스크린숏을 저장하다
`diff`를 뜨다	비교하다, `diff`로 비교하다
인터넷이 터진다	네트워크 연결이 가능하다
스타일을 먹이다	스타일을 적용하다
○○○을/를 뚫다	연결하다, 접근하다, 접근하게 하다, 접속하다, 통로를 만들다, 경로를 만들다

명령문과 평서문

'한국인이라면 자동 완성할 수 있는 명대사'라는 글을 인터넷에서 봤습니다. 그중 몇 가지를 보여드릴테니 맞춰보세요. 빈칸을 바로 채울 수 있나요?

    넌 내게 ○○○○ ○○.
    야! 48○○!
    사랑은 ○○○○ ○○!
    밥은 ○○ ○○○?

이 밖에도 더 있지만 그중 빠질 수 없는 정말 유명한 대사, 전 이게 생각납니다.

    너나 잘하세요.

영화 〈친절한 금자씨〉에서 친절한 금자 씨가 뱉은 대사입니다. 영화의 명대사일뿐 아니라 인생의 명대사라 해도 과언이 아니죠. 누구나 한 번쯤은 내뱉고 싶은 말. 직장 생활을 하다 보면 누구나 가슴속에 사표 하나쯤은 품고 산다고들 합니다. 아마 그래서 이 한마디를 속에 되뇌며 살지 않나 싶습니다.

극중에서 금자가 이렇게 말했다고 상상해볼까요?

    너나 잘합니다.

분위기가 싹 달라집니다. 장르가 '친절한 금자 부사관'으로 바뀐 듯한 느낌입니다. 군대에서는 명령할 때 '해!'와 '합니다'체를 쓰죠. 흥미롭게 읽은 〈"훈련병, 양말 신습니다"가 명령문?〉[6]이라는 칼럼에서는 '다나까'만을 써야 하는 환경에서 비롯된 결과가 아닐까 하고 설명합니다.

'합니다'로 끝나는 문장은 평서문이지 명령문이 아닙니다. 국어국립원 표준국어대사전에서 정의를 찾아봤습니다.

---

[6] https://www.chosun.com/site/data/html_dir/2017/08/17/2017081703308.html

- 평서문: 화자가 사건의 내용을 객관적으로 진술하는 문장
- 명령문: 화자가 청자에게 무엇을 시키거나 행동을 요구하는 문장 또는 명령의 내용을 적은 글

둘의 목적이 확연하게 다르다는 것을 알 수 있습니다. 그럼에도 '양말 신습니다' 같은 평서문이 명령으로 받아들여지고 수행되는 이유는 그 자체가 명령이 전제된 환경에서 나오기 때문이 아닐까 짐작해봅니다.

기술 문서에는 평서문과 명령문이 당연히 모두 등장합니다. 다만, 명령문을 써야 할 곳에 평서문이 쓰인 예는 생각보다 자주 보게 됩니다. 예를 들어 다음과 같은 평서문이 등장합니다.

> 알림을 받을 서버 URL과 요청 방법을 설정합니다.
> Android 프로젝트의 libs 폴더 밑에 abc.def 파일을 복사합니다.
> 필수 항목을 다 입력한 후 저장 버튼을 클릭합니다.

평서문과 명령문은 구별해서 사용해야 합니다. 독자가 작업을 수행해야 한다면 명령문으로 쓰세요. 독자에게 명령하는 게 부담스럽게 느껴지나요? 그럴 필요 없습니다. 어차피 '설정해', '복사해', '클릭해' 같은 말투로 쓰지는 않을 테니까요.

어느 날, 그리 친하지 않았던 학교 선배가 문자를 보내옵니다. "그래서 말인데…" 말 줄임표로 문장이 끝납니다. 문장 어미만 봐도 어려운 부탁을 하려는 분위기가 느껴집니다. 다음 줄을 읽습니다. "너라도 와서 축하해줘"라는 내용입니다. 네, 결혼 소식입니다. 연락을 받은 후배는 '라도'라는 조사가 살짝 거슬립니다. '너라도'와 '너만은'을 떠올려보세요. 조사 하나가 주는 어감 차이는 꽤 큽니다.

주말을 반납하고 선배의 결혼식장으로 출발합니다. 왕복 6시간이라 먼 길이지만, 오랜만에 코에 바람도 쐴 겸 바다나 보고 오자는 마음으로 기차에 오릅니다. 아슬아슬하게 식장에 도착합니다. 한창 주례사가 진행 중이네요. 다음은 축가 순서, 신부의 옆모습이 보입니다. 선배가 어떻게 저런 예쁜 분을 만났는지 무척 궁금합니다. 하객 인사 순서입

니다. 드디어 신부의 앞모습을 봅니다. 후배의 마음이 철렁 내려앉습니다.

모든 순서가 끝나고 사진 촬영 시간. 식에 늦게 도착해 인사할 기회를 놓쳤기에 선배에게 다가가 인사를 건넵니다. "와줘서 고맙다"라는 신랑과 악수를 나누며 어떤 말을 건네야 할지 머뭇거리던 후배는 "예쁘게 사랑하세요!"라고 말하려다 신부와 눈이 마주칩니다. 그리고 순간, 후배의 입 밖으로 튀어나온 말.

"예쁘게… 사랑합니다!"

식장이 술렁이기 시작합니다. "지금 저 사람, 누구한테 사랑한다고 한 거야?"

'사랑하세요'와 '사랑합니다'는 의미가 완전히 다릅니다. '클릭하세요'와 '클릭합니다'도 마찬가지입니다. 의미가 다릅니다. '클릭하세요' 자리에 '클릭합니다'가 들어가 있어도, 대부분 사람들이 별 의심 없이 읽고 넘깁니다. 괜찮은 걸까요? 왜 '클릭합니다'를 '클릭하세요'로 해석을 하며 읽는 걸까요? 독자들이 착해도 너무 착하고, 부지런해도 너무 부지런하기 때문입니다.

한국어 원어민이라면 문서를 읽어나가며 맥락으로 의미를 파악할 수는 있습니다. 하지만 모든 독자가 맥락을 기억하며 읽는다는 보장은 없습니다. 근거 없는 전제를 바탕으로 문서를 작성하는 건 무모한 모험입니다. 독자가 문서를 정확하게 이해하도록 수고를 떠넘기는 행위입니다. 글을 쓰는 사람은 작가로서 최선을 다해야 할 의무가 있습니다.

기술 문서는 정확한 정보를 효율적으로 전달하는 것이 목적입니다. 불필요한 미사여구가 끼어들 자리는 없습니다. '해주세요' 같은 부탁 표현도 마찬가지입니다. 정보를 효율적으로 전달하려면 상황에 맞는 문장 종류를 선택해야 합니다. 연장을 잘 골라야 합니다.

'그런데' 같은 접속사와 말줄임표로 끝맺음한 문장, 뜻을 결정짓는 조사 하나, 문장 어미 등 문장을 구성하는 요소를 하나하나 고민하고 골라야 합니다. 동사도 적확하게, 조사도 적합하게, 문장도 알맞게 끝맺어야 합니다. 이 모든 수고는 독자를 위해서입니다. 문장 요소를 대충 골라 쓴다면 순두부찌개를 먹으려는 사람에게 젓가락을, 라면을 먹으려는 사람에게 숟가락을 주는 것과 같습니다. 먹을 수야 있습니다. 먹을 수는 있지만, 효율은 매우 떨어집니다.

기술 문서에서 자주 접할 수 있는 예시로 비교해보겠습니다.

> 콜백 함수를 **호출하세요**.
>
> 콜백 함수를 **호출합니다**.

이 문장들이 나 홀로 문장으로 있다고 생각해봅시다. 첫 번째 문장을 본다면, 내가 콜백 함수를 호출해야 한다는 것을 금방 알 수 있습니다. 작성자가 나에게 요청한 겁니다. 콜백 함수를 호출하라고요. 두 번째 문장은 어떤가요? 나에게 호출하라는 안내로 이해되나요? 누군가가 인증 콜백 함수를 호출한다는 사실을 알려주는 메시지입니다.

두 문장을 부정문으로 바꿔보겠습니다.

> 콜백 함수를 **호출하지 마세요**.
>
> 콜백 함수를 **호출하지 않습니다**.

군대 같은 환경이라면 두 번째 문장이 명령문으로 받아들여질 수 있지만, 기술 문서는 다릅니다. 두 번째 문장은 소개에 적합합니다. 예를 들어 '요청 수행 중 오류가 발생하면 서버는 콜백 함수를 호출하지 않습니다' 같은 문장에는 딱 알맞습니다.

번역을 고려한다면

이번에는 여러분이 쓴 문서를 영어로 제공해야 할 상황이 생겼다고 가정해보겠습니다. 요즘은 자동 번역기나 기계 번역을 자주 사용하는 추세이기 때문에, 콜백 함수 호출 예시 문장을 구글 번역(Google Translate)과 네이버 파파고(NAVER Papago), ChatGPT, DeepL로 번역했을 때 결과가 어떻게 나오는지 확인해보겠습니다.

먼저 구글 번역 결과를 살펴보겠습니다(그림 15-4). 명령문은 명령형으로, 평서문은 주어를 'it'으로 하고 동사는 3인칭으로 번역했습니다.

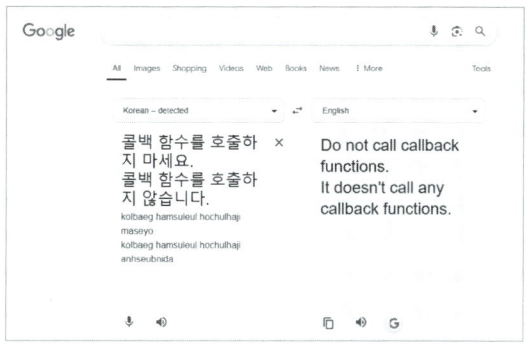

그림 15-4 구글 번역 결과

파파고에서 처음 번역을 시도했을 때는 평서문을 "Does not invoke the callback functions."라는 결과가 나왔습니다. 주어는 생략되었습니다. 이후에 다시 시도하니 "Callback function is not called."라는 번역 결과가 나왔습니다(그림 15-5). 'Callback function'이라고 주어가 명확히 나왔습니다.

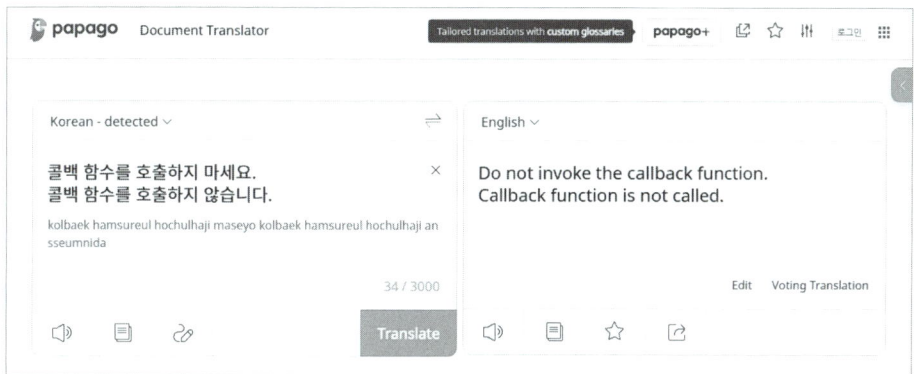

그림 15-5 파파고 결과

ChatGPT의 번역 결과를 확인해봅시다(그림 15-6). 명령문을 공손하게 번역했습니다. 평서문 주어를 'I'로 넣었네요.

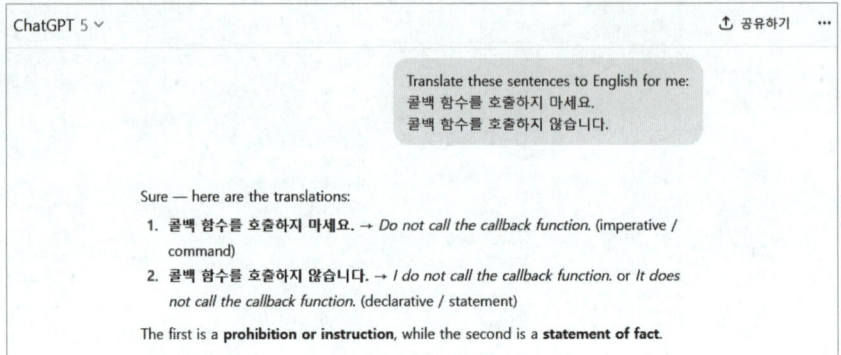

그림 15-6 ChatGPT 결과

DeepL은 학습을 좀 이상하게 한 것 같군요(그림 15-7).

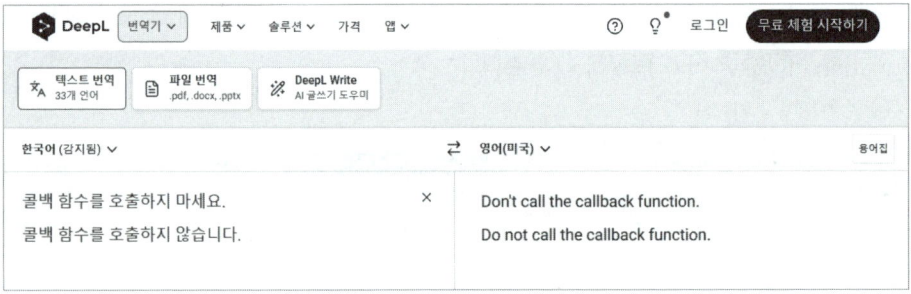

그림 15-7 DeepL 결과

파파고는 주어를 정하는 데 고민한 흔적이 보입니다. 주어를 '나'가 아닌 '그'나 '그녀'로 두고 번역한다면 파파고도 역시 'does', 즉 3인칭이 들어간 결과를 냈을 겁니다. 번역 결과를 봐도 알 수 있습니다. 평서문과 명령문은 완전히 다른 존재라는 것, 그래서 더욱 정확하게 사용해야 한다는 것을요.

그런데 말입니다. 긍정문으로 번역해봤더니 놀라운 결과가 나옵니다(그림 15-8). 구글 번역 서비스는 아무래도 잘못 작성된 한국어를 열심히 학습한 듯합니다.

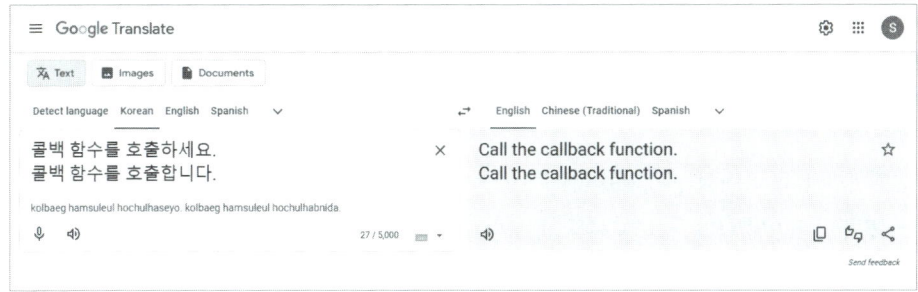

그림 15-8 구글 번역 결과

AI가 잘못된 한국어를 학습하지 않도록 우리가 더 정확하게 한국어를 사용하기 위해 노력해야겠습니다.

'하세요'는 이런 데 쓰세요

'하세요'는 누군가에게 명령이나 지시를 내려 무언가를 시켜야 할 때 적합한 표현입니다. 누군가에게 무엇인가를 시킨다는 건, 그 이야기를 들은 상대방이 실제로 어떤 행동을 수행해야 한다는 뜻입니다. 문서를 읽는 독자가 무언가를 해야 하는 상황이라면 '하세요'를 쓰세요.

다음 예시를 봅시다.

```
/**
 * @brief Walks a dog
 *
 * Walks a given dog for given distance.
 * @param dogName The dog's name
 * @param duration The time in minutes to walk the dog for
 */
public static void walkTheDog(String dogName, int duration)
```

메서드 이름에 쓰인 동사 '걷다'는 3인칭이 아니라 1인칭, 즉 동사 원형이자 명령형인 'walk'입니다. main() 메서드에서 walkTheDog() 메서드를 호출해 실행시킵니다.

```
public static void main(String[] args) {
    walkTheDog("Bori", 20);
}
```

'실행시킨다'고 표현했는데, `main()` 메서드에서 '강아지를 산책시켜'라는 명령을 실행시킨 것과 다름없습니다. 실행시키는 메서드 이름은 동사의 명령형, 즉 동사 원형으로 씁니다. 그래서 3인칭인 `walksTheDog`가 아닌 `walkTheDog`를 씁니다.

내가 독자에게 무언가를 시킬 때, 즉 독자가 직접 수행해야 할 때는 다음의 예시와 같이 명령문인 '하세요'를 쓰세요.

- 저장 버튼을 클릭하세요.
- CLI를 설치하세요.
- `x-user-access-token` 헤더를 반드시 명시하세요.
- 이 API는 CDN 도메인으로 호출하세요.
- 먼저 앱 시크릿을 신청하세요.

부정문도 마찬가지입니다.

- API를 호출할 때 HTTP를 이용하지 마세요.
- 민감한 개인정보는 캐시에 저장하지 마세요.
- API v0.1은 더 이상 지원하지 않으니 사용하지 마세요.
- ChatGPT 같은 생성형 AI를 이용하면 사내 정보가 유출될 수 있으니 업무용으로 이용하지 마세요.
- 자사 캐릭터 이용 시 디자인팀 검토 없이 변형하지 마세요.

명령문, 즉 '하세요'가 어울리는 문서 유형은 다음과 같습니다. 자주 등장하는 문서들이기도 합니다.

- 시작하기 문서(Getting Started)

- 개발자 가이드
- 커밋 메시지
- 튜토리얼
- 트러블슈팅 가이드

'합니다'는 이런 데에 씁니다

평서문은 어떤 사실을 진술할 때 사용하는 문장이라는 정의를 봤습니다. 앞서 명령문과 비교하며 '하세요'와 '합니다'를 비교해 살펴봤습니다. 평서문은 '합니다'뿐만 아니라 '입니다', '있습니다' 등 다양한 형태로 문장을 끝맺습니다.

예를 들어 다음과 같은 문장들이 있죠.

> 미디어 플랫폼은 JPG와 GIF, PNG 파일을 지원합니다.
> 버킷이 지원하는 용량은 1GB입니다.

이번 절의 소제목은 평서문으로 썼는데, 앞 절 제목과 다르다는 점, 혹시 눈치챘나요? 앞 절에서는 명령문을 다루며 소제목을 "'하세요'는 이런 데 쓰세요", 이번 절의 소제목은 "'합니다'는 이런 데에 씁니다"라고 지었습니다.

평서문이 자주 등장하는 기술 문서는 다음과 같습니다.

- 기능이나 서비스 소개
- 문서의 개요
- 서비스 사양
- API 레퍼런스
- 장애 보고서
- 지라 같은 버그 트래킹 시스템
- 요구사항 명세서

명령문과 평서문 둘 다 표현할 수 있을 때는?

'하세요'나 '합니다' 중 어떤 걸 사용해도 원하는 메시지를 정확하게 전달할 수 있는 내용도 있습니다. 그럴 땐 어떤 표현을 쓰는 게 좋을까요?

우리가 개발하는 땡땡땡 서비스에 doc-to-html이라는 노드 패키지를 이용한다고 가정해봅시다. 우리가 쓰던 버전은 1.0이고, 시간이 흘러 2.0 버전이 출시됐습니다. 그런데 2.0 버전은 우리 서비스가 사용하는 다른 패키지와의 호환성 문제가 있거나 2.0 버전에 문제가 있다고 알려져 계속해서 1.0 버전을 이용해야 하는 상황입니다.

그렇다면 안내문은 다음과 같이 작성할 수 있습니다.

> 땡땡땡 서비스는 doc-to-html 1.0 버전을 이용합니다. // 평서문
>
> doc-to-html 1.0 버전을 설치하세요. // 명령문

두 문장 다 사용할 수 있는 문장입니다. 함께 넣으면 정보가 더 풍부해집니다.

> 땡땡땡 서비스는 doc-to-html 1.0 버전을 이용합니다. doc-to-html 1.0 버전을 설치하세요.

평서문과 명령문을 함께 사용하면 전달력이 좋아지니, 둘 다 넣어보세요. 둘 중 하나만 넣는다면 전달하고 싶은 내용이 무엇인지에 따라 결정하세요. 예를 들어 doc-to-html이 자동으로 설치되는 패키지가 아니고 직접 설치해야 한다면 명령문이 적절합니다. 반대로 자동으로 설치되는 패키지라면 굳이 설치하라는 안내는 필요 없습니다. 이때는 평서문으로 안내하는 것이 효과적입니다. 대신 패키지 자동 설치 설정 파일에서 1.0 버전을 2.0 버전으로 변경해 사용하는 건 막아야 합니다. 명령문으로 'doc-to-html 버전 2.0으로 업데이트하지 마세요'라는 안내를 한다면 메시지가 훨씬 더 명확해집니다.

판단은 여러분의 몫입니다. 독자 입장에서 생각해보고, 어떤 표현이 더 명확한 안내가 될지 생각해서 적절한 것을 선택하세요.

> **쉬 어 가 기** 쉴 수 있을 때 쉬어야 하니 쉬세요!

명령문 '하세요'가 있어야 할 자리를 차지하고 있는 표현은 '합니다' 외에도 더 있습니다. 대표적으로 '할 수 있습니다'와 '해야 합니다'가 그렇습니다.

'-ㄹ 수 있다'는 능력이나 가능성을 나타내는 표현입니다. 다음 두 문장을 비교해보면, 프로젝트 목록을 확인하거나 등록 신청 방법을 확인하는 일은 사용자의 능력이나 가능성과는 무관한 일입니다. 권한이 필요한 기능도 아니라면 더욱 '할 수 있다'는 표현을 쓸 필요가 없습니다.

> ABC에 등록된 프로젝트 목록은 '프로젝트' 메뉴에서, 등록 신청 방법은 '등록' 메뉴에서 **확인할 수 있습니다.**
>
> ABC에 등록된 프로젝트 목록을 보려면 '프로젝트' 메뉴에서, 등록 신청 방법은 '등록' 메뉴에서 **확인하세요.**

'~해야 한다'는 표현은 해당 행동이 의무나 강제, 필수임을 의미합니다. 따라서 의무나 필수로 해야 하는 일이 아니라면, '~해야 합니다' 대신 명령문을 사용해도 충분합니다.

> 클라이언트는 수신한 응답에서 다음 값들을 확인하고 클라이언트 기기에 정보를 **등록해야 합니다.**
>
> 클라이언트에서 응답을 수신하면 다음 값들을 확인 후 클라이언트 기기에 정보를 **등록하세요.**

최신 정보 반영하기

자기 손으로 만든 제품 문서를 직접 작성했더라도, 완성한 문서에 꾸준히 관심을 두는 사람은 많지 않습니다. 이런 점에서 글쓰기는 소프트웨어 개발과 닮았습니다. 배포한 후 버그나 보안 결함 제보가 전혀 없는 소프트웨어를 꾸준히 점검하고, 사용한 패키지나 라이브러리를 최신 버전으로 업데이트하는 개발자가 얼마나 될까요? 잘 작동하는 제품 코드보다 더 시급하고 중요한 일은 항상 있기 마련입니다. 그런데 새 기능을 개발하고 기존 제품을 유지보수하기에도 일분일초가 부족한 마당에, 문서까지 꾸준히 업데이트하라니요!

그렇지만 잘 작동하기만 하면 언어나 패키지 버전이 조금 오래됐어도 큰 문제가 없는 소프트웨어와 달리 문서는 그렇지 않습니다. 문서는 조금이라도 오래됐거나 잘못된 정보가 포함되어 있으면 그 쓸모가 현저히 줄어듭니다. 독자는 현재 상황과 맞지 않거나 오래된 버전 정보를 발견한 순간, 해당 문서에 신뢰를 잃습니다. 심지어 내용과 무관하게 작성 날짜가 오래됐다는 이유만으로도 문서를 믿지 않는 사람도 있습니다. 신뢰받지 못하는 문서는 아무리 훌륭해도 제 역할을 하지 못합니다.

저 역시 개발자로 일할 때 업데이트하지 않은 문서로 불편을 겪은 적이 있습니다. 외주 업체와 함께 초기 시스템을 개발한 곳에서는 업체가 개발한 시스템을 전부 문서화해서 제본까지 해 보관하고 있었습니다. 시스템마다 2~3센티미터쯤 되는 두툼한 책자가 한두 권씩 있었습니다. 그런데 정작 책자를 펼쳐보면 실제 시스템 구조와 다른 부분이 너무 많았습니다. 설계 당시 작성된 구조에 개발하면서 더한 기능이나 버그를 수정한 내역이 전부 문서에 반영되지 않았기 때문입니다. 일부만 반영된 문서도 있었지만, 어디까지 반영됐고 어디는 아닌지 확인할 수 없어 책자 내용을 더는 믿을 수가 없더군요. 결국 그 두꺼운 책자는 자리만 차지한 채 방치됐습니다. 책 한두 권 분량이 될 정도였으니 문서화에 얼마나 품이 많이 들었을까요? 그런데도 오래 쓰이지 못했으니 참 안타까웠습니다.

이런 일을 피하려면 어떻게 해야 할까요?

첫째, 설계 문서를 제품 개발자와 사용자를 위한 최종 문서로 간주하지 말아야 합니다. 설계 변경이 일어날 때마다 문서에 반영했다고 하더라도 문서를 배포하기 전에 전체 내용을 반드시 다시 확인해야 합니다. 좀 더 과감하게 말하면, 제품 문서는 제품을 완성한 후에 써야 합니다. 설계 문서는 제품 개발 도중이나 최종 문서 작성 시점에 참고용으로 사용하는 것에 만족합시다.

둘째, 소프트웨어 문서는 인쇄해서 보관하지 말아야 합니다. 이미 판매해서 잘 작동하는 제품이라도 언젠가는 변경될 수 있습니다. 고객에게 제공할 용도라면 버전을 명시해 인쇄할 수 있지만, 내부 문서는 언제든지 업데이트할 수 있고 최신 내용을 반영할 수 있도록 소프트 카피~soft copy~로 관리하는 것이 좋습니다. 이렇게 하면 업데이트하지 않아 못 쓰게 되더라도 최소한 자원을 낭비하지는 않을 겁니다.

문제는 내부 문서

외부 독자를 대상으로 공식 배포하는 문서는 제품이 바뀔 때마다 꾸준히 업데이트되기 마련입니다. 담당 관리자가 있고, 제품 배포 시점에 문서를 함께 갱신하는 절차가 마련돼 있기 때문입니다. **문제는 다른 일로 바쁘디바쁜 작성자가 책임져야 하는 내부 문서입니다.** 이 '바쁘디바쁜' 작성자는 개발자, 바로 여러분일 확률이 높습니다.

IT 회사에서 고객에게 제공하는 제품에는 사내에서 개발한 다양한 소프트웨어와 도구가 사용됩니다. 고객에게 직접 보여주지 않지만, 제품을 만들기 위해 반드시 필요한 도구인 만큼 사내 개발자에게도 그 사용법을 안내해야 합니다. 보통은 문서를 작성해서 공유하지만, 다음과 같은 상황이 종종 발생하곤 합니다.

나라   가람 님, 우분투에서 CLI를 설치할 수가 없어요. 문서에는 레드햇 계열 리눅스 설명만 있고요.

가람   아, 우분투를 사용하실 거라곤 생각 못 했어요. 방법 마련하겠습니다.

(다음 날)

가람   나라 님, 우분투에서 설치하려면 이렇게 저렇게 하시면 됩니다.

나라   네, 감사합니다. 그사이 다른 리눅스 서버에서 테스트해봤는데요, CLI 명령 중에 검증 기능이 없더라고요. 하나 만들어주실 수 있나요?

가람   예, 알겠습니다. 검토해보겠습니다.

(다음 날)

가람   나라 님, 검증 기능 추가했습니다. CLI에서 배포하실 때 `-verify` 옵션을 주시면 됩니다.

나라   예, 감사합니다. 그런데 전에 알려주신 우분투 설치 방법대로 하니까 여전히 안 돼요.

가람   혹시 어떤 버전 쓰세요?

나라　x.x.x요.

가람　아, 그 버전은 이런저런 이유로 방법이 조금 달라요. 지난번에 알려드렸던 방법 중 2번을 이렇게 저렇게 고쳐서 해보세요.

나라　아, 그렇게 하니까 잘되네요. 감사합니다.

다정　참, 가람 님, 전에 말씀드린 기능 추가는 다하셨을까요? 오늘까지 해주기로 하셨는데요.

가람　앗, 잠시만요.

질문과 요청, 예외 상황이 이어지다 보면 가람 씨 머릿속에서 문서 업데이트는 뒷전이 되고 맙니다. 어차피 직접 물어보면 다 알려줄 수 있으니, '일단 발등에 불 떨어진 것부터 처리하고 내용이 어느 정도 모이면 그때 한꺼번에 문서에 업데이트해야지'라고 생각하는 것도 당연합니다.

예시 상황처럼 사내 개발자를 대상으로 삼는 소프트웨어나 도구는 보통 두 가지 방식으로 사용법을 안내합니다. 하나는 내부 문서, 다른 하나는 내부 소통 채널입니다. 내부 소통 채널은 공식 DL~distribution list~이나 메신저 채널일 수도 있고, 예시처럼 담당자와의 대화일 수도 있습니다.

문서에 없는 정보를 물으면 응답과 동시에 문서도 업데이트하는 것이 이상적이지만, 실제로는 그렇게 되지 않습니다. 똑같은 질문이 세 번, 다섯 번, 열 번쯤 들어오고 나서야 비로소 '그 내용, 〈자주 하는 질문〉으로 만들어서 문서에 올릴까?'라는 생각이 듭니다. (〈자주 하는 질문〉이 문서보다 더 중요하고 비대해지는 이상한 상황은 바로 여기서 시작됩니다.)

이런 일이 반복되면 사용자 역시 문서를 찾기보다 직접 묻는 쪽을 선호하게 됩니다. 문서에는 답이 없을 확률이 높고, 직접 물으면 바로 알려주니까요. 특히 슬랙 같은 도구를 사용하는 조직에서는 예전의 질의응답을 검색할 수도 있어서 작성자조차 질문 내용을 문서에 업데이트할 필요성을 못 느낄 수 있습니다. 업데이트하지 않은 내부 문서가 사장되는 흔한 과정입니다.

절차와 도구

여러분만의 문제가 아닙니다. 여러 회사도 비슷한 상황에 있습니다. 어떻게 하면 만들기만 하고 지우지 않는 수많은 내부 문서를 꾸준히 최신 정보로 업데이트하고, 유효 여부를 판단할 수 있도록 만들 수 있을까요? 다른 회사는 어떻게 해결하고 있을까요?

《구글 엔지니어는 이렇게 일한다》(한빛미디어, 2022)에 따르면, 구글은 사내 위키에 작성한 문서를 최신 상태로 유지하고자 담당자를 명확히 지정하고 문서 업데이트를 개발 워크플로에 포함했습니다(그림 15-9). 특히 중요한 점은 '담당자 지정'입니다. 사내 위키에 흩어져 있던, 소유자 없이 죽어가는 문서들을 정리할 수 있었던 비결은 소유권을 확실히 한 덕분입니다. 애초에 담당자가 없으면 개발 워크플로에 포함할 수조차 없기 때문입니다.

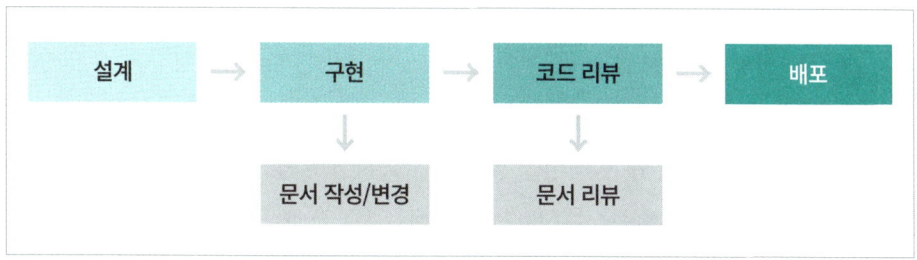

그림 15-9 문서 작업을 포함한 개발 워크플로

이런 개발 워크플로에서는 개발자가 무언가를 만들거나 고칠 때마다 문서를 쓰거나 업데이트해야 합니다. 코드 리뷰 단계에서 문서가 코드와 일치하는지 확인하기 때문이죠. 코드 리뷰를 형식적인 절차로 삼지 않는 이상, 문서는 항상 최신 내용을 유지할 수 있습니다.

API를 새로 만들거나 변경할 때 레퍼런스를 업데이트하지 않으면 코드 병합 자체를 막는 회사도 있습니다(그림 15-10).

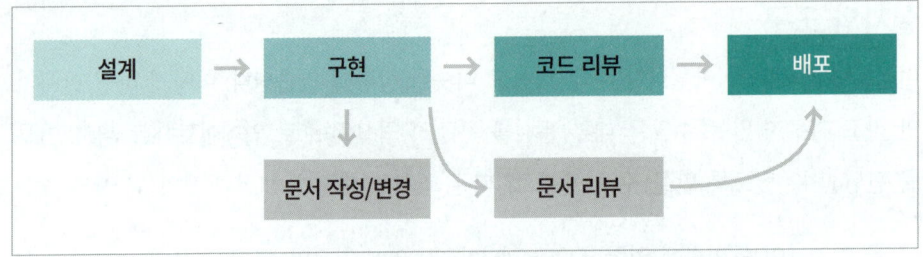

그림 15-10 문서를 업데이트해야만 코드를 배포하는 개발 워크플로

처음에는 조금 귀찮게 느껴질 수 있지만, 코드와 문서를 한 덩어리로 여기는 문화가 자리 잡히면 문서 품질은 자연스럽게 향상됩니다. 하지만 일정이 빡빡한 우리나라 개발 문화에서 문서 없이 코드를 배포하지 못하도록 막으면 어떤 일이 벌어질까요? 언젠가는 모두가 그 방식에 익숙해져 개발 일정이 늘어나더라도 자연스럽게 받아들이게 될까요? 아니면 형식적으로 문서 비슷한 것만 만들어 올릴까요?

후자와 같은 상황을 피하려면, 과도기에는 코드 병합을 강제로 막기보다는 문서 업데이트를 워크플로에 포함하는 방법을 추천합니다. 여유가 있다면 테크니컬 라이터를 고용해 개발 초기 단계부터 문서 작성을 맡기고, 개발자의 부담을 덜어줄 수도 있습니다. 외부로 배포하거나 규모가 큰 사내용 제품이라면 그림 15-10 같은 절차처럼 관리하는 것이 이상적이지만, 아쉽게도 모든 제품 문서를 저렇게 관리하기는 어렵습니다. 개발자와 회사 모두에게 부담이 크기 때문입니다.

사내 개발자가 많이 보지만 제품 자체의 규모는 크지 않은 경우, 또는 특정 조건에서 꼭 써야 하지만 사내 사용자가 적은 경우에는 다른 접근법을 시도해볼 수 있습니다.

예를 들어 스트라이프는 내부 문서 담당자를 지정하고 6개월에 한 번 업데이트 요청을 보내 문서를 점검하게 합니다. 담당자가 최신 정보임을 확인하면, 문서에 '검증 완료' 배지를 달아줍니다.[7] 이따금 문서를 찾아보는 사용자는 작성 날짜가 오래됐더라도 이 배지를 보면 안심하고 읽을 수 있습니다.

---

[7] https://youtu.be/DxbXKLl-URo?si=5bXlVpWnhCgiUKXR

이런 방식을 적용하려면 내부 문서를 관리하는 프로세스가 있어야 합니다(그림 15-11). 만약 그런 프로세스가 있다면, 기준을 세우고 작성자가 문서를 업데이트하도록 독려하는 역할은 관리자가 맡습니다.

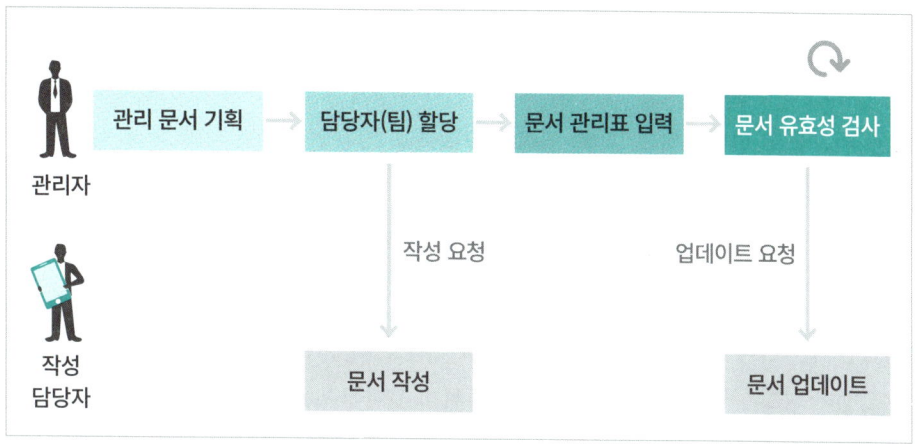

그림 15-11 관리자가 있을 때의 문서 작성 및 업데이트 프로세스

그림 15-11에서 설명한 문서 유효성 검사 단계는 업데이트 주기가 돌아오거나 독자의 피드백을 받는 것으로 시작됩니다. 이때 관리자가 작성자에게 일일이 연락하면 좋겠지만, 관리하는 문서가 많으면 쉽지 않습니다. 이런 경우에는 업데이트 주기가 돌아왔을 때 자동으로 메일을 보내도록 시스템을 갖추는 방법을 추천합니다.

물론 작성자 입장에서는 직접 연락해서 요청받을 때와 시스템 메일을 받을 때 느끼는 압박감이 다릅니다. 메일은 직접 연락하는 것만큼 행동을 이끌어내기는 어렵지만, 한 조사에 따르면[8] 사내 전체 메일을 발송했을 때 열어볼 확률이 69.5%, 읽은 사람 중 주목할 확률이 85%라고 합니다. 메일만 꾸준히 보내도 작성자가 문서에 신경 쓰게 할 수 있습니다.

관리자가 할 일은 메일을 보내도 보지도 않고 응답하지도 않는 작성자에게 직접 연락

---

[8] https://www.ragan.com/white-papers/internal-email-communications-benchmarks/

하고, 문서를 업데이트했는지 확인하는 것뿐입니다.

여기까지는 무척 이상적입니다. 자동 업데이트 요청 메일 발송 시스템도 있고 문서를 관리해주는 사람도 있다면 작성자는 업데이트 요청받기 전까지 개발에 집중할 수 있으니까요. 하지만 시스템도 없고 관리자도 없다면 어떨까요?

개발자 스스로 절차를 만드는 수밖에 없습니다. 6개월에 한 번, 예전에 쓴 문서를 검토하는 시간을 마련해보세요. 반복 일정으로 등록하거나 업무 메신저의 봇 등을 활용해 주기적으로 자신에게 알림을 보내는 겁니다. 물론, 검사하는 사람이 없으니 알림을 받아도 바쁘면 무시할 확률이 크니 아예 그날 하루 종일 문서를 검토할 수 있도록 일정을 비워두는 것이 좋습니다. 일정을 비웠어도 오래전에 쓴 글을 다시 보는 일은 엄두가 나지 않을 겁니다. 손에 잡히지 않아서 슬그머니 다른 일에 눈길을 줄지도 모릅니다. 이럴 때를 대비해 평소에 문서 작업할 내용을 틈틈이 모아두는 습관이 필요합니다.

간단한 방법을 소개하겠습니다. 문서 관리자가 있든 없든 모두 활용할 수 있는 방법입니다.

1. 문서를 처음 작성할 때부터 연관 있는 기능 요구 명세나 소스 코드 위치를 기록한다. 문서 내에 어떤 부분을 참고했다고 기록하거나 소스 코드에 '문서에 반영'이라는 주석을 남겨두는 식이다.
2. 이슈 트래커에 문서 업데이트용 티켓을 하나 만들어, 새로운 기능을 구현하거나 변경할 때마다 티켓에 기능 설명을 덧붙인다. 설계나 기획 문서가 있다면 함께 링크하고, 소소한 버그 수정이라면 코드에 '문서에 반영' 주석이 있는지 확인해 기록을 남긴다.
3. 6개월 뒤 문서 업데이트 알림을 받으면 티켓에 기록한 내용을 중심으로 문서 내용을 수정한다.

이런 방식이라면 변경된 내용을 긴 시간 들이지 않고 문서에 적용할 수 있습니다. 전체 문서를 검토하면 더할 나위 없겠지만, 갑작스럽게 업데이트가 필요할 때 어디서부터 시작해야 할지 몰라 손을 놓는 상황은 피할 수 있습니다.

12장 '릴리스 노트'에 따라 버전별 변경 사항이 잘 정리되어 있다면 문서 업데이트에 큰 도움이 됩니다. 기존 문서와 변경 사항을 정리한 티켓, 릴리스 노트를 ChatGPT와 같은 도구에 제공하고, 어떤 부분을 고쳐야 할지 도움을 받을 수도 있습니다.

개요나 사용법 같은 가이드 문서와는 달리, API 레퍼런스처럼 코드와 직접 연결되는 문서는 최신 상태를 유지하는 일이 비교적 쉽습니다. 소스 코드의 주석을 바탕으로 문서를 작성하는 방식이라면 잘 만든 도구를 이용해 주석 내용과 달라진 파라미터나 결괏값을 확인할 수 있습니다. 6개월마다 알림을 받고 코드와 주석이 일치하는지만 점검해도 잘못된 정보가 문서에 남는 일은 줄일 수 있습니다.

쟁쟁한 IT 회사마저도 문서 업데이트를 '알아서 척척' 하진 않습니다. 문서 변경만큼은 담당자가 할 수밖에 없다는 이야기입니다. 알림이나 배지로 도와줄 수는 있지만, 결국 사람이 품을 들여야 하는 일이니까요. AI가 문서를 쓰고 최신 내용으로 업데이트하는 날이 올지도 모르지만, 그전까지는 작성자가 꾸준히 신경 써야 합니다. 지금이라도 예전에 쓴 문서를 살펴보고, 앞서 설명한 절차나 도구를 활용해보세요.

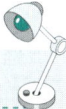

요약

기술 문서에서 반드시 달성해야 하는 목표는 정확성입니다. 기술 문서에 조금이라도 틀린 내용이 있으면 금세 신뢰를 잃기 때문입니다. 기술 문서를 정확하게 쓰려면 모호한 표현이나 설명하지 않은 용어를 사용하지 않도록 하고, 올바른 내용을 담았는지 꾸준히 살펴봐야 합니다.

- 독자가 모를 법한 용어나 일부 그룹에서만 사용하는 용어를 사용하지 마세요. 새로운 용어를 쓸 때는 반드시 설명하세요.
- 독자가 지시해야 할 일을 평서문으로 작성하지 마세요.
- 오래전에 쓴 기술 문서를 돌아보며 최신 정보로 유지하는 습관을 들이세요.

16 간결성

박민규의 《삼미 슈퍼스타즈의 마지막 팬클럽》(한겨레출판, 2020)을 보면 응원하던 팀이 처참하게 패배하는 것을 본 어린 야구팬이 주눅 든 채 속으로 "목은 쉬고, 허리는 아프고, 다른 무엇보다 원더우먼의 팬티처럼 소매에 별이 잔뜩 박힌 삼미 슈퍼스타즈의 촌스러운 잠바를 우리는 입고 있었고, 도무지 이 잠바를 입고서는 어떤 싸움을 해도 질 것 같고, 그런 생각도 들었고, 또 어딘가 모르게…"라고 끊임없이 생각에 빠져드는 장면이 나옵니다.

페이지 하나를 꽉 채우고도 끝나지 않을 만큼 길고 긴 문장이 쉼 없이 이어집니다. 야구팀 잠바도 사고, 모자도 사서 즐겁게 응원하러 갔지만, 기대와 달리 팀이 패배하자 기가 죽어서 모든 것이 부끄러워진 아이의 마음이 고스란히 담겨 있습니다. 횡설수설하는 느낌을 주기에 꼭 맞는 표현법이어서 읽은 지 한참이 지난 지금도 선명하게 머릿속에 남아 있습니다.

정말 재미난 서술 방식이긴 하지만, 기술 글쓰기를 이렇게 하면 어떻게 될까요?

> API 요청이란 API를 호출하는 것을 말하는데, 꼬마 플랫폼에서는 API 요청이 정말 유효한지 아닌지 확인하기 위해 API 서버가 몇 시 몇 분 몇 초인지 확인하는 API를 제외한 나머지 모든 API 요청은 반드시 HTTP 헤더에 인증 정보를 전달해야 하며, 이때 서버는 주어진 인증 정보를 기반으로 API 요청이 정말 유효한지 아닌지 판단하고 만약 유효하지 않

은 API 요청이 있으면 처리하지 않으니 주의하시기를 바랍니다.

요청의 timestamp와 서버의 현재 시각이 1분 넘게 차이 나면 처리하지 않고, 같은 API Key로 3분 안에 같은 nonce를 사용해도 처리하지 않으며, 성공한 요청에 썼던 nonce를 또 사용해도 처리하지 않습니다.

여러분이 꼬마 플랫폼 API로 무언가를 개발하려는 사람이라면, 이 문장을 읽고 쉽게 따라 할 수 있을까요? 이 문장에서 주제를 뽑아 제일 앞에서 명시한 다음, 네 문장으로 나누고, 구구절절한 설명을 삭제하고 정리하면 다음과 같이 됩니다.

꼬마 플랫폼 API는 유효한 요청인지 확인하기 위해 인증을 수행합니다. 인증에 실패한 요청은 처리하지 않습니다.

서버 시간을 확인하는 API를 제외한 모든 API 요청은 HTTP 헤더에 인증 정보를 전달해야 합니다. 서버는 주어진 인증 정보를 기반으로, 다음과 같이 API 요청의 유효성을 판단합니다.

- 요청의 timestamp와 서버의 현재 시각이 ±1분 넘게 차이 나면 인증 실패
- 하나의 API Key로 3분 안에 같은 nonce를 재사용하면 인증 실패
- 3분 안에 성공한 요청의 nonce를 다시 사용하면 인증 실패

훨씬 눈에 잘 들어오고 읽기 쉬운 글이 됐습니다.

내용, 형식과 더불어 감정 전달까지 신경 써야 하는 문학에서는 느낌을 살리기 위해 가독성을 일부 희생하기도 합니다. 하지만 내용 전달이 가장 중요한 글쓰기는 느낌보다는 가독성이 더 중요합니다. 간결함은 가독성을 확보하는 기본기입니다. 특히 기술 문서처럼 생소하고 복잡한 내용을 다루는 글은 간결하게 쓸수록 독자의 이해를 돕기 쉽습니다. 간결한 글은 곧 이해하기 쉬운 글이라고 생각해도 틀리지 않습니다.

두괄식으로 쓰기

아기가 탄생할 때 세상에 먼저 보이는 신체 부위가 어디일까요? 그렇습니다, 바로 머리입니다. 머리 두頭, 묶을 괄括, 법 식式, 두괄식頭括式이란 내 글을 읽는 독자에게 머리부터 보여주는 작성 방식입니다. 머리부터 보여준다는 의미는 중요한 내용, 즉 핵심을 먼저 등장시킨다는 의미입니다.

두괄식 작성 기법은 문학이 아닌 분야에 특히 적합합니다. 문학에서 두괄식으로 소설을 작성한다면 '이야기'를 꾸려 나가기 어렵습니다. 소설이나 동화는 이야기를 쌓아가며, 이야기를 통해 저자가 독자에게 던지고 싶은 메시지를 은연 중에 전합니다. 독자마다 얻는 깨달음이 다르기도 합니다. 기술 문서는 문학과 다릅니다. 모든 독자가 같은 정보를 동일하게 이해해야 합니다. 이를 위해서는 메시지를 명확하게, 오해 없이 작성해야 합니다. 다르게 생각할 여지를 남기면 안 됩니다.

왜 두괄식일까?

두괄식으로 말하라는 이야기를 어디서 많이 들어봤나요? '두괄식'을 검색하면 취업이나 이직을 준비하는 사람들을 대상으로 한 콘텐츠가 많이 나옵니다. 자기소개서를 작성할 때나 면접관의 질문에 답할 때 두괄식으로 이야기하라고들 권합니다. 두괄식으로 잘 대응한 후 취직에 성공하면 이제 상사에게 보고할 때나 이메일을 작성할 때도 두괄식으로 작성하라고 합니다. 계속해서 따라다니는 두괄식, 이제는 잘 알아두는 게 좋습니다.

왜 취직과 업무 분야에서 두괄식이 강조될까요? 내가 편해서가 아니라 오히려 상대방의 편의를 위해서입니다. 이는 결국 나에게도 도움이 됩니다. 상대방은 내가 제공한 정보(그것이 말이든 글이든)를 처리해야 합니다. 그 정보에 따라 후속 작업을 수행하게 됩니다.

두괄식이 자주 등장하는 분야에서 정보 수신자가 해야 하는 후속 작업은 무엇일까요?

- 자기소개서를 검토하고, 당락을 결정한다.
- 면접자의 답변을 듣고 평가한다.

- 부하 직원의 보고를 듣고 판단하거나 결정을 내린다.
- 이메일을 읽고 할 일을 파악하고, 질문이라면 답을 준비하고, 회신한다.

업무를 하다 보면 정보 처리에 할애할 수 있는 시간은 매우 제한적입니다. 주어진 시간 안에 정보를 이해하고, 그다음 단계로 넘어가야 합니다. 내가 문제에 대한 응답을 전달했다고 해도, 그건 상대방에게 새로운 문제를 던지는 것과 마찬가지입니다. 예를 들어 내가 응답값을 반환하면 상대는 그 응답을 확인하고 그에 상응하는 함수를 호출해 실행합니다. 정보를 제공한다는 것은 내가 200 OK를 보냈으니 끝인 것이 아니라, 200 OK를 받은 상대방은 그 응답으로 새로운 일이 생긴다는 의미입니다. 나는 200 OK를 보냈다고 생각하지만 상대방 입장에서는 200 OK가 아닐 수도 있고요.

두괄식으로 기술 문서를 쓴다는 것은 문서 맨 앞이나 문단 앞에 `main()` 함수를 선언하는 것과 같습니다. 진입점에서는 가장 중요한 작업을 먼저 수행하고, 그다음 필요한 함수를 하나씩 호출합니다. `main()`이 아닌 세부 함수부터 호출하면 프로그램이 잘 작동할 리 없습니다.

두괄식으로 말하거나 글 쓰는 것을 어렵다고 느끼는 사람도 있습니다. 아마도 자기 생각의 흐름대로 이야기하는 데 익숙하거나 편하기 때문일 겁니다. 화자나 저자는 이미 결론을 알고 있지만 청자는 들으면서, 독자는 읽으면서 결론에 도달합니다. 글을 쓸 때는 철저하게 독자의 입장에서 접근해야 합니다. 내가 아는 결론을 독자가 모른다는 사실을 잊지 말아야 합니다.

독자가 제일 원하는 정보가 무엇인지 파악하세요

앞서 두괄식이란 중요한 내용을 먼저 등장시키는 작성 방식이라고 했습니다. 그렇다면 과연 '무엇이 중요한 정보'일까요? 정답은 '독자가 알고 싶어하는 정보'입니다.

독자가 원하는 정보가 무엇인지 알려면 내가 그 입장이 되어야 합니다. 서울에서 거제도까지 자동차로 이동하려고 한다고 해봅시다. 이 사람이 내비게이션을 켜고 길을 찾습니다. 그런데 내비게이션이 화면이 아니라 글로 정보를 제공해야 한다고 상상해봅시다.

첫 문단은 어떤 정보를 담아야 할까요? 첫 문장의 시작은 어떻게 해야 할까요?

이제 독자에게 필요할 정보가 무엇인지 정리해보겠습니다.

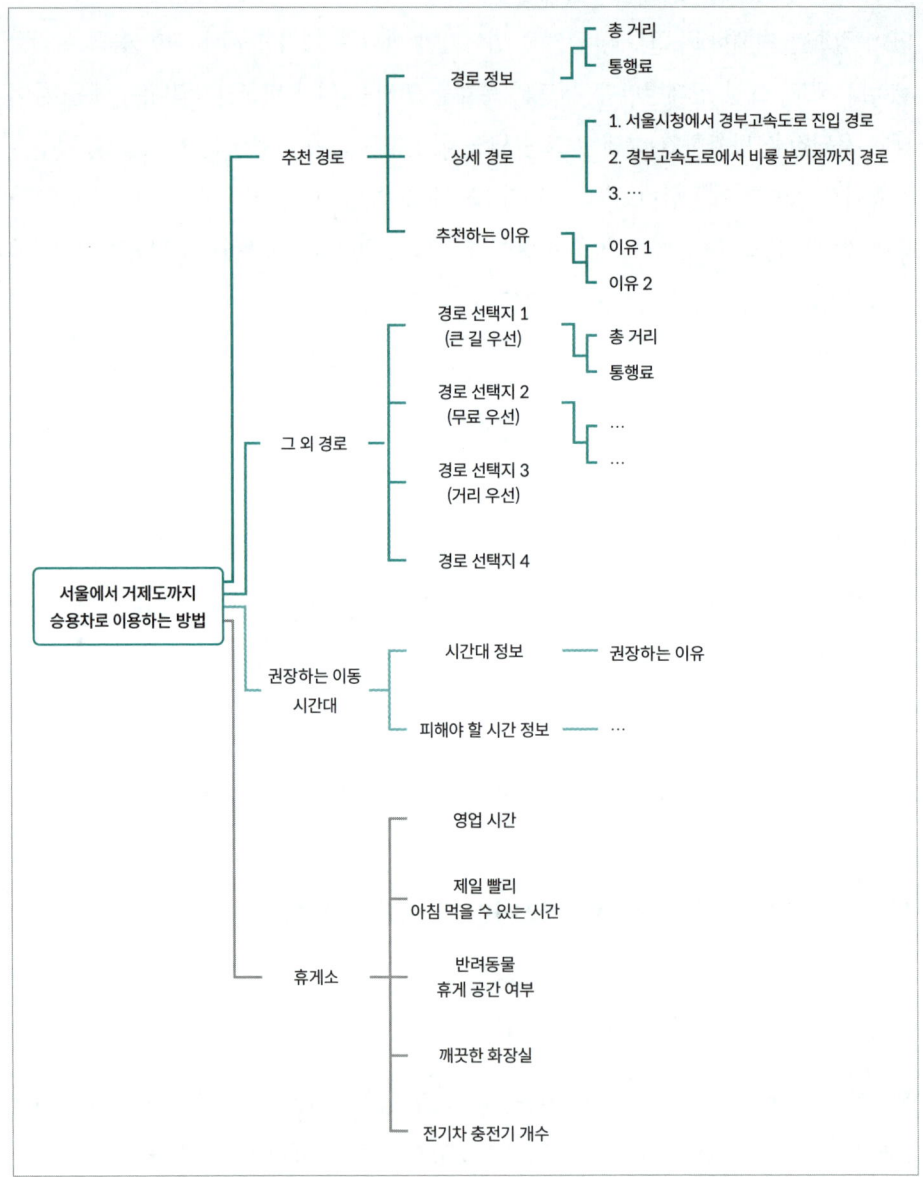

그림 16-1 서울에서 거제도까지 승용차로 이동하는 방법을 안내하는 문서 구성

운전자의 입장이 되어봅시다. 운전자가 가장 원하는 정보는 무엇일까요? 서울에서 거제도까지 가는 경로입니다. 그런데 그 경로는 하나가 아니라 여러 가지가 있습니다.

사용자 입장을 철저히 고려해 UX를 설계한 기획자들이 만든 내비게이션 앱은 어떤 정보를 먼저 보여줄까요? 지금 당장 직진할지 우회전할지를 알려주기보다는 먼저 여러 경로 중 추천 경로를 제안합니다. 다음은 내비게이션 앱의 시나리오대로 작성한 첫 번째 문단입니다.

> 서울에서 거제도로 가는 경로 중 제일 추천하는 경로는 '경부고속도로'를 타고 가다가 비룡 분기점에서 '통영대전고속도로'로 빠진 뒤, 통영 IC에서 나와 거제도 방향으로 가는 경로입니다. 총 거리는 401km이며, 통행료는 승용차 기준 17,900원입니다.

이 문단에서는 핵심 정보만 전달했습니다. 출발지에서 고속도로 진입 전 경로나 마지막 톨게이트에서 도착지까지의 정보는 생략했습니다. 핵심 줄기인 주요 고속도로와 거리, 통행료 정보를 언급했습니다. 이 문단이 문서의 첫 번째 문단으로 적절할까요? 핵심 정보가 앞에 있어 두괄식처럼 보이지만, 정말 독자가 원하는 정보일까요?

내비게이션이 추천 경로를 제일 먼저 보여주는 이유는 이미 우리는 같은 맥락을 공유하고 있기 때문입니다. 출발지와 도착지 정보를 운전자가 입력했고, 앱은 그 요청을 받아 결과를 반환했습니다. 이는 마치 자기소개서를 쓸 때나 면접을 볼 때 '지금까지 실패했던 경험은 무엇이며 어떻게 극복했나요?' 같은 질문을 받은 상황과 비슷합니다. '지금까지 실패했던 경험'과 '극복한 방법'이라는 인수引數를 넣은 함수가 호출된 셈입니다. 이 질문의 답이 호출된 함수의 반환값입니다. 반환값을 받은 사람(인사 담당자, 면접관)은 본인이 함수를 호출한 셈이기 때문에 반환값이 어떤 함수의 반환값인지를 압니다.

하지만 기술 문서를 읽을 때는 독자가 질문을 한 상황이 아닐 수 있습니다. 자주 하는 질문frequently asked question, FAQ을 읽는 게 아니라면 말입니다. 먼저 함수를 호출해 무언가를 반환받는 입장이 아니기 때문에 상대방은 나와 같은 맥락 속에 있지 않습니다. 내 글을 눈앞에 둔 독자는 자신의 현관문 초인종이 눌려 인터폰을 확인하는 상태입니다. 인터폰 화면 속 인물이 누군지 확인하거나 '누구세요'라고 묻고 문을 열까 말까 결정하는 순간이죠. 뜬금없이 본론부터 말하면 이는 초인종도 누르지 않고 문고리를 돌리는 것이 될 수 있습니다. 즉 앞서 썼던 첫 번째 문단이 '서울에서 거제도로 가는 경로를 알고 싶어요' 같은 질문에 답하는 글이 아니라면 다음과 같이 '먼저 초인종을 누르는' 문단이 필요할지도 모른다는 이야기입니다.

> 서울에서 거제도로 가는 경로를 총 네 가지 기준으로 도출한 결과, 추천 경로 및 큰 길 우선 경로, 거리 우선 경로는 동일합니다. 추천 경로와 무료 우선 경로, 경로별 총 거리와 수수료, 추천 휴게소 정보를 확인해보세요.

두괄식을 적용하는 대상: 문단

두괄식을 적용할 수 있는 대상은 문서와 문단 그리고 문장입니다. 앞서 작성했던 첫 번째 문단 예시가 문서에 두괄식을 적용한 것입니다. 문서에서 핵심 내용을 앞세웠다면 그다음에는 독자가 궁금해할 정보 순서나 독자가 해야 할 작업 순서에 따라 배치하세요. 내가 하고 싶은 말을 내가 하고 싶은 순서대로 작성하는 건 절대 피해야 합니다. 첫째도 독자, 둘째도 독자, 셋째도 독자입니다. 독자가 원하는 정보가 무엇인지를 파악해야 합니다. 헤아려야 합니다. 글쓰기란 결국 '헤아림'입니다.

추천 경로는 제일 먼저 소개했으니, 이번에는 남은 정보를 봅시다. '그 외 경로'와 '권장하는 이동 시간대', '추천 휴게소' 중에서 가장 궁금해할 정보는 무엇일까요? 당연히 '그 외 경로'일 겁니다. 추천 경로 상세는 다른 경로를 선택한다면 읽지 않아도 되는 정보입니다. 따라서 이어지는 문단은 다음과 같이 구성할 수 있습니다.

> **추천 경로 외에 다른 경로**는 '큰 길 우선 경로'와 '무료 우선 경로', '거리 우선 경로'입니다. 큰 길 우선 경로 및 거리 우선 경로는 추천 경로와 동일합니다. 무료 우선 경로는 성남이천로와 낙동대로, 경남대로를 이용하는 경로입니다. 총 거리는 401km이며 통행료는 무료입니다.
>
> **별도로 추천하는 경로**는 부산을 경유하는 경로입니다. 시간 여유가 있고 거가대교를 건너보지 않았다면 부산을 경유해보세요. 부산을 경유하면 총 거리가 436km로, 추천 경로 대비 35km가 증가하며 통행료는 28,500원으로 10,600원이 증가합니다. 거가대교를

건너면 아름다운 경치를 즐길 수 있고 세계에서 가장 깊은 수심인 48m를 지나는 해저 터널을 통과하게 됩니다.

문단을 두괄식으로 구성한다는 것은 핵심 문장을 문단의 첫 문장에 배치하는 것을 의미합니다. 예시의 첫 번째 문단은 추천 경로 외 다른 경로가 무엇인지, 각 경로의 기준이 무엇인지를 밝혔습니다. 이어지는 두 번째 문단의 첫 번째 문장은 또 다른 경로가 있음을 명시하고, 그 경로가 경유지가 포함된 경로라는 점을 안내했습니다.

NOTE 내비게이션 앱은 부산을 경유지로 명시하지 않는 이상 부산 경유 경로를 제안하지 않습니다. 주어진 인수에 충실하죠. 문서를 쓸 때 독자가 필요하다고 인지하지 못하는 정보도 함께 제공하세요. 독자는 자신이 무엇을 모르는지조차 모를 수 있기 때문에 그걸 아는 우리가 문서에 담아내야 합니다.

두괄식을 적용하는 대상: 문장

문장도 두괄식으로 작성할 수 있습니다. 앞서 봤던 예시 중 '추천 휴게소'라는 주제로 미괄식과 비교해보겠습니다. 먼저 미괄식 문장을 봅시다.

> 보통 휴게소가 생각보다 늦게 영업을 시작해서 아침 먹기가 힘든데, ○○ 휴게소는 아침 7시부터 영업을 해서 아침을 먹을 수 있으니 **아침을 먹어야 한다면 ○○ 휴게소를 이용하세요.**

미괄식의 '미'는 '꼬리 미尾'로 중요한 정보가 뒤에 등장하는 방식입니다. 아침을 먹어야 한다면 ○○ 휴게소를 이용하라는 안내가 문장 뒤에 등장합니다.

두괄식 문장은 어떨까요?

> **이동 중에 아침을 먹어야 한다면 아침 7시부터 영업하는 ○○ 휴게소를 이용하세요.** 다른 휴게소는 아침 8시부터 영업을 시작합니다.

두괄식으로 작성하면 독자가 필요할 만한 내용과 그것을 해결하는 방법을 바로 앞에서 알려줍니다. 독자가 무언가 수행해야 하거나 독자가 필히 알아야 할 정보가 있다면 문장을 두괄식으로 작성하세요. 독자에게 근거를 제시해야 하거나 독자를 설득해야 할 때, 기승전결이 필요할 때는 미괄식으로 작성하세요.

기술 문서에 적용하는 두괄식

두괄식이 만능열쇠는 아닙니다. 기술 문서에서는 어떻게 적용하면 될까요? 먼저 기술 문서를 작성할 때 다루는 정보 종류를 봅시다.

- 개념concept: 제품 개요나 소개, 설계 소개. 주로 '무엇'을 설명한다.
- 절차task: 독자가 수행해야 하는 작업 절차를 안내. 주로 '어떻게'를 설명한다.
- 참고reference: 독자가 필요로 하는 정보. 주로 '무엇'을 선언하거나 정의한다.

개념 문서 중 하나인 '제품 개요' 문서는 해당 제품을 써야 하는 이유를 작성해 사용자를 설득시켜야 합니다. 두괄식보다는 미괄식이나 양괄식이 더 적합하며, 이는 코드랑 관련 없는, 기술 냄새가 덜 나는 글을 써야 하기 때문입니다. 제품을 소개할 때는 소개하는 대상의 이름을 주어로 하여 정체성을 정의하는 문장을 제일 첫 문장으로 배치하는 것이 좋습니다. 다음은 LINE Planet을 소개하는 문서[1]의 제일 첫 번째 문장입니다.

> LINE Planet은 음성 및 영상 통화 환경을 구축해주는 클라우드 기반 실시간 서비스형 커뮤니케이션 플랫폼(CPaaS)입니다.

절차 문서에는 '가이드'나 '튜토리얼'이 있습니다. 주로 독자가 직접 수행해야 하는 작업을 지시하는 안내 묶음이 연달아 나오곤 합니다. 수행 작업이 많을 땐 독자가 길을 잃기 십상입니다. 작업 안내 묶음 앞에 안내를 따르면 독자는 무엇을 달성할 수 있는지 먼저 명시하세요.

> ABC 토큰을 발급받으려면 다음 안내를 따라 신청하세요.
>
> 1. (...)
>
> 2. (...)

참고 자료에는 자료가 등장하기 전, 독자가 보려는 자료가 무엇인지를 명시해야 합니다. 특히 그림이나 다이어그램, 그래프 앞에는 다음과 같이 해당 자료가 독자에게 무엇을

---

[1] https://docs.lineplanet.me/ko/overview/about

전달하는지 소개하는 문장을 삽입하세요. 가벼운 예고편을 앞세워, 독자의 머릿속 램에 필요한 맥락을 올려주세요.

다음 그림은 ABC가 DEF로 GHI를 호출하는 흐름을 나타냅니다.

목록과 표

글을 간결하게 쓰려면 글 자체를 정리할 수도 있지만, 글이 아닌 다른 요소를 이용할 수도 있습니다. 목록이나 표는 글의 형태를 간결하게 표현하기 좋은 도구입니다. 목록과 표가 무엇이며, 언제 사용하는지는 학교에서 배웠을 겁니다. 그럼에도 잘 쓰지 않는 이유는 사용법을 모르기 때문이 아니라 바쁠 때는 줄글로 쓰는 것이 더 쉬운 탓입니다.

줄글은 가장 흔한 설명 방식입니다. 줄글만으로도 간결하고 이해하기 쉽게 내용을 전달할 수 있습니다. 하지만 아무리 잘 써도 줄글만으로는 간결하게 설명할 수 없을 때가 있습니다. 그럴 때 목록이나 표를 사용해봅시다.

목록과 표는 본문과 구분하는 목적이므로 반드시 똑같은 글투를 쓰지 않아도 됩니다. 목록과 표에서는 보통 완성된 문장보다는 구(句)를 사용합니다. "구 표현은 때로는 문장 표현보다 전달력이 높다"는 《좋은 문장 표현에서 문장부호까지!》(마리북스, 2024)의 저자 말처럼, 간결성을 위해 구 표현을 채택해 전달력을 높이는 편이 좋습니다.

목록과 표의 장점은 간결함만이 아닙니다. 줄글과 목록, 표 등을 섞어 사용하면 서로 대비를 이뤄 자연스럽게 요소가 강조됩니다. 서로 다른 그래픽 요소로 강조 효과를 만들어내는 디자인 기법과 비슷합니다.

다음은 줄글, 점 목록, 표 등 형태가 다른 요소를 이용한 예시입니다(그림 16-2). 이와 같은 형식의 글은 제목을 읽은 후 자연스럽게 점 목록이나 표로 눈길이 가므로, 중요한 정보를 목록과 표에 배치하는 것이 좋습니다.

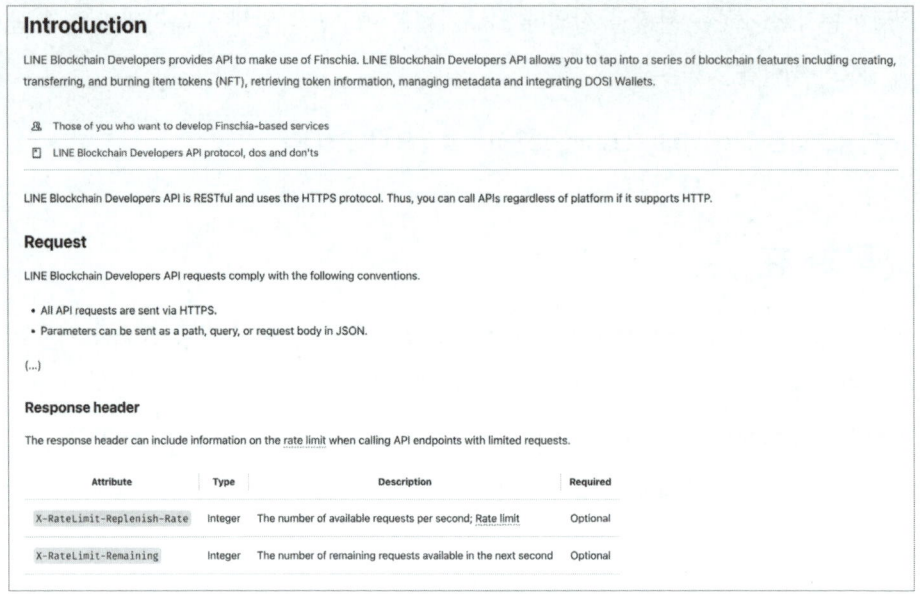

그림 16-2 줄글, 아이콘, 점 목록, 표 등 다양한 요소로 간략하고 눈에 띄게 쓴 문서[2]

간결한 글쓰기에 목록, 표가 유용하다는 사실을 살펴봤습니다. 이제 학교에서 배운 기억을 되짚으면서 글쓰기에 활용하는 법을 익혀봅시다.

목록은 언제 쓸까?

목록은 문서에서 가장 흔한 형태 중 하나입니다. 순서가 있는 항목, 속성이 비슷하거나 관련 있는 항목을 열거할 때 사용하며, 전자는 '번호 목록', 후자는 '점 목록'이라고 부릅니다. 각 목록의 내용은 간단한 단어일 때도 있지만, 기술 문서에서는 단어보다는 구절이나 문장을 더 많이 사용합니다.

번호 목록은 사용하는 곳이 분명하게 정해져 있습니다. 순서가 있는 항목, 예를 들면 절차가 있는 작업이나 순위를 매긴 항목을 열거하는 경우입니다.

---

[2] 출처는 'LINE Blockchain Developers Docs'이며, 2025년 상반기에 서비스가 중단되었습니다.

한 플랫폼에서 서비스를 개발하는 흐름을 줄글로 설명한다고 생각해봅시다.

> 꼬마 플랫폼에서 서비스를 개발할 때는 크게 4단계를 거칩니다. 우선 콘솔에서 채널을 생성하고, 꼬마 플랫폼에 접근할 권한을 신청하세요. 권한을 받은 후에는 다시 콘솔에서 서비스 인스턴스를 생성해야 합니다. 그 후 API를 사용해 기능을 구현하세요.

'4단계'라고 명시해서 사용자가 네 번의 작업을 해야 한다는 마음의 준비를 할 수 있도록 한 것은 좋습니다. 다만 줄글로 썼기 때문에 각 단계가 무엇인지 눈에 잘 들어오지 않습니다. 채널을 생성하는 데 제법 시간이 걸렸다면, 그다음에 무엇을 해야 하는지 찾아보기까지 문단의 절반 이상을 다시 읽어야 할 수도 있습니다.

이런 경우에 번호 목록을 사용하면 훨씬 간결해집니다.

> 꼬마 플랫폼에서 서비스를 개발할 때는 크게 4단계를 거칩니다.
> 1. 콘솔에서 채널 생성
> 2. 콘솔에서 꼬마 플랫폼 접근 권한 신청
> 3. 콘솔에서 서비스 인스턴스 생성
> 4. API를 사용해 기능 구현

어떤가요? 줄글로 썼을 때보다 다음 할 일을 찾아보는 것이 훨씬 쉬워졌죠? 심지어 대충 훑어보고 '4단계'를 읽지 않은 사용자라도 네 번의 작업이 필요하다는 것을 단번에 알 수 있습니다. 품을 많이 들이지 않고도 내용을 간결하고 이해하기 쉽게 바꿀 수 있습니다.

절차가 있는 설명은 개발 또는 사용법을 안내하는 리드미, 시작하기 문서, 튜토리얼은 물론 시간순으로 발생한 일이나 조치 방법을 설명하는 장애 보고서에서 흔히 사용하는 방법입니다. 이때 번호 목록을 사용하면 간결하고 깔끔한 글쓰기를 할 수 있죠.

점 목록은 서로 비슷하거나 관련이 있지만 순서가 없는 항목을 열거할 때 사용합니다. 간단한 예를 살펴봅시다.

꼬마 플랫폼은 아래 방법으로 가입할 수 있습니다.
- 이메일과 비밀번호 사용
- 구글 계정 사용
- 네이버 계정 사용

그룹을 지어 설명할 때도 점 목록을 쓰면 좀 더 간결하게 보입니다.

꼬마 플랫폼은 운영 서버와 테스트 서버를 제공합니다. 각 서버 특징은 다음과 같습니다.

운영 서버
- 실제 서비스를 운영할 때 사용
- 모든 기능 사용 가능

테스트 서버
- 서비스를 개발할 때 사용
- 결제 API 사용 불가
- 서버 이중화 없음

점 목록 항목 간에 무슨 관련이 있냐고 반문할 수도 있습니다. 점 목록만 보면 관련성을 찾을 수 없지만, '운영 서버', '테스트 서버'라는 그룹으로 묶으면, 각 서버의 속성이라는 관련성이 자연스럽게 생겨납니다.

번호 목록은 번호가 있기 때문에 순서를 나타낼 때만 쓰기 마련입니다. 이와 달리 점만 찍어도 되는 점 목록은 까다로운 조건이 없어 아무 때나 쓸 수 있죠. 하지만 독특한 요소를 과하게 쓰면 디자인이 난잡하게 보이듯이 문서도 점 목록이 너무 많으면 강조 효과가 반감됩니다. 열거하고 싶은 항목이 많아도 강조하고 싶은 곳에만 점 목록을 써야 하는 이유입니다.

제목: 로그 모듈 작동 방법

꼬마 플랫폼에는 로그를 처리하는 모듈이 세 가지 있습니다.

- 로그 수집 모듈
- 로그 저장 모듈
- 로그 분석 모듈

각 모듈은 다음과 같이 작동합니다.

- 로그 수집: 사용자가 플랫폼에 접근하면 로그 수집 모듈이 작동해 로그를 수집합니다.
- 로그 저장: 로그 저장 모듈은 수집한 로그를 즉시 스토리지에 저장합니다. 대상 스토리지는 운영자가 설정할 수 있습니다.
- 로그 분석: 로그 분석 모듈은 운영자가 설정한 패턴과 조건에 따라 로그를 분석하고 결과를 알려줍니다.

이론으로만 따지자면 '로그 수집 모듈', '로그 저장 모듈', '로그 분석 모듈'은 유사한 항목이니 점 목록으로 쓸 수 있습니다. 그다음에 나오는 각 모듈 작동 방법도 마찬가지입니다. 하지만 예시처럼 점 목록을 잇달아 나열하면 독자가 집중하지 못합니다.

예시에서 점 목록이 하나여야만 한다면, 무엇을 유지해야 할까요? 이때는 중요도를 따져야 합니다. 제목을 봅시다. '로그 모듈 작동 방법'입니다. 당연히 실제 작동 방법이 좀 더 중요하겠죠. 따라서 첫 번째 점 목록을 줄글로 바꾸고, 두 번째 점 목록은 유지하는 것이 좋습니다.

제목: 로그 모듈 작동 방법

꼬마 플랫폼에는 로그를 처리하는 로그 수집 모듈, 로그 저장 모듈, 로그 분석 모듈이 있습니다.

각 모듈은 다음과 같이 작동합니다.

- 로그 수집: 사용자가 플랫폼에 접근하면 로그 수집 모듈이 작동해 로그를 수집합니다.
- 로그 저장: 로그 저장 모듈은 수집한 로그를 즉시 스토리지에 저장합니다. 대상 스토리지는 운영자가 설정할 수 있습니다.
- 로그 분석: 로그 분석 모듈은 운영자가 설정한 패턴과 조건에 따라 로그를 분석하고 결과를 알려줍니다.

독자의 시선을 분산하던 앞의 예시와 달리, 중요한 내용에만 시선이 가는 효과가 있습니다.

점 목록을 과하게 사용하는 곳이 있습니다. 바로 국가기관의 문서입니다. 국가기관에 제출할 문서를 작업한 적이 있습니다. 당시 초안을 보고 가장 놀란 점은 문서 전체를 꽉 채운 점 목록이었습니다. 항목 간 관련성을 도저히 찾을 수 없는 데다, 줄글로 써도 아무 문제가 없는 내용임에도 모든 문장 앞에 가운뎃점이 찍혀 있었습니다. 무의미한 점 목록을 줄글로 바꾸자고 제안했지만, 국가기관에서 원하는 형태이기 때문에 반드시 그렇게 써야 한다는 답변이 돌아왔습니다.

〈러시아의 대(對)아시아 경제협력 정책과 추진 방향〉이라는 연구 보고서를 예시로 살펴보겠습니다(그림 16-3).

□ 아시아 중심 정책으로의 전환
○ 러시아는 2010년대 초반부터 아시아와의 협력에 무게를 두는 대외정책으로 선회
  - 러시아는 지리적으로 유럽과 아시아의 중간에 위치한 국가로서, 소비에트 해체 이후 아시아보다는 유럽을 지향하는 정책을 유지
    • 경제구조, 사회시스템 등의 많은 부분에서 유럽의 시스템을 지향하고 유럽 국가들과의 협력을 우선시하는 노선 지속
  - 하지만, 경제적인 측면에서 유럽 국가들과의 협력이 한계를 노정하고 동북아시아 국가들과 인접한 극동지역의 개발을 더 이상 미룰 수 없는 상황에서 아시아 국가와의 협력 필요성 부각
    • 2010년대 이전에도 극동지역에 대한 정부 차원의 개발은 계속되었으나 현실적인 성과를 내지 못했음.
  - 이후, 2014년 러시아의 크림반도 병합과 뒤이은 서방의 대(對)러 경제제재의 도입 등 국제환경 변화는 러시아의 아시아 중심 정책 추진을 촉진하는 요인으로 작용

그림 16-3 국가기관 공개 보고서 예시

점 목록의 각 항목은 '관련성'이 있는 요소이므로, '하지만' 같은 접속부사로 이을 까닭이 없습니다. 또한, '이후'나 '특히'로 부연 설명하지 않아도 됩니다. 이런 단어를 썼다는 것은 항목 간 유사성이나 관련성이 없다는 의미입니다.

보고서를 줄글로 써보겠습니다.

> 러시아는 2010년대 초반부터 아시아와의 협력에 무게를 두는 대외 정책으로 선회했습니다.
>
> 러시아는 지리적으로 유럽과 아시아의 중간에 위치한 국가로서, 소비에트 해체 이후 아시아보다는 유럽을 지향하는 정책을 유지해 왔습니다. 하지만, 경제적인 측면에서 유럽 국가들과의 협력이 한계를 노정하고 동북아시아 국가들과 인접한 극동지역의 개발을 더 이상 미룰 수 없는 상황에서 아시아 국가와의 협력 필요성이 부각됐습니다.

단지 어미를 문장형으로 수정하고, 필요한 조사를 두어 개 더했지만, 읽는 데 전혀 이질감 없는 문단이 됐습니다. 나머지도 2수준 목록(O)에 있는 항목을 결론으로, 3수준 목록(-)에 있는 항목을 결론을 뒷받침하는 구조로 간주해 줄글로 바꾸면 됩니다.

쉬어가기   점 목록만으로 쓴 문서는 정말 읽기 쉬울까요?

줄글로 써도 충분한 내용(정확히는 점 목록으로 쓰면 안 되는 내용)을 점 목록으로 쓰는 이유가 무엇일까요? 매일 수많은 보고서를 읽어야 하는 국가기관의 상사는 내용을 좀 더 빨리 파악할 수 있도록 유사한 항목을 분류하고 묶어서 목록화하라고 지시했을 겁니다. 목록은 줄글보다 간결하고 눈에 잘 띄니 그럴 만도 합니다.

그런데 '유사한 항목을 분류하라'는 '진짜 이유'는 잊고, 그 '형태'인 '목록'만 남아서 대대손손 전해지다 보니 모든 문장을 목록화하는 관습이 생긴 것이 아닐까요? 공공기관 문서 작성법을 찾아보면,[3] 번호 목록에 쓰는 번호 선택 방법, 번호 앞에 띄어 써야 하는 글자 수, 자간이나 글자 크기 같은 형식적인 정보만 난무할 뿐 '읽는 사람이 중요한 정보를 빨리 파악하도록 쓴다'는 진짜 목적은 찾아보기 어렵습니다. 목적이 아니라 수단에 매달리게 된 것은 아닐까요?

저도 몇 달간 국가기관 제출 과제를 하면서 자연스럽게 점 목록 문서에 익숙해졌습니다. 점 목록만 있는 쪽이 내용을 파악하기가 쉽다고 느낄 때도 있었습니다. 하지만 곰곰이 생각해보니, 점 목록으로 썼기 때문이 아니라 모든 문장을 분리했기 때문이었습니다. 점 목록이 아니라도 문장을 하나하나 분리하면 공백 덕분에 눈에 더 잘 띄기 마련이니까요.

올바르지 않은 용도로 점 목록을 쓰지 말고 문장과 문단을 적절히 나눠 간결하고 쉽게 읽히도록

---

3   다음과 같은 예가 있습니다. https://www.korea.kr/multi/visualNewsView.do?newsId=148902531

쓸 것을 강력히 추천합니다. 물론 국가기관에서 무조건 점 목록으로 된 문서를 요구한다면 어쩔 수 없겠지만요.

표는 언제 쓸까?

표도 목록과 비슷합니다. 복잡한 내용을 간결하고 읽기 좋게 보여준다는 점에서 말이죠. 목록과 다른 점이 있다면 목록은 1차원 정보를 열거하기 좋지만, 표는 2차원 이상의 정보를 비교하는 데 좋다는 것입니다.

점 목록 예시였던 '꼬마 플랫폼 서버별 특징'을 표로 만들면 다음과 같습니다.

운영 서버	테스트 서버
실제 서비스 운영	서비스 개발
모든 기능 사용	결제 API 사용 불가
	서버 이중화 없음

점 목록과 달리 운영 서버와 테스트 서버의 차이점이 한눈에 들어옵니다.

이대로도 괜찮지만, 좀 더 확실히 효과를 보려면 입력한 값을 분류하는 것도 좋습니다. 앞서 만든 표에 '분류'라는 열을 넣어 각 행에 입력한 값이 어떤 의미인지 표시해봅시다.

분류	운영 서버	테스트 서버
사용 목적	실제 서비스 운영	서비스 개발
기능 제한	모든 기능 사용 가능	결제 API 사용 불가
기타		서버 이중화 없음

독자가 궁금한 요소를 좀 더 빨리 찾을 수 있습니다.

줄글은 정보가 많아 지금 설명하는 내용이 어떤 범주에 속하는지 찾아보기 어렵지만, 표를 사용하면 확인해야 할 범주가 어디까지인지 명확히 할 수 있습니다. 플랫폼의 서버 정보와 통신 방식을 설명한 문서를 생각해봅시다.

꼬마 플랫폼 서버는 운영용과 테스트용으로 나뉩니다.

운영용 서버는 총 10대이며, 서버 주소는 다음과 같습니다.

- 운영 서버 1: 164.x.x.1
- 운영 서버 2: 164.x.x.2
- 운영 서버 3: 164.x.x.3
- ...

운영 서버 1-5는 꼬마 CLI 또는 REST API를 이용해 통신할 수 있습니다. 운영 서버 6-10은 꼬마 CLI 또는 gRPC를 이용해 통신할 수 있습니다.

테스트용 서버는 총 3대이며 각각 A, B, C라고 부릅니다. 서버 주소는 다음과 같습니다.

- 테스트 서버 A: 10.x.x.1
- 테스트 서버 B: 10.x.x.2
- 테스트 서버 C: 10.x.x.3

테스트 서버 A, B는 꼬마 CLI 또는 REST API로만 통신할 수 있습니다. 테스트 서버 A, B는 꼬마 CLI 또는 gRPC로만 통신할 수 있습니다.

운영 서버와 테스트 서버의 각 주소와 통신 방식을 나열하다 보니 같은 내용이 반복됩니다. 서버 주소와 통신 방법은 병렬 관계인데, 점 목록과 줄글로 각각 달리 표현해서 서버별 통신 방법이 눈에 잘 띄지 않습니다. 이 방식으로는 운영용과 테스트용의 서버 주소와 통신 방법이 차이를 알려주려는 목적을 달성하기 어렵습니다.

같은 정보를 표로 만들어보겠습니다.

꼬마 플랫폼 서버는 운영용과 테스트용으로 나뉩니다.

- 운영 서버: 총 10대

서버	주소	통신 방법
1	164.x.x.1	꼬마 CLI, REST API
2	164.x.x.2	
…	…	
5	164.x.x.5	
6	164.x.x.6	꼬마 CLI, gRPC
…	…	
10	164.x.x.10	

- 테스트 서버: 총 3대

서버	주소	통신 방법
A	10.x.x.1	꼬마 CLI, REST API
B	10.x.x.2	
C	10.x.x.3	꼬마 CLI, gRPC

같은 내용을 하나로 묶어 정보가 훨씬 눈에 잘 들어옵니다. 셀 병합을 이용하면 '통신 방법'처럼 반복되는 정보를 간략하게 만들기 좋습니다.

다음처럼 '운영 서버'와 '테스트 서버'라는 분류까지 표에 넣을 수도 있습니다.

환경	서버	주소	통신 방법
운영 서버(10대)	1	164.x.x.1	꼬마 CLI, REST API
	…		
	6	164.x.x.6	꼬마 CLI, gRPC
	…		
테스트 서버(3대)	A	10.x.x.1	꼬마 CLI, REST API
	B	10.x.x.2	
	C	10.x.x.3	꼬마 CLI, gRPC

두 방법 중 무엇이 더 좋은지는 상황에 따라 다릅니다.

우선, 독자가 미리 파악한 정보가 무엇인지 고려해야 합니다. 표를 보는 독자가 첫 번째 분류인 '환경' 정보를 이미 결정했을 가능성이 높다면, '환경' 정보는 표에서 분리하고 표 자체를 환경에 따라 따로 만드는 편이 좋습니다(첫 번째 방식). 반면, 독자가 아직 '환경'을 결정하지 않았을 가능성이 크다면, 환경 정보까지 표에 넣어 다 같이 비교할 수 있도록 해주는 편이 좋습니다(두 번째 방식).

그다음에는 크기를 고려해야 합니다. 표에 열이 너무 많으면 한 페이지에 보여주는 것이 어렵습니다. 표 하나에 넣을 정보가 많고, 전부 넣어야 도움이 된다 하더라도 표가 가로로 무한정 늘어나면 '간결성'이라는 본래 목적을 달성할 수 없습니다. 그러니 눈물을 머금고 마속을 베듯泣斬馬謖, 가장 덜 중요한 정보를 빼내 따로 보여주는 결단성을 보여야 합니다.

쉬 어 가 기 　 귀찮지만 포기할 수 없는 셀 병합

셀 병합은 표의 장점이자 단점입니다. 독자에게는 장점이지만, 저자에게는 단점이죠. 워드, 구글 독스, 기타 웹 블로그 작성 도구처럼 표를 만드는 UI가 있다면 다행이지만, 요즘 공식 문서는 docs as code(기술 문서를 코드처럼 다루는 것)[4] 패러다임에 따라 텍스트 파일로 만드는 경우가 많습니다. 텍스트로 웹 문서를 만들 경우 마크다운이나 아스키독AsciiDoc 같은 마크업을 쓰는데, 가장 많이 사용되는 마크다운 문법으로는 표의 셀을 병합할 방법이 없습니다. 어쩔 수 없이 같은 정보를 반복해야 합니다.

서버	주소	통신 방법
1	164.x.x.1	꼬마 CLI, REST API
2	164.x.x.2	꼬마 CLI, REST API
3	164.x.x.3	꼬마 CLI, REST API
4	164.x.x.4	꼬마 CLI, REST API
5	164.x.x.5	꼬마 CLI, REST API
6	164.x.x.6	꼬마 CLI, gRPC
7	164.x.x.7	꼬마 CLI, gRPC

4　https://www.writethedocs.org/guide/docs-as-code/

이처럼 연이은 셀에 똑같은 정보를 나열하는 건 오히려 복잡하게 느껴집니다. 해결 방법이 몇 가지 있습니다.

첫째, 마크다운 대신 HTML로 작성하세요. 일일이 작성하는 것이 어렵다면 워드 등으로 만든 표를 HTML로 바꿔주는 도구를 사용하면 됩니다.

둘째, 병합할 셀 중 첫 번째 셀에만 정보를 입력하고, 나머지 셀은 비운 뒤 병합해야 하는 셀 사이의 선을 지우세요. 그림 16-4가 그 예입니다. 입력할 정보나 CSS_{Cascading Style Sheets}(HTML 같은 마크업 언어가 표시되는 방식을 기술하는 스타일 시트 언어)를 다듬어야 하지만 첫 번째 방법보다는 손이 덜 갑니다. 다만 시각장애인을 고려한다면 비워진 셀에도 보이지 않는 색으로 같은 정보를 넣어두는 편이 좋습니다.

Category	Header	Description
Category 1	`timestamp`	요청이 생성된 시각으로, UTC 기준 밀리초 단위 Unix Epoch 시간으로 표기합니다. 이 값과 서버 시간 차이는 5분을 초과하면 안 됩니다.
	`nonce`	알파벳 대소문자 및 숫자로 이루어진 8자리 임의의 문자열입니다. 성공한 요청의 `nonce` 는 11분 안에 재사용할 수 없습니다.
Category 2	`service-api-key`	LINE Blockchain Developers 콘솔에서 발급받은 서비스의 API key입니다. LINE Blockchain Developers에서 정상으로 활성화된 값이어야 합니다.

그림 16-4 반복되는 항목 셀(timestamp, nonce의 Category 항목) 사이의 선을 삭제한 표

셋째, 마크다운 표에서 셀을 병합할 수 있도록 작성 도구를 개선하세요. 가장 어렵지만 가장 확실한 방법이죠.

표와 점 목록 중 무엇을 선택할까?

표와 점 목록의 역할이 헷갈릴 수도 있습니다. 앞선 '꼬마 플랫폼 운영 서버와 테스트 서버 특징'은 점 목록으로 써도 좋고, 표로 써도 좋은 정보입니다.

그렇다면 점 목록과 표는 언제 사용해야 하는 걸까요? 표는 정보를 비교하고 분류하기 좋습니다. 이는 비교하거나 분류하지 않아도 된다면 점 목록을 활용하는 것이 좋다는

의미입니다. 물론 점 목록으로 표현할 수 있는 정보일 때만 해당합니다.

표는 글을 간결하게 표현해주는 도구이지만, 너무 복잡하게 만들면 작성자나 읽는 사람 모두 불편하게 만듭니다. 한 페이지에 전부 보여줄 수 없는 복잡한 표는 오히려 가독성을 떨어뜨립니다. 그나마 행이 많은 표는 괜찮습니다. 웹으로 배포한다면 표가 아무리 길어도 페이지가 잘리지 않고, 인쇄본이나 PDF 같은 파일로 배포해도, 머리글 행을 페이지마다 반복하도록 설정하면 읽는 데 문제가 되지는 않으니까요.

문제는 열이 많은 표입니다. 특히 웹페이지로 배포하는 기술 문서는 열이 많은 표를 보여주는 것이 굉장히 어렵습니다. 웹 문서는 양쪽에 목차를 두기 때문에 본문 영역이 좁은 편이고, 보통 화면 폭이 줄어들 때 본문 영역을 줄입니다. 그러다 보니 표에 열이 많으면 셀의 폭이 지나치게 좁아지거나 본문 영역을 넘어서서 읽기 어려워집니다.

셀 폭을 고정할 수도 있지만, 표 아래에 횡스크롤바가 생겨 한눈에 보기 어려워집니다. 횡스크롤바가 있으니 스크롤하면 된다고 생각할 수도 있습니다. 그러나 스크롤바를 강제로 표시하지 않는 한, 독자는 스크롤해야 한다는 사실을 알지 못할 수도 있습니다. 예를 들어 열이 네 개인 표인데, 정말 우연히 화면 너비가 세 개의 열에 딱 맞아떨어진다면 독자가 네 번째 열이 있는지 인지하지 못하고 정보를 놓칠 수도 있습니다.

다음은 이 문제를 해결하기 위해 횡스크롤을 할 수 있다고 알려주는 예입니다(그림 16-5).

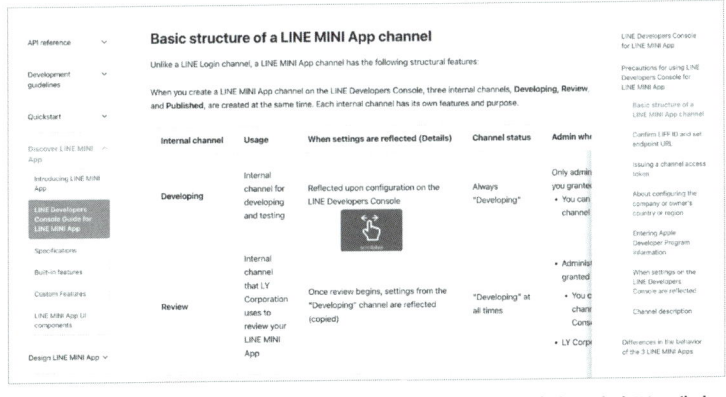

그림 16-5 표가 줄어들며 페이지 영역을 벗어나면 횡스크롤하라고 알려주는 예시

문서를 배포할 웹사이트에 횡스크롤바를 확인할 수 있는 기능이 있다면 좋겠지만, 그렇지 않다면 표를 만든 뒤 실제 출력물에 표가 어떻게 보이는지 꼭 확인하세요. 표의 열이 화면 너비보다 넓어 일부 열이 잘리는 경우가 생긴다면 표를 과감하게 줄이세요.

그래도 글이 먼저다

줄글 없이 점 목록이나 코드, 그림으로만 점철된 문서를 본 적이 있을 겁니다. 글 외의 요소가 글을 간결하게 해준다고 했으니, 그 문서를 쓴 사람은 간결하게 쓰는 법을 누구보다 잘 아는 사람일까요?

그렇지 않습니다. 아마 줄글로 정리할 시간이나 여유가 없어서 그렇게 만들었을 겁니다. 논리를 충분히 고민할 여유가 없으니 논리 흐름이나 연결 관계에서 다소 자유로운 점 목록을 선택했을 수도 있습니다. 그림이나 코드는 이미 자신이나 동료가 만들어둔 것을 단순히 가져와 붙여넣었을 확률이 높습니다.

목록이나 표가 간결한 글쓰기 도구라고 해서 줄글을 최대한 줄이고 목록이나 표만으로 구성한 문서를 가장 간결한 문서라고 주장할 수는 없습니다. 목록이나 표는 안에 담긴 글을 간략하고 읽기 좋게 표현할 수 있을 때만 사용하세요.

문서의 주인은 항상 '글'이어야 합니다. 그 밖의 요소는 정보를 더 간결하고 이해하기 쉽게 전달할 때 보조적으로 사용하고, 설명 없이 무작정 갖다 붙이지 않도록 합시다.

다이어그램

코드 사용법을 설명할 때 한눈에 파악하게 해주는 요소가 예시 코드라면, 개념을 설명할 때 한눈에 파악하게 해주는 요소는 무엇일까요? 바로 그림입니다. 그림은 소프트웨어뿐만 아니라 모든 제품 설명서에 반드시 들어갑니다. 말이나 글로 아무리 기가 막히게 설명하더라도, 읽는 사람의 배경지식, 집중도, 관심 분야에 따라 이해 방식이 달라질 수 있습니다. 이럴 때 모두가 똑같이 이해하도록 도와주는 것이 바로 그림이죠.

기술 문서에서 '그림'은 형식 없는 개념도나 스크린숏은 물론, UML_{unified modeling language}이나 ERD_{entity-relationship diagram}처럼 형식이 정해진 각종 도식까지 포함합니다. 복잡한 개념이나 절차, 소프트웨어 구조, UI 조작법 등을 설명할 때는 그림을 활용하는 것이 좋습니다.

멀리 갈 것도 없습니다. 학창시절에 풀던 수학 도형 문제를 떠올려봅시다.

> 가로, 세로의 길이가 각각 5m, 4m인 직사각형 모양의 땅을 가로, 세로의 길이를 똑같이 늘렸더니 넓이가 처음보다 10m²만큼 늘었다. 가로와 세로를 얼마나 늘렸을까?

물론 이 설명만으로도 문제를 이해하는 데 큰 어려움은 없습니다. 하지만 여기에 다음과 같은 그림이 더해진다면요(그림 16-6)?

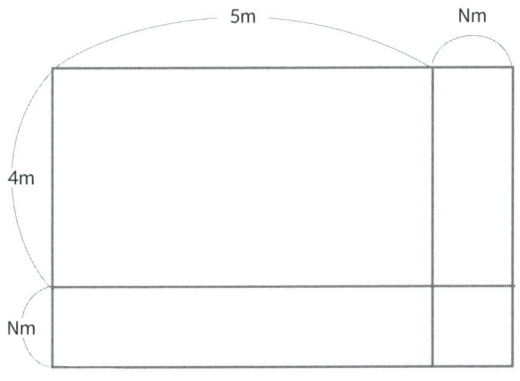

그림 16-6 **문제의 이해를 돕는 도형 그림**

글만 있을 때보다 그림이 함께 있을 때 문제를 훨씬 빠르게 이해할 수 있습니다. 간단한 수학 문제도 이런데, 복잡하기 그지없는 기술 설명서라면 어떨까요? 그림이 하나 들어가는 것만으로도, 독자는 마치 어둠 속에서 한 줄기 빛을 본 기분이 들지 않을까요?

이 책에서는 스크린숏을 제외하고, 개발자가 작성하는 글에 들어가는 모든 그림을 다이어그램이라고 부르겠습니다. UML이나 ERD처럼 형식이 정해진 다이어그램은 물론 형식 없이 임의로 그린 그림도 포함합니다. 다만, 어떤 상황에 다이어그램이 필요한지,

어떻게 해야 의미를 제대로 전달할 수 있는지를 설명할 뿐, UML 다이어그램 그리는 법 자체는 다루지 않습니다.

다이어그램이 필요한 곳

다이어그램이 필요한 곳은 어디일까요? 일반적으로 '글로 열 줄 쓰느니 그림 한 장 보여주는 쪽이 더 명확하고 쉬울 때' 다이어그램을 그립니다. 개발자가 작성할 만한 글 중 다이어그램이 잘 어울리는 곳은 다음과 같습니다(표 16-1).

표 16-1 다이어그램이 필요한 곳

번호	요소	문서 종류
1	모듈 구성도, 시스템 연결 구조, 데이터 흐름	설계서, 개발 가이드
2	구현 로직이나 알고리즘	설계서, 정책서, 블로그
3	단계가 4개 이상인 절차 또는 한꺼번에 새로운 정보를 4개 이상 안내하는 글	설계서, 장애 보고서, 개발 가이드
4	개발 로드맵	릴리스 노트, 리드미

1(모듈 구성도, 시스템 연결 구조, 데이터 흐름)은 꽤 많은 개발자가 당연하게 다이어그램으로 그립니다. 4(개발 로드맵)도 마찬가지입니다. 흔히 빠뜨리는 것은 보통 2(구현 로직이나 알고리즘)와 3(네 개 이상 절차) 항목입니다.

다음과 같은 글을 생각해봅시다.

> **HD 키 파생법**에서는 12개 또는 24개 임의의 단어 목록인 **니모닉**(mnemonic)을 만들고, 이를 **시드**로 활용해 계정의 **개인 키**를 만듭니다. 계정의 **공개 키**는 이 개인키로부터 생성합니다. (…) **계정 주소**는 공개키로부터 파생됩니다.

단 몇 줄짜리 단순한 설명인데, HD 키 파생법, 니모닉, 시드, 개인 키, 공개 키, 계정 주소까지 한꺼번에 너무 많은 정보가 등장합니다. 내용 자체는 단순해서 더 짧고 명확하게 설명할 수 없지만, 처음 읽는 독자는 정보 간 관계를 단번에 파악하기 어렵습니다.

이때 다이어그램으로 표현하면(그림 16-7), 관계를 한눈에 알 수 있으며, 나중에 '공개 키는 어디서 파생됐더라?'와 같이 궁금증이 생겼을 때 찾는 것이 훨씬 쉬워집니다.

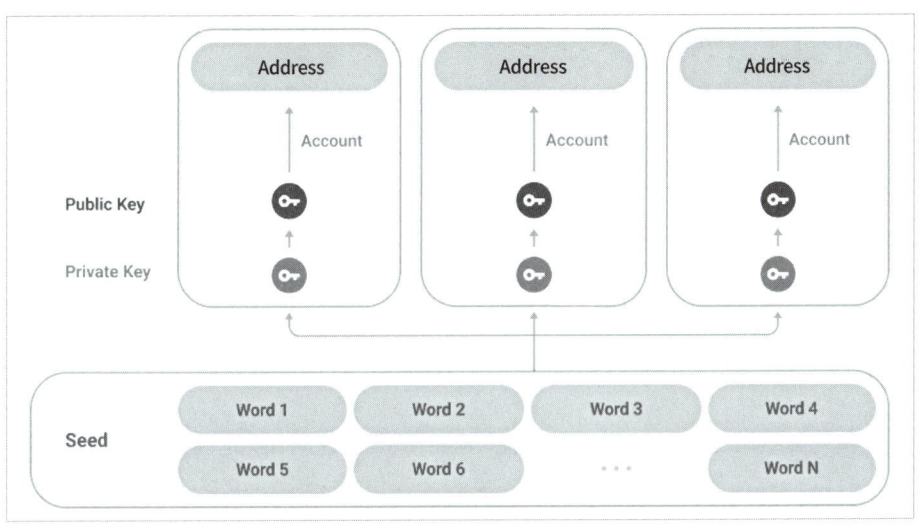

그림 16-7 블록체인 키 파생법을 그린 다이어그램

이번에는 구현 로직 설명문에 다이어그램이 필요한 경우를 살펴볼까요? 다음은 여러 데이터를 페이지네이션pagination(대량의 데이터를 여러 페이지에 걸쳐 가져오거나 보여주는 것)하는 방법을 설명한 글입니다.

> 이 API는 결과 페이지를 스크롤 하는 방식으로 페이지 읽는 법을 설계했습니다. 정렬한 결과 목록을 오름차순이나 내림차순 중 한 방향으로 스크롤하면서 지정한 페이지에 포함된 항목을 읽어오는 방식입니다.
>
> 이 방식에서는 읽는 방향을 유지한 채 다음 페이지를 차례로 조회하는 것을 권장합니다. 도중에 이전 페이지로 돌아가면 읽는 방향이 바뀝니다. 예를 들어 내림차순으로 페이지를 읽다가 이전 페이지로 돌아가면, 읽는 방향은 오름차순이 됩니다. 한 페이지에 항목이 둘 이상이라면 페이지 내 항목 정렬 순서 역시 읽는 방향을 따릅니다.

이 내용을 단번에 이해했다면 비상한 독해력을 가진 분일 겁니다. 하지만 모든 독자가 비상한 것은 아닙니다. 다른 일을 하느라 잠시 집중력이 흐트러졌을 수도 있고요. 특히 이 로직은 일반적인 페이지네이션, 즉 '이전 페이지로 돌아가더라도 항목의 순서가 유지

되는 방식'과 다르기 때문에 명확하게 알려주지 않으면 오해할 여지가 큽니다.

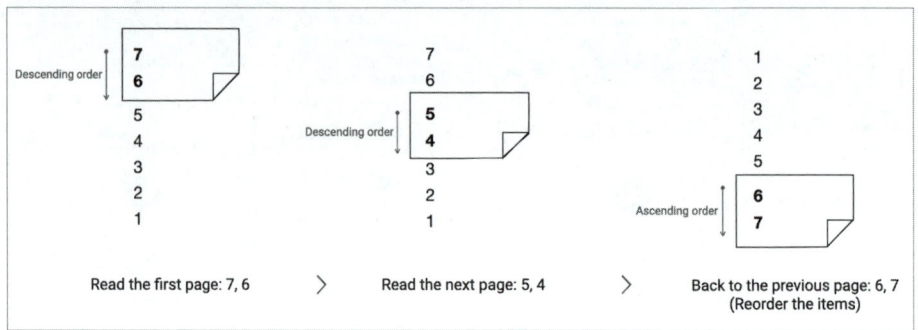

그림 16-8 페이지네이션 방법을 그린 다이어그램

그림 16-8은 '페이지를 스크롤하는 방식'이라는 표현대로 페이지를 스크롤하는 형태로 그렸습니다. 그다음 '이전 페이지로 돌아가면 읽는 방향이 바뀐다'는 설명을 나타내려고 화살표와 함께 7, 6과 6, 7이라는 결괏값을 표시했습니다. 좀 더 친절하게 설명하고 싶다면 내림차순으로 읽을 때는 7, 6 순으로 반환하고, 오름차순으로 읽을 때는 6, 7 순으로 반환한다는 점을 글로 덧붙이면 됩니다.

키 파생법이든 페이지네이션이든 설계하거나 동료에게 설명할 때 분명 그림을 그렸을 겁니다. 아무리 뛰어난 개발자도 말로만 들은 알고리즘을 기억하기는 쉽지 않으니까요. 그런데 공식 문서를 작성할 때 그 그림을 빠뜨리는 이유는 무엇일까요?

아마도 당시 낙서하듯 손으로 그린 그림이라 공식 문서에 넣기엔 민망했기 때문일 겁니다. 다시 그리자니 도형을 하나하나 배치하고 연결하는 과정이 까다롭고 시간이 걸리니 결국 빠뜨리고 마는 것이죠. 컴퓨터로 글 쓰기는 쉽지만, 그림 그리기는 늘 어렵습니다. 아무리 좋은 다이어그램 도구가 있어도 마찬가지입니다.

동료에게 공유하는 글이라면 손 그림이나 화이트보드 그림을 촬영한 이미지를 그대로 사용해도 됩니다. 만약 나중에 외부에 공개할 문서라면 그때 다시 그리거나 디자이너의 도움을 받을 수도 있습니다. 처음부터 다이어그램 그리는 일을 너무 부담스럽게 생각하지 않아도 됩니다.

이번에는 절차를 다이어그램으로 표현해봅시다. 다이어그램으로 표현해야 하는 기준을 굳이 '절차가 4단계 이상일 때'라고 한 이유는 사람이 한 번에 인지하고 기억할 수 있는 정보가 세 개라는 한 연구 결과[5]가 있기 때문입니다. 글로 쓰더라도 번호를 매긴다면 3단계는 충분히 인식할 수 있는 것이죠. 4단계부터는 좀 더 쉽게 인식하고 파악할 수 있도록 그림으로 도와주는 것이 좋습니다. 그렇다고 정말 복잡한 내용임에도 '3단계밖에 안 되니까 다이어그램으로 그리지 말아야지'라고 생각하면 안 됩니다!

docs as code라는 개념이 널리 쓰이면서, 깃 저장소로 문서를 관리하는 일이 많아졌습니다. 브랜치 관리나 병합 절차를 처음 접하는 작성자를 위해, 누가 어떤 브랜치에 풀 리퀘스트를 보내고, 누가 리뷰하고, 언제 병합하는지를 구구절절하게 글로 설명하기보다는 다이어그램으로 보여주는 편이 훨씬 이해하기 쉽습니다.

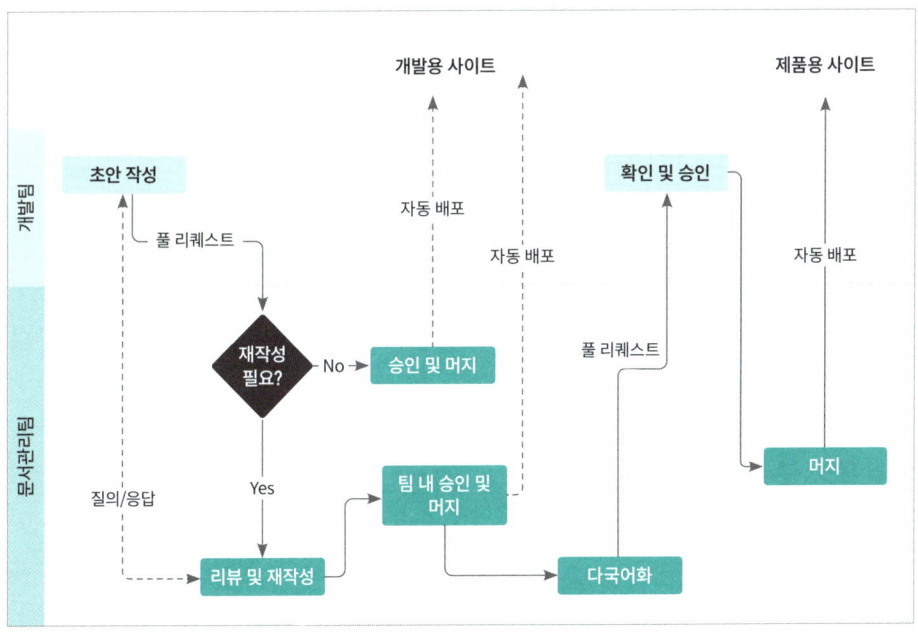

그림 16-9 깃 저장소 병합 및 배포 절차 다이어그램

---

5   인지과학자 아트 마크먼(Art Markman)이 이야기한 '3의 법칙'을 참고(《스마트 싱킹》(진성북스, 2012))하세요.

그림 16-9를 보면 누가 언제 어떤 조건에서 어떤 작업을 해야 하는지 금방 알 수 있습니다. 글로는 한눈에 들어오지 않고 흐름도 굉장히 복잡하게 보이는 절차도, 다이어그램을 그리면 마치 마법처럼 간단해집니다.

다이어그램 작성 절차

다이어그램이 왜 좋은지는 충분히 살펴봤으니, 이제는 다이어그램을 보기 좋게 그리는 방법을 알아봅시다. UML처럼 형식이 정해진 다이어그램은 해당 형식에 맞춰 그리면 되므로, 여기서는 형식 없는 개념도를 어떻게 그릴지에 대해서만 다루겠습니다.

다이어그램을 그릴 때는 무작정 그림부터 그리기보다는 어떤 그림을 그릴지 먼저 설명을 써보는 편이 좋습니다. 그리는 대상이 명확해지기 때문입니다. 만약 쿠버네티스 클러스터 구성도를 그려야 한다면, 머릿속으로 상상하며 그리기보다는 쿠버네티스 공식 문서[6]에 나온 내용을 참고하라는 의미입니다.

> **쿠버네티스 클러스터**는 컨테이너화된 애플리케이션을 실행하는 **노드**라고 하는 **워커 머신**의 집합. 모든 클러스터는 최소 한 개의 워커 노드를 가진다.
>
> **워커 노드**는 애플리케이션의 구성 요소인 **파드**를 호스트한다. **컨트롤 플레인**은 워커 노드와 클러스터 내 파드를 관리한다.

이 설명에서 다이어그램에 나타낼 요소를 찾아봅시다. 새롭게 등장한 용어는 모두 다이어그램에 그리기로 하고, 예시에서 굵은 글씨로 표시해두었습니다.

그릴 요소 분류하기

이렇게 뽑아낸 요소들을 도형으로 만들고, 성격이 비슷한 것끼리 묶습니다(그림 16-10).

---

[6] https://kubernetes.io/ko/docs/concepts/overview/components/

그림 16-10 그릴 요소 분류

설명에 따르면 '노드'는 '워커 머신'을 뜻하며, '워커 노드'란 '노드'와 '워커 머신'을 합쳐서 일컫는 말이므로 같은 개념이니, 하나의 이름만 사용합시다. 이때는 설명에서 가장 많이 사용한 용어를 해당 요소 이름으로 선택하면 됩니다. 여기서는 '노드'라고 하겠습니다.

요소 포함 관계 그리기

이제 설명에 따라 각 요소의 포함 관계를 정리합니다(그림 16-11).

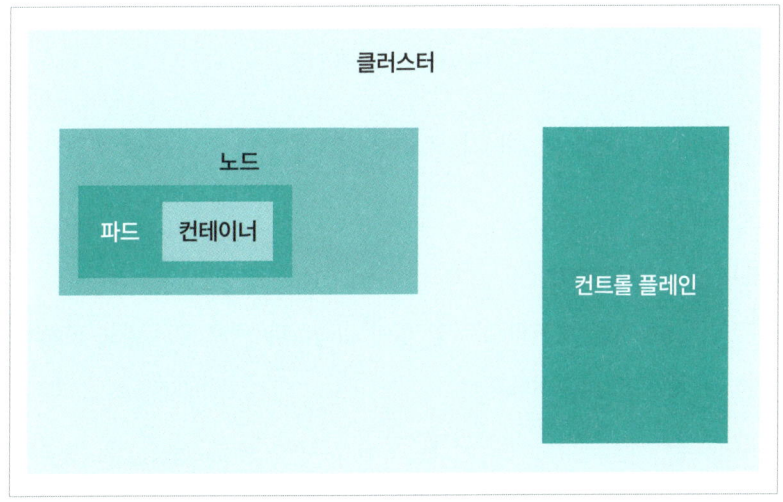

그림 16-11 요소 간 포함 관계

'클러스터는 노드의 집합'이라고 했으니 클러스터 안에 노드를 넣고, '노드는 컨테이너화된 애플리케이션을 실행한다'고 했으니 노드 안에 컨테이너를 배치합니다.

요소 연결 관계 표시하기

요소 간 연결 관계가 있다면 선으로 표시합니다. 여기서는 '컨트롤 플레인이 노드와 파드를 관리한다'고 했으니 컨트롤 플레인과 노드, 파드를 선으로 연결합니다(그림 16-12).

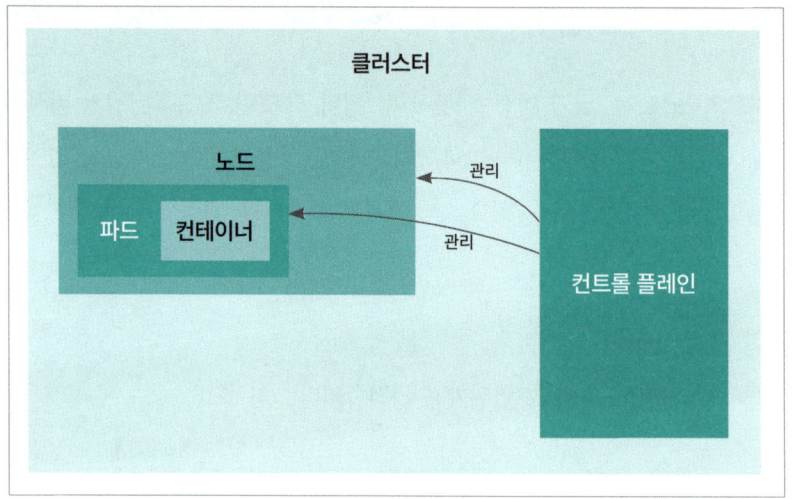

그림 16-12 요소 간 연결

단순히 선으로만 연결했을 때 의미가 모호하다면, 선 위에 어떤 연결 관계인지 표시합니다.

도형을 바꿔 요소 구분하기

이 정도로도 충분하지만, 마지막으로 할 일이 있습니다. 바로 요소별로 도형의 모양을 다르게 만드는 일입니다(그림 16-13).

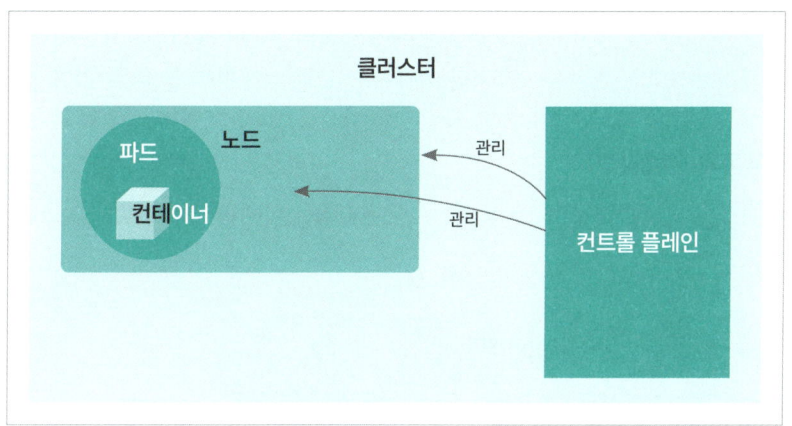

그림 16-13 요소 도형 구분

도형 모양이 다르면 독자는 텍스트를 읽지 않아도 각 요소를 구분할 수 있습니다. 어떤 사람은 색으로 구분하기도 하지만, 색을 구분하지 못하는 독자나 종이로 인쇄해보는 독자를 고려하면 색보다는 모양을 달리하는 것이 더 바람직합니다.

글에서 숨겨진 정보 덧붙이기(선택 사항)

절차대로 설명에 따라 그려 나가면 정확한 다이어그램을 완성할 수 있습니다(그림 16-14).

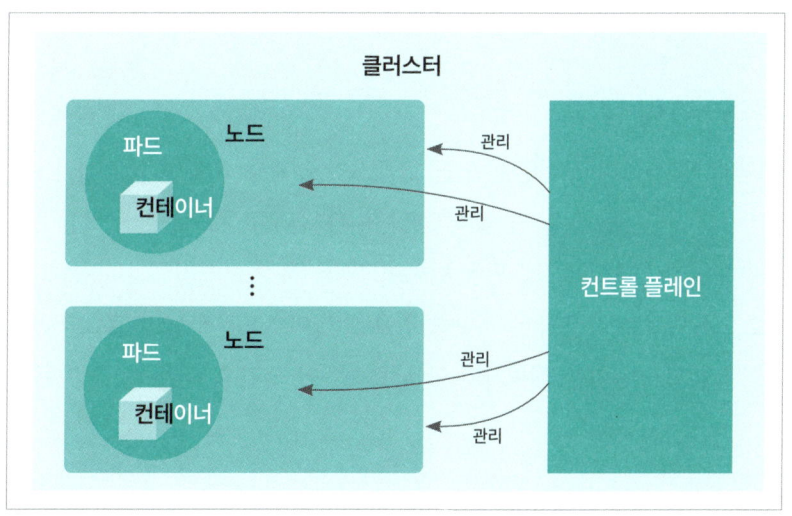

그림 16-14 숨겨진 정보 추가

여기에 하나 더해봅시다. 글로는 설명하지 않았거나 글만 봐서는 놓칠 수 있는 정보, 예를 들면 '클러스터에 노드가 한 개 이상'이라는 정보를 더하면 더할 나위 없이 좋습니다.

범례 표시하기(선택 사항)

여기서 한 걸음 더 나아가려면, 반복되는 텍스트 대신 범례를 활용해보세요(그림 16-15).

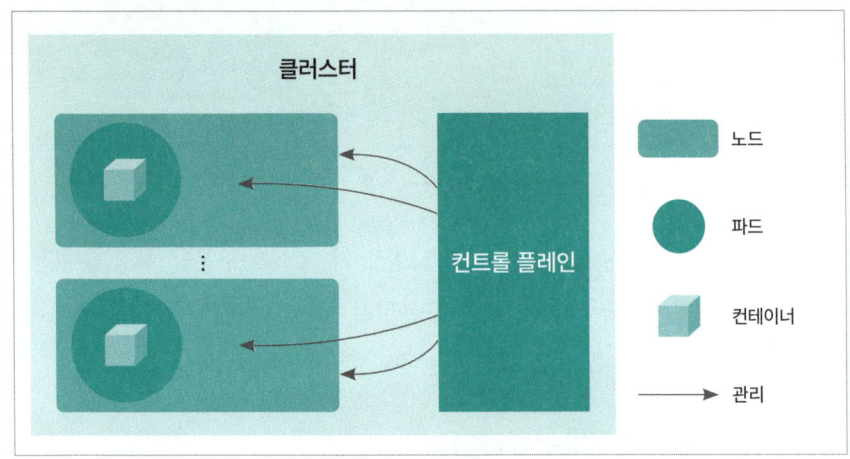

그림 16-15 범례 추가

요소가 많고 복잡한 다이어그램일수록 범례를 쓰면 훨씬 깔끔하고 이해하기 쉬워집니다.

흔한 다이어그램 문제

다이어그램을 먼저 그리고 설명을 쓰면, 불필요한 정보를 포함할 가능성이 높습니다. 특히 외부에 공개할 블로그를 쓸 때가 그렇습니다. 블로그용으로 다시 그릴 시간이 부족하다 보니, 설계나 보고용으로 만든 다이어그램을 통째로 가져오기도 합니다. 이렇게 하면 블로그에 다루는 내용과는 무관한 정보가 다이어그램에 남게 됩니다. 비공개 정보가 노출될 위험도 있지만, 설명하지 않은 요소들이 독자를 혼란스럽게 만들 수 있습니다.

다이어그램에서 흔히 발생하는 문제는 독자가 모르는 정보가 많다는 점입니다. 글에서는 쿠버네티스의 파드~pod~(쿠버네티스에서 생성하고 관리할 수 있는 배포 가능한 가장 작은 컴퓨팅 단위)[7]와 컨테이너~container~(소프트웨어와 그것에 종속된 모든 것을 포함한 가볍고 휴대성이 높은 실행 가능 이미지)[8]만 설명하면서, 다이어그램에 서비스~service~(파드 집합에서 실행중인 애플리케이션을 네트워크 서비스로 노출하는 추상화 방법)[9]와 디플로이먼트~deployment~(일반적으로 로컬 상태가 없는 파드를 실행하여 복제된 애플리케이션을 관리하는 API 오브젝트)[10]까지 포함하면 해당 개념을 모르는 독자는 머리가 아파집니다. 독자가 쉽게 이해할 수 있도록 넣은 다이어그램이 오히려 혼란을 가중하는 셈이죠. 다이어그램에 있는 요소는 반드시 글에서 설명해야 합니다.

그렇다면 복잡한 다이어그램을 넣은 뒤 모든 요소를 설명하는 게 좋을까요? 이 역시 글쓰기에서 자주 일어나는 일입니다. 복잡한 이야기를 쓰다 보면, 그림 한 장에 모든 요소를 넣어 전부 설명하고 싶은 유혹에 빠지기 마련이니까요. 하지만 다이어그램 하나에 너무 많은 정보를 담으면 오히려 가독성을 떨어뜨릴 뿐입니다. 유혹이 크더라도 한 번에 다 그려넣지 말고, 내용을 나눠 설명하고 그림도 따로 제시하세요.

물론 복잡한 시스템 구조처럼 한꺼번에 설명해야 하는 사례도 있습니다. 이런 경우에는 두 가지 방법이 있습니다. 레드햇 오픈시프트~OpenShift~의 아키텍처 문서나 쿠버네티스 기초 학습 페이지처럼 단위별로 나눠 설명하는 방식이 대표적입니다.

첫째, 전체 다이어그램을 먼저 보여준 다음 포함된 요소들을 짧게 설명합니다(그림 16-16).

---

7 https://kubernetes.io/ko/docs/concepts/workloads/pods/
8 https://kubernetes.io/ko/docs/concepts/containers/
9 https://kubernetes.io/ko/docs/concepts/services-networking/service/
10 https://kubernetes.io/ko/docs/concepts/workloads/controllers/deployment/

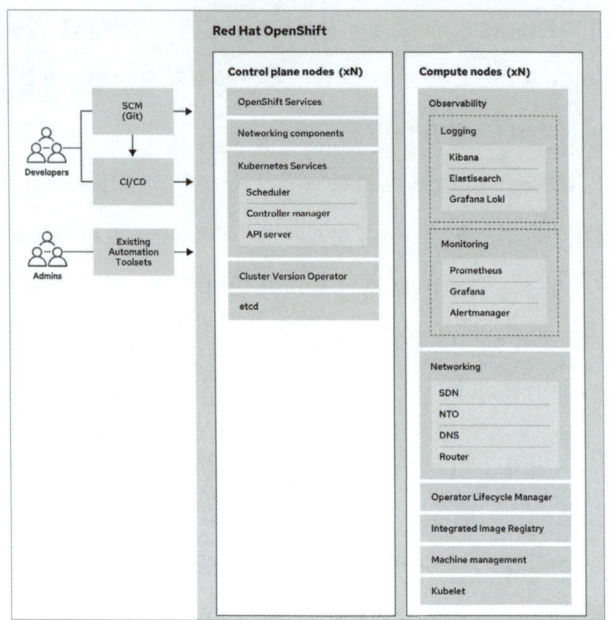

그림 16-16 오픈시프트 전체 아키텍처 다이어그램. 컨트롤 플레인 노드와 컴퓨트 노드를 모두 포함한다.

그 후 각 요소를 따로 설명하면서 필요한 부분만 그린 다이어그램을 제공합니다(그림 16-17).

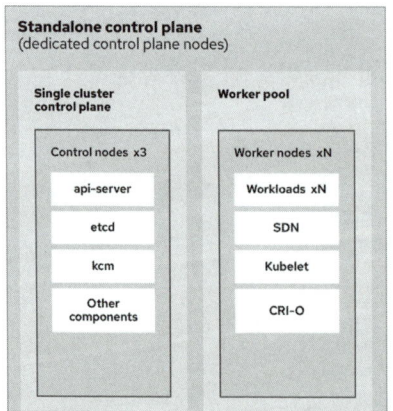

그림 16-17 오픈시프트의 컨트롤 플레인만 보여주는 다이어그램

둘째, 일부 요소를 하나로 묶은 다이어그램을 그립니다(그림 16-18).

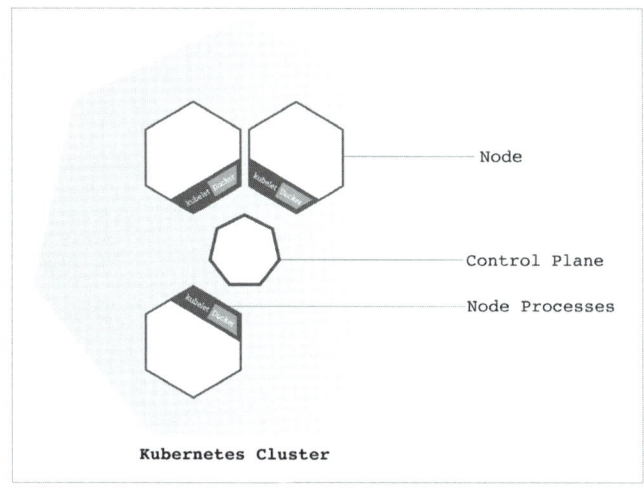

그림 16-18 간단히 도식화한 쿠버네티스 클러스터 다이어그램

그 묶음을 다시 상세한 다이어그램으로 그려서 각각 설명합니다(그림 16-19).

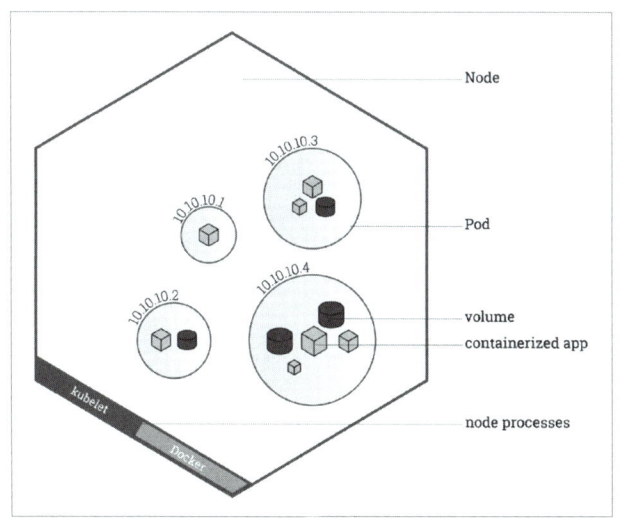

그림 16-19 클러스터 내 노드를 상세히 도식화한 다이어그램

설명하려는 내용을 정확하게 표현하고, 각 요소를 깔끔하고 배치하는 것만으로도 충분히 훌륭한 다이어그램을 만들 수 있습니다. 여기에 불필요한 요소를 덜어내고 복잡한 내용을 간결하게 정리할 수 있다면, 여러분은 이미 다이어그램 전문가입니다.

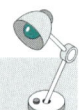

요약

글을 간결하게 쓴다는 말은 곧 읽기 쉽고 이해하기 쉽게 쓴다는 것입니다. 중요한 정보를 금방 파악할 수 있도록 눈에 띄게 배치하는 것이 좋습니다.

- 독자가 알고 싶어 할 핵심 정보를 가장 먼저 쓰세요.
- 목록과 표는 줄글 사이에서 강조 효과를 줍니다. 단, 목록을 남발하면 오히려 간결함이나 강조 효과를 보지 못할 수 있습니다.
- 목록과 표도 유용하지만, 가장 중요한 것은 글입니다. 줄글 외 다른 요소만으로 문서를 가득 채우지 마세요.
- 다이어그램은 반드시 설명에 근거해 그려야 합니다. 설명에 없는 요소는 다이어그램에 포함하지 마세요.

17 완결성

글에서 말하는 완결성이란 주제를 설명하는 데 필요한 정보를 전부 갖춘 성질을 말합니다. '모든 것을 갖추'려면 앞 절에서 다룬 간결성을 해친다고 생각할 수도 있지만, 절대 그렇지 않습니다.

간결성은 표현을 정리하고 다듬어 누구나 읽기 쉽게 만드는 것이고, 완결성은 독자가 이것저것 찾아보지 않아도 스스로 해결할 수 있도록 내용을 충실히 담는 것입니다. 즉 간결하면서도 완결된 글을 쓸 수 있다는 의미입니다.

완결성을 해치는 가장 흔한 오류는 '주제와 내용의 불일치'입니다. 예를 들어 '플랫폼 개요'라는 제목의 글에서 플랫폼의 기본 기능을 설명하지 않았다면 완결된 글이라고 할 수 없습니다. 'OOO로 개발 시작하기'라는 글인데 OOO를 다운로드하거나 설치하는 방법이 없으면 역시 불완전한 글입니다. "설마 그렇게 쓰겠어?"라고 물을 수도 있지만, 글을 다 쓴 후에 검토하지 않거나 글의 목적보다는 내용 한 줄 한 줄에만 매몰돼 쓰다 보면 꼭 필요한 이야기를 놓치기 쉽습니다.

다음과 같은 글을 생각해봅시다.

> 제목: 좋아요 기능이란?
>
> 좋아요 기능은 다른 사용자가 OOO 앱에 작성한 정보가 마음에 들 때 호감을 표시하는

기능입니다. OOO 앱은 다양한 서비스와 협력해 좋아요 기능을 제공합니다. 이런 협력 서비스를 '좋아요 서비스'라고 부르며 필요에 따라 좋아요 정보를 공유할 수 있습니다. 정보를 공유하려면 설정 > 좋아요 > 공유 기능을 켜십시오.

'좋아요 서비스'와 정보를 공유하면 좋아요 정보 및 히스토리 기능이 활성화되며, OOO 앱 홈에서 해당 서비스에 관한 정보가 더 많이 나타납니다. 사용자가 '좋아요 서비스'가 제공한 정보를 볼 때마다 공유 포인트가 오르며, 매달 정해진 공유 포인트를 획득하면 포인트당 10원으로 현금화할 수 있습니다.

예시는 '좋아요' 기능을 설명하려고 쓴 글입니다. 그런데 정작 글에서는 기능과 직접적인 관련이 적은 '좋아요 서비스'를 이야기하고, 이어서 전혀 관계없는 '공유 포인트'까지 설명합니다. '좋아요'를 설명하다 보니 자연스럽게 '좋아요 서비스'가 떠올랐고, 서비스 이야기를 하다 보니 '공유 포인트'가 연상돼 글을 계속 쓴 탓일 겁니다. 사고의 흐름을 주제가 아니라 연결 정보가 지배하는 바람에 주제에 더 가까운 정보, 예를 들면 '좋아요를 왜 써야 하는가' 또는 '좋아요를 누르면 어떻게 되는가' 같은 핵심 정보를 빠뜨렸습니다.

'좋아요' 기능처럼 널리 알려진 개념이라면 설명이 조금 부족해도 대부분 이해할 수 있습니다. 하지만 처음 보는 기능이라면 이야기는 달라집니다. 독자는 줄줄이 나오는 새로운 개념과 정보에 휩쓸려 본래 알고 싶었던 정보를 제대로 이해하지 못할 겁니다.

완결된 글을 쓰는 목적은 독자가 주제를 쉽게 파악하고 정확하게 이해하도록 돕는 일입니다. 이를 위해서는 주제를 명확하게 밝히고, 그 주제에 필요한 내용만 다뤄야 합니다. 되도록 불필요한 설명을 줄이고, 이해하기 쉬운 방식으로 써야 합니다.

도입부 쓰기

글을 잘 쓰려면 PSS problem, scope, structure 를 지켜야 합니다.

- 왜: 무엇을 알기 위해 이 글을 읽어야 하는지 알려주기

- 어디까지: 위에서 제기한 문제를 해결할 때 어떤 범위를 다룰 것인지 알려주기
- 어떻게: 본론이 복잡하고 길다면 어떤 구조로 설명할 것인지 알려주기

꽤 많은 개발자가 흔히 쓰는 방식으로 글을 시작해봤습니다. 이런 도입부를 보고 이 절에서 다룰 내용이 무엇인지 금방 파악할 수 있나요?

사내에서 플랫폼이나 프로젝트 설명서를 보면, 이처럼 시작하는 페이지가 생각보다 많다는 사실에 놀랍니다. 여기서 말하는 '이처럼 시작하는' 페이지란, 다음과 같은 문제를 가진 페이지입니다.

- 이유나 핵심 내용을 설명하지도 않고 본론(즉, 할 일)부터 이야기
- 시작부터 설명하지도 않은 용어를 사용

우선 첫 번째 문제부터 생각해봅시다. 글은 시작이 굉장히 중요합니다. 시작할 때부터 독자가 원하는 정보를 제시하지 못하면, 흥미를 잃고 훌쩍 떠나버릴 수도 있고, 행여 떠나지 않고 끈질기게 읽어가더라도 무슨 내용인지 파악하지 못할 수도 있습니다.

"'독자가 원하는 정보'란 글의 주제일 텐데, 그게 본론 아닌가요?"라고 되묻는 사람도 있을 겁니다. 혹은 "아니, 독자가 원하는 정보는 한두 줄로 설명하기 어려운데, 그걸 어떻게 시작 부분에 다 써요?"라고 물을지도 모릅니다. **하지만 독자가 정보를 찾는 시점에 원하는 정보는 글의 '본문'이 아니라 글을 읽어야 할 '이유'입니다.** 지금 이 페이지를 읽으면 원하는 정보를 얻을 수 있는지 아닌지 알아야 계속 읽을지 말지 결정할 수 있으니까요.

영화 〈메멘토〉에서 감독은 주요 사건을 역순으로 배치했습니다. 관객 역시 선행성 기억 상실증에 걸린 주인공처럼 앞뒤 흐름을 파악하지 못하게 하려는 의도였습니다. 감독이 원한 대로, 관객은 혼란에 빠졌다가 마지막 장면에 이르러야 비로소 그간 본 일을 실제 순서대로 떠올려본 후 무릎을 '탁' 치며 반전에 감탄하게 되죠. 이처럼 사람은 순서가 흐트러진 내용은 이해하기 어렵고, 순차적인 흐름을 훨씬 잘 따라갑니다.

글을 읽을 때도 마찬가지입니다. 이 시점에 이 내용이 왜 나왔는지 파악하지 못하면 독

자의 이해도는 뚝 떨어집니다. 특히 복잡하고 어려운 기술을 다루는 글은 독자가 쉽게 따라올 수 있도록 순서를 갖춰야 합니다. 마치 수영하기 전에 준비운동을 하고 몸을 조금씩 조금씩 적시는 것처럼 말이죠. 글에서 해당 내용을 왜 다루는지 친절하게 알려주면 독자가 마음의 준비를 하고 다음에 나올 본론을 예상할 수 있습니다. 그 준비운동이 바로 도입부입니다.

두 번째 문제는 15장 '정확성'의 '문서에 은어가 있을 자리는 없어요' 절에서 다룬 내용과 크게 다르지 않습니다. 도입부에서는 특히 더 중요합니다. 작성자만 아는 약어나 새로운 용어를 아무 설명 없이 쓰기 시작하면 독자는 글에서 벽을 느낍니다. 도입부는 누구나 이해할 수 있는 언어로 최대한 친절하게 써야 합니다.

시작은 세 가지로

앞서 살펴본 것처럼 서론 없이 본론부터 쓴 글은 마치 매트도 깔아주지 않은 채 뛰어내리라고 하는 것과 같습니다. 아무런 준비도 없이 정보의 홍수 속으로 뛰어든 독자는 주변에 정보가 잔뜩 있어도 무엇인지 알아차리기 어려울 정도로 정신이 아득할 수밖에 없습니다.

이럴 때 단 한 줄이라도 앞으로 어떤 내용을 다룰 것인지 알려주면 독자가 정보를 파악할 실마리를 잡을 수 있습니다. 그런데 글을 쓰다 보면 '답'을 설명하는 데 급급해서 시작부터 곧장 본론으로 들어가는 경우가 있습니다.

이런 상황을 피하려면 글을 시작할 때 다음 세 가지를 먼저 써보세요.

- 문제 제시: 무엇을 알기 위해 이 글을 읽어야 하는가
- 범위: 위에서 제기한 문제를 해결할 때 어디까지 다룰 것인가
- 전체 구조: 본론이 복잡하고 길다면 어떤 구조로 설명할 것인가

문제 제시에서는 '이 글에서 어떤 내용을 다루며, 어떤 상황에 그 내용을 쓸 수 있는지'를 알려줍니다. 즉 독자가 이 글을 읽어야 할 이유를 제시해야 합니다. 예를 들어 시작

부분에서 '여기서는 메모리 누수가 무엇이며 어떻게 해결하는지 알려줍니다'라고 썼다면 메모리 누수 문제를 겪고 있는 독자는 망설이지 않고 글을 읽을 겁니다. 반대로 관심이 없는 독자는 시간 낭비하지 않고 지나가겠죠.

범위는 '이 글이 어디까지 다루는지'를 알려주는 역할을 합니다. '메모리 누수를 피하는 방법'만 이야기하는지, 아니면 '메모리 누수가 어디서 일어나는지 확인하는 방법'까지 포함할 것인지 명시해주세요. 똑같은 메모리 누수에 시달리는 독자도 이 글에서 원하는 정보를 얻을 수 있는지 파악할 수 있습니다. 물론 범위가 좁거나 누가 봐도 명확하다면 생략해도 괜찮습니다. '개요' 또는 '시작하기 문서'가 그 예입니다.

전체 구조란 '어떤 순서로 내용을 설명할 것인지'를 안내하는 것을 말합니다. 복잡하고 긴 내용을 다루는 경우 미리 어떤 순으로 이야기할지 알려주면 독자가 이해하는 데 도움이 됩니다. 보통 내부 목차로 대체하지만, 절 제목만로는 충분하지 않을 때는 각 절에서 어떤 내용을 다루는지 좀 더 상세히 설명하기도 합니다.

자바스크립트 기반 프런트엔드 UI 라이브러리인 리액트 문서는 도입부에 세 가지를 포함한 좋은 예입니다(그림 17-1).

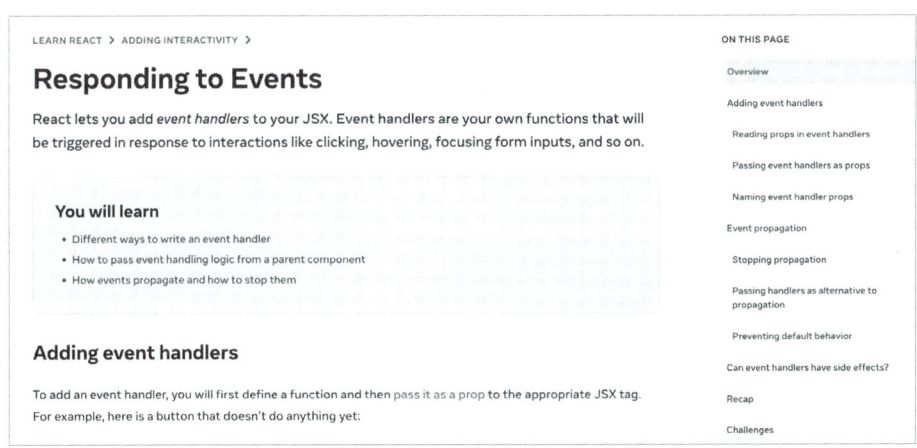

그림 17-1 리액트 문서의 도입부

예시의 리액트 문서는 본문과 다른 스타일로 요약 영역이 있습니다. 이 문서에서 무엇을 다루는지 알려주고, 'You will learn' 항목에서 범위를 명시했습니다. 오른쪽에는 글 목차가 있고, 어떤 순으로 진행되는지 보여줍니다.

실시간 검색엔진 서비스인 Algolia는 2025년 9월까지 목차를 도입부에 넣어 자연스럽게 전체 구조를 알려주는 도입부를 제공했습니다(그림 17-2).

```
GUIDES / MANAGING RESULTS / MUST DO                          AUG 27, 2024

Searchable attributes

ON THIS PAGE

1. Attributes to include                                              >
2. Attributes to exclude                                              >
3. Set searchable attributes                                          >
4. See also                                                           >

When setting up and configuring your index, the first step is to decide which attributes you want to use for searching. When you
create an index, all attributes in all your records are searchable by default. This means you can perform searches straight
away without configuring anything. However, to enhance search relevance and exclude unnecessary results, you should specify
which attributes should be searchable.
```

그림 17-2 **Algolia 문서의 도입부**

글 도입부에 목차를 넣어 전체 구조를 보여준 후 이 페이지를 읽어야 하는 이유를 설명하는 방식을 취했습니다.

다른 페이지에서도 유사한 형식의 도입부를 제공하는데, 이는 독자가 원하는 정보를 찾기 위해 수많은 페이지를 일일이 정독해야 하는 상황이 생기지 않도록 하기 위해서입니다. 도입부가 잘 갖춰져 있다면 페이지를 하나하나 훑어보며 필요한 정보를 빠르게 찾을 수 있습니다. 무작정 본론부터 시작하는 문서는 처음부터 끝까지 다 읽어야 어떤 내용이 담겨 있는지 알 수 있기 때문에 몹시 불친절한 방법입니다.

이처럼 문제 제시, 범위, 전체 구조라는 세 가지 요소만 명심해도 충분히 괜찮은 도입부를 만들 수 있습니다. 작성자 입장에서는 빨리 본론을 이야기하고 싶겠지만, 독자를 생각한다면 조금만 여유를 갖고 도입부에 공을 들이기를 바랍니다.

모르는 용어는 빼고

절 초반에 소개한 나쁜 도입부에서는 독자가 모르는 약어 'PSS'를 썼습니다. PSS는 '문제 제시problem', '범위scope', '전체 구조structure'의 머리글자를 따서 임의로 만든 용어입니다. 나쁜 예시를 보여주려고 일부러 만든 표현이지만, 실제로 도입부에서 처음 듣는 제품 이름이나 약어를 설명 없이 쓰는 경우가 꽤 많습니다.

다음은 Gaple이라는 가상 회사의 사내 플랫폼 소개 문서 도입부입니다.

> **What is Gaple?**
> Gaple은 Gathering People의 약자입니다. Gaple은 Zafina와 연동해서 작동합니다.
> **How to use**
> Gaple을 사용하려면 JIRA 티켓으로 사용 권한을 신청해야 합니다.

Zafina는 이 회사에서 쓰는 CI/CD(지속적 통합/지속적 배포)continuous integration/continuous delivery 도구 이름입니다. 회사에 오래 다닌 개발자는 Zafina가 무엇인지 알겠지만, 새로온 개발자를 배려한다면 도입부에서 사내 용어를 사용하는 것은 좋은 방법이 아닙니다. 기술 문서에서는 새로운 용어가 나올 때 반드시 설명을 덧붙여야 합니다. 하지만 도입부에는 되도록 새로운 용어는 쓰지 않는 편이 좋습니다. 그 이유는 두 가지입니다.

첫째, 도입부는 독자가 본문을 읽기 전에 마음의 준비를 할 수 있도록 돕는 역할을 합니다. 그런데 시작부터 낯선 용어가 등장하면 독자가 준비는커녕 더 혼란을 느낄 수 있습니다.

둘째, 도입부는 꼭 필요한 내용만 짧게 담는 것이 좋습니다. 짧은 도입부의 한 줄을 용어 설명에 할애하는 것은 아깝습니다.

따라서 예시의 사내 문서 도입부는 다음처럼 바꾸는 편이 좋습니다.

> **What is Gaple?**
> Gaple은 Gathering People의 약자입니다. Gaple은 사내에서 쓰는 공식 CI/CD 도구와 연동해서 쓸 수 있습니다.

도입부를 지나 본론으로 들어간 후에는 Zafina라는 도구 이름을 언급하며 상세히 설명해도 됩니다.

만약 새로운 용어나 약어 없이 도입부를 쓸 수 없다면 어떻게 해야 할까요? 이럴 때는 그 용어를 그대로 쓰되, 도입부에서 일일이 설명하기보다는 링크를 활용하는 편이 좋습니다. 예를 들어 도입부에 PSS라는 용어를 꼭 써야 한다면, 해당 용어를 설명한 다른 페이지(외부 사이트 또는 현재 문서 내 용어집, 관련 항목)를 링크하는 것입니다. 이렇게 하면 도입부 공간을 낭비하지 않으면서 새로운 용어를 안내할 수 있습니다.

다음은 세금 정보를 수집하는 방법을 설명하는 문서에서 '인보이스invoice'라는 단어를 직접 설명하지 않고 용어집으로 링크한 예시입니다(그림 17-3).

> Home / Payments / Checkout / Collect taxes
>
> **Collect customer tax IDs with Checkout**
>
> Learn how to collect VAT and other customer tax IDs with Checkout.
>
> Displaying a customer's tax ID and legal business name on invoices is a common requirement that you can satisfy by enabling tax ID collection in Checkout. This guide assumes that you've already integrated Checkout. If you haven't, see the Accept a payment guide.

그림 17-3 스트라이프 문서의 도입부에서 용어집을 링크한 예시

스트라이프는 온라인 결제 플랫폼입니다. 세금 정보를 설명하면서 인보이스를 빼놓을 수 없지만, 도입부에서 인보이스가 무엇인지 자세히 설명하기는 어려웠을 것입니다. 따라서 용어집을 링크하여 결제 용어에 익숙하지 않은 독자가 찾아볼 수 있게 했습니다.

쉬 어 가 기   용어 설명은 짧은 팝업으로 출력해보세요

용어집 링크 이야기가 나온 김에 덧붙이자면, 일반 문서 링크와 용어집 링크를 구분해 표시하는 방법을 추천합니다. 이런 방식은 링크가 많은 문서를 읽는 독자가 링크를 따라갈지 말지 판단하는 데 도움이 됩니다.

제가 이 방식을 처음 적용한 곳은 블록체인 플랫폼 문서였습니다(그림 17-4).

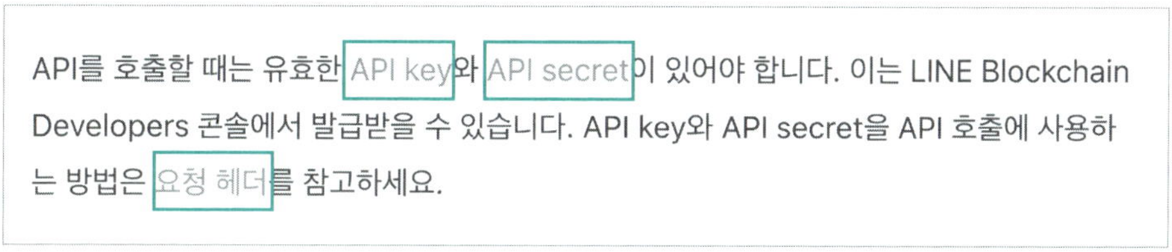

> API를 호출할 때는 유효한 API key와 API secret이 있어야 합니다. 이는 LINE Blockchain Developers 콘솔에서 발급받을 수 있습니다. API key와 API secret을 API 호출에 사용하는 방법은 요청 헤더를 참고하세요.

그림 17-4 **모든 링크를 같은 스타일로 표시한 화면**

당시 블록체인은 대중에게 막 알려지기 시작한 기술이라서 한 문단에 새로운 용어나 개념이 잔뜩 들어가야 했습니다. 그래서 용어 하나하나에 용어집이나 관련 문서 링크를 달았더니 링크가 지나치게 많아졌고, 검토할 때조차 일일이 클릭해 확인하고 돌아오는 일이 무척 번거로웠습니다. 링크가 무엇을 의미하는지 알고 있는 저조차 그랬다면, 사전 지식 없이 들어온 독자는 얼마나 불편했을까요?

그래서 설명이 짧은 용어집 링크는 팝업으로 보여주고, 참고 문서 링크는 형태를 달리 표시하는 쪽을 택했습니다. 그림 17-5에서 'API key'와 'API secret'은 용어집 링크이고, '요청 헤더'는 관련 문서 링크입니다. 용어집 링크인 'API secret'에 마우스를 가져가면 용어 설명이 팝업으로 나타납니다.

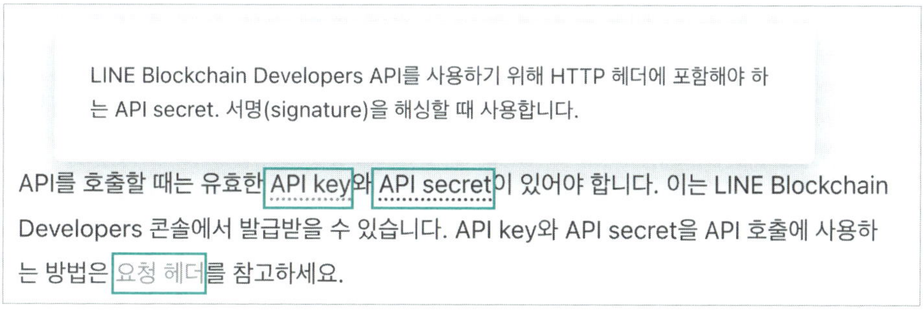

> LINE Blockchain Developers API를 사용하기 위해 HTTP 헤더에 포함해야 하는 API secret. 서명(signature)을 해싱할 때 사용합니다.
>
> API를 호출할 때는 유효한 API key와 API secret이 있어야 합니다. 이는 LINE Blockchain Developers 콘솔에서 발급받을 수 있습니다. API key와 API secret을 API 호출에 사용하는 방법은 요청 헤더를 참고하세요.

그림 17-5 **용어집 링크는 팝업으로, 관련 문서 링크는 별도 표시로 제공한 예시**

잘 쓴 기술 문서의 모범 사례인 스트라이프 문서도 용어집 링크를 일반 문서 링크와 다르게 표시하고, 용어 설명은 팝업으로 보여줍니다. 용어집 링크인 'invoices'는 문서 링크인 'guide'와 스타일이 다르며, 마우스를 올리면 팝업이 나타납니다.

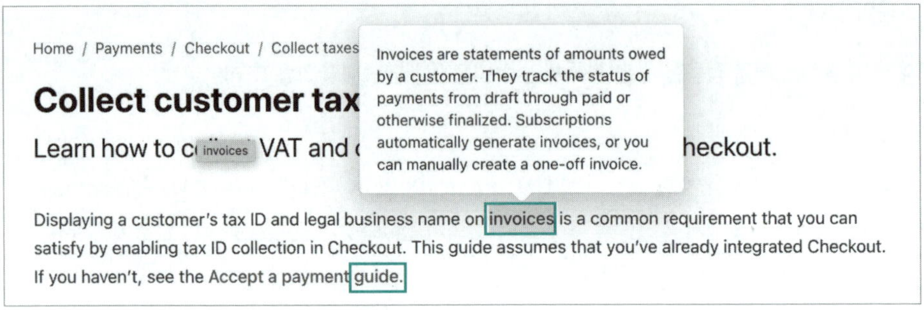

그림 17-6 용어집 링크는 팝업, 일반 문서 링크는 다른 스타일로 구분한 스트라이프 문서

도입부에 용어집 링크를 사용할 예정이라면 앞서 소개한 방식을 고려해보세요. 독자가 생소한 용어에 당황하거나 흐름이 끊기는 일 없이, 페이지의 목적에 집중할 수 있습니다.

형식보다는 내용

Gaple이라는 사내 기술 문서 예시를 다시 살펴보겠습니다. 약어를 없애 독자가 어렵지 않게 도입부를 읽을 수 있게 바꿨지만, 여전히 문제가 남아 있습니다. 여러분이라면 이 글을 읽고 Gaple이 무엇인지 알 수 있나요?

> **What is Gaple?**
>
> Gaple은 Gathering People의 약자입니다. Gaple은 사내에서 쓰는 공식 CI/CD와 연동해서 쓸 수 있습니다.
>
> **How to use**
>
> Gaple을 사용하려면 JIRA 티켓으로 사용 권한을 신청해야 합니다.

여러분처럼 Gaple에 관해 아무것도 모르는 독자가 가장 궁금해할 정보는 아마도 'Gaple은 언제, 어떤 용도로 쓰는 제품인가'일 겁니다. 보통 'What is Gaple?'이라는 제목에서 기대하는 내용도 바로 그런 것이 아닐까요?

하지만 이 글은 약어 풀이만 알려주며 소개를 끝냈습니다. 'Gathering People'이라는 풀이만으로는 유사한 취미를 가진 사람들을 모아주는 소셜 플랫폼인지, 단순히 사람 정보를 모아주는 기능인지, 혹은 실제로 사람이 모이는 장소인지 파악하기 어렵습니다. 마치 '요리 메뉴'에 식재료만 적어놓고, 손님이 알아서 요리를 짐작해보라는 격입니다.

'Gaple은 사용자 데이터 수집 도구다'라는 한 줄만 썼어도 훨씬 명확한 설명이었을 겁니다. 아마 작성자는 Gaple을 소개할 때 무슨 뜻이냐는 질문을 너무 많이 받은 것 같습니다. Gaple이 무엇을 하는 제품인지는 본론을 읽으면 알 수 있으니, 그보다는 자주 묻는 뜻이나 약어부터 설명하겠다고 결심했겠죠. 하지만 해당 제품 사용자가 제품 이름의 뜻이나 약어가 궁금해지는 시점은 제품을 사용하기로 결정한 후일 겁니다. 그러니 꼭 알려주고 싶다면 도입부가 아니라 본문에 써야 합니다.

앞서 도입부의 3요소 중 하나인 '문제 제시'에서는 이 글을 읽어야 할 이유를 알려주는 역할을 한다고 했습니다. 예시의 작성자는 Gaple의 약어와 연동 도구만 알려주면 독자가 글을 계속 읽을지 결정할 수 있을 것으로 생각한 듯합니다. 하지만 대부분의 독자는 약어나 이름의 뜻을 기준으로 제품을 선택하지 않습니다. 'Gaple은 어떤 일을 하는 도구인가', 즉 'Gaple은 사용자 데이터 수집 도구이며, 사내 CI/CD 도구와 연동할 수 있다'는 설명을 보고 계속 글을 읽을지 결정합니다.

'도입부에 독자가 원하는 정보를 쓴다'는 것은 형식일 뿐입니다. 그 안에서 얼마나 알맹이 있는 내용을 담을지는 결국 작성자가 독자를 얼마나 이해하는지에 달려 있습니다.

| 쉬 어 가 기 | **형식과 기법보다는 내용과 목적이 중요합니다**

어느 날, 사내 용어집을 무작위로 읽어보다가 다음과 같은 내용을 발견했습니다.

> ○○○는 특정 버전에서 출시할 기능을 모아 요약한 자료입니다. 모든 버전을 출시할 때마다 ○○○가 필요하지는 않습니다. (…) ○○○가 필요한 경우 각 프로젝트의 기획자는 (…)

언뜻 보면 아무 문제없어 보이는 설명입니다. 하지만 첫 줄을 읽자마자 고개를 갸웃했습니다. '대체 어떤 제품의 특정 버전을 말하는 거지? 회사에서 만드는 모든 제품인가?'

의문이 풀리지 않은 채 이어지는 설명, 즉 ○○○를 만드는 방법을 읽어도 '무슨 제품에 관한 거지?' 하는 생각만 계속 맴돌았습니다. 마지막에서야 나온 "iOS 및 Android 스펙을 포함한다"는 문장을 보고 '아, 모바일 앱이구나. 그럼 XXX 제품이겠네' 하고 이해할 수 있었습니다. 그리고 다시 처음으로 돌아가서 만드는 방법을 살펴봤죠.

아마도 작성자는 'A는 무엇이다'는 핵심 설명으로 시작했기 때문에 괜찮은 도입부라고 생각했을 겁니다. 하지만 정말 중요한 정보인 어떤 제품 설명인지가 빠져 있었습니다. 그 바람에 저 같은 사람은 글을 읽는 내내 본론을 파악하기보다는 그 정보를 찾는 데 매달렸습니다.

다짜고짜 ○○○를 만드는 법을 설명하지는 않았으니 흔한 '나쁜 시작'은 아닙니다. 형식적으로는 잘 쓴 것처럼 보이지만 껍데기를 걷어내고 알맹이를 들여다보면 여전히 불친절함이 남아 있습니다. 형식을 따르면 중요한 것을 놓칠 확률은 줄일 수 있지만, 반드시 좋은 결과를 내지는 않는다는 사실을 이 용어 설명을 보면서 다시금 느꼈습니다.

일단 쓰고 지우기

기술을 다루는 글에 완결성을 갖추기 위해 꼭 필요한 작업은 바로 '아는 대로 전부 쓰기'입니다. 이 절에서는 생각나는 대로 아는 내용을 모두 쓴 다음 차근차근 지워가면서 글을 완성하는 방법을 제안합니다.

《바바라 민토, 논리의 기술》(더난출판사, 2019)에서는 "생각은 일단 글로 표현해 놓으면 마치 황금 조각이 완성된 것처럼 아름답고 근사하게 보여 이를 수정해야 할 경우 대단한 용기가 필요하다. 따라서 글을 쓸 때 '일단 써놓고 보자. 그러면 글의 구조를 쉽게 파악할 수 있을 거야'라고 생각하는 것은 금물이다"라고 했습니다.

옳은 말입니다. 하지만 아무것도 없는 빈 종이를 볼 때마다 막막함을 느끼는 개발자에게 '완벽하게 생각을 정리하고 다듬은 다음 글을 쓰라'는 조언은 부담감만 더할 뿐입니다. **글쓰기가 무서운 사람이라면 일단 부담 없이 쓸 수 있는 만큼 써본 다음 정리한다고 생각하는 쪽이 완벽하게 생각을 다듬고 쓰는 쪽보다 좋습니다.** 주변 개발자에게 왜 글쓰기가 어렵냐고 묻자, "잘 써야 한다는 부담감 때문"이라고 대답했습니다. 잘 못 쓸까 봐 겁이 나서 글 쓰는 일 자체가 부담스러운 겁니다. 이런 상황에서 구조를 완벽하게 다잡은 후에 글을 쓰라는 조언은 좋지 않습니다.

사람이 머리에 저장할 수 있는 생각의 양은 유한합니다. 논리 구조를 완벽하게 다듬기 위해서는 모든 내용을 머릿속에서 처리하기보다는 종이에 스케치하며 구조를 만들어갈 수밖에 없습니다. 종이에 쓸 내용을 끄적이다 보면 생각지도 못한 문제를 발견하기도 합니다.

그러니 이 책을 읽는 여러분은 '일단 써놓고 나서 문제점을 다듬자'고 생각해도 괜찮습니다. 물론 생각나는 대로 쓴 글을 그대로 게시하라는 말은 아닙니다. 시작할 때는 자유롭게 쓰되 천천히 정리하면서 다듬으세요. 말과 달리 글은 얼마든지 고칠 수 있습니다. 비록 초안은 흐름이 맞지 않고 논리가 엉망이더라도, 마지막으로 완성한 글이 논리적이고 완결성 있는 글이 됐다면 그건 잘 쓴 글입니다. 처음부터 완벽하게 쓰려고 애쓰지 않아도 됩니다.

무엇을 쓸지 정하기

가람 씨가 꼬마 플랫폼에서 작동하는 샘플 프로그램을 하나 만들었습니다. 본래는 프로그램 소스 코드만 공개할 계획이었지만, 배포일이 다가올 즈음 어떤 목적으로 무엇을 어떻게 구현했는지 설명하는 문서를 함께 공개하기로 방침이 바뀌었습니다.

'공연 티켓 판매 샘플 프로그램 설명서'라는 제목만 쓰인 빈 종이를 앞에 두고 무엇부터 써야 할지 가람 씨의 입장이 되어 생각해봅시다. 빈 종이에 생각나는 대로 마구 쓰고 싶어도 정작 '무엇'을 쓸 것인지 정하기 전에는 그조차 쉽지 않을 겁니다.

먼저 '무슨 내용'을 '어떤 순서'로 쓸지를 정해야 합니다. 앞서 '도입부 쓰기'에서는 무작정 본론으로 들어가기보다는 문제 제시와 범위, 전체 구조를 명시해 어떤 내용을 다룰지 미리 알려주라고 했습니다. 이런 도입부는 독자의 준비운동이기도 하지만, 작성하는 사람의 준비운동이기도 합니다.

도입부 쓰기 원칙을 참고해 가람 씨가 쓸 샘플 프로그램 설명서를 다음처럼 구성할 수 있습니다.

- 문제 제시: 샘플 프로그램을 살펴봐야 하는 이유는 무엇일까? 샘플 프로그램을 보지 않으면 알아내기 어려운 정보는 무엇일까?
- 범위: 꼬마 플랫폼 기능 중에 샘플 프로그램이 다루는 기능은 무엇일까?
- 전체 구조: 글을 다 쓴 후에 결정

이번에는 미리 구조를 잡지 않고 다 쓴 후에 정리할 요량이니 '전체 구조'는 뒤로 미루고, '문제 제시'와 '범위'만 살펴봅시다.

샘플 프로그램을 만든 데는 분명 이유가 있었을 겁니다. 예를 들면, '꼬마 플랫폼용으로 프로그램을 만들고 싶은데 플랫폼과 연결하는 법을 모르겠다'거나 '꼬마 플랫폼에서 쿠폰을 발행하고 사용하는 법을 이해하기 어렵다'는 피드백이 있었을 수도 있습니다. 그렇다면 문제를 제시하는 일은 어렵지 않습니다.

- 샘플 프로그램 설명서 문제 제시: 꼬마 플랫폼에서 작동하는 프로그램을 만들어 플랫폼과 연결하는 방법을 설명한다. 샘플 프로그램이 무엇을 하는 것인지 설명하고, 시작하기 전에 준비해야 할 정보가 무엇인지 알려준 다음 쿠폰을 만들고 결제에 적용하는 방법을 안내한다.

이제 가람 씨는 '샘플 프로그램의 기본 실행법', '플랫폼과 연결하는 방법', '쿠폰 생성 방법', '결제 시 쿠폰 적용 방법'을 바탕으로 작성하면 된다는 것을 알았습니다. 이 내용을 참고해서 범위를 한정해봅시다.

- 샘플 프로그램 설명서 범위: 샘플 프로그램 플랫폼에 연결해 실행하는 방법, 쿠폰 생성 기능, 쿠폰 결제 기능

다룰 범위는 프로그램과 플랫폼을 연결해서 실행하는 법과 프로그램 구현 방법입니다. 구현 방법에서는 주요 기능인 쿠폰 다루기를 중심으로 설명하면 충분합니다. 샘플 프로그램을 작동하게 하는 일반적인 설정이나 소스 코드를 설명할 필요는 없습니다.

이제 내용과 범위가 정해졌으니 간단하게 목차를 만들어봅시다.

> 샘플 프로그램 설명서 목차
> 1. 샘플 프로그램 목적과 기능
> 2. 플랫폼 연결 및 실행 방법
> 3. 쿠폰 생성
> 4. 쿠폰 결제

지금은 목차가 완벽하지 않아도 되며, 범위로 정한 내용만 빠뜨리지 않으면 충분합니다.

글 쓰고 셀프 질문하기

이제 목차별로 내용에 맞게 글을 써봅시다. 우선 목적과 기능 소개, 실행 방법입니다.

> 1. 샘플 프로그램 목적과 기능
>
> 샘플 프로그램은 꼬마 플랫폼을 사용해 개발하는 방법을 알려주려고 만들었습니다. 공연 티켓을 판매하는 프로그램으로, 공연 좌석별 판매할 티켓을 미리 결정해야 합니다. 사용자는 미리 정한 공연의 티켓을 구매할 수 있고, 쿠폰을 적용해 결제할 수 있습니다.
>
> 2. 플랫폼 연결 및 실행 방법
>
> 샘플 프로그램을 다운로드한 다음 압축을 풉니다. performance.json 파일에 공연 정보

를 입력합니다. 그다음 `kkoma-sample init -p performance.json`이라고 입력합니다. 공연 정보는 JSON 형태로 입력하며, 형태는 다음과 같습니다.

```json
{
    "performance": "My performance",
    "datetime": "2025-12-31 20:00:00",
    "venue": "My place",
    "tickets": [{
        "location": "C10",
        "price": "100,000"
    }, {
        "location": "G10",
        "price": "80,000"
    }]
}
```

꼬마 플랫폼에 가입해서 받은 서비스 ID를 설정 파일에 입력합니다. 설정 파일은 kkoma.config이고, 가입 ID는 `service-id`에 입력합니다. 설정 파일 `data`에 공연 정보를 입력해도 됩니다. 설정 파일 `no-coupon`을 `true`로 설정하면 쿠폰 기능 없이 실행할 수 있습니다.

`kkoma-sample run`을 입력하면 샘플 프로그램이 실행되며, 이때 서비스 ID를 이용해 자동으로 꼬마 플랫폼에 가입한 서비스와 연결됩니다. http://localhost:8080으로 접속해서 티켓을 구매할 수 있습니다.

내용이나 표현이 완벽할 필요는 없습니다. '프로그램을 소개하고 실행하려면 무엇을 해야 하나?'라는 질문에 대답하는 수준이면 됩니다. 샘플 프로그램의 목적(꼬마 플랫폼에서 개발하는 방법)과 기능(공연 티켓 판매, 쿠폰 사용)을 전부 설명했고, 실행 방법(다운로드, 공연 정보 입력, 설정 파일 변경, 실행 후 테스트)도 알려줬으니 필요한 내용을 전부 포함한 셈입니다.

아는 내용을 다 썼다면 글의 '완결성'을 검토해봅시다. 독자의 입장에서 작성한 글을 읽고 질문해보는 겁니다.

- 미리 결정할 티켓이란 뭘 말하는 걸까? 좌석 번호? 시간? 가격?

- 샘플 프로그램 기능은 공연 티켓 구매와 쿠폰 사용뿐일까?
- 제목은 플랫폼 연결 및 실행 방법인데 왜 샘플 프로그램을 다운로드하라고 하지?
- 샘플 프로그램은 어디서 다운로드하지?
- 플랫폼 가입은 어떻게 하지? 어디서 서비스 ID를 확인하지?
- 서비스 ID는 왜 입력하지?
- 실행한 후에 뭘 누르면 티켓을 구매할 수 있지?

하나하나 질문하면 빠뜨린 정보가 생각날 겁니다. 그걸 다시 보충해봅시다. 굵은 글씨로 쓴 부분입니다.

1. 샘플 프로그램 목적과 기능

샘플 프로그램은 꼬마 플랫폼을 사용해 개발하는 방법을 알려주려고 만들었습니다. 공연 티켓을 판매하는 프로그램으로, 공연 좌석별 판매할 티켓(**공연 이름, 공연 일시, 위치, 좌석 번호, 가격**)을 미리 결정해야 합니다. 사용자는 미리 정한 공연의 티켓을 구매할 수 있고, 쿠폰을 적용해 결제할 수 있습니다. **구매 정보를 조회할 수도 있습니다.**

2. 플랫폼 연결 및 실행 방법

샘플 프로그램을 플랫폼과 연결해서 실행할 수 있습니다. 그러려면 우선 샘플 프로그램을 다운로드하고 설정해야 합니다.

https://my-kkoma-platform.co.kr/download/sample에서 샘플 프로그램을 다운로드한 다음 압축을 풉니다. performance.json 파일에 공연 정보를 입력합니다. 그다음 `kkoma-sample init -p performance.json`이라고 입력합니다. 공연 정보는 JSON 형태로 입력하는데 형태는 다음과 같습니다.

(…)

꼬마 플랫폼에 샘플 프로그램을 연결하기 위해 꼬마 플랫폼에 가입해서 받은 서비스 ID를 설정 파일에 입력합니다. **플랫폼 가입 방법과 서비스 ID 확인 방법은 고객센터로 문의하세요.** 설정 파일은 kkoma.config이고, 가입 ID는 `service-id`에 입력합니다. 설정 파일의 data에 공연 정보를 입력해도 됩니다. 설정 파일 `no-coupon`을 `true`로 설정하면 쿠폰 기능 없이 실행할 수 있습니다.

`kkoma-sample run`을 입력하면 샘플 프로그램이 실행됩니다. http://localhost:8080 으로 접속한 후 화면에 나타난 목록 중에 원하는 좌석을 선택하고 '구매' 버튼을 누르면 샘플 프로그램을 테스트할 수 있습니다. 화면 위쪽에 있는 '구매 정보' 버튼을 누르면 어떤 티켓을 구매했는지 볼 수 있습니다.

문서를 작성하다 보니 설정 파일에 입력할 수 있는 다른 항목이 떠올랐다고 칩시다. 그 내용이 '소개' 부분에 들어가는 게 맞는지 확신이 없더라도 일단 생각난 곳에 적으세요.

설정 파일은 kkoma.config이고, 가입 ID는 `service-id`에 입력합니다. 설정 파일의 `data`에 공연 정보를 입력해도 됩니다. 설정 파일 `no-coupon`을 `true`로 설정하면 쿠폰 기능 없이 실행할 수 있습니다. **설정 파일에는 `inflating`과 `sold` 항목도 입력할 수 있습니다. `inflating`은 입력한 티켓 정보를 N배로 늘려줍니다. `sold`에는 이미 팔린 좌석 번호를 입력할 수 있습니다.**

이런 방식으로 다음 장도 계속 써내려갑니다.

3. 쿠폰 생성

쿠폰을 생성하려면 꼬마 플랫폼 CLI를 사용해야 합니다. 터미널에 `kkoma create coupon -d 10 -u p`라고 입력합니다.

목차에 맞춰 생각나는 내용을 쓰고 스스로 질문하며 보충하는 작업을 반복하면 금방 빈 종이를 채울 수 있습니다. 목차 순서대로 쓸 필요도 없습니다. 제일 잘 쓸 수 있을 것 같은 내용을 먼저 쓰고, 제일 쓰기 어려운 내용은 마지막에 써도 됩니다. 쓸 수 있는 만큼 다 쓴다는 것이 중요합니다.

지우고 옮기고

목차를 다 채웠다면, 이제 글을 다듬어야 합니다. 꽤 많은 개발자가 이 단계를 건너뛴 채 글을 완성했다고 생각합니다. 하지만 지금까지 쓴 것은 초안일 뿐, '완결성'을 갖춘 완성본이 아닙니다. 이 단계를 거쳐야 비로소 제대로 된 글이 됩니다. 생각나는 대로 써 내려간 것은 지금 단계에 도달하기 위한 준비 작업일 뿐입니다.

생각나는 대로 썼기 때문에 불필요한 내용이 있거나 꼭 있어야 할 내용이 없을 수도 있습니다. 그래도 '생각나는 것은 모두 쓰라'는 주문 덕분에 있어야 할 내용이 빠지기보다는 없어야 할 내용이 있을 확률이 높습니다. 이제부터는 '없어야 할 내용'을 지워 술술 읽을 수 있도록 흐름을 다잡아봅시다.

초안은 다음과 같습니다.

공연 티켓 판매 샘플 프로그램 설명서

1. 샘플 프로그램 목적과 기능

샘플 프로그램은 꼬마 플랫폼을 사용해 개발하는 방법을 알려주려고 만들었습니다. 공연 티켓을 판매하는 프로그램으로, 공연 좌석별 판매할 티켓(공연 이름, 공연 일시, 위치, 좌석 번호, 가격)을 미리 결정해야 합니다. 사용자는 미리 정한 공연의 티켓을 구매할 수 있고, 쿠폰을 적용해 결제할 수 있습니다. 구매 정보를 조회할 수도 있습니다.

2. 플랫폼 연결 및 실행 방법

샘플 프로그램을 플랫폼과 연결해서 실행할 수 있습니다. 그러려면 우선 샘플 프로그램을 다운로드하고 설정해야 합니다.

https://my-kkoma-platform.co.kr/download/sample 에서 샘플 프로그램을 다운로드한 다음 압축을 풉니다. performance.json 파일에 공연 정보를 입력합니다. 그다음 터미널에 `kkoma-sample init -p performance.json`이라고 입력합니다. 공연 정보는 JSON 형태로 입력하는데 형태는 다음과 같습니다.

```
{
    "performance": "My performance",
    "datetime": "2025-12-31 20:00:00",
    "venue": "My place",
    "tickets": [{
        "location": "C10",
        "price": "100,000"
    }, {
        "location": "G10",
        "price": "80,000"
    }]
}
```

꼬마 플랫폼에 샘플 프로그램을 연결하기 위해 꼬마 플랫폼에 가입해서 받은 서비스 ID를 설정 파일에 입력합니다. 플랫폼 가입 방법과 서비스 ID 확인 방법은 고객센터로 문의하세요. 설정 파일은 kkoma.config이고, 가입 ID는 `service-id`에 입력합니다. 설정 파일의 `data`에 공연 정보를 입력해도 됩니다. 설정 파일 `no-coupon`을 `true`로 설정하면 쿠폰 기능 없이 실행할 수 있습니다. 설정 파일에는 `inflating`과 `sold` 항목도 입력할 수 있습니다. `inflating`은 입력한 티켓 정보를 N배로 늘려줍니다. `sold`에는 이미 팔린 좌석 번호를 입력할 수 있습니다.

`kkoma-sample run`을 입력하면 샘플 프로그램이 실행됩니다. http://localhost:8080으로 접속한 후 화면에 나타난 목록 중에 원하는 좌석을 선택하고 '구매' 버튼을 누르면 샘플 프로그램을 테스트할 수 있습니다. 화면 위쪽에 있는 '구매 정보' 버튼을 누르면 어떤 티켓을 구매했는지 볼 수 있습니다.

3. 쿠폰 생성

쿠폰을 생성하려면 꼬마 플랫폼 CLI를 사용해야 합니다. 다운로드한 다음 터미널에 `kkoma create coupon -d 10 -u p`라고 입력합니다.

이제 글을 다시 읽어보며 흐름을 파악하고, 흐름을 방해하는 내용이 있는지 찾아봅시다. '흐름'이란 앞뒤 문장이 서로 밀접하게 관계를 맺어 읽는 동안 머릿속 생각이 끊이지 않게 만들어주는 무언가를 말합니다. 즉 '뜬금포'가 없어야 한다는 뜻이죠. 이를 위해서는 지금 읽는 문장이 앞서 쓴 문장과 잘 맞아떨어지는지 봐야 합니다.

다음의 예시처럼 구절 하나하나가 어떤 의미를 담았는지 정리해보는 것이 좋습니다.

1	샘플 프로그램은 꼬마 플랫폼을 사용해 개발하는 방법을 알려주려고 만들었습니다.	소개, 목적
2	공연 티켓을 판매하는 프로그램으로,	소개
3	공연 좌석별 판매할 티켓(공연 이름, 공연 일시, 위치, 좌석 번호, 가격)을 미리 결정해야 합니다.	준비
4	사용자는 미리 정한 공연의 티켓을 구매할 수 있고	제공 기능
5	쿠폰을 적용해 결제할 수 있습니다.	제공 기능
6	구매 정보를 조회할 수도 있습니다.	제공 기능

우선 공연 정보 형식이 나오기 전까지의 내용을 분석하고, 흐름에서 벗어난 구절을 음영으로 표시했습니다. 왜 흐름에서 벗어났다고 판단했을까요? 다시 흐름을 맞추려면 어떻게 해야 할까요?

3번은 샘플 프로그램의 목적과 기능을 설명하는 문장 사이에서 갑자기 준비에 필요한 작업을 이야기합니다. 프로그램이 무엇인지 소개할 때부터 어떤 작업을 해야 하는지 알려줄 필요는 없습니다. 따라서 3번 문장은 '준비 작업'을 다루는 '플랫폼 연결 및 실행 방법'으로 옮깁시다. 6번은 제공 기능이기는 하지만, 처음 정한 문서의 '범위'에서 벗어나므로 지우는 편이 좋습니다.

이제 '플랫폼 연결 및 실행 방법'의 내용을 분석하겠습니다. 이동하기로 한 3번 내용을 포함하면서 흐름에 따라 표현을 약간 바꿨습니다. 바꾼 부분은 굵은 글씨와 밑줄로 표시했습니다.

7	샘플 프로그램을 플랫폼과 연결해서 실행할 수 있습니다. 그러려면 우선 샘플 프로그램을 다운로드하고 설정해야 합니다.	사용법: 준비
8	https://my-kkoma-platform.co.kr/download/sample에서 샘플 프로그램을 다운로드한 다음 압축을 풉니다.	사용법: 준비
(1장에서 가져옴)	**실행하기 전에** 판매할 공연 좌석별 티켓(공연 이름, 공연 일시, 위치, 좌석 번호, 가격)을 미리 결정해야 합니다.	사용법: 준비
9	performance.json 파일에 공연 정보를 입력합니다.	사용법: 준비
10	그다음 터미널에 kkoma-sample init -p performance.json이라고 입력합니다.	사용법: 실행
11	공연 정보는 JSON 형태로 입력하는데 형태는 다음과 같습니다.	사용법: 준비

음영으로 표시한 10번은 공연 정보를 준비하는 작업을 설명하는 와중에 갑자기 실행 명령어를 알려줍니다. 공연 정보를 다룬다는 점에서는 앞뒤 문장과 결이 같지만, 앞뒤 문장은 준비 방법을 설명하고 10번 문장은 실행 방법을 알려줍니다. 사고의 흐름이 끊기겠죠. 10번은 공연 정보를 설정하고 난 뒤 샘플 프로그램을 실행하는 법을 다룰 때 한꺼번에 알려주도록 합시다.

다음은 '플랫폼 연결 및 실행 방법'의 나머지 내용을 분석한 결과입니다. 흐름에서 벗어난 항목을 일부러 표시하지 않았으니 여러분이 표시해보세요.

12	설정 파일에는 꼬마 플랫폼에 가입해서 받은 서비스 ID를 입력합니다.	사용법: 설정
13	플랫폼 가입 방법과 서비스 ID 확인 방법은 고객센터로 문의하세요.	문의 방법
14	설정 파일은 kkoma.config이고,	사용법: 설정
15	가입 ID는 service-id에 입력합니다.	사용법: 설정
16	설정 파일의 data에 공연 정보를 입력해도 됩니다.	사용법: 설정(선택 입력)
17	설정 파일 no-coupon을 true로 설정하면 쿠폰 기능 없이 실행할 수 있습니다.	사용법: 설정(선택 입력)
18	설정 파일에는 inflating과 sold 항목도 입력할 수 있습니다. inflating은 입력한 티켓 정보를 N배로 늘려줍니다. sold에는 이미 팔린 좌석 번호를 입력할 수 있습니다.	사용법: 설정(선택 입력)
(앞부분에서 가져옴)	공연 정보를 입력했다면, kkoma-sample init -p performance.json 명령을 입력해 프로그램을 초기화하세요.	사용법: 실행
19	kkoma-sample run을 입력하면 샘플 프로그램이 실행됩니다.	사용법: 실행
20	http://localhost:8080으로 접속한 후 화면에 나타난 목록 중에 원하는 좌석을 선택하고 '구매' 버튼을 누르면 샘플 프로그램을 테스트할 수 있습니다.	사용법: 테스트
21	화면 위쪽에 있는 '구매 정보' 버튼을 누르면 어떤 티켓을 구매했는지 볼 수 있습니다.	사용법: 테스트

어떤 문장이 흐름에 어긋나는지 보이나요?

프로그램을 플랫폼에 연결해 테스트하는 내용으로, 기본 설정 파일 작성법과 실행 명령어를 주로 다루고 있습니다. 흐름을 봤을 때 13번과 16~18번이 어색합니다. 그리고 플랫폼 가입과 ID 신청법을 문의하라는 13번은 내용만 보면 흐름에서 완전히 벗어났지만, 삭제하기에는 아쉽습니다. 가입한 지 오래된 독자는 설정 파일에 입력할 서비스 ID를 어디서 찾아야 하는지 모를 수도 있으니까요. 그런 독자를 위해 꼭 넣고 싶다면 '이 정보는 흐름과는 무관하지만 혹시 모르니 참고하라'는 의미로 '팁'과 같은 강조 문구로 만드세요. 강조 문구는 글 상자로 만들거나 배경색을 넣는 등 본문과 구분하면 됩니다.

다음은 13번을 글 상자로 만든 예시입니다.

> **TIP** 플랫폼 가입 방법과 서비스 ID 확인 방법은 고객센터로 문의하세요.

16~18번은 설정 파일에서 설정하지 않아도 되는 항목을 소개합니다. 설정 파일을 설명하는 중이니 흐름에 맞다고 생각할 수도 있지만, 제목이 '플랫폼 연결 및 실행 방법'인 만큼 연결이나 실행과 무관한 설정까지 설명하면 흐름이 깨지고 주제가 모호해집니다. 서비스 ID는 플랫폼과 연결할 때 꼭 필요한 정보이지만, 공연 정보나 판매 완료 항목은 샘플 프로그램에서만 사용하는 정보이므로 여기서 설명할 이유가 없습니다.

'앞에서 생각나는 대로 다 쓰라고 해서 일부러 넣었는데 또 빼라고? 괜히 헛수고했잖아!'라고 생각할 수도 있습니다. 하지만 일단 머릿속에 있던 정보를 다 써놓으면 필요한 정보를 빠뜨릴 확률이 줄어듭니다. 16~18번은 '플랫폼 연결 및 실행 방법'이 아니라 '샘플 프로그램 설정'을 설명할 때 필요한 내용입니다. 만약 고객사에서 상세한 설정 방법도 알려달라고 한다면, '샘플 프로그램 설정'이라는 제목을 덧붙이고 16~18번 내용을 넣으면 됩니다. 또는 쿠폰 구현 방법을 설명할 때 쿠폰 사용 여부 설정(17번)을 언급할 수도 있습니다.

지우고 옮기다 보면 다음처럼 흐름이 어색하지 않은 글이 완성됩니다.

공연 티켓 판매 샘플 프로그램 설명서

1. 샘플 프로그램 목적과 기능

샘플 프로그램은 Kkoma 플랫폼을 사용해 개발하는 방법을 알려주려고 만든 **프로그램**입니다. 공연 티켓을 판매하는 **프로그램**으로, 사용자는 **프로그램을 이용해** 공연 티켓을 구매할 수 있습니다. 이때 쿠폰을 적용할 수 있습니다.

2. 플랫폼 연결 및 실행 방법

샘플 프로그램을 플랫폼과 연결해서 실행할 수 있습니다. 그러려면 우선 샘플 프로그램을 다운로드하고 **설정해야** 합니다.

https://my-kkoma-platform.co.kr/download/sample에서 샘플 프로그램을 다운로드한 다음 압축을 **풉니다**. 실행하기 전에 공연 좌석별 판매할 티켓(공연 이름, 공연 일시,

위치, 좌석 번호, 가격)을 미리 결정해야 합니다. performance.json 파일에 공연 정보를 **입력합니다.** 공연 정보는 JSON **형태로 입력하는데 형태는** 다음과 같습니다.

> **TIP** 공연 정보는 설정 파일(kkoma.config)의 data 항목에 설정할 수도 있습니다.

(…)

Kkoma 플랫폼에 샘플 프로그램을 연결하기 위해 Kkoma 플랫폼에 가입해서 받은 서비스 ID를 설정 파일에 **입력합니다.**

> **TIP** 플랫폼 가입 방법과 서비스 ID 확인 방법은 고객센터로 문의하세요.

설정 파일은 kkoma.config이고, 가입 ID는 `service-id`에 입력합니다.

공연 정보를 입력했다면, `kkoma-sample init -p performance.json` 명령을 입력해 프로그램을 초기화하세요. **kkoma-sample run을 입력하면** 샘플 프로그램이 **실행됩니다.** http://localhost:8080으로 접속한 후 화면에 나타난 목록 중에 원하는 좌석을 선택하고 '구매' 버튼을 누르면 **샘플 프로그램을** 테스트할 수 있습니다. 화면 위쪽에 있는 '구매 정보' 버튼을 누르면 **어떤 티켓을 구매했는지 볼 수 있습니다.**

3. 쿠폰 생성

쿠폰을 생성하려면 Kkoma 플랫폼 **CLI를 사용해야 합니다.** `kkoma create coupon -d 10 -u p`라고 **입력**합니다.

(…)

4. 쿠폰 결제

> **TIP** 설정 파일의 `no-coupon`을 `true`로 설정하면 쿠폰 기능 없이 실행할 수 있습니다.

(…)

5. 부록 설정하기

설정 파일에는 inflating과 sold 항목도 입력할 수 있습니다. inflating은 입력한 티켓 정보를 N배로 늘려줍니다. sold에는 이미 팔린 좌석 번호를 입력할 수 있습니다.

필요한 정보는 꼭 언급하고 필요 없는 정보는 과감히 삭제한 글입니다. 이처럼 생각나는 대로 쓴 뒤 지우고 고치는 방식은 글쓰기에 자신이 없거나 글을 시작하기 어려울 때 추천하는 방법입니다.

이것으로 끝이 아닙니다. 예시에 일부러 고쳐볼 만한 표현이나 내용을 남겼습니다. 다른 절에서 설명한 기법을 활용해 하나씩 고쳐보세요. 고쳐야 한다고 생각하는 부분은 사람마다 다르겠지만, 힌트가 되도록 예시에 굵은 글씨로 표시했습니다.

몇 번이나 강조해도 부족하지만 글쓰기는 연습이 중요합니다. 힌트를 참고해 내용을 직접 고치면서 실전 감각을 익히시기 바랍니다.

우리말로 글쓰기

해외에서 〈고향의 봄〉을 들어본 경험이 있나요? 국내에서 들을 때와는 사뭇 다른 감동이 밀려옵니다. 평소에는 인지하지 못했던 애국심이 파도처럼 몰려오죠. "짝짝 짝 짝 짝!" 소리만 들어도 바로 "대~한민국!"이 입에서 튀어나옵니다. 외국인이 한국을 폄훼하면 발끈합니다.

이렇게 나라 사랑하는 마음으로 꽉 찬 우리인데, 왜 유독 우리나라 말은 애써 지키려고 하지 않는 걸까요? 일본어 잔재라면 어떻게든 지우려고, 다른 표현을 쓰자고 하면서 왜 영어에는 관대한 걸까요? 세종대왕을 칭송하며 세종대왕이 창제한 한글은 사랑한다고 말하면서도, 왜 글에서는 알파벳이 난무할까요?

다크한 무대

딜리셔스한 맛

러블리하게 사랑스럽다

광고를 보던 중, 그리고 듣던 중 제 눈과 귀를 의심했습니다. 이런 문구('카피'라고 썼다가 잽싸게 한국어로 바꿨습니다)를 만들어낸 분들이 '다크', '딜리셔스', '러블리'가 한국어로 어떤 뜻인지 모르는 건 아닐 겁니다.

한때는 아파트 이름에 영어가 들어가는 이유가 '시어머니가 못 찾아오게 하려는 것'이라는 농담도 있었습니다. 그런데 이제는 한국어와 영어를 섞은 국적불명의 이름이 도처에 넘쳐납니다. (이쯤 되니 지도 서비스나 등기소 쪽 개발자라면 건물 이름 최대 길이를 넉넉하게 확보해둬야 할지도 모르겠다는 생각이 듭니다.) 음식점 메뉴판까지 영어로 표시하는 곳이 등장했고, 이를 두고 언론이나 SNS에서도 우려의 목소리가 이어지고 있습니다.

왜 영어에는 이렇게 관대할까요? 지금의 상태를 그대로 둬도 괜찮은가요?

이 책을 쓰기로 한 후 우연히 〈말모이〉란 영화를 봤습니다. 우리말이 금지되어 사라질 위기에 놓였던 1940년대, 평범한 시민들이 우리말을 지켜내기 위해 우리말을 모아 사전을 만드는 이야기입니다. (아직 보지 않았다면 강력히 추천합니다. 2018년 10월 10일 한글날 특집으로 방영된 〈어쩌다 어른〉 154화도 함께 추천합니다.) 우리 선조가 피땀 흘려 남긴 아름다운 우리말을 우리 후손에게 남기시겠습니까? 아니면 영어가 섞인 국적불명의 언어를 유산으로 남기시겠습니까? 이대로 정말 괜찮나요? 정말요?

업계 특성상 한국어가 아닌 영어에서 탄생한 단어들을 사용하는 일이 잦아서라는 점은 이해합니다. IT 업계는 야구와도 비슷합니다. 두 분야 모두 외국에서 들어왔고, 관련 전문용어 역시 외국어이며 새로운 표현도 계속해서 외국에서 만들어지고 있습니다.

예를 들어 2024년부터 도입한다는 이야기로 말이 많았던 투수가 투구 동작을 준비하고 타자가 타격 준비를 완료해야 하는 시간을 제한하는 규칙이라는 의미의 '피치클락 pitch clock'은 이전엔 우리나라 야구에 없던 표현이었기 때문에 한국어로 바꾸지 않고 그대로 사용합니다. 심지어 '삼진'이란 말도 일본식 야구 용어라고 합니다. 우리나라가 야구 종주국이 아닌 탓에 자연스럽게 외국에서 생긴 표현을 그대로 사용하는 것이죠.

《스포츠 한국》[1]에 실린 기사를 보면 "초창기에 사용된 야구 규칙집의 경우도 일본야구 규칙을 번역해 만들어졌기에 자연스레 일본식 용어가 많이 사용됐다"고 합니다. 우리말과 한글을 써온 시간에 비해 IT 업계가 본격적으로 하나의 산업으로 자리한 지 얼마되지 않았음에도 영어 표현이 넘쳐나는 이유는 결국 야구와 다르지 않다고 생각합니다.

쉬어가기 지금 무슨 말을 하고 있는지 아나요?

참 신기한 일입니다. 단 한 사람만 올바르지 않은 표현을 쓰기 시작해도, 그 표현은 놀랍도록 빠르게 퍼져 나갑니다. 요즘처럼 인터넷으로 모두가 연결된 세상에서는 그 속도가 더더욱 빠릅니다. 언론이나 방송을 한 번만 타도 더 빨리 더 넓게 퍼집니다.

주식에서 사용하는 표현인 '손절'만 봐도 알 수 있습니다. '손절'이라는 표현이 이미 많이 퍼져서 주식의 '주'자도 모르는 사람들이 '손절'을 압니다. 이제는 변질된 의미로 사용하는 수준에 이르렀습니다. '절연'했다든지 '절교'했다는 표현 대신 '손절'이란 표현을 남발합니다. 심지어 손절(損切)이 아닌 손절(손切)이라는 '손을 끊다'라는 의미로 변질된 신조어라는 해석도 봤습니다.

과연 친구와 손절했다고 말하는 사람 중에 본인이 말하는 손이 손(損)인지 손(手)인지 인지하고 쓰는 사람이 있을까요? 애초에 그 차이를 아는 사람이면 '절연'이나 '절교'라는 표현을 썼을 겁니다. 의미를 모르고 쓰기 때문에 맥락상 '익절(益切)'이 더 적합한 상황에서도 '손절'을 남발합니다.

말을 할 때나 글을 쓸 때는 내가 무슨 말을 하는지 정확히 알고 사용해야 합니다.

해당 기사에서는 이어서 "딱히 외국어를 사용하지 않아도 되는 표현마저 예전부터 계속 쓰여졌다는 이유 하나로 무분별하게 사용되는 경우가 많았다"고 지적합니다. 우리 업계도 비슷합니다. 굳이 외국어를 사용하지 않아도 되는 상황인데도 무작정 외국어 표현을 사용하는 사례를 자주 봅니다.

회사에서도 '국적을 알 수 없는' 표현들 때문에 당혹스러울 때가 종종 있습니다. 아무래도 다양한 국가에 있는 직원들과 소통해야 하다 보니 사내 메신저에 번역봇을 추가해

---

[1] https://sports.hankooki.com/news/articleView.html?idxno=6324293

사용하는 경우가 많습니다. 그런데 번역이 잘되라고 외래어나 외국어를 전부 알파벳으로 적는 경우도 있습니다. 예를 들어 '제가 마지막으로 check했을 때는 issue가 없었습니다' 같은 메시지도 종종 봅니다.

일본에서 사용하는 표현을 그대로 한국어처럼 사용하는 경우도 있습니다. 우리는 통역사를 '섭외'한다고 하지만, 일본에서는 '手配(수배)'한다는 표현을 사용합니다. 그런데 상대방을 배려한다고 '통역사는 제가 수배하겠습니다' 같은 메시지를 실제로 볼 때가 있습니다. 동시통역을 하는 경우에도 일본어 표현을 그대로 음차해 전달하기도 합니다. 한국어를 듣긴 듣는데, 의미는 전혀 이해하지 못합니다. 문제는 이런 국적을 알 수 없는 표현들이 소리소문 없이 조용히 직원들에게 잠식한다는 점입니다.

허구연 KBO 총재(당시 야구용어위원회 위원장)는 "야구라는 스포츠가 우리 국민 생활 속에 파고 들었기에 더더욱 정화해야 할 필요가 있었다"라고 이야기하며, "국제대회에 나가면 의사소통이 제대로 되지 않았다. (…) 예전에 사용됐던 포볼, 데드볼, 헤드 슬라이딩 등과 같은 일본식 표현은 이제 많이 사라졌다"라고 했습니다.[2] '포볼'이나 '데드볼', '헤드 슬라이딩'은 영어처럼 보이지만 실제로는 일본식 표현이라고 합니다. 국제대회에서 이런 표현을 아무리 외쳐도 상대방은 이해할 수 없을 수밖에요.

IT 업계도 마찬가지입니다. 'R&R'은 회사에서 정말 흔히 쓰는 말입니다. 하지만 영어권에서는 생소한 표현이라고 합니다. '아레나'를 이야기하는 줄 알았다는 '웃픈(우스우면서 슬프다)' 간증들도 가끔 보입니다. 정작 영어 원어민도 이해 못할 영어를 우리는 왜 섞어 쓰고 있는 걸까요?

충분히 한국어로 표현할 수 있음에도 영단어를 사용하는 경우는 정말 많습니다. 게다가 알파벳이 아닌 음차로 표현할 수 있는 단어도 알파벳으로 적는 사례도 매우 자주 만납니다. 일례로 '토큰'이란 말은 표준국어사전에도 등재된 단어입니다. 사전 속 정의와 IT 업계에서 사용하는 의미가 살짝 다를지언정 큰 맥락으로 보면 같습니다. 하지만 다

---

2 https://sports.hankooki.com/news/articleView.html?idxno=6324293

음과 같이 알파벳으로 쓴 문장을 정말 많이 봅니다.

A에 접근하려면 access token이 필요합니다. Access token은 B 서버가 issue합니다.

다음은 실제 업무 중 마주친 국적불명의 표현들과 한국어로 순화해본 예시입니다(표 17-1). 영어가 뒤섞인 표현 외에도 일본어 문법의 영향을 받아 불필요하게 '의'를 사용하는 부자연스럽게 표현도 포함했습니다. 충분히 한국어로 풀어서 자연스럽게 작성할 수 있는 내용들입니다.

표 17-1 업무 중 국적불명인 표현들

업무에서 만난 국적불명인 표현	한국어로 풀어쓴 표현
체인지를 업데이트해서	변경 사항을 반영해서
서버를 콜해서	서버를 호출해서
오케이하게, 나이스하게	잘
액세스 퍼미션을	접근 권한을
Token을 issue해서	토큰을 발급해서
조직의 얼라인	조직을 조정, 조직 내 조율
빠른 배포로 'Minor update'의 대응	빠르게 마이너 업데이트를 배포하여 대응
OOO service와 Model Engine의 독립 배포	OOO 서비스와 모델 엔진을 각각 배포
Data scientist와 Engineer 간 Communication cost 절감	데이터 사이언티스트와 엔지니어 간 소통 비용 절감, 데이터 사이언티스트와 개발자 간 소통 비용 절감

음차 표기할 수 있는 외국어와 외래어는 한글로 씁시다

충분히 한글로 쓸 수 있는 단어를 굳이 알파벳으로 쓰면 한/영을 전환하는 번거로움이 생기고, 읽는 사람은 머릿속에서 두 언어를 오가며 소화하는 수고가 듭니다. '토큰'이나 '리스트', '서비스', '스크럼', '애자일'처럼 충분히 한글로 표기할 수 있는 단어는 한글로 작성해주세요.

'프로젝트'나 '버그', '팀', '디버깅'처럼 이미 우리나라 말에 정착한 단어는 외래어(외국에서 들어온 말로, 국어에서 널리 쓰이는 단어)로, 표준국어대사전에도 등재돼 있습니다. 외래어는 당연히 한글로 표기할 수 있습니다. 사전에 정의된 외래어 뜻이 우리가 업무에서 사용하는 뜻과 다르더라도, 표기법 자체는 충분히 참고할 수 있습니다. 표준국어대사전에 등록되지 않은 외국어(다른 나라의 말)라면 국립국어원이 제공하는 외래어 표기법[3]에 따라 작성하세요.

국립국어원을 들락날락해본 경험이 있다면 우리말샘[4]이라는 사전도 눈에 띄었을 겁니다(그림 17-7).

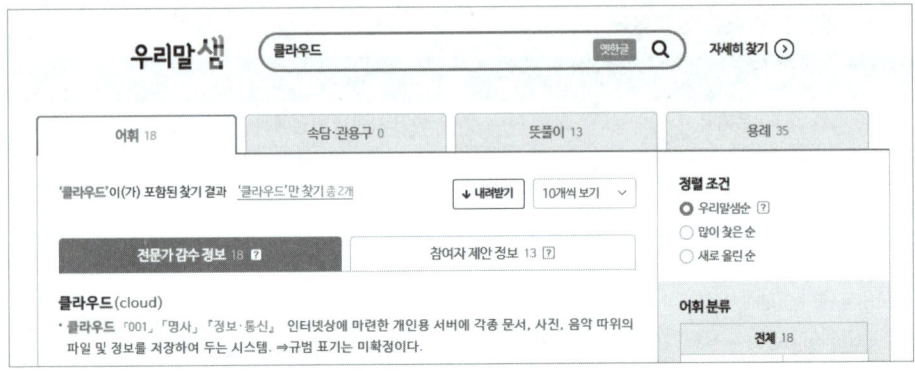

그림 17-7 표준국어대사전에는 수록되지 않은 단어가 많이 등록된 우리말샘

"함께 만들고 모두 누리는 우리말 사전"이라는 정체성 때문에 공신력이 있다고 단언하긴 어렵지만, [전문가 감수 정보]로 분류된 항목은 참고할 만합니다.

국립국어원은 '온용어'[5]라는 사이트를 운영 중입니다(그림 17-8).

3　https://www.korean.go.kr/front/page/pageView.do?page_id=P000104
4　https://opendict.korean.go.kr/
5　https://kli.korean.go.kr/term

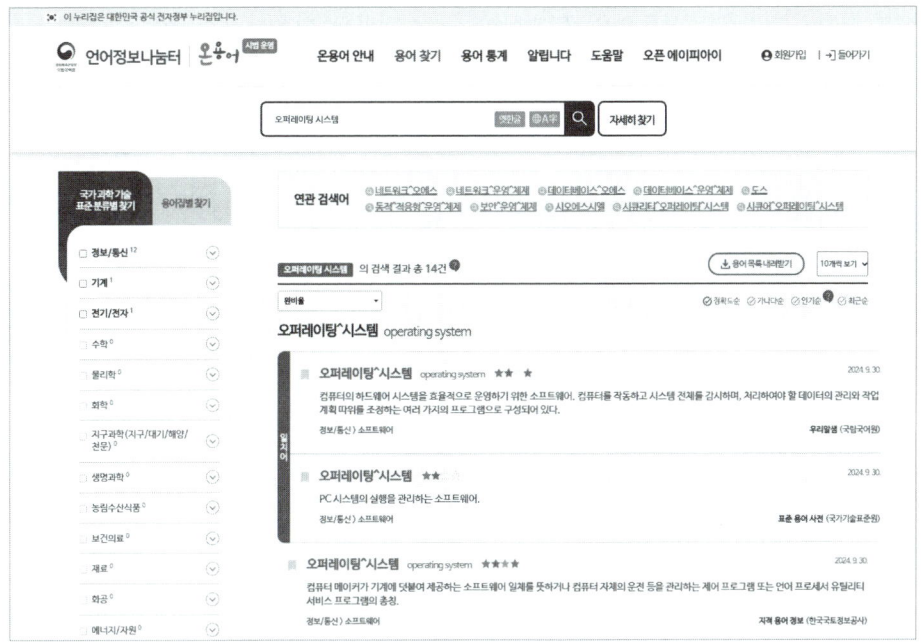

그림 17-8 국립국어원에서 운영하는 온용어

우리말샘 같은 여러 용어집을 토대로 국가 과학 기술 표준 분류별로 전문용어의 정의를 제공합니다. 우리말로 쓸 때 어떻게 써야 하는지, 어디서 띄어쓰는지 등을 참고할 수 있습니다.

선택한 표기법은 문서 내에서 일관되게 사용하세요

문서를 쓸 때 알파벳으로 표기하기로 한 단어가 있다면 그 문서 내에서는 해당 단어가 나올 때마다 항상 알파벳으로 표기하세요. 즉 아이디를 'ID'로 쓰기로 했다면 문서가 끝날 때까지는 '아이디'가 아닌 'ID'로 작성하세요.

특히 여러 명이 함께 문서를 작성할 때는 팀 내에서 어떻게 표기하겠다고 사전에 협의하는 것이 좋습니다. 외래어 표기법에 따르면 'solution'을 '설루션'으로 표기해야 하지만, 팀에서 '솔루션'으로 하겠다고 결정하면 문서에 등장하는 'solution'은 전부 '솔루션'으로 표기해야 합니다. 나는 원칙주의자라고 해서 나만 '설루션'으로 쓰지는 마세요. 반대도 마찬가지입니다. '설루션은 좀 이상한데?' 싶더라도 '설루션'으로 쓰기로 정했다면 그대로 따르세요.

저도 일하면서 종종 동의하지 않는 표기 규칙을 따르게 되는 경우도 있지만, 사실 '설루션'이든 '솔루션'이든 우리 솔루션에 미치는 영향은 없지 않겠습니까?

우리말로 쓸 수 있다면 우리말로 쓰세요

가끔은 너무 익숙하고, 너무 깊숙이 자리를 잡은 단어들이라 이제 와서 영어를 우리말로 바꿔 표기하는 것이 어렵게 느껴질 수 있습니다. 우리가 현업에서 쓰는 말이 영어에 젖어들 수는 있어도, 절여지지는 않기를 바랍니다.

충분히 우리말로 표현할 수 있는 단어라면 우리말로 쓰고, 우리글로 적을 수 있는 외래어라면 우리글로 써야 합니다. 우리말로 할 수 있는 말을 우리말로 쓰자라는 것은 너무나도 당연한 이야기입니다. 왜 꼭 우리말로 써야 하느냐고 묻는다면, 오히려 왜 꼭 그러지 않아야 하는지, 왜 꼭 영어로 써야 하는지 되묻고 싶습니다. 우리가 일상에서 우리말을 지키고자 애쓴 사람들로 기억되기를 바랍니다.

특히 사외 대상 문서라면 더 신경 써서 작성하세요. 사외 문서는 내가 몸담은 회사의 얼굴입니다. 사람의 언행으로 사람을 평가하듯이, 회사가 외부에 공개하는 문서로 회사가 평가됩니다. 얼마 전 한 기사를 보고 화들짝 놀랐습니다. 국가대표팀을 맡았던 외국인 감독이 한국 선수 사이에서 있었던 안 좋은 일을 외국에서 떠벌렸다는 내용이었습니다. 그런데 기사 제목에 '무한 디스'를 한다는 표현을 썼습니다. 기자 어휘력에 아쉬움이 컸고, 이런 표현까지 기사에서도 허용되다니 마지막 방위선마저 우리 손으로 허물고 있는 듯한 씁쓸함을 느꼈습니다.

영어를 섞어 쓰면 소통이 더 효율적일 것이라는 막연한 믿음도 있는 듯합니다. 그러나 오히려 소통 비용이 증가할 수도 있습니다. '픽스해주세요'라는 말을 들으면 두 가지로 해석될 수 있습니다. 'fix'는 '고치다'라는 뜻도 있지만, '고정하다'라는 뜻도 있습니다. 우리말로 '수정해주세요'나 '확정해주세요'라고 하면 한 번에 정확히 이해할 수 있습니다.

그런데 말입니다, 아무래도 영어로 쓰는 게 자연스러운 단어가 있긴 있습니다. 이 책에서도 IT를 '정보 기술'이라고 쓰지 않고, 그대로 IT라고 표기했습니다. 그러면 IT는 '아이티'라고 써야 할까요? '아이티'로 검색하면 대부분 국가 '아이티Haiti' 정보가 나옵니다. 독자 다수가 이미 사용하고 있고, 정확하게 이해할 수 있는 단어를 선택하세요. IT나 PM, SDK 같은 보편화된 약어(두문자어)나 알파벳 그대로 써도 괜찮습니다.

외국어 낱말을 하나하나 우리말로 번역하려다 보면 오히려 이상한 표현이 되기도 합니다. 문서를 검토하다가 '낮은 지연 시간'이란 표현을 보고, '시간이 낮을 수 있나?'라는 생각이 들었습니다. 실제로 많이 쓰는 표현인지 검색해보니 트위치Twitch에 '낮은 지연 시간'이라는 설정이 있었습니다. 설정의 영문은 'Low latency'였는데, 'low'는 '낮다', 'latency'는 '지연 시간'으로 번역한 결과로 보입니다. 시간을 수식할 때는 '높다'나 '낮다'가 아니라 '길다', '짧다', '빠르다', '느리다'로 수식해야 자연스럽습니다. '낮다'라는 형용사가 수식하는 것이 '시간'이 아니라 '지연 시간', 즉 '레이턴시'라고 해도 역시 이상합니다.

글을 다른 언어로 바꾸는 작업을 단순히 '번역'이라 부르지 않고 '로컬라이제이션localization'이라 부르는 이유가 있습니다. 대상 언어의 원어민이 자연스럽게 받아들이도록 언어를 다듬는 작업이기 때문입니다. 'Low latency'가 화면에 표시되는 설정 이름이라면, '짧은 지연 시간'처럼 명사로 유지하는 것이 적절합니다. 당시 검토한 문서에서는 설정 이름이 아닌 기능을 설명하던 문장이어서 '지연 시간이 짧습니다'라고 풀어썼습니다.

줄어드는 인구만큼 나라의 존속을 위협하는 요소 중 하나는 바로 사라지는 우리말입니다. 역사에는 우리나라를 없애려는, 우리말을 없애려는 시도가 기록돼 있습니다. 왜 우리의 선조들은 창씨개명을 하지 않으려고 버티고, 우리나라 말을 지키려고 그리 애썼을까요? 우리 후대를 위해 우리에게 주어진 책임과 사명은 무엇일까요? 우리말을 우리가 지키지 않으면 누가 지켜줄까요?

　오늘날 나라의 바탕을 보존하기에 가장 중요한 자기 나라의 말과 글을 이 지경을 만들고 도외시한다면, 나라의 바탕은 날로 쇠퇴할 것이요 나라의 바탕이 날로 쇠퇴하면, 그 미치는 바 영향은 측량할 수 없이 되어 나라 형세를 회복할 가망이 없을 것이다. 이에 우리나라의 말과 글을 강구하여 이것을 고치고 바로잡아, 장려하는 것이 오늘의 시급히 해야 할 일이다.

주시경의《국어문전음학》중에서[6]

IT 업계 특성상 영어 표현을 쓰는 것이 훨씬 자연스러운 때가 있다는 점, 공감합니다. 직업을 '기술 작가'가 아닌 '테크니컬 라이터'라고 소개하는 사람으로서 우리말을 쓰자고 주장하기도 면목이 없습니다. 기술 문서는 독자가 쉽게 이해할 수 있도록 독자 입장에서 자연스럽게 느껴지는 표현을 쓰는 것이 우선이라는 의견에 일부 공감합니다.

하지만 한 가지 확실한 건 선택권은 우리에게 있다는 사실입니다. 누구도 강요하지 않습니다. 우리가 선택합니다. 그래서 할 수 있다면 할 수 있는 범위 내에서 최대한 우리말로, 우리글로 문서를 작성하길 강력히 권합니다.

쉬어가기 우리말, 우리글로도 할 수 있어요

'영어 사대주의', '판교 사투리'. IT 업계에서 한 번쯤 들어봤을 겁니다. 우리말 보존, 나부터 시작해 보는 것은 어떨까요? 우리 주위에서 우리말을 쫓아낸 외국어는 어떤 것이 있는지, 쓸 수 있는 우리말은 무엇인지 살펴보겠습니다(표 17-2).

표 17-2 우리말, 우리글로 풀어쓸 수 있는 표현

업무 중 종종 보이는 영어 표현	문서에 풀어쓸 수 있는 한국어 표현
~와 같은 레벨	~와 같은 수준
1 on 1(원온원)	일대일 면담
access permission	접근 권한
access하다	접근하다, 접속하다
admin	관리자, 관리자 권한
agile하게	신속하게
alarm	경고, 경보

---

6 https://e-gonghun.mpva.go.kr/user/IndepCrusaderDetail.do?goTocode=20003&mngNo=3534

표 17-2 우리말, 우리글로 풀어쓸 수 있는 표현 (표 계속)

업무 중 종종 보이는 영어 표현	문서에 풀어쓸 수 있는 한국어 표현
align하다	맞추다, 정렬하다
approve하다	승인하다, 결재하다
architecture	설계
arrange하다	조율하다, 조정하다, 처리하다, 준비하다, 마련하다
as-is, To-be	현재 상태, 변경안
ASAP	최대한 빨리, 가급적 빨리
assign하다	할당하다, 부여하다
authenticate하다	인증하다
block하다	막다, 차단하다
call하다	호출하다
cancel하다	취소하다
capa(캐파)	역량, 여력, 감당할 수 있는 (업무, 분량)
CC하다	메일에 참조로 추가하다
certificate	인증서
change	변경 사항
change하다	바꾸다, 수정하다, 고치다
check	확인
clear하다	지우다, 비우다
closing 괄호	닫는 괄호
co-work	협업
comm하다	공유하다, 소통하다, 알리다
comment	댓글, 의견, 주석
consensus를 맞추다	합의하다
copy	복사, 복사하다
copy하다	복사하다, 복제하다
cut하다	자르다, 거절하다
delay	지연, 연기
deliver하다	전달하다, 납품하다
deploy하다	배포하다
detail하다	상세하다
develop하다	개발하다, 진행하다, 발전시키다

표 17-2 우리말, 우리글로 풀어쓸 수 있는 표현 (표 계속)

업무 중 종종 보이는 영어 표현	문서에 풀어쓸 수 있는 한국어 표현
draft	초안
encrypt, decrypt	암호화, 복호화
F/U(follow up)	후속 조치, 후속 작업, 이어서 작업, 지속 확인
feedback	(검토) 의견
formal한	공식
guide하다	안내하다, 설명하다
inform하다	알리다, 정보를 공유하다
inject	주입
involve하다, involve시키다	참여하다, 참여시키다
issue	문제, 해결할 일
issue하다	발급하다, 발행하다
kick off하다	시작하다, 개시하다, 첫 회의를 가지다
launch하다	실행시키다, 출시하다
legacy system	기존 시스템
leverage하다	활용하다
list up하다	(목록을, 항목을) 도출하다, 목록으로 만들다, 나열하다
live로, real time으로	실시간으로
meeting note	회의록
mode	모드
needs	요구사항, 필요
notify하다	알리다
owner	담당자, 책임자
polish하다	다듬다
process	절차, 진행
process하다	처리하다
product	제품, 상품
productivity	생산성
project를 drop하다	프로젝트를 접다, 프로젝트를 그만두다
proposal	제안, 안
propose하다	제안하다
quality	품질

표 17-2 우리말, 우리글로 풀어쓸 수 있는 표현 (표 계속)

업무 중 종종 보이는 영어 표현	문서에 풀어쓸 수 있는 한국어 표현
R&R	업무 분장, 업무 할당, 업무 범위, 업무 담당, 책임 소재
raise(an issue)	문제를 제기하다, 문제를 보고하다, 문제를 알리다
reject하다	반려하다, 거절하다
report하다	보고하다, 신고하다
repository	저장소
resolve	해결, 해소, 닫기
resource	인원 수, 자원
review	검토, 확인, 평가, 평가 의견
rough하게	대략, 간략하게
screen	화면
search하다	검색하다, 찾다, 찾아보다
security	보안
selection하다, select하다	선택하다
set-up	설정, 구축
set-up하다	준비하다, 구성하다
setting	설정
share하다	공유하다, 알려주다, 알리다
skip하다	생략하다, 건너뛰다
spec out	○○ 기능을 빼다
specification	사양, 규격
speedy하게, speed 있게	빠르게, 신속하게
support하다	지원하다, (기능을) 제공하다
survey	설문
sync up하다, sync를 맞추다	맞추다, 현 상황을 공유하다, 상태를 공유하다
timetable	시간표, 일정표
token	토큰
tool	도구
type	종류, 형, 형식, 형태
unique한	고유한
user	사용자
version up하다	상위 버전을 사용하다, 버전을 업그레이드하다, 새 버전을 출시하다

표 17-2 우리말, 우리글로 풀어쓸 수 있는 표현 (표 계속)

업무 중 종종 보이는 영어 표현	문서에 풀어쓸 수 있는 한국어 표현
wash하다, washing하다	검토해서 바꾸다, 새롭게 적용하다, 새 ○○에 맞게 고치다
weekly	주간, 매주
wrap-up하다	정리하다, 요약하다
zoom in	확대
zoom out	축소
일정이 tight하다	일정이 빠듯하다

요약

완결성을 충족하는 글은 주제를 설명하는 데 필요한 모든 정보가 포함된 글입니다. 조립식 가구를 주문했는데 상자를 열어보니 막상 가구에 필요한 나사나 해당 가구에 특화된 드라이버 등이 누락되면 가구를 조립할 수 없습니다. 혹은 조립 설명서 표지에는 내가 구매한 가구 이름과 그림이 있는데 막상 표지를 넘기니 다른 가구의 조립하는 방법을 설명한다면 구매자는 대혼란에 빠질 겁니다. 완결성을 충족하려면 필요한 독자가 필요로 하는 정보를 누락하지 말고, 정보는 흐름에 맞게 제공하세요.

- 문서 도입부엔 문제를 제시하고, 문서가 다루는 범위를 명시하고, 전체 구조를 파악할 수 있는 정보를 제공하세요.
- 문서 도입부에 독자가 모를 만한 용어를 배치하지 마세요.
- 일단 쓰고 구멍이 없는지 확인해보세요. 일단 쓰고 난 다음 이리저리 옮겨보세요. 쓴 내용을 지워도 보고, 추가도 해보세요. 코드를 작성할 때처럼요.
- 우리말은 우리가 지켜야겠죠. 굴러들어온 외국어에 자꾸 자리를 뺏기는 우리말에게 자리를 내어주세요.

APPENDIX

메시지도, AI 도구도 글쓰기에서 시작된다

이 책의 본문에서는 개발자가 업무에서 다루는 여러 가지 기술 문서를 어떻게 쓰면 좋을지 이야기했습니다. 하지만 개발자의 글쓰기가 항상 기술 문서인 것은 아니며, 개발자가 직접 모든 문서를 다 작성하는 것도 아닙니다.

부록에서는 본문에서 다루지 못했거나 어쩌면 놓쳤을지도 모르는 방법을 이야기하려고 합니다. 기술 문서는 아니지만 업무에 도움이 되는 글쓰기 방법, 그리고 글쓰기가 어려울 때 AI의 도움을 받는 방법에 대해 알 수 있습니다.

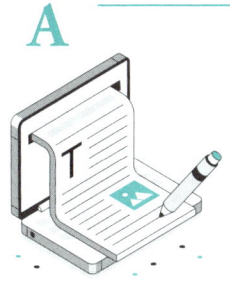

이메일이나 메시지 쓰기

주변 개발팀 팀장이나 시니어 개발자에게 물었습니다.

"개발자에게 글쓰기를 가르쳐주려고 하는데, 제일 먼저 무엇을 다루면 좋을까요?"

그랬더니 뜻밖의 대답이 돌아왔습니다.

"메일 쓰는 법 좀 가르쳐주세요. 도대체 무슨 이야기를 하려는 건지 모르겠다니까요."

개발자가 쓰는 글이라면 으레 기술 문서일 것으로 생각했는데, 가장 먼저 떠오른 것이 이메일 쓰기라니요. '그런 기본적인 것도 글쓰기라고 해야 하나?' 하는 생각이 잠시 스쳤지만, 사실 회사에서 가장 많이 쓰는 글은 기술 문서보다 이메일이나 메신저를 이용한 대화입니다.

이런 일상적인 커뮤니케이션 역시 글쓰기 법칙을 잘 적용하면, 서로 오해 없이 원활하게 소통할 수 있습니다. 이미 잘하는 개발자라면 이번 부록은 쿨하게 넘겨도 괜찮습니다. 하지만 동료에게 메일이나 메시지를 보냈는데 그 동료가 찾아와 내용을 다시 묻는 일이 잦았다면, 이번에 다룰 내용이 꽤 도움이 될 것입니다.

이메일 또는 남겨둘 메시지 쓰기

요즘은 이메일보다는 업무용 메신저를 많이 쓰지만, 당장 해결해야 할 문제가 아니거나 다수에게 보고할 때 또는 상대방이 지금 당장 대응할 수 없을 때라면 여전히 이메일이 활용됩니다. 물론 상대가 자리를 비운 경우에도 돌아와서 읽을 수 있도록 메신저에 남기기도 하죠.

이번 절에서는 이메일로 문의하거나 요청할 때 혹은 자리를 비운 상대에게 문의나 요청을 남겨둘 때 어떻게 작성해야 하는지 안내하겠습니다. 기술 글쓰기와 마찬가지로 이메일 역시 4부 '기술 글쓰기에는 기법이 있다'에서 설명한 기법을 따라야 합니다.

이 기법은 학창 시절에 배운 편지 쓰기 방법과는 조금 다릅니다. 어떤 점이 다른지, 나라 씨가 쓴 업무 요청 메일을 살펴보며 알아보겠습니다.

    안녕하세요, 가람 님. 기획팀 감나라입니다.

    날씨가 점점 더워지는데 잘 지내고 계시죠? 이번 주에 제주도 여행 가신다고 들었는데, 제주도 날씨는 어떤지 모르겠네요. 여행 끝나고 목요일쯤에는 회사에 돌아오신다고 해서 이렇게 메일 드립니다.

    다름이 아니라 다정 님이 실 전체 주간 회의에 들어갔다가 실장님이 보여준 ○○○ 플랫폼 사이트를 확인했는데, 사이트에서 사내 지식 베이스를 링크하고 있다고 하더군요. 사내 지식 베이스는 저희 팀이 운영하고 있는데요, 얼마 전에 실장님 제안에 따라 도메인 주소를 바꾸게 됐습니다. 실장님께서 kb.happy.com이라는 주소가 모 은행을 연상시킨다며 풀어서 쓰는 것이 어떠냐고 하셔서요. 그래서 이번 주에 kb.happy.com 주소를 knowledge.happy.com으로 변경하게 됐습니다. ○○○ 플랫폼 사이트에서 링크하는 주소도 이번 주 안에 바꿔주면 좋을 것 같습니다. 한동안 kb.happy.com도 유지하겠지만, 그래도 미리 바꿔주는 것이 좋지 않을까 싶습니다.

    그럼, 잘 부탁드리겠습니다. 여행 마무리 잘하시고 회사에서 다시 뵙겠습니다.

    감나라 드림

예의 바르게 상대방의 근황을 물어보며 친근함을 드러내긴 했지만, 업무 메일에서는 편지 쓰기의 기본인 인사말 같은 것은 잊어도 됩니다. 메일을 읽을 상대방은 오늘 날씨가 어떤지, 여러분의 건강이 어떤지 전혀 궁금하지 않습니다. 물론 궁금할 수도 있지만, 굳이 업무 메일에서 그런 내용을 읽고 싶지는 않을 겁니다. 그걸 빠뜨렸다고 무례하다고 생각하지도 않을 테고요.

문제는 인사말만이 아닙니다. 여행 다녀와서 밀린 메일을 처리해야 하는 가람 씨는 이 메일을 보고 한숨을 쉴지도 모릅니다. '그래서 뭘 하라는 거야?' 하면서요.

가람 씨가 할 일은 ○○○ 플랫폼 사이트에 kb.happy.com으로 연결한 링크를 knowledge.happy.com으로 바꾸는 것입니다. 왜 바꾸는지, 누가 그러라고 했는지는 사실 중요한 내용이 아닌 데다 특히 여행해서 막 복귀한 바쁜 날에는 별로 알고 싶지도 않을 겁니다.

그분만이 아닙니다. 나라 씨는 '이번 주'라는 모호한 표현으로 언제까지 해야 할 일인지도 명확히 알려주지 않았습니다. 언제까지 무엇을 해야 하는지 알기 위해 인내심을 발휘하며 메일을 끝까지 읽었지만, 결국 다시 질문해야 하는 상황입니다.

이런 상황을 피하려면, 업무 메일을 쓰거나 사내 메신저로 요청할 때는 다음과 같이 간단한 구조로 내용을 전달하세요.

1. 인사말("안녕하세요, ○○○입니다.")
2. 목적(수신자가 무엇을 하길 바라는지)
3. 목적을 요청한 이유
4. (3까지 썼을 때 너무 길어지면) 상대방이 해야 할 일 요약
5. 마무리 인사

인사말은 '안녕하세요. ○○○팀 ○○○입니다'로 충분합니다. 그다음에는 곧바로 상대에게 원하는 바를 명확히 표현해야 합니다. 자초지종을 순서대로 설명할 필요는 없습니다. 혹시 상대방이 궁금해할 수 있으니, 요청 사항 뒤에 이유를 덧붙이는 것은 괜찮지

만 자초지종이 메일의 중심이 되면 안 됩니다.

나라 씨가 쓴 메일을 제안한 순서에 따라 고쳐보겠습니다.

> 안녕하세요, 가람 님. 기획팀 감나라입니다. (또는 '사내 지식 베이스 사이트를 맡은 감나라입니다.') // 1
>
> OOO 플랫폼 사이트에 링크하신 사내 지식 베이스 사이트 주소를 kb.happy.com에서 knowledge.happy.com으로 바꿔줄 수 있을까요? 사이트 주소가 이번 주 목요일(5/23) 오전 10시에 바뀔 예정이므로, 그 시각 이후부터 한 달 내에 바꿔주면 됩니다. // 2
>
> 그간 사내 지식 베이스용으로 사용하던 kb.happy.com은 모 은행을 연상하게 한다는 실장님 말씀에 따라 knowledge.happy.com으로 바꾸게 됐습니다. 앞으로 한 달간 kb.happy.com도 유지하지만, 한 달이 지난 후에는 완전히 사용 중단할 예정이니 그 전에 링크도 바꿔주면 좋겠습니다. // 3
>
> 궁금한 점이 있으면 언제든지 저에게 물어보세요. // 5
>
> 감나라 드림

이제 가람 씨는 두 번째 문단까지만 읽고 해야 할 일을 파악할 수 있습니다. 3은 생략해도 괜찮지만, 상대방이 평소에 상세 배경에 관심이 있다면 함께 써주는 것이 좋습니다.

지시하고 응답하기

업무 메신저로 나눈 대화는 여러 사람이 볼 수 있고, 시간이 지나도 찾아볼 수 있어서 굉장히 유용합니다. 그런 점에서 보면 더없이 명료하고 정확한 소통 수단이지만, 이따금 소통에 오류가 생기기도 합니다.

예를 들면, 이런 상황입니다.

> **2024년 5월 22일(수) 대화**
>
> **가람** 나라 님, 우리 29일 목요일에 v3.0 릴리스하는 거 기억하시죠? 하루 전에 관련자들에게 일정 재공지하고 문제 있는지 파악해주세요.

나라　예, 알겠습니다.

2024년 5월 28일(화) 대화

가람　나라 님, 제가 릴리스 하루 전에 관련자들에게 재공지하라고 했는데 왜 아직도 안 하세요?

나라　예? 목요일에 릴리스하니까 내일 재공지해야 하지 않나요?

가람　제가 29일이라고 했잖아요.

나라　예, 그런데 29일 목요일이라고 하셔서…. 저희 보통 목요일에 릴리스하니까 30일을 29일로 잘못 말씀하신 줄 알았어요.

가람　그러네요, 제가 잘못 말했네요. 그래도 29일이 릴리스인 것은 배포 일정 페이지에도 있는데…. (일정표도 자세히 안 보냐?)

나라　예, 죄송합니다. (자기가 잘못 말해놓고….)

가람 씨가 5월 29일이 수요일인데도 목요일로 말한 것은 잘못입니다. 하지만 29일이 목요일이 아닌 줄 알면서도 다시 확인하지 않은 나라 씨에게도 일말의 책임은 있습니다. 이런 일이 벌어지지 않으려면, 지시도 명확해야 하고 대답도 명확해야 합니다. 여러분이 가람 씨라면, 다음처럼 굵은 글씨로 쓴 내용을 덧붙여 말하는 편이 좋습니다.

가람　나라 님, 우리 29일 목요일에 v3.0 릴리스하는 거 기억하시죠? 하루 전인 **28일**에 관련자들에게 일정 재공지하고 문제 있는지 파악해주세요.

(참고: AAA v3.0 배포 일정 페이지 링크)

여전히 가람 씨는 29일을 목요일이라고 잘못 말했지만, 나라 씨가 일 처리할 날을 '하루 전' 대신 '28일'로 명시함으로써 혼란을 어느 정도 줄였습니다. 적어도 나라 씨는 '29일이 릴리스인지, 목요일이 릴리스인지는 헷갈리지만, 28일에는 꼭 재공지해야겠구나'라고 판단했을 겁니다. 또한, 마지막에 배포 일정을 담은 자료 링크를 덧붙인 덕분에 릴리스 날짜가 29일인지 30일인지 헷갈리던 나라 씨도 확신을 얻을 수 있었을 겁니다.

반면, 여러분이 나라 씨라면 가람 씨가 처음 예시처럼 말했더라도 무작정 '예'라고 하거나 임의로 판단하지 말고, 굵은 글씨로 쓴 것처럼 재확인해야 합니다.

나라 29일은 수요일인데, 이번 릴리스는 **29일 수요일**에 하는 거죠? 재공지는 **28일 화요일**에 하고요?

가람 씨가 실장이나 센터장급의 높은 상사여서 되묻기가 조금 어렵더라도, 내용이 의심스럽거나 불명확하다면 반드시 질문하고 확인해야 합니다. 만약 가람 씨가 실수하지 않았다면요? 그냥 '예, 알겠습니다'라고 해도 될까요? 그때도 마찬가지입니다.

가람 나라 님, 우리 29일 수요일에 v3.0 릴리스하는 거 기억하시죠? 하루 전에 관련자들에게 일정 재공지하고 문제 있는지 파악해주세요.

나라 예, 알겠습니다. **릴리스 하루 전인 28일 화요일에 관련자에게 재공지하고 문제를 파악하겠습니다.**

이렇게 지시한 내용을 되풀이하면, 지시한 사람과 응답한 사람이 상황을 똑같이 이해했다는 점을 확인할 수 있습니다. 되풀이할 때 잘못된 내용이 들어갔다면, 서로 잘못 이해했다는 뜻이니 곧바로 정정할 수 있습니다. 대답하는 사람 역시 지시를 반복해서 쓰는 동안 머릿속으로 이해한 내용을 좀 더 깊이 명심하게 되죠.

이처럼 지시와 응답만 정확히 해도 사방에서 쏟아지는 메시지 속에서 중요한 내용을 놓치거나 실수할 가능성을 줄일 수 있습니다.

문제 상황 보고하기

어느 날 고객사에서 통신 프로그램이 비정상적으로 중단됐다는 보고가 들어왔습니다. 재기동한 후에는 정상적으로 작동하지만, 며칠에 한 번 무작위로 중단되는 현상이 발생하는데 그 이유가 무엇인지 살펴봐달라는 요청이 있었습니다. 담당자인 다정 씨가 로그와 코어 파일을 분석한 뒤, 고객사에 결과를 보고하기로 했습니다.

고객사 어떤 문제였나요?

다정 예, 통신 모듈에 스레드가 3개 있습니다. 그중에서 x 스레드, y 스레드가 서로 통신하는 와중에 x 스레드의 큐가 꽉 찼는데 데이터가 계속 들어와서 버퍼 오버플로

	가 일어났고, 그 바람에 y 스레드가 잘못된 메모리를 참조하면서 프로세스가 비정상 종료됐습니다.
고객사	음, 그럼 x 스레드 큐 크기를 늘리면 되는 건가요?
다정	…그게, x 스레드 큐를 늘려도 y 스레드가 데이터를 처리하지 못하면 일어날 수 있는 상황입니다. 그러다 보니 이게… (주절주절)
가람	다정 님, 잠깐만요. 문제 원인부터 말씀해주세요.
다정	예, 문제 원인은 통신 모듈의 y 스레드가 잘못된 메모리를 읽었기 때문입니다.
가람	그거 말고 진짜 문제 상황이요, 제일 처음 문제가 발생한 원인 말이에요.
다정	…잘못된 메모리를 읽은 이유요? 그건 x 스레드 큐가 꽉 찼는데….
가람	그러니까 왜 스레드 큐가 꽉 찼죠?
다정	아, 로그를 살펴봤는데, 특정 시간에 저희 프로그램이 처리할 수 있는 것보다 많은 데이터가 들어왔기 때문이었습니다.

담당 개발자인 다정 씨는 통신 모듈 내 스레드 간 통신을 당연히 잘 알고 있을 겁니다. 하지만 고객사 입장에서는 통신 모듈이 어떻게 구현됐는지는 알 필요도 없고, 알고 싶지도 않습니다. 그들이 알고 싶은 것은 자신이 주로 다루는 '기능 단위'에서 어떤 문제가 있었는지와 그것을 어떻게 해결하는가입니다. 예를 들어 '이 통신 프로그램은 어떤 상황에서 A라는 데이터를 N개를 받아서 X시간 만에 이러저러하게 처리한다' 같은 내용이죠.

고객사는 다정 씨가 말한 마지막 문장을 듣고 싶었을 겁니다. 물론 최종적으로는 사양 한도를 넘긴 데이터가 들어왔을 때 프로그램이 멈추지 않고 계속 작동하게 하려면 어떻게 해야 하는지가 궁금할 겁니다. 왜 한도를 넘긴 데이터가 들어왔는지도 궁금하겠지만, 그것은 고객사가 확인할 문제이니 여기서는 제외하겠습니다.

보고받는 사람에 따라 궁금한 내용은 다를 수 있습니다. 개발팀장은 '사양보다 많은 데이터가 들어왔을 때 처리하지 못한 이유'나 'x 스레드와 y 스레드의 통신에 오류 핸들링을 제대로 했는지'가 궁금할 겁니다. z 스레드를 개발한 동료 개발자는 'x 스레드에서

버퍼 풀이 일어났을 때 z 스레드에 미치는 문제가 무엇인지', 'z 스레드도 바뀌어야 하는지' 궁금할 겁니다. 수십 개 개발 프로젝트를 관리하는 최고기술책임자Chief Technology Officer, CTO는 '고객사에서 요청한 것이 무엇인지'와 '그 요청이 왜 일어났고, 어떻게 해결했는지'가 궁금하겠죠.

개발자는 보통 장애 보고를 받으면, 흐름을 하나하나 되짚으며 문제를 일으킨 코드를 찾아내려고 합니다. 이 사건에서 다정 씨가 확인한 'x 스레드의 큐가 꽉 찼음'이 바로 그 부분입니다. 다정 씨 입장에서는 'x 스레드 큐가 꽉 차지 않도록 조치한다'가 문제 해결책이죠. 그래서 보고할 때도 그것부터 이야기하고 싶을 겁니다. 하지만 모든 보고 대상이 코드에 관심 있는 것은 아닙니다. 앞에서 보고 대상에 따라 궁금한 부분이 다를 수 있다고 했지만, 대부분의 경우 보고 대상자는 '기능적인 해결책'을 더 궁금해합니다.

만약 보고 대상이 무엇을 궁금해할지 판단이 서지 않는다면, 다음처럼 문제 상황과 기능적인 해결책부터 보고하세요.

> **다정** 저희 통신 프로그램은 분당 최대 N개 데이터를 처리할 수 있는데, 이번 장애는 특정 시간에 N개를 초과하는 데이터를 수신해서 일어났습니다. 앞으로 분당 N개를 초과하는 데이터를 수신하더라도 프로그램이 종료되지 않도록 사양을 초과하는 데이터를 무시하는 방식으로 수정하겠습니다.

이렇게 보고한 후 상대방이 상세한 내용을 묻는다면 그때 스레드 이야기를 꺼내도 충분합니다. 상대방이 가장 궁금해할 내용, 즉 글이라면 글의 '주제'를 가장 먼저 말하고 나머지는 그 뒤에 이어가야 합니다.

B

ChatGPT 활용하기

ChatGPT가 등장한 이후, 미래에는 몇몇 직업이 사라질 것이라는 전망이 많아졌습니다. 그 직업의 대표 업무를 AI가 충분히 대체할 수 있기 때문입니다. 여러 언어로 맥락에 맞게 대화를 이어가는 ChatGPT의 특성상, 글쓰기 역시 앞으로는 사람의 손을 거치지 않아도 될 것이라는 예상이 우세합니다. 그렇다면 개발자도 더는 글 잘 쓰는 법을 궁금해하지 않아도 될까요?

언젠가는 그렇게 될 수도 있지만, 내일이나 다음 달에 당장 써야 할 글을 ChatGPT가 대신 써주지 못한다면(혹은 ChatGPT가 쓴 글을 제출할 수 없는 상황이라면), 지금이라도 글 잘 쓰는 법을 배워야 합니다. 그렇다면 글을 쓸 때 ChatGPT를 쳐다보지도 말아야 할까요?

그렇지 않습니다. ChatGPT가 몇몇 직업을 완전히 대체하지는 못했지만, 업무 생산성을 높이는 데 큰 효과를 발휘하고 있습니다. 특히 정보를 모으고 정리하는 작업은 사람을 대신할 만큼 능숙하므로, 글을 쓸 때도 얼마든지 ChatGPT의 도움을 받을 수 있습니다.

'네가 해줘' 말고 '도와줘'

언젠가는 ChatGPT 같은 인공지능artificial intelligence, AI이 글을 처음부터 끝까지 써줄 날이 올지도 모릅니다. 하지만 아직 AI가 만든 콘텐츠의 저작권 문제가 해결되지 않았습니다. AI가 뉴스 기사나 소설 등을 저작권자 허가 없이 학습했다면 그 학습 데이터로 만들어낸 글 또한 문제가 될 수 있습니다. 이미 생성형 AI로 상업 콘텐츠를 만들어 대회에서 수상하거나 상업적으로 판매된 사례도 있지만, 이 역시 법적/도덕적 논란에서 벗어날 수 없습니다.

또 하나의 문제는 환각hallucination입니다. 개발자가 쓰는 글의 목적은 대부분 정확한 사실 전달입니다. 그런데 AI가 근거 없는 정보를 만들어내고, 그 내용을 그대로 동료나 파트너사에 제공한다면 어떤 일이 벌어질까요? 회사 업무 중 기술 문서를 얼마나 정확하게 쓸 수 있는지 살펴볼 기회가 있었는데, 드물지만 AI가 의도와 전혀 다른 내용을 제시할 때가 있었습니다. 심지어 지시를 조금만 잘못해도 전혀 엉뚱한 답을 내놓는 경우도 있었습니다.

저작권 문제와 환각 문제를 이유로, 이 책에서는 개발자가 쓸 글을 ChatGPT에 전적으로 맡기는 것을 권장하지 않습니다. 대신 ChatGPT를 효율적인 도구로 활용해 글쓰기 시간을 줄이거나 품질을 높이는 방법을 추천합니다. ChatGPT는 초안을 작성하거나 작성한 글을 다듬는 데 도움을 줄 수 있습니다. 다만 ChatGPT가 생성한 초안을 검토하고 수정하는 일은 여전히 작성자의 몫입니다. 그럼에도 처음부터 끝까지 직접 쓰는 것보다 훨씬 빨리 글을 쓸 수 있을 겁니다.

다음 절부터는 API 주석 초안이나 리드미 초안 작성, 이미 쓴 글을 검토하거나 처음 써보는 문서를 어떻게 시작해야 할지 막막할 때, ChatGPT를 어떻게 활용할 수 있는지, 즉 프롬프트prompt 작성법을 안내합니다.[1]

---

[1] 이 책을 집필한 시점과 독자가 읽는 시점 사이에도 AI 기술은 계속 발전하고 있습니다. 그에 따라 AI 글쓰기 도구도 더욱 좋아질 겁니다. 빠르게 변하는 기술 흐름을 모두 따라갈 수는 없으므로, 이 책에서는 누구나 쓸 수 있는 가장 쉽고 보편적인 방법에 집중했습니다.

API 주석 쓰기

소스 코드를 읽을 줄 아는 ChatGPT에게 API 주석 작성을 맡기는 일은 어렵지 않습니다. 소스 코드를 넘기고 주석을 작성해달라고 하면 됩니다.

단, 소스 코드가 회사 자산이라면 반드시 소속 회사의 보안 규정을 확인해야 합니다. OpenAI는 사용자가 입력한 데이터를 맥락 파악에만 이용할 뿐 다른 사용자 세션에 유출되거나 학습 데이터로 사용하지 않는다고 주장합니다. 그러나 자체 저장소에 보관되거나 향후 학습에 활용될 수 있고, 해킹이나 버그 때문에 유출될 가능성도 완전히 배제할 수는 없다는 연구[2]가 있습니다. 따라서 회사의 허가가 없다면 절대로 이 방법을 사용해서는 안 됩니다.

소스 코드가 개인 자산이고, 유출되거나 AI가 학습해도 상관없다면 ChatGPT에 API 주석 작성을 맡겨도 됩니다. 우선 오픈 JDK `java.io.FIle.exists()` 메서드를 전달해 봤습니다. 이미 API 주석이 있고, 잘 알려진 소스 코드이기 때문에 기존 주석을 참고하지 말라고 지시했습니다.

```
자바 소스 코드를 참고하지 말고, 자바 개발자가 아닌 초보자 입장에서 아래 Java.
io.File의 메서드에 Javadoc 주석을 달아줘.

public boolean exists() {
    SecurityManager security = System.getSecurityManager();
    if (security != null) { security.checkRead(path); }
    return ((fs.getBooleanAttributes(this) & FileSystem.BA_EXISTS) != 0);
}
```

ChatGPT는 다음과 같이 답했습니다.

```
/**
 * 이 메서드는 파일이나 디렉터리가 존재하는지 여부를 확인합니다.
```

---

[2] https://www.ncsc.gov.uk/blog-post/chatgpt-and-large-language-models-whats-the-risk

```
 *
 * @return 파일이나 디렉터리가 존재하면 true를 반환하고, 존재하지 않으면 false를
 반환합니다.
 *
 * 이 메서드는 다음과 같은 작업을 수행합니다:
 * 1. 시스템 보안 관리자가 설정되어 있다면, 파일을 읽을 수 있는지 확인합니다.
 * 2. 파일 시스템의 속성을 조회하여 파일이나 디렉터리가 존재하는지 확인합니다.
 *
 * 예시:
 * <pre>
 * File file = new File("path/to/file.txt");
 * if (file.exists()) {
 *     System.out.println("파일이 존재합니다.");
 * } else {
 *     System.out.println("파일이 존재하지 않습니다.");
 * }
 * </pre>
 */
public boolean exists() {
(...)
```

java.io.File.exists()는 8장 'API 주석'의 '실전 연습' 절에서 사용한 예시입니다. 해당 절로 돌아가서 책에서 제시한 결과물과 비교해봅시다. 8장 'API 주석'의 '설명문 형식 정하기' 절에서는 메서드 프로토타입에는 없는 정보지만, 논리적으로 따져볼 때 파일에 접근 권한이 없을 때는 어떤 결과가 나오는지 명시해야 한다고 했습니다. 사람과 달리 논리를 따지지 못하는 ChatGPT는 소스 코드에 없는 정보는 쓰지 못합니다. 하지만 코드에 있는 정보, 즉 '파일을 읽을 수 있는지 확인한다'는 것은 알고 있으니 관련 코드를 제공해주면 결과를 개선할 수 있습니다.

```
이 메서드가 호출하는 checkRead()는 이렇게 구현했어.

public void checkRead(FileDescriptor fd) {
    if (fd == null) { throw new NullPointerException("file descriptor can't be null"); }
    checkPermission(new RuntimePermission("readFileDescriptor"));
}
```

정보를 주고 다시 주석을 써달라고 하자 @throws 태그를 사용해 예외를 알려줍니다.[3]

```
/**
 * 이 추상 경로명이 나타내는 파일이 존재하는지 여부를 테스트합니다.
 *
 * <p> 보안 관리자가 존재하는 경우, 메서드는 먼저 이 추상 경로명의 경로를 인수로 사용하여
 * 보안 관리자의 {@code checkRead} 메서드를 호출합니다. 보안 관리자가 파일에 대한 읽기
 * 접근을 거부하면 SecurityException이 발생할 수 있습니다.
 *
 * <p> 예시:
 * <pre>{@code
 * File file = new File("test.txt");
 * if (file.exists()) {
 *     System.out.println("파일이 존재합니다.");
 * } else {
 *     System.out.println("파일이 존재하지 않습니다.");
 * }
 * }</pre>
 *
 * @return 이 추상 경로명이 나타내는 파일이 존재하면 {@code true}; 그렇지 않으면 {@code false}.
 * @throws SecurityException 보안 관리자가 존재하고 해당 {@code checkRead} 메서드가 파일에
 *          대한 읽기 접근을 거부할 경우 발생합니다.
 * @throws NullPointerException 추상 경로명의 경로가 {@code null}인 경우 발생합니다.
 *
 * @since JDK 1.0
 */
public boolean exists() {
 (…)
```

보다시피 ChatGPT가 API 주석을 잘 쓰게 하려면 관련 함수나 메서드를 함께 제공하는 것이 좋습니다. 단, ChatGPT가 한 번에 받아들이는 텍스트 길이에 제한이 있으니

---

3. 생성형 AI답게 첫 번째 응답과는 설명이 달라졌습니다. ChatGPT에 여러 번 물어본 후 이 책의 내용을 참고해 가장 적절한 설명을 선택하면 됩니다.

여러 번 나눠서 제공해야 할 수도 있습니다.

JDK처럼 잘 알려진 소스 코드가 아니라 직접 작성한 소스 코드도 잘 처리하는지 봅시다. docsify[4]라는 문서화 도구에 페이지별로 목차를 만들어주는 플러그인[5] 소스 코드를 전달하고, `generateToC` 함수에 JSDoc 스타일로 API 주석을 써달라고 요청하자 다음과 같이 답했습니다.

```
/**
 * 제목 수준(level)과 HTML 내용을 기반으로 목차(Table of Contents, ToC) 항목을
생성합니다.
 *
 * @param {number} level 제목의 수준 (예: <h1>일 경우 1, <h2>일 경우 2).
 * @param {string} html 제목의 HTML 내용.
 * @returns {string} 포맷팅된 HTML 문자열로 표현된 ToC 항목, 수준이 범위를
벗어나면 빈 문자열을 반환합니다.
 */
function generateToC(level, html) {
  // 제목 수준(level)이 허용된 범위 내에 있는지 확인합니다.
  if (level > 0 && level <= window.$docsify["page-toc"].tocMaxLevel) {
    // 포맷팅된 ToC 항목을 생성하여 반환합니다.
    return ['<div class="lv' + level + '">', html, "</div>"].join("");
  }
  return ""; // 수준이 범위를 벗어나면 빈 문자열을 반환합니다.
}
```

친절하게도 요청하지 않았는데 소스 안에도 주석을 써줬군요. 워낙 단순한 함수여서 API 주석도 흠잡을 데가 없습니다. 여기에 `level`이 3이면 어떤 결과물(HTML)이 나오는지 예시를 넣어달라고 요청했습니다.

```
/**
 * 제목 수준(level)과 HTML 내용을 기반으로 목차(Table of Contents, ToC) 항목을
생성합니다.
 *
```

---

[4] https://docsify.js.org/

[5] https://github.com/lyingdragon/docsify-plugin-page-toc/blob/master/src/page-toc.js

```
 * @param {number} level 제목의 수준 (예: <h1>일 경우 1, <h2>일 경우 2).
 * @param {string} html 제목의 HTML 내용.
 * @returns {string} 포맷팅된 HTML 문자열로 표현된 ToC 항목, 수준이 범위를
벗어나면 빈 문자열을 반환합니다.
 *
 * @example
 * var level = 3;
 * var html = "이것은 제목입니다.";
 * var tocItem = generateToC(level, html);
 * console.log(tocItem); // 출력 예: '<div class="lv3">이것은 제목입니다.
</div>'
 */
function generateToC(level, html) {
(…)
```

이 정도면 누가 봐도 generateToC 함수를 어떻게 쓰는지 쉽게 알 수 있습니다.

이번에는 좀 더 복잡한 함수에 API 주석을 작성해보겠습니다. 같은 소스 코드에 있는 pageToC 함수는 generateToC를 이용해 전체 페이지 목차를 만들지만, 쓰지 않는 파라미터(headings, path)를 지우지 않고 남겨뒀습니다. 하지만 ChatGPT는 문제를 인지하지 못하고 쓰지 않는 파라미터를 전부 설명했습니다.

```
/**
 * 주어진 페이지의 제목들을 수집하고 목차(Table of Contents, ToC)를 생성합니다.
 *
 * @param {NodeList} headings 페이지에서 선택한 제목 요소들의 NodeList.
 * @param {string} path 페이지의 경로.
 * @returns {string} 포맷팅된 HTML 문자열로 표현된 페이지 목차(ToC), 제목이
없으면 빈 문자열을 반환합니다.
 */
function pageToC(headings, path) {
(…)
```

이때는 주석을 쓰기 전에 파라미터를 정말 이용하는지 검증하고, 이용하지 않으면 함수 프로토타입과 주석에서 제거해달라고 요청하세요. 다음은 이런 요청에 따라 ChatGPT가 만든 결과입니다.

```
/**
 * 주어진 페이지의 제목들을 수집하여 페이지 목차(Table of Contents, ToC)를
생성합니다.
 *
 * @param {NodeList} headings 페이지에서 선택된 제목 요소들의 NodeList.
 * @returns {string} 포맷팅된 HTML 문자열로 표현된 페이지 목차, 제목이 없을
경우 빈 문자열을 반환합니다.
 *
 * @example
 * // 예시 NodeList (실제 사용 시 이 코드는 주석 처리해야 합니다)
 * var headings = document.querySelectorAll('.markdown-section h1, .markdown-section h2');
 * var tocHtml = pageToC(headings);
 * console.log(tocHtml); // 출력 예: '<div class="page_toc"><p class="title">Contents</p><div class="lv1">첫 번째 제목</div><div class="lv2">두 번째 제목</div></div>'
 */
function pageToC(headings) {
(...)
```

여전히 파라미터 headings가 남아 있는 것은 함수 내에 이름이 같은 변수가 있기 때문입니다. 따라서 이런 상황까지 고려해서 삭제해달라고 요청했고, 원하는 결과가 나왔습니다.

```
/**
 * 주어진 페이지의 제목들을 수집하여 페이지 목차(Table of Contents, ToC)를 생성합니다.
 *
 * @returns {string} 포맷팅된 HTML 문자열로 표현된 페이지 목차, 제목이 없을
경우 빈 문자열을 반환합니다.
 *
 * @example
 * // 예시 NodeList (실제 사용 시 이 코드는 주석 처리해야 합니다)
 * var tocHtml = pageToC();
 * console.log(tocHtml); // 출력 예: '<div class="page_toc"><p class="title">Contents</p><div class="lv1">첫 번째 제목</div><div class="lv2">두 번째 제목</div></div>'
 */
function pageToC() {
(...)
```

마지막으로 사용한 요청 프롬프트는 다음과 같습니다.

> (소스 코드)
> 방금 준 건 내가 작성한 자바스크립트 코드야. docsify라는 정적 사이트 생성 도구에 페이지 목차를 덧붙이는 플러그인이지. 여기서 pageToC 함수에 JSDoc 스타일로 주석을 써줘.
> - 주석 쓰기 전에 함수에 정의한 파라미터가 정말 코드 내에서 사용하는지 확인해.
> - 만약 코드에서 파라미터를 쓰지 않는다면 함수 프로토타입을 고치고 JSDoc 주석에도 안 쓰는 파라미터를 제외해줘.
> - 만약 코드 내에 파라미터 이름으로 된 변수가 있지만, 전달한 인자를 쓰지 않고 재정의한다면 그 파라미터는 쓰지 않는다는 뜻이야.
> - JSDoc 주석 내에 이 함수를 사용하는 예시 코드를 넣어줘.
> - 예시 코드를 호출했을 때 어떤 결과(HTML)가 나올지 예상해서 예시 코드에 주석으로 써줘. 페이지에 목차가 두 개 있을 때를 가정해서 보여줘.

원하는 결과를 얻기까지 꽤 많은 단계를 거쳤지만 마침내 직접 쓰지 않고 API 주석을 작성해냈습니다. 유사한 다른 함수에 API 주석을 작성할 때는 각 단계에서 요청한 내용을 모아서 한 번에 전달하면 좀 더 빨리 결과를 얻을 수 있습니다.

> **TIP** 마이크로소프트의 코파일럿이나 Cline(https://cline.bot/) 같은 코딩 에이전트를 사용하면, 다른 함수를 일일이 복사해 붙이지 않고도 참고 자료로 전달할 수 있어 좀 더 편리합니다. 마이크로소프트의 코파일럿은 코드 주석 작성에 좀 더 특화된 모델이지만, 유료 플랜만 제공되기 때문에 이 책에서는 다루지 않았습니다.

규칙 검사하기

규칙 기반으로 영어나 한글을 점검하는 프로그램은 있지만, 규칙 형태가 자유롭지 못해 검토하는 데 한계가 있었습니다. 자연스러운 대화를 인식하는 ChatGPT를 사용하면 좀 더 자유롭게 규칙을 설정할 수 있습니다.

ChatGPT를 이용해서 4장 '번역서 참고는 그만'에서 사용한 번역 투투성이 문장을 고쳐보겠습니다. 어떤 곳을 고쳐야 하는지 알려주기 위해 다음처럼 규칙을 상세하게 제시했습니다.

소프트웨어 기술 문서를 쓰는 테크니컬 라이터로서 한국어로 쓴 문서가 읽기 쉽고 문법이 맞는지 검토해줘. 응답할 때는 아래 JSON 형식을 따라야 해.

```
{
  "line": 틀린 문장 줄번호,
  "before": 틀린 문장,
  "after": 고친 문장,
  "reason_number": 적용한 규칙 번호. 아래에 쓴 규칙을 참고해서 번호를 붙여 줘,
  "reason": 고친 이유. 아래에 쓴 규칙을 참고해서 어떤 규칙에 어긋났는지 알려줘.
}
```

여기서부터는 검토 규칙이야.
1. 한글 맞춤법을 따른다.
2. 한글 외래어 표기법을 따른다.
3. 높임말로 쓴다.
4. 수동형은 가능하면 능동형으로 바꾼다.
5. '~~된'이나 '~~되어'는 가능하면 '~~한'으로 바꾼다.
6. 한자어는 되도록 쓰지 않는다.
7. 번역 투인 명사구는 동사구로 바꾼다. 예: '한글의 사용'은 '한글을 사용하고'로, '낮은 협동성'은 '협동이 부족한'으로
8. '~하여', '~보아', '되어' 같은 것은 '~해', '봐', '돼'라고 줄인다.
9. 한 구절에 '~~의 ~~의' 하고 '의'를 여러 번 쓰지 않는다. 예: 친구의 어머니의 구두
10. '매 ~~마다'는 의미상 중복이므로 '매'를 지우거나 '마다'를 '에' 같은 조사로 바꾼다.
11. '~~고 있습니다'는 '~~입니다'로 줄인다.

예시에는 간단한 규칙을 사용했지만, ChatGPT는 조건을 자세히 알려줄수록 좋은 결과를 냅니다. 검토하고 싶은 규칙을 최대한 많이, 구체적으로 제시하는 것이 좋습니다. 예를 들어 '6. 한자어는 되도록 쓰지 않는다'는 규칙은 ChatGPT가 어떤 단어를 '한자어'로 판단하는지 확실하지 않기 때문에 상세한 예시를 제공하면 더욱 도움이 됩니다.

이제 4장 예시에 규칙을 어긴 문장을 조금 덧붙여서 ChatGPT에 교정해달라고 부탁해 봤습니다.

규칙에 따라 아래 문장을 검토해줘.

ABC는 향상된 보안성과 신뢰성을 가짐으로써 개발자로부터 많은 선택을 받고 있는

플랫폼으로, 데이터를 편리하게 관리하는 솔루션을 제공합니다. ABC 플랫폼은 모든 저장된 데이터를 하나의 기준으로 분류하므로 관리에 용이하며, 데이터의 저장 및 획득은 API로 제공함으로써 다른 도구와 연동하여 더욱 높은 활용도를 달성할 수 있습니다.

ABC 플랫폼에서 이러한 데이터를 획득하려면 일련의 작업을 수행해야 합니다. 먼저 매 데이터마다 checkData()를 호출해 어떤 데이터가 저장되어 있는지 확인합니다. 그 후 필요한 데이터로 getData()를 호출하면 데이터가 수신됩니다.

마지막으로 이렇게 수신되어진 데이터를 처리하는 작업이 필요합니다. 어떤 시스템은 이 데이터를 그대로 사용할 수 있지만, 어떤 시스템은 가공해서 사용해야 합니다. 〈ABC 데이터 가공 페이지〉에서 어떻게 가공될 수 있는지 확인할 수 있습니다.

데이터의 저장소의 수정은 사용자가 원할 때 할 수 있습니다.

참고로, 모든 API 요청은 API 시크릿으로 서명되어야 하며, 서명되지 않은 것은 무시됩니다. 서명은 아래 코드 예시를 사용함으로써 쉽게 처리 가능합니다.

이제 예시를 내용을 가공하여 아래 원문에서 굵게 표시한 부분은 교정하기를 바란 어색한 표현이며, 밑줄로 표시한 부분은 ChatGPT가 교정 대상으로 인지한 표현입니다. ChatGPT 교정 결과에도 ChatGPT가 교정한 부분을 밑줄로 표시했습니다.

- 원문(예상 규칙: 2, 7)

    ABC는 **향상된 보안성과 신뢰성을 가짐으로써** 개발자로부터 **많은 선택**을 **받고 있는** 플랫폼으로, 데이터를 편리하게 관리하는 **솔루션**을 제공합니다.

- ChatGPT 교정(적용 규칙: 8)

    ABC는 향상된 보안성과 신뢰성을 가지고 있어 개발자에게 많은 선택을 받는 플랫폼으로, 데이터를 편리하게 관리하는 솔루션을 제공합니다.

규칙 2와 7이 적용될 것이라는 예상과는 달리 규칙 8이 적용됐습니다. '가짐으로써'를 '가지고 있어'로 변경해 자연스럽게 하고, '개발자로부터'를 '개발자에게'로 수정해 높임말을 사용했습니다.

- 원문(6, 7, 8)

    ABC 플랫폼은 **모든 저장된** 데이터를 **하나의 기준**으로 분류하므로 **관리에 용이**하며, 데이터**의 저장 및 획득**은 API로 제공함으로써 다른 도구와 연동하여 더욱 **높은 활용도**를 달성할 수 있습니다.

- ChatGPT 교정(8)

    ABC 플랫폼은 모든 저장된 데이터를 하나의 기준으로 분류해 관리하기 용이하며, 데이터를 저장하고 획득하는 기능을 API로 제공해 다른 도구와 연동해 더욱 높은 활용도를 달성할 수 있습니다.

예상처럼 규칙 8이 적용됐습니다. '분류하므로', '제공함으로써'를 '분류해', '제공해'로 자연스럽게 줄였습니다.

- 원문(6)

    ABC 플랫폼에서 이러한 데이터를 획득하려면 **일련의 작업**을 **수행**해야 합니다.

- ChatGPT 교정

    교정하지 않음

- 원문(4, 10, 11)

    먼저 매 데이터마다 `checkData()`를 호출해 어떤 데이터가 저장되어 있는지 확인합니다.
    ABC 플랫폼에서 이러한 데이터를 획득하려면 **일련의 작업**을 **수행**해야 합니다.

- ChatGPT 교정(10)

    먼저 각 데이터마다 checkData()를 호출해 어떤 데이터가 저장돼 있는지 확인합니다.

수정하지 않은 문장도 있으며, 그다음 문장에는 규칙 10을 적용했습니다. '매 데이터마다'를 '각 데이터마다'로 변경하고, '저장되어 있는지'를 '저장돼 있는지'로 줄였습니다.

- 원문(4)

    그 후 필요한 데이터로 `getData()`를 호출하면 데이터가 **수신됩니다.**

- ChatGPT 교정(4)

    그 후 필요한 데이터로 `getData()`를 호출하면 데이터를 받을 수 있습니다.

예상처럼 규칙 4가 적용됐습니다. '데이터가 수신됩니다'는 '데이터를 받을 수 있습니다'라는 능동형으로 바뀌었습니다.

- 원문(4)

    마지막으로 이렇게 **수신되어진** 데이터를 **처리하는 작업이 필요**합니다.
- ChatGPT 교정(4)

    마지막으로 이렇게 받은 데이터를 처리하는 작업이 필요합니다.

역시 규칙 4가 적용됐습니다. '수신되어진'은 '받은'이라는 능동형으로 바뀌었습니다.

- 원문(규칙 없음)

    어떤 시스템은 이 데이터를 그대로 사용할 수 있지만, **어떤 시스템**은 가공해서 사용해야 합니다.
- ChatGPT 교정(9)

    어떤 시스템은 이 데이터를 그대로 사용할 수 있지만, 다른 시스템은 가공해 사용해야 합니다.

이 문장은 수정이 없을 것이라고 예상했지만, 규칙 9가 적용됐습니다. '어떤 시스템은… 어떤 시스템은'을 '어떤 시스템은… 다른 시스템은'으로 변경해 반복을 피했습니다.

- 원문(4, 11)

    에서 어떻게 **가공될 수 있는지** 확인할 수 있습니다.
- ChatGPT 교정(5)

    에서 어떻게 가공할 수 있는지 확인할 수 있습니다.

규칙 5가 적용됐습니다. '가공될 수 있는지'는 '가공할 수 있는지'라는 능동형으로 바뀌었습니다.

- 원문(6)

    데이터**의 저장소의 수정**은 사용자가 원할 때 할 수 있습니다.
- ChatGPT 교정(9)

    데이터 저장소는 사용자가 원할 때 수정할 수 있습니다.

규칙 9가 적용됐습니다. '데이터의 저장소의 수정'을 '데이터 저장소'로 간결하게 고쳤습니다.

- 원문(4, 7)

    참고로, **모든** API 요청은 API 시크릿으로 **서명되어야** 하며, **서명되지** 않은 것은 **무시됩니다**.

- ChatGPT 교정(8)

    참고로, 모든 API 요청은 API 시크릿으로 서명돼야 하며, 서명되지 않은 것은 무시됩니다.

규칙 8이 적용됐습니다. '서명되어야 하며'를 '서명돼야 하며'로 줄였습니다.

- 원문(6)

    서명은 아래 코드 예시를 사용함으로써 쉽게 **처리 가능**합니다.

- ChatGPT 교정(8)

    서명은 아래 코드 예시를 사용해 쉽게 처리할 수 있습니다.

규칙 8이 적용됐습니다. '사용함으로써'를 '사용해'로 줄였습니다.

예상한 적용 규칙과 실제 적용 규칙 수를 비교해봤습니다. 차이점이 눈에 띄도록 0은 표기하지 않았습니다.

규칙 번호	예상 수	실제 적용 수
1. 맞춤법		
2. 외래어 표기법	1	
3. 높임말		
4. 수동형	5	2
5. 수동형 예시		1
6. 한자어	4	
7. 명사구	2	
8. 되어, 하여		4
9. '의' 중복		2

규칙 번호	예상 수	실제 적용 수
10. 매 ~~마다	1	1
11. ~고 있습니다	1	

보다시피 한자어(규칙 6), 외래어 표기법(규칙 2), 명사구(규칙 7) 등은 전혀 적용되지 않았습니다. 반면 '되어'를 '된'으로 줄이라는 등 예시를 보여준 규칙 8은 잘 적용했습니다. 제시한 예가 아니더라도 줄일 수 있으면 줄이는 응용력도 보여줬습니다.

모델이 발전하면서 점차 좋아지겠지만, 확률에 기반한 AI의 특성상 ChatGPT는 우리말의 특성을 완전히 인지하지 못하므로 완벽한 한글 검토 도구라고 보긴 어렵습니다. 그렇더라도 규칙을 명시해 검토를 맡기면 틀린 표현을 찾아주고 맞춤법도 검사해주므로, 검토 시간을 줄일 수 있습니다. 만약 한 번에 문제점을 고치지 못할 때는 프롬프트를 나눈 후 유사한 규칙끼리 묶어 여러 번 수행하면 더 좋은 결과를 얻을 수 있습니다.

만약 초안을 쓴 다음 확인할 시간이 부족하다면, 검토 작업을 포기하지 말고 ChatGPT를 활용해 일부 표현이라도 교정해보기를 바랍니다. 여러분이 자주 쓰는 잘못된 표현들을 찾아 프롬프트에 하나둘 쌓다 보면 점차 큰 효과를 볼 수 있을 겁니다.

진솔한 서평을 올려주세요!

이 책 또는 이미 읽은 제이펍의 책이 있다면, 장단점을 잘 보여주는 솔직한 서평을 올려주세요.
매월 최대 5건의 우수 서평을 선별하여 원하는 제이펍 도서를 1권씩 드립니다!

- **서평 이벤트 참여 방법**
  1. 제이펍 책을 읽고 자신의 블로그나 SNS, 각 인터넷 서점 리뷰란에 서평을 올린다.
  2. 서평이 작성된 URL과 함께 review@jpub.kr로 메일을 보내 응모한다.

- **서평 당선자 발표**
  매월 첫째 주 제이펍 홈페이지(www.jpub.kr)에 공지하고, 해당 당선자에게는 메일로 연락을 드립니다.
  단, 서평단에 선정되어 작성된 서평은 응모 대상에서 제외합니다.

독자 여러분의 응원과 채찍질을 받아 더 나은 책을 만들 수 있도록 도와주시기를 바랍니다.

도판 출처

그림 5-1	https://github.com/line/armeria
그림 5-2	https://github.com/line/armeria/commit/900002df0bd5612c6cca46942ce0392188763187
그림 5-4	https://git-scm.com/docs/git-commit
그림 5-10	https://github.com/git/git/pull/1814/commits/2a9fa4dabbab20aa55bb1e690e360dcd1b1b27df
그림 5-11	https://www.thesaurus.com/browse/synchronously
그림 7-2	https://cloud.google.com/application-integration/docs/error-handling
그림 8-1	https://smartbear.com/state-of-software-quality/api/
그림 8-2	https://smartbear.com/state-of-software-quality/api/
그림 8-3	https://smartbear.com/state-of-software-quality/api/
그림 8-4	https://smartbear.com/state-of-software-quality/api/
그림 8-5	https://codingbootcamps.io/resources/our-favorite-programming-memes/
그림 8-6	https://docs.oracle.com/javase/8/docs/api/
그림 9-1	https://github.com/cofactoryai/textbase
그림 9-3	https://github.com/naver/billboard.js
그림 10-2	https://docs.github.com/ko/rest/commits/commits
그림 10-3	https://docs.stripe.com/payments/checkout/discounts
그림 11-1	https://www.youtube.com/watch?v=YS35AGyq4aY
그림 11-2	https://isms.kisa.or.kr/main/ispims/notice/
그림 11-3	https://engineering.linecorp.com/ko/blog/line-failure-reporting-and-follow-up-process-culture
그림 11-4	https://techblog.woowahan.com/4886/
그림 11-5	https://www.kakaocorp.com/page/detail/9902
그림 11-6	https://medium.com/@erikacaoili/outage-postmortem-5bd2ea46d5ba

그림 11-7	https://notion.notion.site/Incident-Report-4bd977ace6c34b2aa50e1399601fedcc
그림 12-2	https://docs.python.org/3/whatsnew/changelog.html
그림 12-3	https://docs.lineplanet.me/android/category/reference
그림 12-4	https://dev.mysql.com/doc/relnotes/connector-cpp/en/news-8-4-0.html
그림 12-5	https://slack.com/intl/ko-kr/release-notes/windows
그림 12-8	https://workspaceupdates.googleblog.com/search/label/Google%20Docs
그림 12-10	https://www.oracle.com/java/technologies/javase/8u411-relnotes.html#R180_411
그림 12-11	https://developer.android.com/google/play/billing/release-notes?hl=ko#8-0-0
그림 12-12	https://developers.line.biz/en/news/2024/04/18/scan-code-v2/
그림 12-19	https://docs.python.org/3.15/whatsnew/changelog.html#id142
그림 12-20	https://www.php.net/ChangeLog-8.php
그림 12-21	https://cdn.kernel.org/pub/linux/kernel/v6.x/ChangeLog-6.9.1
그림 12-23	https://github.com/egoist/changelog.md/blob/master/CHANGELOG.md
그림 12-24	https://github.com/lodash/lodash/wiki/Changelog#v401
그림 12-25	https://github.com/documentationjs/documentation/blob/master/CHANGELOG.md#1400-alpha0-2022-08-05
그림 12-26	https://github.com/kubernetes/kubernetes/blob/master/CHANGELOG/CHANGELOG-1.30.md
그림 13-1	https://docs.stripe.com/get-started/account/activate
그림 13-2	https://platform.openai.com/docs/quickstart
그림 14-1	LINE Blockchain Developers
그림 14-2	https://engineering.linecorp.com/ko/blog/comments-parsing-api-documentation
그림 14-3	https://tech.goorm.io/기술-문서-작성-못지-않게-과정을-고민하는-도큐/
그림 14-4	https://techblog.lycorp.co.jp/ko/a-formular-for-prioritizing
그림 14-5	https://techblog.lycorp.co.jp/ko/increase-vm-performance-to-reduce-global-warming
그림 14-6	https://namu.wiki/w/홍창기
그림 14-7	https://ko.wikipedia.org/wiki/홍창기
그림 14-8	https://engineering.linecorp.com/ko/blog/diagramming-c4-model-c4-plantuml
그림 14-9	https://techblog.lycorp.co.jp/ko/multi-label-classification-model-for-openchat-hashtag-prediction

그림 14-10	https://techblog.lycorp.co.jp/ko/how-to-measure-voice-quality-in-line-app
그림 14-11	https://techblog.lycorp.co.jp/ko/how-to-measure-noise-suppression-performance-in-line-app
그림 14-12	https://engineering.linecorp.com/ko/blog/line-web-timeline-image-face-recognition
그림 14-13	https://engineering.linecorp.com/ko/blog/about-messaging-hub-1
그림 14-14	https://engineering.linecorp.com/ko/blog/about-messaging-hub-2
그림 14-15	https://techblog.lycorp.co.jp/ko/how-to-measure-noise-suppression-performance-in-line-app
그림 14-17	https://engineering.linecorp.com/ko/blog/why-are-engineers-so-bad-at-writing
그림 14-18	https://engineering.linecorp.com/ko/blog/why-are-engineers-so-bad-at-writing
그림 15-1	https://developers.line.biz/en/glossary/
그림 15-2	https://engineering.linecorp.com/ko/blog/best-practices-to-secure-your-ssl-tls
그림 16-2	LINE Blockchain Developers
그림 16-3	https://www.alio.go.kr/occasional/researchDtl.do?seq=3274653&type=title&page
그림 16-5	https://developers.line.biz/en/docs/line-mini-app/discover/console-guide/#basic-structure-of-a-line-mini-app-channel
그림 16-7	https://www.finschia.io/
그림 16-8	LINE Blockchain Developers
그림 16-16	https://docs.openshift.com/container-platform/4.16/architecture/architecture
그림 16-17	https://docs.openshift.com/container-platform/4.16/architecture/control-plane
그림 16-18	https://kubernetes.io/ko/docs/tutorials/kubernetes-basics/create-cluster/cluster-intro/
그림 16-19	https://kubernetes.io/ko/docs/tutorials/kubernetes-basics/explore/explore-intro/
그림 17-1	https://react.dev/learn/responding-to-events
그림 17-2	https://www.algolia.com/old-docs/guides/managing-results/must-do/searchable-attributes/
그림 17-3	https://docs.stripe.com/tax/checkout/tax-ids
그림 17-4	LINE Blockchain Developers
그림 17-5	LINE Blockchain Developers
그림 17-6	https://docs.stripe.com/tax/checkout/tax-ids